KB263395

일본을 제국주의로 몰고 간
후쿠자와 유키치
- '탈아론脫亞論'을 외치다 -

후쿠자와 유키치

초   판 1쇄 발행 2001. 03. 15.
개정신판 1쇄 발행 2012. 06. 25.

지은이   정 일 성
펴낸이   김 경 희

경 영   강 숙 자
편 집   송 인 선
영 업   문 영 준
경 리   김 양 헌
펴낸곳   ㈜지식산업사
         본사 ● 경기도 파주시 교하읍 문발리 520-12
            전화 (031)955-4226~7 팩스 (031)955-4228
         서울사무소 ● 서울시 종로구 통의동 35-18
            전화 (02)734-1978   팩스 (02)720-7900
         한글문패   지식산업사
         영문문패   www.jisik.co.kr
         전자우편   jsp@jisik.co.kr
         등록번호   1-363
         등록날짜   1969. 5. 8.

책값은 뒤표지에 있습니다.

ISBN 978-89-423-2079-0   (03990)

이 책을 읽고 지은이에게 문의하고자 하는 이는
지식산업사 전자우편으로 연락 바랍니다.

이 책은 관훈클럽 신영연구기금의 도움을 받아
저술되었습니다.

일본을 제국주의로 몰고 간

후쿠자와 유키치

'탈아론 脫亞論'을 외치다

정일성

지식산업사

개정신판을 내면서

  이 책이 출간된 지 어느새 11년이 지났다. 돌이켜보면 이 책이 나왔던 2001년 봄은 참으로 뜨거웠다. 일본이 또다시 역사 교과서를 날조한 '역사 전쟁'을 시작했기 때문이다. 이는 1998년 10월 당시 김대중 대통령이 도쿄를 방문, 오부치 게이조小渕惠三 일본 수상과 21세기 한일 관계를 미래지향적으로 이어가자고 다짐한 '한일 파트너십 선언'으로 크게 개선된 양국 관계를 송두리째 뒤흔든 사건이라 충격과 파장은 더욱 컸다.

  1982년과 1986년, 1992년에 이어진 당시 파동은 일본 정부가 2002학년도부터 교재로 사용할 자국 교과서를 검정할 때 한국 역사를 폄훼한 '새로운 역사 교과서'의 발행을 허용함으로써, 한·일 사이 외교 분쟁으로 비화되었다. 이른바 '새 역사 교과서를 만드는 모임'이 출판사 후소샤扶桑社에서 펴낸 중학생용 역사 교과서는, 과거 일본의 침략행위를 부정하고 이를 합리화하여 일본 민족의 우월성을 강조하는 데 역점을 두었다. 고대사에 임나일본부설을 기술하고, 일제의 조선 식민지배가 한국 근대화에 이바지했다는 내용 등이 그 단적인 예이다. 게다가 '침략'과 '3·1운동' 등 우리나라와 관련된 민감한 역사 용어를 '진출' 또는 '3·1폭동'으로 일본에 유리하게 표기하고, '일본군 위안부'나 '조선인 강제 연행' 등은 아예 역사에 없었던 일처럼 교과 내용에서 빼버려 문제가 더욱 심각했다.

4

　모두가 기억하고 있다시피 우리 정부는 이에 항의하는 뜻으로 주일 대사를 소환하고, 대중문화 후속 개방 조치를 중단했다. 아울러 이미 양국이 합의한 군사 교류를 보류하고, 민간과 청소년 교류도 축소시켰다. 국회에서는 '한일 파트너십 선언'의 즉각 폐기를 요구하는 결의문을 만장일치로 채택하기도 했다.

　일반 국민의 분노는 더했다. 국내의 모든 언론 매체는 날마다 특집 기사로 일본 정부의 비상식적 교과서 검정 행위를 질타했고, 일제강점기 정신대에 끌려가 고통을 당한 여성들의 모임인 '수요회' 등은 서울 종로구 중학동 주한 일본대사관 앞에서 일본의 과거사 반성을 촉구하는 항의시위를 벌이기도 했다.

　《후쿠자와 유키치 - 탈아론을 어떻게 펼쳤는가》는 이처럼 일본에 대한 국민의 격한 감정이 높아진 가운데 첫 선을 보였다(2001년 4월 10일). 화염에 기름을 부은 격이었다고나 할까. 더욱이 후쿠자와의 아시아 침략 사상이 오늘의 일본 보수우익 사상과 역사 왜곡에 맥이 닿아 있다는 연구 결과는 일본 지도층의 과거사 인식이 얼마나 잘못되었는지를 보여주는 증거자료가 되고도 남았다.

　국내 매스컴은 당시의 이런 분위기를 반영하기라도 하듯 거의 모두가 앞다투어 이 책에 대한 서평을 다루었다. 서평 내용도 대부분 후쿠자와의 제국주의 논리를 비판하는 데 시각이 맞추어졌다. 〈1만 엔권 지폐 주인공의 두 얼굴〉(《한국일보》 4월 13일자), 〈일본 최고 우익 이론가의 조선 망언〉(《중앙일보》 4월 14일자), 〈탈아입구론 주창 후쿠자와 평전〉(《조선일보》 4월 14일자), 〈교과서 왜곡의 근거 - 후쿠자와 탈아론 정체는?〉(《세계일보》 4월 16일자), 〈일본 우익 뿌리는 탈아론〉(《한겨레》 4월 17일자), 〈일본 군국주의 망령을 해부한다.〉(《서울신문》 4월 18일자), 〈일본 제국주의 뿌리를 파헤친다〉(《뉴

스피플》 2001년 4월 18일자), 〈일본 역사왜곡의 근원사상〉(《한국경제》 4월 19일자), 〈일 사상가 후쿠자와의 삶〉(《매일경제》 4월 21일자), 〈일본인, 잘못된 역사인식의 기원〉(《스포츠서울》 4월 21일), 〈후쿠자와의 오만한 탈아론〉(《동아일보》 4월 28일자), 〈일본 우경화의 근원 파헤쳐〉(《서울경제》 5월 3일자), 〈일본 교과서 왜곡의 뿌리〉(《책과 인생》 2001년 8월호) 등이 그때 각 언론이 보도한 서평 제목이다(게재 날짜 순).

학계는 학계대로 이 책에 대한 찬사와 격려를 아끼지 않았다. '이런 책이 이제야 나오다니 안타깝지만 그나마 다행이다'며 한숨짓는 학자가 있는가 하면, 더러는 '국격國格을 높이는 역작'이라고 극찬한 교수도 있었다. 또 어떤 누리꾼은 〈감히 말하고 싶다. 현대 일본을 알고자 하는 자 후쿠자와 유키치를 알아야 한다고〉라는 글을 인터넷에 올리기도 했다.

사실 이 책이 나오기 전까지만 해도 국내에서 후쿠자와를 아는 사람은 일부 정치외교학자와 언론 관계 전문가를 제외하면 별로 없었다. '탈아론'은 말할 나위도 없고 후쿠자와라는 인물 자체를 알지 못했다. 설령 안다고 해도 그에 대한 지식수준은 '일본의 문명개화를 이끈 인물' 정도가 고작이었다.

그러나 그로부터 꼭 11년. 그때와 견주면 지금은 실로 격세지감이다. 이제 웬만큼 일본을 이해하는 사람이라면 일본 최고액 지폐 만엔짜리의 얼굴이 전전戰前 '아시아 침략 논리의 주창자'라는 사실을 모르는 사람은 거의 없게 되었다. 또 비록 극히 일부지만 교과과정에 후쿠자와 강좌를 개설한 대학이 생겼고, 후쿠자와를 주제로 한 학술 연구 단체의 세미나와 심포지엄이 줄을 잇고 있다. 이 밖에도 후쿠자와에 대한 우리말 번역서가 잇달아 출판되고 있는 현실도 크게 달라진 모습이다. 이런 변화의 기폭제가 《후쿠자와 유키치 – 탈아론을 어떻게 펼쳤는가》라면 제 논에 물대기일까.

일본은 지금 보수우익 세력을 중심으로 '자학사관自虐史觀 극복운동'(맺음말 참조)이 한창이다. 전전 일본의 대륙 침략은 당시 유행한 제국주의 조류였을 뿐 일본의 잘못이 아니며 특별히 사과할 필요도 없다는 주장을 앞세운 이 운동은, 나카소네 야스히로中曾根康弘가 1982년 자민당 총재 선거에서 압도적인 승리로 집권하면서 시작되었다. 역사 교과서 왜곡도 이 운동의 하나이다. 일본은 1982년 교과서 검정에서 그동안 일본 학계가 쓰던 '침략'이라는 용어를 '진출'로, '탄압'을 '진압'으로, '출병'을 '파견'으로, '3·1운동'을 '3·1폭동'으로 각각 고치도록 했고, 2005년에는 '한국인 강제 동원'과 '일본군 위안부' 내용을 빼도록 교과서 집필자들에게 압력을 가했다. 또한 일본 방위백서에 독도가 국제법상 일본 땅이라고 표기하더니, 그것도 모자라 지난해(2011)에 이어 올 3월에는 독도를 아예 일본 영토라고 못 박은 역사 교과서를 합격시켰다. 이런 억지 논리의 뿌리는 다름 아닌 후쿠자와의 〈탈아론〉에 있다고 일본 학자들은 입을 모아 주장한다. 이는 후쿠자와의 침략 사상에 대한 더 철저한 연구를 필요로 하는 대목이다.

이런 중요한 시점에서 이 책의 개정신판을 내놓는다. 여기에서는 글의 항목을 좀 더 읽기 편하게 재조정하고, 내용을 다시 다듬어 잘못된 부분과 부족한 점을 수정·보완했다. 그 가운데서도 후쿠자와가 갑신정변이 실패로 끝나지 김옥균 등 개화파에 지원한 1만 5천6백 엔을 조선 정부에 요구하여 모두 받아낸 점, 홍종우의 김옥균 암살은 일본 정부가 개입했을 개연성이 높은 점, '자학사관 극복운동'의 하나로 후쿠자와 초상을 만 엔짜리 지폐의 얼굴로 추대한 것, 후쿠자와가 검도의 달인이었다는 사실 등은 새로 밝힌 내용들이다. 이와 함께 문제의 〈탈아론〉이 후쿠자와가 《지지신보》에 쓴 지 66년 만에 세상에 알려지게 된 까닭과 지금 일본 보수우익 세력의 자국 역사 미화 동향을 결론으로 따로 묶었다.

그동안 우리가 일제의 전전 아시아 침략 논리에 대한 연구를 등한시 해온 것은 숨길 수 없는 사실이다. 하지만 식민지 시대사가 치욕의 역사라 하여 연구를 게을리해서는 안 된다. 이 책이 그 연구의 촉발제로 빛을 발할 수 있도록 독자들이 배전의 성원을 보내주길 바라 마지않는다.

2012년 6월

정 일 성

머 리 말

우리나라 근대사를 깊이 이해하고 있는 독자라면 후쿠자와 유키치福澤諭吉를 모르는 사람은 아마 없지 싶다. 후쿠자와는 일본의 근대화를 이끈 계몽사상가로 19세기 중반 이후 한·일 관계사에 커다란 영향을 끼친 저널리스트이자 교육자였다. 그는 일본에서 흔히 '국민의 교사', '국민국가론의 창시자', '절대주의 사상가' 등으로 불린다. 게다가 후쿠자와는 죽은 지 백 년이 지난 오늘날 1만 엔짜리 일본 최고액最高額 지폐의 얼굴로 부활하여 일본을 상징하고 있기도 하다.

그러나 이는 일본의 역사가들이 일본 근대화 과정에 공헌한 그의 순기능만을 부각시킨 하나의 단면에 지나지 않는다. '탈아론脫亞論'이라는 이름으로 일본을 제국주의 미로迷路로 오도誤導한 과오를 감안하면 그의 업적은 반감될 수밖에 없다. 특히 19세기 말 조선왕조가 '바람 앞의 등불'과도 같았을 때, 우리에게 끼친 적폐는 말로 다 표현할 수 없을 정도이다. 그가 당시 《지지신보時事新報》에 쓴 글들이 이를 잘 말해 주고 있다. 그러나 그러한 폐해의 실상은 대부분 가려진 채 후쿠자와의 좋은 점만 알려져 일본이 낳은 '위대한 계몽사상가'로만 우리에게 인식되고 있는 것이 현실이다.

후쿠자와는 평생 동안 엄청난 양의 글을 남겼다. 일본의 저명한 출판사 이와나미서점岩波書店이 그의 글을 한데 모아 펴낸(1964) 전집숲集만 해도 모두 22권(별권 1권 포함)이나 된다. 이 글들을 면밀히 분석해 보면, 후쿠자와는 일반적으로 알려진 평판과는 달리 분명 '군국·제국주의 침략이론가'였다. 그는 조선개화파 인사들을 부추겨 갑신정변을 일으키고, 이에 실패하자 일본은 아시아를 벗어나(탈아脫亞) 구미 여러 문명국 대열에 끼어야 한다는 이른바 '탈아론'이라는 기발한 발상을 내세워 마침내 일본을 타민족 지배의 길로 나서게 한 장본인이다. '조선이든 중국이든 독립할 수 있는 상태가 아니기 때문에 구미歐美처럼 문명화文明化한 일본은 다른 열강과 같이 마음 놓고 아시아를 접할 수밖에 없다'는 요지의 탈아론은 19세기 말에서 20세기 초의 격동기 일본 근대화 방향을 결정하는 나침반이나 다름없었다. 다시 말하면 그것은, 무사들의 지배 체제를 벗고 왕정으로 돌아가 새 길을 찾고 있던 '유신維新 일본'을 침략주의 수렁으로 빠져들게 한 '국가적 이데올로기'로 발전하게 되었던 것이다.

그는 일제 군부보다 앞장서 청나라와 일본 사이의 전쟁 도발을 충동하고, 조선에 나와 있던 일본인 보호를 구실로 조선에 주둔군 파병의 필요성을 소리 높여 외쳤다. 또 국회 개원에 따른 일본의 국내 정치 불안을 해소하고자 '정한론征韓論'(제1장 2절 서양은 무서운 문명국 참조)을 뛰어넘는 '조선정략론朝鮮政略論'(제1장 3절 참조)을 주창했다. 조선의 개혁이 곧 일본의 독립을 유지하는 길이라며 조선의 국정개혁을 추진하고 감시하는 '조선국무감독관朝鮮國務監督官'제를 제안하기도 했다. 그 가운데서도 조선정략론은 결국 일제의 조선 침략을 위한 구체적인 시책으로 수용되었고, 조선국무감독관도 '을사늑약' 이후 '한국통감'으로 출발했다가 한국병탄倂吞 이후에는 '조선총독'으로 이름이 바뀌어 일제 식민 통치의 상징이 되었다.

이와 함께 조선을 효율적으로 지배하려면 조선인을 교화시켜 친일로 만들어야 하고, 될 수 있는 대로 많은 일본인을 조선에 이주시켜 토지 경영의 본보기를 보여야 한다고 역설하기도 했다. 이러한 일본인 이주정책이 한국 강제합병 이후 토지 수탈로 이어진 만행은 우리 모두 아는 역사이다.

그럼에도 개화기 이후 일제 말까지 조선 사회에서 앞서가던 주도적 지식인들은 후쿠자와를 동양에서 제일가는 사상가로 생각하고 흠모했다. 그에게 배웠던 개화파 인사들은 말할 것도 없고, 국권상실 이후 일제를 통해 간접적으로 서양문명을 받아들인 이른바 선각자들도 예외는 아니었다. 많은 소설과 논설 등으로 우리 민족에게 커다란 영향을 미쳤던 이광수李光洙 같은 문인 겸 언론인은 그를 '일본에 복을 주기 위해 하늘이 내린 위인'이라고 추켜세웠을 정도이다. 이는 오늘을 사는 우리 상식으로는 도저히 이해할 수 없는 엄청난 충격이다.

조선 지식인들이 그러한 후쿠자와에게 끌렸던 이유는 무엇일까. 어쩌면 우리는 그때의 영향을 아직껏 벗어나지 못하고 있는 것은 아닐까. 후쿠자와에 대한 관심은 이러한 궁금증에서 출발하고 있다.

후쿠자와의 주장을 읽다 보면 그의 과장된 표현을 감안하더라도 당시 우리의 국세國勢가 정말 한심했다는 생각이 절로 든다. 한숨 없이는 읽을 수 없는 대목도 수두룩하다. 청일전쟁 이후 조선은 이미 국권을 상실한 상태나 다름없었다. 후쿠자와는 그런 국면을 틈타 붓으로 조선의 국정을 마음대로 요리했다. 그가 추천하기만 하면 각료급 인사도 척척 발령이 나는 형국이었다.

일본 하급 무사의 아들로 태어난 후쿠자와는 신분의 불이익을 이겨내고 성공한 입지전적 인물이다. 그는 신문과 교육을 통해 '일본 국민의 교사'로 일본 사회에 우뚝 섰다. 처음에는 민권에 관심이 많았으나, 곧 국권론자로 돌아서 국익에 앞장서는 철저한 민족주의자로 변신했다. 이는 《지지신보》라는 신문을 경영하고 있었기에 가능했다.

그는 《지지신보》로 제국주의 논리를 가다듬고 이를 일본 집권층에 주입시켰다. 그의 주장은 문명론자답지 않게 매우 공격적이다. 후쿠자와는 《지지신보》 1882년 12월 7~12일자 〈동양정략 과연 어찌하랴東洋の政略果して如何せん〉라는 사설에서 "아시아의 문명개화에는 무력 사용이 불가피하다. 조선의 민심은 믿을 필요가 없고 다만 병력의 힘으로 약속을 지키면 만사형통이다. 조선에 1개 대대 규모의 호위병을 주둔시키되 의식주 모두를 조선 정부가 책임지도록 해야 한다. 우리 본래의 뜻은 문文은 개명開明의 우두머리를 이루고, 무武는 아시아의 맹주盟主가 되는 데 있다"라고 주장했다. 어느 구절에서 평화주의 문명론자의 면모를 찾아볼 수 있는가.

후쿠자와가 세상을 떠난 지 올해(2001년)로 꼭 백 년이 되었다. 그렇다면 지금의 국제 상황은 어떠한가. 결론부터 말자하면 달라진 점이 별로 없다는 게 학자들의 견해이다. 일본열도는 아직도 탈아론이 지배하고 있다. 제국주의 논리를 현대판으로 각색한 일본 정치인들의 구시대적 망언은 시대가 바뀌어도 끊임없이 계속되고 있다. 이는 아시아의 비극이자 일본의 비극이다. 세계화의 물결 속에 각 대륙은 북미자유무역지대(NAFTA)이니, 유럽연합(EU)이니, 남미남부시장(Mercosur)이다 해서 지역화가 두드러지고 있는데, 유독 아시아만은 지역 경제통합이 이루어지지 않고 있다. 이는 바로 일본의 역사 반성이 없기 때문이라는 분석이 일반적이다. 일본이 탈아론을 극복하지 못한다면, 설령 일본이 경제 대국의 목표는 이룩했다 하더라도 절대로 정치 대국은 될 수 없다. 그들이 아무리 황국사관으로 정신을 무장하고 군사력을 증강한다 해도 섬 안에 폐쇄된 정치 소국일 수밖에 없다. 만 엔짜리 지폐에 후쿠자와를 내세우고 역사 교과서를 왜곡하여 그들의 어두운 과거를 정당화하려는 제국주의 논리로는 넘어야할 산이 너무 많기 때문이다.

그렇다면 우리의 현실은 온전한가. 국토는 동강난 채 그대로고, 세계열강은 자국의 이익을 위해 견제와 암투를 계속하고 있다. 그뿐만 아니다. 국론은 분열되고 각 분파마다 파당의 이익을 위해서라면 국민들은 안중에도 없다. 그래서 오늘의 상황을 구한말에 비유하는 사람도 적지 않다. 국민들, 특히 지도층이 자성하지 않으면 역사는 되풀이될 수밖에 없다고 뜻 있는 인사들은 경고한다. 더욱이 오늘날 일본 정치인들이 과거 아시아 침략을 정당화하는 망언을 되풀이해도 우리는 속수무책이다. 일본 지배층의 망언이 있을 때마다 언론을 비롯한 각계가 흥분하면서도 그 뿌리를 정리한 기본서마저 별로 없는 것이 우리 실상이다.

일본에서는 후쿠자와에 대한 연구가 계속되고 있다. 연구 성과도 상당하며 어느 정도 비판과 자기반성도 이루어지고 있다. 이에 견주어 우리의 현실을 돌아보면, 이에 관한 연구가 전무하다해도 과장된 말이 아니다. 관심을 갖고 있는 일부 사학자와 외교정치학자를 제외하면 대다수 국민들은 후쿠자와라는 인물은 말할 나위 없고 탈아론에 대해서도 잘 모르고 있다. 어쩌면 되돌아보기도 싫은 '수치스런 역사'로, 그래서 더욱 잊어버리고 싶은 '망각의 대상'으로 치부해버리고 있는지도 모른다. 국제적으로 열린 세상을 맞아 이런 분야에 대한 연구는 실용성이 떨어지고, 일본의 역사 인물을 연구 대상으로 하면 친일 인사로 매도되는 분위기도 크게 작용하고 있다는 소리도 들린다. 하지만 후쿠자와가 주창한 탈아론과 조선정략론은 제국주의 일본이 아시아 침략의 기본이론으로 이용했다는 점에서 무엇보다 더 철저한 연구가 필요하다. 용서를 하더라도 상대의 잘못이 무엇인지 명확히 알고 하는 것과 그렇지 않은 것은 본질에 차이가 있게 마련이다.

잘못된 역사를 되풀이하지 않기 위해 역사를 배운다고 한다. 또한 잘못된 역사의 진정한 청산 없이는 선린관계의 발전을 기대할 수 없다. 후쿠자와 평전을 쓰는 이유도 그를 통해 제국(식민)주의 격동기의 우리 처지를 이해하고, 나아가 우리를 침략했던 당사자의 논리와 그 전개를 확인함으로써 잘못된 역사를 바로잡아 새 시대 새 좌표를 마련함에 다소나마 도움이 되고자 하는 뜻이 있다. 이 작업이 뜻한바 충분한 연구 구명究明이라고는 할 수 없고, 부족한 부분은 추후 수정·증보할 계획이다. 혹시 잘못된 내용이나 빠진 부분이 있다면 독자들께서 기탄없이 지적해 주기 바란다.

끝으로 이 책을 내도록 기획 단계에서부터 조언을 해주신 지식산업사 김경희 사장께 심심한 감사의 뜻을 표한다.

2001년 3월
정 일 성

차　례

제3장 후쿠자와의 생애 I

제4장 후쿠자와의 생애 II

일러두기

1. 본문 가운데 자주 나오는 외국 인물에 대해서는 인물 소개 난을 따로 두어 약력을 알 수 있게 했다.
2. 개화기 우리나라 국호는 '조선'이라 쓰고, 1897년 10월 12일 '대한제국'으로 바뀐 다음부터는 '대한제국'으로 적었다.
3. 중국과 일본의 인명·지명은 원음으로 표기하되, 우리말로 더 알려진 것은 그대로 썼다.
4. 민비는 모두 명성황후로 적되, 인용문은 원문대로 옮겼다.
5. 개화기 서울의 지명은 한양으로 표기했다.

제 1 장

탈아론이란

발상과 논리

탈아론이 나오기까지

탈아론 이후

1862년 유럽을 견학하다가 제정 러시아 수도 페테르부르크에서 일본 무사
차림으로 찍은 후쿠자와 유키치. 그때 28세로 패기에 차 있는 모습이다.

발상과 논리

후쿠자와 유키치福澤諭吉를 한마디로 평한다면 19세기 말 제국주의·식민주의 시대에 일본을 이끌었던 계몽사상가이자 일본 근대화에 크게 공헌한 선각자라고 할 수 있다. 일본 학계의 연구 결과만 보아도 일본에서 그가 어떤 인물인지 쉽게 짐작할 수 있다. 그에게 내려진 평가는 '서구 민주주의 사상의 소개자', '자유주의 경제학자', '민권론자', '국권론자', '절대주의 사상가', '공리功利주의자' 등으로 실로 화려하다.

그러나 우리에게는 잊을 수 없는, 잊어서도 안 되는 인물이 후쿠자와이다. 1868년 바쿠후幕府 타도에 성공한 일본 메이지유신明治維新 정권이 나아갈 바를 모르고 갈팡질팡할 때, 그가 제국주의 이론을 만들어 신정부에 조선 침략의 이론적 발판을 제공했기 때문이다. 바꿔 말해 메이지 정부가 '아시아 침략의 행동대'였다면 그는 이를 뒷받침한 '침략 이론가'였던 셈이다.

후쿠자와는 1882년 3월 1일부터 죽기(1901) 전까지 《지지신보時事新報》에 조선과 중국 문제에 관한 주의·주장을 자그마치 1천5백여 편*이나 쏟아냈다. 이 글들은 모두 1964년에 완간(1970~1971년 재판 발행)된 《후쿠자와 유키치 전집福澤諭吉全集》 제8권부터 제16권까지를 장식하고 있다. 특히 이 가운데서도 이른바 〈탈아론脫亞論〉은 일본의 아시아 지배를 정당화하는 군국 침략의 이데올로기로 일본 근대화 방향에 커다란 영향을 끼쳤음은 역사가 말해주고 있다. 그뿐 아니라 일본이 패전(1945)한 뒤에는 일본 지배층의 사상적 재무장 지침서로 변신하고 있다는 게 일본 학계의 분석이다. 그가 이룩한 모든 학문적·사상적 업적을 제쳐두고 〈탈아론〉을 가장 먼저 논점의 대상으로 떠올리는 이유도 바로 여기에 있다.

〈탈아론〉은 1885년 3월 16일, 후쿠자와가 자신이 창간(1882)한 《지지신보》 사설에 처음 발표한 제국주의 발상이다. 내용 원문原文 은 2백 자 원고지 12장 분량으로 이를 옮기면 대략 다음과 같다.

세계 교통은 편리해져서 서양문명의 바람이 동쪽으로 조금씩 불어 와 이르는 곳마다 풀과 나무도 이 바람에 휘말리지 않는 것이 없다. 생각하건대 서양의 인물, 고금에 크게 다르지 않다고 하지만 그 거동 이 옛날에는 느렸으나 이제 와서는 활발해지고 있다. 이는 단순히 교 통의 이기利器를 이용하여 기세를 타고 있을 뿐이다. 그러므로 현재 동양에 있는 나라 사람들은 이 문명 동점東漸의 기세에 놀라 이를 어 떻게든 막아보겠다고 각오한다면 그럴 수 있다고 말할 수 있다. 하지 만 적어도 지금의 세계정세를 살펴볼 때 사실상 불가능하다는 사실 을 아는 사람은 세파에 밀려 문명의 바다에 함께 뜨고 내리면서 더 불어 문명의 파도를 타고 고락을 같이할 수밖에 없다.

문명은 곧 유행하는 홍역과도 같다. 현재 도쿄東京의 홍역은 서쪽

---

* 히라야마 요平山洋가 쓴 《후쿠자와 유키치의 진실福澤諭吉の眞實》(81쪽)에 따 르면 《지지신보》는 후쿠자와가 살아있을 때 6천여 호를 발행했다. 따라서 현 행판 《후쿠자와 전집》을 토대로 역산해 보면 후쿠자와는 전체 사설의 4분의 1을 쓴 셈이다.

나가사키長崎로부터 동진東進하여 봄기운과 함께 갈수록 만연하고 있다. 이런 시기를 맞아 이 유행병의 해害를 걱정하여 이를 막으려 한다면 과연 막을 방법이 있을까. 결코 그럴 수단은 없다. 그저 해로울 뿐인 유행병일지라도 그 기세에 흥분하지 말아야 할 일이다. 하물며 이해상반이 따르고, 항상 이익이 많은 문명에 있어서랴. 다만 이를 그냥 막지 않는데 그칠 일이 아니라 될 수 있는 대로 널리 퍼지도록 돕고, 국민으로 하여금 빨리 그 기풍에 젖도록 하는 문명장려운동이야말로 지혜로운 사람들이 할 일이다.

근래의 서양문명이 일본에 들어오기는 가에이嘉永* 개국**에서 시작되었다. 국민들은 마침내 서양문명을 받아들여야 할 필요를 깨닫고 점차 활발한 기풍을 재촉하게 되었지만 진보의 길에 걸림돌이 되는 고풍노대古風老大한 정부가 가로누워 있어 어찌할 수 없었다. 이런 정부를 그대로 보존하면 문명은 절대로 들어올 수 없다. 왜냐하면 근대문명은 일본의 구투舊套와 양립할 수 없기 때문이다. 구투를 벗으려면 정부도 함께 갈아치울 수밖에 없다. 다시 말하면 문명 바람을 막아 반입을 금지하면 일본은 독립할 수 없다. 그 까닭은 세계문명의 기세가 동양 고도孤島를 홀로 잠자도록 내버려두지 않기 때문이다.

여기서 우리 일본의 지사들은 국가를 중히 여기고 정부를 가볍게 보는 대의에 기초하여, 또 다행히 황실의 신성존엄에 의뢰하여 마침내 구정부를 무너뜨리고 신정부를 수립하였다. 따라서 우리들은 조야朝野 구별 없이 모두 요사이 서양문명을 받아들여 오로지 일본의 낡은 틀을 탈피해야 할 뿐만 아니라 아시아 전체를 새롭게 하나의 축

---

* 에도바쿠후 말기 1848~1854년의 연호.
** 미국의 페리 함대가 가에이 6년(1853) 미우라三浦반도의 우라가浦賀 항구에 입항하여 일본에게 개국을 종용한 이후 이듬해 홋카이도의 하코다테函館와 이즈伊豆반도의 시모다下田 항구 등을 개항한 사실을 뜻한다.

으로 하여 주의主義로 내세워야 하는데, 그 요점은 오직 '탈아脫亞'라
는 두 글자에 있을 뿐이다.

우리 일본의 국토는 아시아 동쪽에 있다고 하더라도 그 국민정신
은 이미 아시아의 고루固陋함을 벗고 서양문명을 따르고 있다. 그런
데 여기에 불행한 일은 이웃에 있는 나라이다. 하나는 중국*이고 또
하나는 조선이다. 이 두 나라 인민도 옛날부터 아시아류流의 정교풍
속政教風俗 아래 자라온 배경은 우리 일본 국민과 다르지 않다. 그렇
다면 그 인종의 유래가 다름일까, 아니면 같은 모양의 정교풍속 안에
살면서도 유전교육遺傳教育의 취지가 같지 않은 탓일까. 일·지支·한韓
삼국을 비교하여 중국과 조선의 서로 닮은 상황은 중국과 조선이 일
본보다 가까운 데다, 이 두 나라 사람들은 한편이 되어 나라에 관해
고쳐 나아가는 길을 알지 못한다. 교통이 편리한 세상에 문명의 사물
을 못 듣거나 못 보았을 턱이 없건마는 마음을 움직이지 않고 고풍
구습에 연연한 정은 백 년 천 년의 옛날과 다름이 없다. 오늘날과 같
은 문명 일신日新의 활극장活劇場에서 교육은 유교주의를 부르짖어
인의예지仁義禮智만을 칭송하고, 처음부터 끝까지 겉보기 허식만을 고
집하며 실제의 진리·원리를 모르는지 도덕마저 땅에 떨어져 지독한
불염치不廉恥가 극에 달하여도 거만하게 자기반성의 빛이 없다.

이 두 나라를 보면 지금처럼 서양문명이 동쪽으로 밀려들고 있는
때에 도저히 독립을 유지할 수 있는 길이 없다. 다행히 그 나라에 지
사들이 나와 먼저 국사개진國事開進을 시작으로 정부를 크게 개혁한
우리의 유신처럼 인심을 일신하고 정치를 바꾸는 큰일을 꾀한다면
다르겠지만, 그렇지 않으면 수년 안에 망하여 국토는 세계문명 제국

---

* 후쿠자와는 지나支那로 표현하고 있다.

이 분할하게 되리라는 예상은 한 점 의심의 여지가 없다. 왜냐하면 홍역과 같은 문명개화의 유행을 맞으면서도 조선·중국 두 나라는 그 전염의 순리에 역행하여 무리하게 이를 피하고자 방안에 틀어박혀 공기를 차단하고 질식 상태에 빠져드는 상황을 만들기 때문이다.

수레와 수레바퀴, 입술과 이의 관계인 이웃 나라는 서로 도움이 되는 것이 보통의 예이다. 그렇지만 지금의 중국·조선은 우리 일본에 조금도 도움이 되지 않는다. 그뿐만 아니라 서양문명인들은 세 나라가 지리적으로 가까이 있다는 이유로 동일하게 보고, 때로는 중국과 조선을 재는 잣대로 일본을 평가한다. 예를 들면 서양학자들은 중국과 조선 정부가 전제專制정치를 행하고 법률에 따르지 않으면 일본도 무법 국가가 아닌가 하고 의심하며, 중국과 조선의 선비가 정신을 차리지 못하고 과학을 모르니까 일본도 음양오행의 나라라고 생각한다. 서양인들은 중국인의 비굴함과 몰염치를 모르므로 일본인의 의협심도 함께 매도하고, 조선의 형벌이 참혹하면 일본인도 무정하다고 단정해 버린다. 이를 마을에 비유하면 한 마을 한 고을이 어리석게 무법잔혹無法殘酷할 때는 설령 그 마을 안의 한 가족이 정당한 일을 해도 다른 많은 사람들의 잘못에 가려 묻혀버리는 이치와 다르지 않다.

그 영향이 현실로 나타나 간접적으로 우리들의 외교에 장애가 되는 일이 적지 않다. 우리 일본의 일대 불행이라고 말할 수밖에 없다. 그렇다고 우리나라가 오늘의 꿈을 펴고자 이웃 나라의 개명開明을 기다려 함께 아시아를 일으킬 시간은 없다. 오히려 그 대열에서 벗어나 서양문명국과 진퇴를 같이하여 중국·조선을 접수해야 한다. 접수 방법도 인접 국가라는 이유만으로 사정을 헤아려 줄 수 없으며, 반드시 서양인이 접하는 풍에 따라 처분해야 할 뿐이다. 나쁜 친구와 친한 자는 함께 악명을 피할 수 없다. 우리가 마음으로부터 아시아 동방의 나쁜 친구를 사절하는 이유도 이 때문이다.

이 글에서 알 수 있듯이 주장의 전반부에는 문명화＝서양화를 강력히 추구하여 구미 여러 나라와 어깨를 나란히 하겠다는 일제의 자부심을 담았다. 동시에 중국과 조선을 가리켜 문명화를 이룰 수 없는 나라로 낮추어 보고, 이러한 비문명화가 일본 외교에 악영향을 끼친다는 멸시와 실망을 나타내고 있다. 그러면서도 한 가지 "양국이 국사 개진開進의 길을 강구하지 않으면 지금으로부터 수년 안에 망하게 되어 국토는 세계문명 제국이 분할하게 된다"는 뼈아픈 지적은 지금에 와서도 깊이 음미해 볼 대목이라 할 수 있다. 이는 현재의 우리 상황과 무관하지 않다고 하면 지나친 말일까.

그러나 〈탈아론〉은 내용의 강경성으로 보아 '아시아 침략론'이라고 말을 바꾸어도 결코 무리가 아니다. 이는 일본 학자들의 한결같은 견해이기도 하다. 더욱이 "일본은 서양 문명국과 진퇴를 같이하여 이들과 함께 아시아를 분할 점거해야 한다"는 호전적 논리에는 아연하지 않을 수 없다. 근대 일본 사회교육사상사 연구가인 야스카와 주노스케安川壽之輔는 그가 쓴《후쿠자와 유키치의 아시아 인식福澤諭吉のアジア認識》에서 "탈아론은 후쿠자와가 그 이전부터 발표해 온 주전主戰 논설을 종합 정리한 글로, 자신의 문명론을 합리화하고 아시아를 식민지로 지배하고자 내세운 제국주의 침략이론이자 아시아를 야만국으로 보는 전형적인 아시아 멸시·편견사상의 결정판이다"라고 신랄하게 비판하고 있다(《福澤諭吉のアジア認識》 122~133쪽). 또《후쿠자와 유키치의 사상형성福澤諭吉の思想形成》을 펴낸 이마나가 세이지今永清二도 그의 책에서 "탈아론은 문명이라는 미명 아래 중국과 조선을 지배하려는 노골적인 간섭의 표현이었다. 이는 뒤에 일본의 대륙지배와 남진정책을 뒷받침하는 침략 이데올로기로 발전했는데, 일본 제국주의의 침략 무기가 되었다는 점에서 가혹하게 비판받아 마땅하다"고 꼬집었다(《福澤諭吉の思想形成》 250~254쪽).

게다가 일본 민중사상사 연구가인 가노 마사나오鹿野政直는 그가 쓴 《일본근대사상의 형성日本近代思想の形成》에서 "후쿠자와의 반反유교주의는 〈탈아론〉으로 이어질 수밖에 없었다. 후쿠자와에게는 유럽 여러 나라를 따라잡는 일이 일본을 문명화는 까닭이었고, 이는 곧 제국주의화하고 있던 유럽열강 진영과 대열을 함께함에 다름 아니다. 〈탈아론〉은 일본 유신의 의의를 '탈아'라는 두 자에 요약하여 아시아 악우惡友인 청국과 조선을 사절해야 한다고 논함에 따라 일본 자본주의화의 논리가 곧 침략주의화하는 사실을 말해주고 있다"고 〈탈아론〉의 태생과 역사적 한계를 설명하고 있다(平山洋 《福澤諭吉の眞實》 218쪽). 이 밖에도 《후쿠자와 유키치와 조선福澤諭吉と朝鮮》을 펴낸 기네후치 노부오杵淵信雄는 자신의 책에서 "후쿠자와는 '탈아'라는 말의 개념을 정립함으로써 본격적인 논설활동을 시작했다고 말할 수 있다"고 전제하고, "그 이전의 주장에도 그러한 내용이 함축되어 있으나, 다만 서양문명의 도입을 탈아로 표현하지 않았을 뿐"이라고 설명했다. 그는 "후쿠자와가 탈아라는 말을 인용하여 동양 친구들을 사절하고 구미 선진국과 함께 중국과 조선을 분할 접수해야 한다고 격렬하게 표현한 데는 갑신정변의 실패에 따른 좌절감이 크게 반영되어 있다"고 분석했다(《福澤諭吉と朝鮮》 116~118쪽).

이와 같은 일본 학자들의 연구 결과를 빌리지 않더라도 후쿠자와의 주장들을 조금만 눈여겨보고 앞뒤를 연결해 보면, '문명'을 앞세운 〈탈아론〉은 서구열강 세력이 아시아·아프리카를 침략하면서 구실로 내건 '문명이 야만을 지배해야 한다'는 제국주의 이론과 다름

없다는 사실을 곧바로 알 수 있다.

〈탈아론〉은, 정확히 말하자면 1884년 12월 4일 김옥균 등 개화파가 일으킨 갑신정변이 실패로 끝난 지 백 일 만에 발표되었다. 이 정변을 사실상 기획하고 지휘해 온(다음 장 참조) 후쿠자와에게 정변 실패는 충격이 아닐 수 없었다. 기네후치 노부오의 지적대로 그 충격과 그동안 그가 펴온 문명론 등이 백 퍼센트 여기에 녹아 있다고 해도 지나친 말이 아니다. 더욱이 당시는 갑신정변에 따른 청·일 군사 충돌의 사후 문제를 논의하기 위한 텐진天津회담(1885년 3월 17일~1885년 4월 2일)을 눈앞에 두고 있었다. 〈탈아론〉은 회담에 임하는 당국자들에게 용기를 불어넣기 위한 일종의 격려사 구실도 한 셈이다. 청국과 일본 사이에 긴장이 고조되고 조선의 개혁이 절망적인 상태가 된 시점에서 발표된 이 주장은 그동안 "조선과 중국은 독립을 위해 일본과 함께 문명개화로 구미 문명 세력에 대항해야 한다"는 지론을 펴온 그가 강경론으로 돌아선 전환점이기도 하다.

그러나 이런 '침략적 절대주의 사상'이 담긴 〈탈아론〉은 이시카와 간메이石河幹明가 아니었더라면 역사 속으로 사라져 하마터면 우리들이 대할 수 없을 뻔했다. 이시카와는 1932년 게이오기주쿠慶應義塾*대학으로부터 후쿠자와 유키치 전집 간행의 편집 총책을 의뢰받고 1년 남짓의 작업 끝에 그 이듬해 이른바 '쇼와판昭和版'《속후쿠자와전집續福澤諭吉全集》(전7권)을 펴내면서 〈탈아론〉을 끼워 넣었다. 〈탈아론〉이 《지지신보》에 발표된 지 꼭 48년 만의 일이다.

후쿠자와의 글을 모은 전집은 '쇼와판' 이전에도 두 번이나 출간

---

* 후쿠자와 유키치가 1858년 설립한 학숙. 처음 이름은 난가쿠주쿠蘭學塾였으나 1868년부터 당시 연호를 따서 게이오기주쿠라 고쳤다. 1871년 도쿄 미타三田로 옮기고 1920년 대학으로 승격되어 지금은 미타와 히요시日吉 등 11개 지역에 10개 학부를 거느리고 있다.

되었다. 흔히 '메이지판明治版'이라 부르는 첫 번째 전집은 모두 5권으로 후쿠자와가 살아있던 1898년에 나왔고, 총 10권으로 이루어진 '다이쇼판大正版'은 1926년에 선을 보였다. 그러나 이 두 번의 전집에는 〈탈아론〉이 실리지 않았다. '메이지판'은 유신 전후 그가 기명記名으로 쓴 글들을 모은 전집이라 그렇다 하더라도, 제8권부터 제10권까지 모두 224편의 후쿠자와 〈시사논집時事論集〉을 증보한 '다이쇼판'에 〈탈아론〉이 실리지 않은 까닭은 지금껏 수수께끼로 남아 있다. 이 '다이쇼판' 역시 이시카와가 편집을 주관했다(平山洋 《福澤諭吉の眞實》 62~76쪽).

다만 '다이쇼판'은 《지지신보》 속사정과 후쿠자와의 집필활동을 꿰뚫고 있던 이시카와 간메이가 당시 민권운동이 활발한 다이쇼 데모크라시*의 시대상을 고려하여, 유신 초기 쌓아 올린 후쿠자와의 '시민적 자유주의자'로서의 명성에 걸맞지 않게 지나치게 친정부적이고 과격한 〈탈아론〉을 수록 대상에서 제외했을 가능성이 적지 않다. 이와 달리 '쇼와판'이 나올 무렵은 일제가 아시아 침략을 겨냥한 전쟁 준비에 광분하고 있었다. 정권을 장악한 일제 군부는 1931년 9월 18일 중국에 선전포고도 없이 '만주전쟁'**을 일으켜 '만주괴뢰

---

* 러일전쟁이 끝난 1905년 무렵부터 다이쇼大正왕 재임(1912~1926) 동안 일본 사회에 싹튼 민주주의 경향을 말한다. 러일전쟁과 제1차 세계대전의 영향으로 서구의 물질·이기·개인·황금만능주의와 사회·공산주의 사상 등 여러 사상이 일본에 들어오면서 정치·경제·사회·문화 등 모든 분야에 걸쳐 민주주의적 개혁을 요구하는 사회운동이 봇물 터지듯이 일어났다. 전근대적 절대주의 체제를 근대 입헌체제로 개혁하기 위한 개헌改憲운동, 돈 많은 남성만이 선거권을 갖고 있던 선거체제를 모든 국민이 평등하게 선거에 참여할 수 있도록 바꾸는 보통선거운동, 국민의 자유와 인권을 중시하는 근로대중운동 등을 꼽을 수 있다.

** 일본 학자들은 '만주사변'으로 표현하고 있다. '사변'이라는 말은 일제가 전시戰時 국제법 적용을 피하고자 사용한 용어로 '선전포고 없는 전쟁'을 뜻한다.

국'을 세운데 이어 1933년 3월 국제연맹을 탈퇴하고 중국과 서구열강을 상대로 포문을 열었다. 영토 확장주의자였던 이시카와 간메이가 이런 전쟁 분위기를 띄우고자 〈탈아론〉을 부각시켰다면 지나친 해석일까.

아무튼 이렇게 간신히 되살아난 〈탈아론〉은 그러고도 일본 사학자 도야마 시게키遠山茂樹가 1951년 여름 다시 찾아낼 때까지 18년 남짓 '쇼와판' 전집 속에 그대로 사장되어 있었다. 도야마 시게키는 1951년 11월《후쿠자와 연구福澤研究》제6호에 〈일청전쟁과 후쿠자와 유키치日淸戰爭と福澤諭吉〉라는 제목으로 〈탈아론〉의 실상을 맨 처음 세상에 알렸다. 이 〈탈아론〉은 그로부터 13년이 지난 1964년에 지금의《후쿠자와 유키치 전집》이 완간되어 후쿠자와에 대한 연구자가 늘어나면서 더욱 유명세를 타게 되었다. 기존 3종의 전집 내용을 종합 정리한 현행 전집은 이시카와 간메이의 제자로 후쿠자와 유키치 전문 연구가이자 후쿠자와 유키치 협회 이사장을 지낸 도미다 마사후미富田正文(1898~1993)가 편집을 맡아 1958년부터 6년여의 정리 끝에 총 22권으로 다시 태어났다.

여기서 잠시 갑신정변 뒤의 국내외 상황을 정리해 보는 것도 〈탈아론〉의 배경을 이해하는데 도움이 될 것이다. 갑신정변은 개화당 처형자를 포함하여 많은 인명피해를 냈다. 갑신정변 뒤 '통리교섭통상사무아문'*에서 펴낸 〈갑신사략甲申事略〉은 갑신정변 사망자 수를 민태호閔台鎬·조영하趙寧夏 등 수구당 9명, 홍영식洪英植·박영교朴泳敎

---

* 조선왕조가 1882년 12월 설치한 외교통상사무 전담기구. 1880년 청나라 제도를 본떠 만든 통리아문統理衙門을 임오군란 뒤 개편하여 만들었다. 예하에 정각征榷·장교掌交·부교富敎·우정郵程의 4사司를 두었으며, 관원으로 독판督辦(지금의 장관)·협판協辦(지금의 차관)·참의參議(지금의 국장급) 등을 배치했다. 1885년 기능이 의정부로 이관되었다.

이시카와 간메이石河幹明가 1932년에 펴낸 《후쿠자와 유키치전福澤諭吉傳》. 후쿠자와의 일생을 정리했다.

등 개화당 9명, 조선군 34명, 조선 민간인 88명, 조선 여성 7명 등 모두 149명으로 기록하고 있다(慎鏞廈 《초기 개화사상과 갑신정변 연구》 참조). 또 일본인은 35명이 사망하고 3명이 실종되었으며 중국인은 10명이 사망했다.

이시카와 간메이가 쓴 《후쿠자와 유키치전福澤諭吉傳》(제3권)도 갑신정변 이후 사정을 비교적 상세히 기록하고 있다. 이에 따르면 김옥균金玉均·박영효朴泳孝·서광범徐光範·서재필徐載弼 등은 갑신정변이 실패하자 이노우에 가쿠고로井上角五郎의 도움으로 인천항에 정박해 있던 일본 우편선 치도세마루千歲丸의 밑바닥에 숨어 12월 11일 조선을 탈출, 겨우 목숨을 건질 수 있었다.

이들이 12월 13일 나가사키를 거쳐 도쿄에 도착한 때는 그해 12월 18일이었다. 김옥균은 일본 이름 이와다 슈사쿠岩田周作, 박영효는 야마자키 에이슌山崎永春으로 각각 위장하고 복장도 일본인처럼 양복 차림에 단발을 하고 있었다. 이들은 도쿄에 도착하자마자 후쿠자와의 도움으로 긴자銀座에 있는 미우라야三浦屋에 초대되어 식사를 했다. 미우라야는 고급 양식집으로 당시 한양에 지점을 두고 있었고, 한양 지점이 정변극政變劇의 발단이 된 우정국 연회의 요리를 담당했다. 음식점 주인은 인천으로 피신하는 가운데 김옥균·박영효 등과 다시 만나 도쿄까지 함께 간 것이다.

후쿠자와는 도쿄 미나토구港區 미타三田에 있는 자신의 집에 도착한 이들을 맞아 "용케도 잘 살아서 왔다. 축하한다"고 반기며 샴페인으로 환영의 잔을 들었다. 김옥균은 이 자리에서 "개혁은 계획대로 진행되었는데 중국 병사들의 방해로 실패했다. 일본 공사가 겁이 많은 다케조에 신이치로竹添進一郎가 아니라 하나부사 요시타다花房義質였다면 사정은 달라졌을 것"이라고 변명했다. 이어 김옥균은 "일본은 청나라와 전쟁을 할 것인가"라고 물었다. 이에 후쿠자와는 "이노우에 가오루井上馨가 정부의 전권을 잡고 있다면 몰라도 이토 히로부미伊藤博文가 쥐고 있기 때문에 전쟁은 어려울지도 모른다"고 대답했다. 김옥균이 "일본 정부가 우리를 조선 정부에 넘기지 않겠느냐"고 걱정하자, 후쿠자와는 "아무리 일본 정부가 연약하다 하더라도 세계가 지켜보고 있는데 국사범인 당신들을 넘길 리는 없다. 일본 여론도 이를 허락하지 않는다"고 장담하고 잠시 동안 그의 집에 머물면서 형세를 지켜보도록 권유했다.

비록 메이지 정부의 공식적인 조치는 아니었더라도 김옥균 일행의 일본 망명은 일본이 외국에서 정치 망명자를 받아들인 최초의 사례가 되었다. 그러나 메이지 정부는 '받아들였다'고는 하지만 신병을 조선에 인도하지 않았을 뿐 그들을 지극히 냉담하게 대했다. 그래서 김옥균은 나중 오가사와라小笠原, 홋카이도北海道 등 일본의 외진 곳을 전전하며 유랑생활을 해야만 했다. 그 이후 일본 정부는 외국의 정치 망명객을 받아들이지 않고 있으며, 이 원칙은 오늘날까지 지켜지고 있다. 이 같은 메이지 정부 당국의 냉대와 달리 후쿠자와는 망명자들에게 자신의 별채를 흔쾌히 내주었다. 이와 함께 메이지 정부의 유약한 화평정책을 못마땅해 하며 민심을 향해 강경론을 계속 펴나갔다.

그런 사이 갑신정변에 가담한 이들 개화파 인사들의 신병 인도를 요구하던 조선왕조가 1885년 1월 말부터 2월 초에 걸쳐 개화파 연고자를 잔혹하게 처형했다. 후쿠자와는 1885년 2월 3일자《지지신보》사설에서 〈조선 독립당의 처형〉이란 제목으로 이 사건을 다음과 같이 비판하고 있다.

> 권력을 잡고 있는 자가 잔혹殘酷으로 치우치는 폐정은 적을 용서할 여유가 없는 '비겁한 거동'이며, 이웃 나라의 야만적인 참상은 우리의 겐페이시대源平時代*를 재현하고도 남는다. 김옥균·서재필·서광범의 부모처자는 교수형에 처해지고 홍영식洪英植의 시체에는 치욕이 가해졌으며, 정변에 가담한 독립당원을 따르던 자와 어린이를 포함한 가족들마저도 처형되었다. 지금의 사대당 정부 당국자의 능력 있는 사람을 죽이는 잔인 무정함에 놀라움을 금할 수 없다. 야만이라고 평하기보다는 요마악귀妖魔惡鬼의 지옥국이다. 조선국의 인정을 살펴보면 중국인과 서로 같고, 살기殺氣 음험함은 일본인이 상상하기조차 어렵다. 조선은 일본과 조약상 대등한 나라도 인정상 중국의 속박을 벗어나지 못하고 문명의 정도에 어긋난다면 딱하지만 동족시 할 수 없다.

---

* 1072~1185년까지 미나모토源씨와 다이라平씨가 두 편으로 갈려 서로 잔혹하게 싸우던 시대를 말한다.

갑신정변은 중국과도 해결해야 할 많은 문제를 가져왔다. 일본 정부는 당시 팍스Harry Smith Parkes 주청駐淸 영국 공사를 통해 청나라의 대응을 타진한 뒤 1885년 2월 24일 이토 히로부미를 전권대사로 임명했다. 이토 히로부미가 2월 28일 텐진으로 떠나자 후쿠자와는 《지지신보》 3월 2일자 〈잘못은 그들에게 있고 옳음은 우리에게 있다〉는 제목의 사설을 통해 갑신정변의 책임론을 따졌다. "대사의 사명使命과 대의大義를 잘 모르면 담판의 양상을 예상하는 일은 공론空論에 지나지 않는다. 청나라는 일본의 조선 국왕 구원이 적도賊徒의 잔꾀에 속은 결과라고 주장할지 모르지만 12월 6일까지 김옥균과 박영효 등이 국왕을 옹호하여 정권을 잡고 있었기 때문에 이는 온당치 않은 주장이다"는 것이 요지이다. 이에 대해 기네후치 노부오는 "논지는 특별히 신선한 것이 없지만 일·청 회담이 우선 쌍방의 책임론에서 시작한다는 점을 적확하게 꿰뚫고 있다"고 밝히고 있다.

후쿠자와는 이어 〈외교는 수신론과 다르다〉는 제목의 3월 9일자 《지지신보》 사설에서 "개인은 잘못을 사죄하면 명예를 회복할 수 있지만 국가는 한 번 잘못을 세계에 알리면 사실 여부에 관계없이 오명을 씻기 어렵다. 과오를 수정하려면 더 나쁜 평판이 나오고, 후회하여 사죄하면 죄는 더욱 명백하게 되는 것이다. 거기에 이르지 않더라도 조금이라도 방심하면 적대국의 자만심을 도와줄 뿐이므로, 세계 각국의 내정을 통찰하여 어떤 일이라도 성공적으로 끝낼 수 있게 해야 한다"고 당국자들에게 충언하고 있다. 이 사설에 이어 발표한 주장이 바로 〈탈아론〉이다. 〈탈아론〉에서 후쿠자와가 문명의 동점東漸을 홍역의 전염에 비유한 사연은 때마침 나가사키에서 홍역에 걸린 그의 조카 이마이즈미 히데타로今泉秀太郎가 도쿄에 와서 일가에 퍼뜨린 가정 사정을 글 가운데 인용한 것으로 알려져 있다. '서양문명을 받아들이지 않고는 일본의 독립은 없다'는 지론은 후쿠자와 모든 논설의 기저를 이루고 있는 주제이다. 동양문명을 고집하는 중국과 조선이 수레와 수레바퀴, 입술과 이의 관계가 되지 않도록 강조한 소견도 일본 개국 이후 줄곧 반복해 온 주장이었다.

후쿠자와가 〈탈아론〉을 내놓은 데는 일본의 국권신장도 한몫했다고 할 수 있다. 〈탈아론〉이 발표된 1885년대 일본 사회는 메이지유신이 일어난 지 17년이나 흘러, 미국의 페리Perry 함대가 우라가浦賀항구에 들어와 개국을 강요하던 1853년과 비교하면 몰라보게 발전해 있었다. 신바시新橋와 요코하마横濱 사이의 철도 개통(1872년 일본 역사상 처음 개통)을 비롯, 곳곳에 철도가 놓이고 우체국도 생겨 소식을 더 빨리 전하는 등 생활이 편리해졌다. 이뿐만 아니라 메이지 정권의 부국강병정책에 따라 산업은 발전되고 사회는 안정을 되찾아가고 있었다. 바쿠후 정권을 지탱해 온 하급 무사들은 경찰이나 군인으로 제복을 갈아입고 치안과 질서유지 담당자가 되었으며, 외국에서 군함을 들여와 해군도 증강되었다. 다시 말하면 유신에 성공한 메이지 정부가 서양문명을 재빨리 받아들여 개혁을 성공시킨 것이다. 물론 쇄국을 고집해 오던 일본이 낡은 껍질을 벗어던지고 이처럼 빠른 시일 안에 발전을 이룩할 수 있었던 것이 오직 메이지 정부의 공만은 아니다.

이에 앞서 미국 페리 함대의 위용에 놀란 바쿠후 정권은 각계 인사들을 구미에 보내 선진 문명을 배워 오도록 했다. 《일본 국사대사전》에 따르면 도쿠가와바쿠후德川幕府는 모두 일곱 차례에 걸쳐 구미에 사절단을 파견했으며, 파견 인원도 296명에 이른다. 또 1866년 여름부터 국민의 국내 및 해외 통행금지제를 해제하고 그해 11월부터 여권 발급 업무를 시작했다. 이 조치가 내려지기 전까지만 해도 각 번藩은 주민들이 번을 벗어날 때 반드시 당국의 여행 허가를 받도록 엄격히 통제하고 있었다. 그래서 주민들은 외지 출입이 여간 어려운 일이 아니었다. 도쿠가와바쿠후의 외국 여행 허가는 1866년 한 해 동안 70건, 다음 해에는 130건에 이르렀다(《일본문화교섭사》 제5권). 이 밖에 나가사키와 하코다테函館에서도 여권 발급 업무를 취급했다. 또 해금解禁 이전의 탈번脫藩 유학생, 사가번佐賀藩의 파리 만국박람회 파견단, 사쓰마번薩摩藩의 영국 유학생 등을 합하면 메이지유신 전에 선진 문명을 견학하고자 파견된 사람은 6백 명을 넘는다는 계산이다.

후쿠자와는 이보다 한발 앞서 바깥세상을 구경할 수 있었다(후쿠자와의 생애 참조). 유럽에 한 번, 미국에는 두 번이었다. 그것도 유럽 여행은 1년이나 걸렸다. 이처럼 구미 각국의 선진 문명을 돌아본 후쿠자와는 귀국한 뒤 《서양사정西洋事情》을 연달아 출판해 일반 국민들에게 서양을 널리 알렸다. 그리고 문명론을 역설했다. 《서양사정》은 일본인에게 서양 물정을 소개한 최초의 책이기도 했다. 이어 《학문의 권유學問のすすめ》를 발표해 국민들에게 학문의 필요성을 강조하고, 1882년에는 스스로 《지지신보時事新報》를 창간하여 국민 계몽운동을 본격적으로 펴기 시작했다.

탈아론이 나오기까지

1. 후쿠자와의 시대 인식

서양은 무서운 문명국

후쿠자와 유키치는 쉰 살 되던 해에 〈탈아론〉을 발표했다. 그는 예순여섯 살(1901년)에 이승을 등졌으므로 〈탈아론〉 주장은 그의 말년에 있었던 일이기도 하다. 〈탈아론〉의 배경에는 그의 시대 인식이 짙게 깔려 있음은 말할 필요도 없다. 그렇다면 후쿠자와는 〈탈아론〉을 내놓기 전까지 구미歐美 각국을 어떻게 인식하고 있었을까. 그리고 중국과 조선 등 아시아에 대해서는 어떤 생각이었을까. 여기서 그의 대외 인식을 알아보는 것도 〈탈아론〉의 실체를 파악하는 데 좋은 길잡이가 될 것이다.

역사가 말해주듯이 일본 바쿠후幕府 말 정국政局은 바쿠후 정권이 미국 페리 함대의 강요에 못 이겨 1854년 문호를 열면서 실로 한치 앞을 내다볼 수 없는 안개 속이나 다름없었다. 바쿠후는 그로부터 10여 년 동안 그럭저럭 나라 살림을 꾸려왔으나, 더 이상 버틸 힘이 없어 1867년 11월 이른바 다이세이호칸大政奉還*을 통해 정권을 내놓게 되었다. 그런 만큼 일본에는 정부를 이끌 뚜렷한 주체가 없는 데다 민권운동이 날로 격화되어 국가존립 자체가 흔들리고 있었다. 당시 일본 지식인들 사이에는 자칫 잘못하다가 서양 선진국에게 국권을 빼앗길지도 모른다는 위기감이 팽배했다. 특히 1860~1867년에 걸쳐 세 번이나 미국과 유럽을 직접 돌아본 20~30대 청년 후쿠자와 눈에는 그러한 위기가 더욱 확대되어 들어왔다. 1862년 유럽 시찰 때 후쿠자와는 배를 타고 중국 연안 항구와 인도양을 거쳐 유럽으로 갔다. 그는 당시 아시아 각지의 항구가 서구 식민지 상태에 놓여 있는 실상을 직접 보고 심각한 위기감에 빠졌다.

그에게 서양은 두려움 그 자체였다. 서양의 문명 사정을 감안하면 일본이 언제 이들에게 강점당할지 몰랐다. 후쿠자와의 이 같은 위기의식은 서구 각국이 아프리카 여러 나라와 인도·인도네시아·말레이시아·베트남·중국 등 각국을 제멋대로 점령해 식민지로 만드는 행위를 목격하고 더욱 커졌다. 그가 자서전에 남긴 이른바 '나마무기生麥 사건'은 그의 대외 위기감이 얼마나 심각했는가를 단적으로 보여주고 있다. '나마무기'란 일본 요코하마橫濱 지방의 한 고을 이름이다. 이 시골에서 1862년 8월 21일 일본 외교를 위협하는 큰 사건이 벌어졌다. 그때 후쿠자와는 바쿠후 방침에 따라 유럽시찰단의 일원으로 유럽을 견학하던 길에 프랑스 파리에 머무르고 있었다. 사건은

---

* 도쿠가와 제15대 쇼군 요시노부慶喜가 정권을 조정에 넘긴 조치를 말한다. 이에 따라 에도바쿠후江戸幕府로서는 265년, 가마쿠라鎌倉 개부開府로부터 계산하면 682년 동안 계속된 무가武家정치는 막을 내렸다. 도쿠가와바쿠후는 그동안 일본 전국을 274개 번으로 나누어 다이묘大名들에게 행정을 책임지게 하는 봉건제를 실시했다. 더욱이 바쿠후는 무사들의 모반을 막고자 다이묘들을 크게 '신빤親藩', '후다이다이묘譜代大名', '도자마다이묘外樣大名' 등 세 가지로 분류해 신빤은 도쿠가와 이에야스의 자식들을 임명하고, 후다이다이묘는 도쿠가와의 신임이 두터운 다이묘들로 왕이 사는 교토나 기내畿內, 관동 등의 요소와 도자마다이묘들의 동태를 파악할 수 있는 곳에 배치하여 서로 감시를 철저히 하도록 했다.

사쓰마薩摩 번주藩主 시마즈 히사미쓰島津久光(1817~1887) 후다이다이묘譜代大名가 요코하마 나마무기에서 말타기하던 영국인 네 명과 마주치자, 행군을 방해했다는 이유로 그 가운데 한 명을 죽이고 두 명에게 부상을 입힌 데서 비롯되었다. 그때 시마즈는 정치적 주도권을 잡고자 번병藩兵 1천여 명을 이끌고 에도江戶(지금의 도쿄)에 출병했다가 사쓰마번으로 돌아가던 길이었다.

이 사건을 확인한 영국 정부는 바쿠후와 사쓰마번에게 범인을 처벌하고 12만 5천 파운드의 거액을 배상하라고 요구했다. 바쿠후는 할 수 없이 이를 받아들이기로 했으나, 존왕양이尊王攘夷운동을 주도했던 사쓰마번은 이를 거부했다. 영국은 이를 보복하고자 1863년 7월 동양함대 7척을 사쓰마 해역으로 급파, 가고시마鹿兒島를 공격하기에 이르렀다. 영국 함대의 공격을 받은 사쓰마번도 이에 응전해 이른바 '사쓰에이薩英 전쟁'으로 번졌다. 결국 양쪽 모두 많은 피해를 입고 같은 해 11월 화해가 이루어져 일단 전쟁을 끝냈다.

후쿠자와는 귀국한 뒤 바쿠후 지시에 따라 나마무기 사건의 외교적 타결을 위한 영국 공사의 공문을 번역하게 되었다. 공문은 앞서 설명한 대로 바쿠후는 범인을 처단하고 배상금으로 10만 파운드를, 사쓰마번은 2만 5천 파운드를 각각 지불하라고 요구하는 내용이었다. 영국은 그것도 20일 이내라는 이행조건을 달았다. 공문은 1864년 2월 19일 바쿠후에 배달되었으나, 바쿠후의 평의評議는 이를 쉽사리 처리하지 못했다. 설상가상으로 프랑스가 영국 편을 들어 바쿠후는 대단히 불리한 처지에 놓이게 되었다. 후쿠자와는 당시의 상황을 자서전에 다음과 같이 쓰고 있다.

영국 공사의 공문을 번역하는 사이 프랑스 공사 베레쿠르Bellecourt

라는 자가 어떤 기질인지는 잘 모르지만 폭력적인 협박을 담은 두터운 편지를 바쿠후에 보내왔다. 거기에는 '이번 사건에서 프랑스는 전적으로 영국과 같은 입장이다. 만일 전쟁을 일으키면 영국과 함께 군함을 몰고 와서 시나가와만品川灣을 못 쓰게 만들겠다'는 내용을 담고 있다. 실로 있을 수 없는 이야기로 그 취지는 마치 지금의 서양 여러 나라가 중국인을 협박하는 형국이다. 정부는 오로지 영불英佛의 무섭고 사나운 얼굴을 보고 걱정해야만 하며 나로서는 그 사정을 능히 알 수 있다. 알면 알수록 기분이 나쁘다. 서양의 동점東漸은 차차 실행될 태세로 보이며 우리 정부의 실상을 보면 언제라고 단언할 수는 없다.

후쿠자와는 이처럼 나마무기 사건, 사쓰에이 전쟁의 정치적 조치에 관해 영국과 프랑스 두 나라의 협력 관계를 비판하면서도, 이들의 외교정책을 구미 여러 나라의 중국 반半식민지화 침략 행위와 같은 차원으로 이해했다. 그는 '국제 외교의 담판은 싱겁다'는 관점에서 국제 관계를 파악하려 했고, 그런 까닭에 대외적 위기감이 남달랐던 것으로 분석되고 있다.

그런 가운데 일본은 메이지유신을 거쳐 그들의 말대로 외세가 함부로 넘볼 수 없는, 아시아에서는 유일하게 먼저 개방국이 되었다. 그렇지만 유신 이후에도 후쿠자와는 서구열강의 침략에 대해 경계심을 늦추지 않았다. 오히려 서양의 물정과 문명을 소개·도입하는 일에 힘쓰면서 일본이 당면한 위기상황을 국민들에게 적나라하게 알렸다. 그가 1875년(메이지 8년) 〈아시아 여러 나라와의 화전和戰은 우리 영욕에 관한 것이 아니다〉는 제목으로 《유빈호치신문郵便報知新聞》(10월 7일자)에 기고한 논설도 그러한 활동의 하나라고 할 수 있다. 주장의 요지를 옮기면 이렇다.

근래 세간에는 양학洋學의 길이 열렸다는 말들이 오가고 있으나, 일본인은 서양인에게 배우기만 할 뿐 지금까지 그들을 가르치는 사람이 있다는 소리를 듣지 못했다. 개방된 항구에는 무역이 이루어지고 있다고 하지만 장사의 권한은 서양 사람들의 손에 있다고 말할 수밖에 없다. 세상에 상품을 만들려고 힘쓰지 않는 사람이 있을까마는 우리 국민은 그들에게 자본을 빌리고 있을 뿐 아직까지 그들에게 빌려주는 사례를 보지 못했다. 영미英美의 군함은 일본 해역을 멋대로 오가며 우리의 간담을 서늘하게 하고 있어도 우리의 병비兵備는 대적하기에 매우 부족하다. 일본에 속한 무역 운상권運上權도 우리에게만 있지 않고 재판권도 우리 정부에만 맡겨진 것이 아니다. 현재 국내에서 벌어지고 있는 공사公私 소송도 우리나라는 항상 피고가 되고 그들은 언제나 원고가 된다. 더러 우리 국민이 제기하는 소송도 있지만 이는 열건 가운데 하나에 지나지 않는 실정이다. 요약해 말하면 우리 일본은 구미 여러 나라의 인민에 항상 용서를 구하는 형국이라고 말할 수밖에 없다. 외교상 교제를 매끄럽지 못하게 하면 자칫 화를 불러올 수도 있다. 구미와의 교제는 우리 일본으로서는 폐병과도 같은 일이다.

이처럼 후쿠자와는 당시 급박한 외교 상황을 국민들에게 전하고 있다. 더욱이 이 논설에서 후쿠자와는 당시 일본 정가에 의논議論의 논점이 되어 있던 '정한론征韓論'*을 비판하고 있어 주목을 끈다. 정

* 1873년 사이고 다카모리西鄕隆盛·고토 쇼지로後藤象二郎·이타가키 다이스케板垣退助 등이 조선의 배일排日 쇄국정책에 항의, 이를 토벌하자는 주장. 이 주장

한론은 두말할 필요도 없이 메이지유신으로 정권을 잡은 쿠데타 성공 세력이 들끓는 국내 여론을 밖으로 돌리고자 꾸민 음모였다. 일본 역사학자들은 이를 '도요토미 히데요시豊臣秀吉의 술수'로 설명한다. 도요토미 히데요시는 도쿠가와 이에야스에 앞서 일본 전국을 통일한 뒤 다이묘들의 불만을 해소하고 흐트러진 국론을 통일하고자 임진왜란을 일으켜 한동안 효과를 거두었다. 후쿠자와는 이 논설에서 "조선을 경략經略하더라도 당장 일본의 이익에 도움이 되지 않는다"는 점을 강조하고, "뜻을 원대하게 품고 진실로 나라의 독립을 도모해야만 한다"며 다음과 같이 일본 국민들을 설득하고 있다.

근일 세간에는 정한征韓이라는 이야기가 나돌고 있다. 일단 들어보면 토벌해야 하는 취지가 없는 바는 아니다. 야만 상태인 조선인이 우리에게 무례를 범한 일도 사실이다. 도리를 이야기하여 풀 수 없는 상대라면 정벌하는 수밖에 방법이 없다는 말도 있다. 그뿐만 아니라 조선을 토벌해야 한다고 말하는 사람들은 결코 사심을 품지 않았다고 말할 수 없다. 조선 토벌만이 반드시 애국진충愛國盡忠의 길은 아니다. 충을 다하기 위해서는 이를 다할 수 있는 길을 찾아야 한다. 그 법과 길을 찾기 위해서는 마음을 가라앉히고 영원한 이해를 살피는 일이 가장 긴요하다. 그들(조선)의 경솔함을 보고 낭패감을 갖는 것은 사려 깊지 못한 사람이라고 말할 수밖에……. 조선이 우리에게

은 맨 처음 '정조론征朝論'이라 일컬었으나 조선을 지칭하는 '조朝'자가 조정朝廷, 곧 텐노天皇로 오해될 수도 있다는 지적에 따라 정한론으로 용어를 바꿨다고 한다. 정한론자들은 오쿠보 도시미치大久保利通 등 구미사절단파의 반대로 뜻이 좌절되자 모두 참의參議를 그만두고 정계를 물러났다. 사이고는 그 뒤 가고시마鹿兒島로 낙향하여 사립학교를 설립, 후학들을 가르치다가 1877년 반란을 일으켜 정부군에 밀리자 스스로 목숨을 끊었다.

와서 우리 속국이 된다 해도 이를 기뻐하기에 부족하다. 하물며 상황이 사건을 일으켜 이것과 싸우고 있음에서랴. 조선에 이겨 영예가 되기에 부족하고 조선을 가져 이익이 되기에 부족하다. 거액의 군용금軍用金을 들여 구미로부터 사들인 함선과 총포 등 물자를 조선에 소비하면 결국 우리 외채만 늘어, 매년 바다에 던지는 꼴로 이자를 외국에 유출하는 짓에 지나지 않는다. 아무리 청년 서생書生들이라 할지라도 수학의 초보를 터득한 사람이라면 어느 쪽이 유리한가를 명확히 알 수 있을 것이다. 영원한 이익을 얻으려면 이 정도 손득損得은 헤아릴 줄 알아야 한다. 애국의 정을 확대하여 혼자 스스로 깊이 생각하면 반드시 크게 깨닫게 될 것이다. 지금 우리들은 '빌린 돈'을 적으로 보고 싸워야 한다. 따라서 우선 적을 압도하여 안심할 수 있는 지위를 만들고 함포전艦砲戰과 같은 실전實戰은 나중에 천천히 도모해야 한다.

이 글에서 알 수 있듯이 후쿠자와는 적어도 유신 초기까지는 분명히 정한론에 반대하는 입장이었다. 그렇다고 조선을 동정한 것은 절대로 아니다. 다만 조선을 정벌하기에는 아직 시기가 이르다는 시기상조론에 지나지 않을 뿐이었다. 그의 진단으로는 국가 기본 구조가 아직 다져지지 않아 조선을 침략할 경우, 오히려 국권을 잃는 화근이 될 수 있다는 결론이었다. 이에 덧붙이자면 일본이 조선을 침공하면 구미는 자기 이익을 도모하고자 일본의 조선 경략을 그냥 두지 않고 조선과 중국 등을 도울 것이 틀림없다는 생각이었다. 앞에서도 잠시 설명했지만, 1875년(메이지 8년)의 단계에서 일본은 자주 독립을 최대 목표로 하여 개혁운동을 계속하고 있었다. 그래서 후쿠자와는 조선을 '소야만국小野蠻國'으로 규정하면서도 여기에 병력을 파견하는 전략은 많은 군사비를 필요로 하기 때문에 구미 제국의 자금이 유입되리라 내다봤다. 결과적으로 외채가 늘어나 일본의 문명개화에 커다란 경제적 압력으로 작용할 뿐 국익에는 도움이 되지 않는다는 관점에서 '조선 정벌 반대' 주장을 폈던 것이다. 다시 한 번 강조하지만 그가 정한론을 반대한 이유는 시기적으로 부적절해서일 뿐 조선을 군사력으로 지배하는 목표를 포기한 게 결코 아니다. 문명개화 후 '서서히 도모해야 한다'는 대목이 이를 잘 말해주고 있다.

또 이 논설에는 조약 개정 문제 등의 여러 정치적 과제를 안고 있는 근대 일본의 위기적 상황이 잘 드러나 있다. 후쿠자와는 그 위기 극복의 유일하고 절대적인 방법으로 '일본의 문명개화'를 주장하며 대외 문제 처리의 복잡함, 국가 독립의 중요성을 역설했다.

후쿠자와의 위기의식은 《문명론의 개략文明論之槪略》(제4장 참조)에 더욱 확실하게 나타나 있다. 겉으로 독립을 유지하고 있더라도 실제로는 구미 제국의 의지에 따라 반半식민지화할 가능성이 있다는 현실을 직시한 것이다. 후쿠자와는 이에 앞서 1872년(메이지 5년) 그의 저서 《학문의 권유》(제4장 참조)에서 천부인권天賦人權 사상에 바탕을 둔 자연법적 인간평등론을 국제 관계에 적용하여 국가적 평등 이념을 설파했다. 즉 "이익을 위해서는 미국의 흑인 노예에게도 죄송스러워하고, 도리를 위해서는 영국·미국의 군함도 두려워하지 않는다"고 강조했다. 그러나 이러한 후쿠자와의 주장에도 불구하고 일본의 국제적 지위는 아직 지극히 나약해서 서양 열강의 침략으로부터 나라를 지키는 일이 최대 목표가 되었다. 후쿠자와의 생애 최대 관심사는 일본의 봉건제 폐지와 국권의 확보·신장에 있었다. 다시 말하면 대외적 위기를 극복하고 구미 열강과 어깨를 나란히 하

여 국권을 확장하는 일을 이상理想으로 삼았다. 이리하여 후쿠자와
는 이미 여러 번 설명한 대로 일본이 그 위기로부터 벗어나는 유일
한 방법으로써 국체 유지와 독립을 강력히 주장하고, 이를 위해 '서
양문명의 도입=문명개화'를 주창하기에 이르렀다. 그렇다고 서양문
명을 더 이상 발전할 수 없는 최고의 선으로만 여기지는 않았다. 다
만 당시의 상황에서 이를 잠시 빌리자는 심산이었다. 그러나 일본
독립은 서양 열강의 침략 회피를 목적으로 한 이상, 서양 여러 나라
에 대한 독립에 지나지 않았다. 바꾸어 말하면 후쿠자와가 일본의
독립을 주장할 때 그것은 아시아 여러 나라에 대한 독립이 아니라
구미 각국에 대한 독립이었다.

후쿠자와는 국가 독립 요소로 '학문', '상업', '국재國財', '군비軍備'
등 네 가지를 들었다. 조선, 중국을 비롯한 아시아 여러 나라와의
외교는 강경強硬 노선이나 화전和戰 어느 쪽도 국익에 도움이 되지
않는다는 점을 지적하고 오로지 구미 여러 나라에 대한 독립 달성
만을 추구했다. "진정으로 일본의 독립을 도모하되 아시아 여러 나
라와의 외교는 일본 독립권에 영향을 미칠 수 없다는 점을 알아야
하며, 일본 독립은 구미에 대적할 수 있게 됨으로써 비로소 만족할
수 있다는 사실을 알아야 한다"는 것이 그의 신념이자 지론이었다.

조선·중국은 반개국半開國

지금까지 살펴보았듯이 후쿠자와의 구미歐美 여러 나라에 대한 위
기의식은 실로 심각했다. 그는 위기 극복의 방법을 일본의 독립, 즉
'문명 단계로의 도달'에서 찾으려 했다. 후쿠자와에게 문명이라는
의미는 '서양문명'과 다름 아니다. 그래서 '반개半開 상태'의 일본을

'문명 일본'으로 발전시키는 일을 위기 회피 제1조건으로 삼았다. 유럽, 미국 등 선진 문명 견학으로 그 나름대로 근대 서양문명의 형성 비결을 파악한 그는 귀국한 뒤 이를 연이어 책으로 묶어 냈다. 《서양사정》(1866~1869), 《학문의 권유》(1872~1876), 《문명론의 개략》(1875) 등이 그것이다. 이 책들은 저마다 내용은 다르지만 모두 '문명'을 공통분모로 하고 있다는 점이 특징이다. 그 가운데 《문명론의 개략》은 일본과 중국, 서양을 비교하면서 문명의 본질과 실태에 대해 자세히 설명하여 그의 아시아관觀을 드러내고 있다.

후쿠자와는 이 책에서 인류 문명의 발전단계를 '야만', '반개半開', '문명'의 3단계로 설정하고 문명개화의 필요성을 강조하고 있다. 그는 이 문명의 3단계를 '인류가 반드시 거쳐야 하는 계단'이라고 인식했다. 그가 여기에서 문명 발전을 3단계로 설정하고 문명론적 아시아관을 설파한 것은, 당시 일본 지식인의 아시아관을 크게 뛰어넘는 논리라 일본 지식층의 큰 관심을 모았다. 그는 《문명론의 개략》에서 "지금 당장 세계를 문명의 단계로 분류한다면 유럽 여러 나라와 미국을 '최상의 문명국'이라고 할 수 있고, 터키·중국·일본 등 아시아 여러 나라를 반개국이라고 말할 수 있으며, 아프리카·오스트레일리아 등은 야만국에 속한다"고 규정했다. 중국과 조선에 대한 인식은 시간이 흐르면서 차츰 바뀌지만 적어도 《문명론의 개략》을 발간할 당시에는 다 같이 문명을 향해 노력해야 한다고 충고하는 등 상당히 우호적이었다. 비록 밑바탕에 멸시감이 깔려 있었던 것이 사실이지만 후쿠자와는 실제로 중국과 일본을 동등하게 반개국으로 인식하고 있었다. 이는 "극동의 중국·조선·일본 3개국이 연대하여 문명 단계에 있는 서양 제국의 침략에 대처하자"라는 호소에서도 확인할 수 있다. 이처럼 후쿠자와가 극동 3개국의 문명 단계를 모두

반개로 인식한 데는 서양에 대적하기 위한 3개국의 연대가 그 어느
때보다 시급한 상황에서, 중국과 조선도 문명의 단계에 도달할 수
있다고 보았기 때문이다. 후쿠자와는 실제로 중국이 근대화를 위해
'전습생傳習生'을 유럽에 파견했다는 소식을 듣고 중국의 개량주의적
개혁운동에 기대를 걸었던 것으로 전해지고 있다.

　그러나 그는 중국과 일본을 모두 반개 상태로 규정하면서도 현실
적으로 문명 단계에 도달하기는 일본이 중국보다 유리하다고 생각
했다. 따라서 같은 반개국일지라도 그 현실적 인식에는 상당한 차이
를 두었다. 후쿠자와가 일본을 반개로 규정한 이유는 구미 여러 나
라의 문명을 최고의 가치로 삼고, 이에 빠른 도달을 위해 대내적으
로 문명개화를 촉진하기 위해서였다. 다시 말하면 일본 전통문화의
뼈대를 이루고 있는 유교문화를 전면 거부하고 새로운 가치 창조를
최종 목표로 하고 있는 것이다. 이와 달리 중국을 반개로 치부置簿한
데는 과거 중국으로부터 많은 문물을 받아들였던 역사적 사실을 인
정했기 때문이다. 후쿠자와는 '문명론'을 논함에 앞서 《학문의 권
유》에서 "우리 일본문명도 처음에는 조선과 중국으로부터 건너왔
다"며 서양문명 도입 이전의 일본문명이 중국·조선문명의 은혜를
입은 사실을 분명히 밝히고 있다. 하지만 중국문명의 핵심이라고 할
수 있는 '유교'를 강하게 비판(다음 절 참조)한 대목을 보면 그 저변
에는 '고루固陋한 중국인'이라는 멸시감이 깔려 있는 것 또한 사실이
다. 중국보다 일본이 문명 도달에 유리하다는 자신 있는 발언도 이
를 잘 말해 주고 있다.

　후쿠자와는 이처럼 문명 단계의 도식에서 미국과 서구만을 문명
으로 여겼을 뿐 동양에 대해서는 야만 또는 반개 상태로 인식했다.
《문명론의 개략》에 앞서 쓴 《학문의 권유》는 그의 서양과 동양에

대한 인식 차이를 더욱 극명하게 보여주고 있다. 그는 이 책 제3편 제1절에서 "지금 세계를 보면 문명개화로 문文과 무武를 튼튼히 하여 부강한 국가가 있다. 이와 달리 야만·미개함으로써 문무를 소홀히 하여 빈약한 나라도 있다. 일반적으로 유럽·아메리카 여러 나라는 부자로 강하고, 아시아·아프리카 여러 나라는 가난하여 약하다"고 지적하고 있다. 후쿠자와가 서양 여러 나라를 문무를 겸비한 문명국으로 규정할 당시 서양문명은 옛날 일본이 본보기로 하고 있던 중국문명에 견주어 더 공격적이었다. 따라서 서구열강, 서양문명에 대한 그의 열등감은 훨씬 더했다고 할 수 있다. 그러한 열등감이 마침내 중국을 비롯한 '아시아 멸시'로 발전했다고 일본 학계는 분석하고 있다.

이처럼 동·서양 문명을 비교 분석한 후쿠자와는 '의식주 유형물'로 정의되는 '문명의 외형'에 앞서 '문명정신'을 추구하는 일을 문명발전의 전제 조건으로 내세웠다. 그것은 "예로부터 내려온 악습과 폐습을 일소하고 서양에서 유행하고 있는 문명정신을 받아들이는 운동"이며,《학문의 권유》에서 주장한 "한 몸 독립 없이는 일국一國 독립 없다"는 인식의 근본이기도 하다. 후쿠자와가 《문명론의 개략》 제1장에서 "서양문명은 일본의 국체를 보존하는 유일무이한 본보기이므로 서양문명을 도입해야 한다"고 역설한 것도 바로 이 때문이다. 그리고 후쿠자와는 혹시 일본이 이 문명정신을 받아들이지 않고 국체보존 노력을 하지 않는다면, 중국·인도 또는 터키와 같은 길을 걸을 수밖에 없다며 《학문의 권유》에서 다음과 같이 강조하고 있다.

인도 국체는 실로 오래 되었다. 문명을 열기는 기원전 수천 년에 이르며 이론의 정연하고 뛰어남은 서양 여러 나라의 이학理學에 견주어 떨어질 바가 별로 없었다. 또 터키 정부도 세력이 강성하여 한때 아시아·아프리카·유럽 일대를 휩쓸었으며, 그들이 이르는 곳에 바뀌지 않는 것이 없을 정도였다. 이는 임금과 신하들이 모두 현명했기 때문이다. 인구수가 많고 병사들이 용감했던 점도 이웃 나라에 견줄 바 아니다. 인도와 터키를 한마디로 평한다면 인도는 유명한 '문국文國'이고, 터키는 '무용武勇대국'이라고 말할 수밖에 없다. 그런데 지금 두 나라 현실은 어떠한가. 인도는 이미 영국령이 되어 인도 국민은 영국 정부의 노예나 다름없다. 오늘날(《학문의 권유》 발표 당시) 인도인은 오로지 아편을 가꾸어 결국 중국인을 독살하고 영국을 상대로 독약 장사를 하여 판매 이익을 취하고 있을 뿐이다. 터키 정부도 명색은 독립국이라고 하지만 상업권은 영불英佛인에게 빼앗겨 국가 재정은 날이 갈수록 쇠약해지고 있다. 베틀을 짜는 사람도 없고 기계를 만드는 사람도 없으며 땀 흘려 토지를 경작하는 사람도 없다. 모두 수수방관하고 세월을 보내고 있을 뿐 모든 제작품은 영불로부터 수입에 의존하고 있다. 따라서 나라 경제가 좋아질 리 만무하고 그 대단한 병사들도 거지꼴이 되어 쓸모가 없다고 한다. 이처럼 인도의 문文도, 터키의 무武도 그 나라의 문명에 전혀 도움이 되지 않은 까닭은 무엇일까. 이는 무엇보다 국민의 의견이 나라 안에 그쳐 자국 상태에 만족하기 때문이다. 국가가 융성하려면 끝없는 의논과 국민적 노력이 필요하다. 서양 상인들이 나아가는 곳에 아시아에서는 적수가 없어 그저 두려울 뿐이다.

이처럼 후쿠자와는 과거 문명이 융성했던 인도나 터키가 영국과 프랑스의 침략으로 유린당한 까닭이 목표를 정하여 문명을 추구하지 않았기 때문이라고 단언하고 있다. 그러면서 그는 일본의 독립을 지키기 위한 방법은 "문명을 추구하는 수밖에 돌파구가 없다"며, "지금의 일본인에게 문명을 권유하는 이유는 바로 이 독립을 지키기 위한 목적뿐"이라고 역설했다. 그는 더욱이 아편전쟁(1840~1842)에서 중국이 영국에 패하는 모습을 목격하고 큰 충격을 받았다고 술회하고 있다.

이와 같은 후쿠자와의 아시아 인식을 정리하면, 그는 동양이 서양으로부터 충격과 압박을 받고 있다는 점에서 동양을 공동 운명체로 인식하면서도 실상으로는 아시아 모든 나라를 문명정신이 결여된 '빈약하고 미개한 국가'로 파악했다. 그러나 《문명론의 개략》을 출간할 때까지만 해도 이같이 공동 운명체로 규정하고 다소 우호적이었던 그의 아시아관은 '메이지 14년(1881)의 정변'(제4장 참조)을 거치면서 급격히 바뀌기 시작했다. 유신에 성공한 메이지 정권은 기존의 의식을 바꾸고 국가 틀을 새로 짜는 등 개혁에 박차를 가했다. 그 결과 1880년대 들어 국세가 몰라보게 달라졌다. 사회는 안정되고 산업은 발전했다. 앞서 설명했듯이 메이지 정부는 경제·군사적으로 체제를 강화하고 근대 왕정 국가로 거듭났다. 말하자면 후쿠자와가 바라는 대로 문명개화의 열매를 맺어가고 있었던 것이다.

이에 자신감을 얻은 후쿠자와는 조선에서 청나라 개입으로 갑신정변이 실패하자 "중국은 아직도 여전히 반개 상태, 아니 그 이하의 상태에 있다"고 낮추어 보고 '동양의 악우惡友'로 규정, "일본은 중국과의 교류를 끊어야만 한다"고 강조했다. 그는 일찍이 1865년 6월 27일 발표한 〈당인왕래唐人往來〉라는 글에서도 "중국은 개혁이 무엇인지 모르고 천 년 이천 년 전 옛날 사람이 말한 언설을 열심히 지키며 조금도 임기응변을 모르고 무턱대고 자존심만 강하다"고 중국의 구태의연함을 꼬집은 바 있다. 물론 이러한 중국과의 국교단절 주장에는 조선을 선점先占하고자 한 고도의 전략이 들어있었음은 숨길 수 없는 사실이다. 따라서 그의 머릿속에 일본은 이미 문명국으로 자리 잡았고 중국·조선은 미개국이었다.

이 같은 문명론을 토대로 한 그의 주장은 1882년 3월 1일 자신이 《지지신보時事新報》를 창간하면서 더욱 힘을 얻었다. 그가 조선 문제에 대해 적극적인 관심을 보이기 시작한 시기도 바로 이때이다. 역사 기록에서 확인할 수 있듯이 당시 일본은 겉으로나마 조선을 독립국으로 인정하여 강제로 수호조약(1876년 2월)을 체결하고 통상 교류를 시작했다. 일방적으로 일본에 유리한 이 불평등 조약은 사실 조선에 대한 청나라의 종주권을 부정하고, 조선과 무역을 자유롭게 하자는 데 목적을 두었다. 그러나 청나라는 조선을 그들의 속국이라 주장하며 이를 인정하지 않았다. 실제로 조선의 독립은 1882년 임오군란 이후부터 청나라 때문에 크게 흔들리고 있었다. 청나라는 임오군란 수습을 구실로 3천 명의 군대를 조선에 주둔시키고, 섭정攝政을 하던 대원군을 청나라로 끌고 가 베이징에서 남쪽으로 150킬로미터 떨어진 바오딩부保定府에 유폐시켰다. 이는 조선의 독립을 무시하는 만행이었다. 청나라는 조선에 주둔시킨 군사의 무력을 배경으로 종주권을 주장하면서 조선의 내정에 적극 간섭하여 조선을 실질적으로 속방화屬邦化하려고 획책하였다. 이때부터 조선에서 이권을 독차지하기 위한 청·일 양국의 암투가 격화되었고 충돌도 잦았다.

이에 후쿠자와는 《지지신보》 사설을 통해 〈조선정략론朝鮮政略論〉 (다음 절 탈아론 이후 참조)을 들고 나와 일본이 대對조선 문제에 지도적 지위를 점할 것, 무력을 행사해서라도 청나라 지배 아래 있는 조선을 해방시키고 문명화를 원조할 것 등을 강조했다. 그는 거의 하루도 거르지 않고 사설에서 조선 문제를 계속 논제로 삼을 정도였다. 〈조선정략론〉은 말할 필요도 없이 조선 경영을 직접 겨냥한 주장으로 조선의 개혁＝근대화를 목표로 하고 있다. 그의 사설은 조선을 유교의 영향으로부터 해방시키는 데 중점을 두었다. 이에 따라 후쿠자와의 조선 원조는 이른바 '대조선문화공작對朝鮮文化工作'(다음 장 참조)으로 나타났다. 구체적으로는 신문을 간행하고 조선 유학생을 받아들이는 사업 등이 주요 골자인데 여기에는 조선을 일본의 시장으로 개방시키려는 의도도 담겨 있었다.

후쿠자와는 겉으로는 조선을 반개로 말하면서도 내면적으로는 '소야만국'으로 여겼다. 조선 국정國政이 바쿠후 말 유신기의 일본과 비슷했기 때문이라는 설명이다. "실로 20여 년 전 일본의 처지를 생각하면 동병상련을 금할 수 없다"는 대목에서 동정심도 읽을 수 있다. 이처럼 조선의 근대화를 위한 그의 심정은 실로 복잡했다.

하지만 갑신정변을 계기로 그는 《지지신보》를 통해 조선과 중국을 통렬히 비판하고 나섰다. 후쿠자와는 1885년 2월 23일자 사설에서 "갑신정변의 가해자는 중국과 조선 두 나라이고, 피해자는 실로 우리 일본 한 나라이다"고 전제하고, "조선은 '요마악귀의 지옥국', 즉 야만 이하의 나라이다"라고 혹평했다. 갑신정변의 실패처럼 후쿠자와에게 충격적인 사건은 별로 없었다. 그가 조선을 요마악귀의 지옥국이라고 극언한데서도 이를 잘 읽을 수 있다. 갑신정변이야말로 그에게 천추의 한이었던 셈이다. 조선을 개명으로 이끌어 친일親日로 만들고자 한 그의 기대가 무너져 버렸기 때문이다. 그래서 나온 주장이 바로 '탈아론'이다. 다시 말하면 갑신정변의 실패가 곧 〈탈아론〉의 형태로 탈바꿈했다고 할 수 있다. 이 〈탈아론〉은 앞서 설명한 대로 중국과 조선을 멸시 비하하고 일본 정부에는 근대화의 방향을 제시하며, 결과적으로 문명화를 달성한 일본이 아시아를 분할 점거해야 한다는 아시아 침략을 결론으로 하고 있다.

후쿠자와는 〈탈아론〉 발표 이전에도 〈가능성은 이미 올려졌다〉(1884년 8월 11일자), 〈입술과 이, 수레바퀴와 수레〔순치보차脣齒輔車〕의 속담에 의지하기는 부족하다〉(1884년 9월 4일자), 〈동양의 파란〉(1884년 10월 15~16일자) 등의 제목으로 〈탈아론〉과 비슷한 취지의 논설을 연달아 싣고, 조선·중국은 장래 망국의 고통스러운 맛을 보게 될 게 분명하다고 예언했다. 더욱이 〈동양의 파란〉에서는 "장래 중국은 프랑스를 적으로 하기에 그치지 않고 구주歐州의 수많은 강국을 적으로 하는 운명에 처하게 된다.…… 방대한 동양의 노제국老帝國도 곧 분열되어 서양 제국에 분할 지배될 것"이라고 단언했다.

이에 앞서 그가 1883년 9월 29일부터 10월 4일까지 연이어 《지지신보》 사설로 발표한 〈외교론〉은 읽는 이에게 더욱 충격을 준다. 그는 이 사설에서 동아시아 국제 관계를 서로 먹고 먹히는 금수禽獸의 역학관계에 빗대어 논리를 전개하고 있다. 그는 "일본도 금수 가운데 한 나라로 다른 나라에 먹히느냐 아니면 먹느냐가 문제다. 아무튼 부탁할 바는 '힘 있는 금수'가 되는 것뿐"이라고 강조했다. 그리고 다른 나라를 먹는 국가는 문명국이고 다른 나라에 먹히는 희생양은 반개, 야만국이라고 덧붙였다. 그렇게 보면 후쿠자와는 이미 중국과 조선의 국권이 서양 열강에 넘어가리라 예상하고, 그럴 바에는 일본이 선점해야 한다는 점을 암시했다고도 볼 수 있다.

일본 정치학자 마루야마 마사오丸山眞男는 후쿠자와의 아시아관을 아시아 연대連帶, 아시아 개조, 아시아 분할의 3단계로 나누었다. 또 일본 역사학자 반노 준지坂野潤治는 후쿠자와의 아시아 개조를 조선

의 개조=일본화, 일본의 조선 진출로 규정하고 이를 아시아 침략의
제1보로 보았다. 그는 후쿠자와가 〈탈아론〉에 앞서 발표한 〈동양정
략 과연 어찌하랴〉(《지지신보》 1882년 12월 7~12일자)가 아시아 침
략의 교두보라고 분석했다(《福澤諭吉の思想形成》 252쪽).

결론적으로 후쿠자와의 〈탈아론〉은 '일본에 서양문명 공기를 주
입시켜 서쪽의 영국에 조금도 뒤지지 않는 또 하나의 문명국, 동양
의 영국 만들기'를 목표로 했다. 따라서 거기에는 메이지유신 이후
국제사회 계급질서에서 일본의 지위를 끌어올리려는 후쿠자와의 내
셔널리즘 사상이 강하게 작용한 점도 빼놓을 수 없는 사실이다. 후
쿠자와는 이러한 논리 전개과정에서 아시아 여러 나라를 야만 또는
반개半開 상태의 단계로 평가하고 군사력, 경제력, 문화수준 등이 서
양 열강에 훨씬 못 미치는 품격이 낮은 국가로 인식했다는 사실을
깊이 새겨 둘 필요가 있다.

유교儒敎는 문명의 적

후쿠자와는 공교롭게도 일생의 한 중간인 33세 때 '메이지유신'이
라는 역사의 격랑을 만났다. 일부러 구분하자면, 메이지유신까지가
인생의 준비 기간이었고 그 이후는 결실기였던 셈이다. 그는 미래가
불투명한 소용돌이 속에서도 젊음을 바탕으로 바람직한 국가상國家
像 확립을 위한 주장을 과감하게 펼쳐 나갔다. 그의 지론이 일본 국
내에서 빛을 발할 수 있었던 까닭도 그러한 시대적 특성을 배경으
로 했기 때문에 가능했다는 게 일본 학계의 분석이다.

그는 흔히 시류時流에 강한 인물로 평가되고 있다. 논점의 핵심이
처음부터 끝까지 일관된 것이 아니라 때와 장소에 따라 바뀌고 있

기 때문이다. 어쩌면 그가 시기와 상황에 재빨리 적응해야 하는 저널리스트 출신이라 그랬는지도 모른다. 그렇기 때문에 그의 주장에서 모순점을 찾기란 그리 어렵지 않다. 조선과 중국 문제에 대한 논리 전개 과정도 물론 예외는 아니다. 그러나 한 가지 변하지 않는 명제는 인류 그리고 국가 발전을 '문명'으로부터 출발하고 있다는 점이다.

그는 무엇보다 유교儒敎를 가장 싫어하여 유교나 유교주의를 비판의 주요 대상으로 삼았다. 바꾸어 말하면 유교 비판에 생애를 바쳤다고 해도 지나친 말이 아니다. 후쿠자와가 유교를 비판의 도마 위에 올린 데는 그만한 이유가 있었다. 유교가 문명 발전을 막고 있다고 인식했기 때문이다. 그는 중국과 조선 그리고 일본이 서구처럼 발전할 수 없었던 까닭은 문명의 근간을 이루고 있는 유교 또는 유교주의가 전진 발전을 가로막고 있기 때문이라고 판단했다. 후쿠자와가 아시아를 문제 삼을 때 주로 중국과 조선을 대상으로 한 이유도 바로 그런 데서 시작하고 있다.

후쿠자와는 모든 문제 가운데 '봉건적 문벌제도'를 철폐 대상 1순위로 꼽을 만큼 제도 자체를 못마땅하게 생각했다. 무사武士가 일본 사회를 지배하던 봉건시대 문벌제도는 하급 무사의 아들로 태어난 후쿠자와에게 실로 가혹한 형벌에 가까웠다. 태어날 때부터 신분이 상하로 구분되고 다른 신분 사이의 통혼通婚이 금지됐으며, 말씨도 하급은 상급자에게 존댓말을 써야 했다. 그뿐만 아니다. 번藩 밖으로 출입이 엄격히 통제되고 학문을 연구할 수 있는 자유마저도 허용되지 않았다. 그의 자서전을 보면 그가 자란 나카쓰 오쿠다이라번中津奧平藩은 이 제도가 더욱 엄격했던 모습으로 비춰지고 있다. 후쿠자와는 "심하게는 어린이의 교제에 이르기까지 상하귀천을 구분하고

있고, 어린이들의 놀이에도 문벌이 붙어 다녀 하급 무사 출신 어린
이들은 사족士族 자녀들에게 꼬박꼬박 존댓말을 써야 했다"고 자서
전에 기록하고 있다. 후쿠자와의 불만이 어떠했는지를 알아보고자
여기에 자서전의 일부를 옮긴다.

우리나라 봉건제도는 마치 물건을 상자 안에 꽉 채운 듯이 질서가
서 있어서 몇백 년이 흘렀으나 한 치도 움직이지 않는 상태이다. 가
로家老(가신의 우두머리) 집안에서 태어난 사람은 그 사람의 능력에
관계없이 그 집안에서 태어난 사실만으로 가로가 되고, 최하급 무사
의 가문에서 태어난 자는 마찬가지로 그 가문에서 태어났다는 이유
만으로 그대로 최하급 무사가 된다. 다시 말하면 선조 대대로 우두머
리는 우두머리, 하급은 영원히 하급이고 그 사이에 있는 자도 같은
모양으로 몇백 년이 지나도 한 치의 변화라고는 없다. 그래서 나의
아버지 처지로 생각해보면 하급 무사는 아무리 똑똑해도 명성名聲을
얻기란 불가능하다. 세간에는 평범한 생선 가게 아들이 대승정大僧正
이 되었다는 말이 오가고 있다. 아버지가 나를 중으로 만들려 했던
생각*도 아마 그 때문이라고 추측된다. 아버지는 생애 45년 동안 봉
건제도에 속박되어 아무 일도 할 수 없었다. 불평을 참고 허무하게
세상을 떠나 그야말로 유감이다. 나를 중으로 만들어서까지 이름을
내려고 결심한 그 심중의 쓰라림, 애정의 깊음, 나는 매년 이 일을
생각하고 봉건의 문벌제도를 분개하며 혼자 운 적이 있다. 문벌제도
는 나의 고통이자 아버지의 적이었다.

---

* 실제로 그의 아버지 햐쿠스케百助는 아들의 총명함을 보고 그를 출세시키고자
  스님으로 만들려 힘썼다고 한다.

이와 같은 봉건적 문벌제도의 이데올로기가 유교로부터 유래하고 있음은 알 만한 사람에게는 모두 알려져 있었다. 따라서 그의 봉건적 문벌제도 비판은 곧 유교 비판이라고 바꿔 말할 수 있다. 후쿠자와는 유교를 일본 사회의 진보 발전을 가로막는 원흉으로 보고 비판을 더했다. "봉건 문벌제도는 우리의 적이다. 이를 파괴하지 않으면 우리에게 발전은 있을 수 없다"는 그의 말에는 비장함마저 감돌고 있다.

후쿠자와의 유교 비판은 논점으로부터 벗어나는 예도 더러 있었지만, 주로 봉건제도의 관념적 유대인 군신君臣 사이의 명분론 부정, 한학자漢學者의 사회적 기능 비판이라는 두 가지 형태로 이루어졌다. 그가 고향 나카쓰번의 문벌제도를 가혹하리만큼 비판한 까닭은 군신 사이의 명분론 부정에 해당된다. 그는 "아시아 3국에서는 국군國君의 일을 민民의 부모라고 하고, 인민의 일을 신자臣子 또는 적자赤子라고 하며, 정부의 일을 목민의 직이라고 말한다. 더욱이 중국에서는 지방관의 일을 목牧이라고 했다. 그렇지만 이 목牧은 원래 짐승들을 키우는 의미로 인민을 소·양과 같이 다룰 요량으로 그 명목을 내건 말이다"라고 하면서 중국을 예로 들어 유교의 원천을 비판했다. 후쿠자와는 유교 논리의 정립에 동원된 한학자들에 대해서도 공격의 고삐를 늦추지 않았다.

도쿠가와德川 시대 학자의 꿈을 실현한 사람은 정부 제번諸藩의 유관儒官이다. 명칭은 유관이었지만 사실 무사 계급이 아닌 일종의 귀족 신분으로 직분은 그리 높은 편이 아니었다. 다만 하나의 기계처럼 움직일 뿐 정치상의 사무도 허용되지 않았다. 쌀 다섯 말을 받고 상급 무사의 자녀들에게 글을 가르치는 일이 고작이다. 그러나 그들의 역할은 무시할 수 없다. 지배 계급에게 전제專制의 원리를 가르치고 그 전제를 행하도록 뒷받침하기 때문이다. 선조 대대로 이어지고 있는 이 전제라는 '유전 병독病毒'에 열을 가하는 자가 바로 그들이다.

이 주장은 그가 《문명론의 개략》에서 지적한 한학자의 병폐이다. 이와 같이 후쿠자와는 문명을 가로막는 요소인 봉건적 문벌제도가 일본에 도입되어 지속될 수 있었던 속사정은 유교 때문이라고 주장했다. 그래서 그는 공자와 맹자의 가르침이 후세에 유교만을 전했을 뿐이라고 맹렬히 비판하고 있다. 그는 유교=공맹孔孟의 가르침에 주목하면서 다음과 같이 지적했다.

여기에 또 하나의 사실을 깨달아야만 한다. 그 사실이라는 실체는 중국과 일본의 문명이 다르고 같음이다. 순전한 독재獨裁 또는 신神 정부란 군주의 존엄을 하늘에 돌리고 지존至尊의 위치와 지강至强의 힘을 일치시켜 인간 교제를 지배함을 말한다. 이 독재 정부가 인심의 깊은 내부까지 침범하여 그 방향을 정하면 정부 아래 백성들은 사상이 반드시 한 쪽으로 치우쳐 가슴속에 여지를 남기지 않고 심사가 항상 단일하게 될 수밖에 없다. 그러나 만약 변이라도 생겨 이러한 교제 구조를 조금이라도 파괴하려 한 자가 있다면 사정의 좋고 나쁨에 관계없이 그 결과는 인심에 자유의 바람이 생기게 마련이다.

중국 주말周末 제후들의 활거로 인민들은 수백 년이 흘러도 주실周室이 있는 지조차 몰랐다. 그 당시 천하는 크게 혼란했지만 독재 전일專一의 원소元素는 권력을 잃고 인민의 마음에 조금씩 여지를 남겨 스스로 자유의 생각을 싹트게 했다. 중국 문명 3천 년 동안 갖가지 설과 논쟁이 일어 전혀 상반되는 흑과 백을 세상에 받아들일 수 있게 된 움직임은 특히 주말周末부터 더욱 활발해졌다. 이 변천이 바로 공맹의 이단異端이다. 이 변화는 공맹에서 보면 이단이지만 이단으로부터 논論하자면 공맹 또한 이단을 면할 수 없다. 오늘날에는 이에 관한 책도 별로 남아 있지 않아 이를 명쾌히 증명할 수는 없으나 당시 인심은 활발하여 자유의 기풍이 있었음은 짐작할 수 있다. 옛날 진시황秦始皇이 천하를 통일하고 책을 불사른 일도 오로지 공맹의 가르침만을 미워함에 있지는 않았다. 공맹에게도, 양묵楊墨*에게도 백가의 이설쟁론異說爭論을 금지할 수 없다. 당시 혹시 공맹의 가르침만을 세상에 전파하려 했다면 진황秦皇도 책을 불사르는 데까지 이르지는 않았을 것이다. 아무튼 후세에도 폭군은 많았고 진황의 횡포에 뒤지지 않는 제왕도 나왔다. 그럼에도 공맹의 가르침은 박해받지 않았다. 공맹의 가르침은 폭군을 막기에 부족하다.

그렇다면 진황은 왜 당시의 이설쟁론을 미워하여 이를 금지했을까. 그것은 말할 나위도 없이 그 많은 백가들이 입을 놀려 시끄럽게 함으로써 특히 자기의 전제專制가 침해받게 된 데 있었다. 전제를 침해받게 되면 그 이설쟁론 사이에서 자유의 원소元素가 생기는 일은 자명한 이치이다. 하지만 단일설單一說을 지키려면 그 설이 아무리 순정선량純情善良하더라도 결코 자유의 기氣는 생길 수 없다. 자유의 기풍은 오로지 다사쟁론多事爭論 사이에 있다는 사실을 알아야 한다. 그러면 다시 천하 또는 독재정치 문제로 돌아가 보자. 정권은 가끔 교체된다 하더라도 인간 교제의 원리는 변함없이 지존의 자리와 지강의 힘을 하나로 하여 세상을 지배하고 그 조직에 가장 편리하게 하기 위해 오직 공맹의 가르침만을 세상에 전하게 되는 것이다.

---

* 양자楊子와 묵자墨子를 줄인 말로 둘 다 중국 춘추전국시대 철학자이다.

후쿠자와는 이 같은 사실에 착안하여 청·일 양국 문명을 비교하면서 "유교의 영향으로 중국은 독재 신神정부를 만대에 전하게 되었고, 일본은 신神정부의 원소元素에 무력武力을 채택하게 되었다. 따라서 중국의 원소는 하나이고 일본은 둘이 된 것이다"라고 주장했다. 후쿠자와가 "일본이 중국보다 서양문명을 받아들이기가 용이하다"고 호언한 까닭도 이 논리에 바탕을 두고 있기 때문이다. 그는 조선이 청나라의 종주권을 인정하고 그 지배에 복종하고 있는 현실도 유교에 원인이 있다고 판단했다. 그래서 일본 학계에는 그가 임오군란(1882년) 이후 '대조선문화공작'으로 조선을 도우려 한 이유도 유교의 영향에서 벗어나게 하려는 데 목적이 있었다는 주장도 없지 않다. 이를 종합해 보면 후쿠자와는 '봉건적 체제와 이데올로기 측면에서 이를 뒷받침하는 유교가 아시아, 특히 중국과 조선을 발전 없는 사회로 전락시킨 원흉'이라고 인식한 셈이다. 따라서 그의 주장에서 '일본의 문명화=서양화=반反유교'의 등식을 자주 대할 수 있다. 그의 유교 비판은 상고주의尙古主義(문명에 대한 결여)의 부정이었다.

후쿠자와의 유교 비판은 말할 것 없이 유교에 대한 풍부한 지식을 바탕으로 하고 있다. 그가 최초로 교육받은 학문은 한학漢學이었다. 그는 열네 살 때 나카쓰中津에 있는 시라이시 쇼잔白石照山의 사숙私塾 반코도晩香堂에서 한학을 배우기 시작했다. 그가 한학에 비범한 재주를 보였다는 평을 보면 머리가 보통이 아니었음을 알 수 있다(제3장 그의 성장과정 참조). 그는 실제로 자서전에 "경서를 전문專門으로 《논어論語》, 《맹자孟子》는 말할 필요 없이 모든 경의經義를 연구 공부하고, 시라이시 선생이 좋아하는 《시경詩經》은 강의를 받아 잘 읽었다. 그로부터 《몽구蒙求》, 《세설신어世說新語》, 《좌전左

傳》,《전국책戰國策》,《노자老子》,《장자莊子》도 강의를 듣고 곧 이해
했다. 이에 앞서 역사는 스스로 공부하여 《사기史記》를 비롯한 《한
서漢書》,《진서晉書》,《오대사五大史》,《원명사략元明史略》도 모두 읽
었다. 이 가운데서도 나는 《좌전》을 잘했다. 대개 서생들은 좌전 15
권 가운데 3~4권을 읽는 데 그쳤으나 나는 모두 열한 번이나 반복
해서 읽어 재미있는 대목은 빠짐없이 외웠다. 그래서 '한학자의 견
습 출연자'가 되어 있었다"고 기록하고 있을 정도이다. 이로 미루어
보더라도 한학에 대한 그의 교양은 보통이 아니었음을 짐작할 수
있다. 이 한학 지식이 바로 유교 비판 또는 중국 비판에 소재를 제
공한 원동력이라고 설명할 수 있다.

후쿠자와의 유교 비판은 메이지 14~15년(1881~1882) 이후의 수
년 동안과 메이지 30년(1897) 전후에 집중되어 있다. 앞의 시기는
〈탈아론〉 발표와 거의 일치한다. 그에게 탈아脫亞라는 말은 '아시아
침략'이라는 의미를 제외하면 유교나 유교주의로부터 탈출이자, 양
학=서양문명에 의한 근대화이기도 했다. 그리고 거기에는 아시아를
탈피하지 않으면 서양 열강의 침략을 받을 수밖에 없다는 위기감이
배어 있다. 따라서 일본의 문명화가 거듭 반복해 강조되었고, 유교
주의와 구습에 빠져있는 중국과 조선의 외교 개선과 정치개혁의 필
요성이 문제되었던 것이다. 메이지 30년 전후의 유교 비판은 일본의
조약 개정 문제와 깊이 관련되어 있었다는 것이 일본 학계의 분석
이다. 일본이 구미 제국과 맺은 수호통상조약은 1894년부터 1897년
사이 새 조약으로 바뀌어 1899년부터는 메이지 정권의 외교 목표를
실현할 수 있었다. 후쿠자와는 이 시점에서 유교주의와 배외排外주
의를 통렬히 비판하면서 '문명국의 체면'을 유지하도록 각계에 촉구
했다. 따라서 후쿠자와의 유교 비판은 불평등 조약 개정을 비롯한

진정한 독립에 목적이 있었음을 알 수 있다. 다시 말하면 유교 비판은 대외 위기의식의 심화와 표리 관계에 있었다고 풀이할 수 있다.

후쿠자와는 1854년 2월 형 산노스케三之助의 권유로 난학蘭學*을 배우기로 하고 나가사키長崎로 유학을 떠났다. 당시 나가사키는 일본 안에서 유일하게 외부에 개방되어 외국인 출입이 자유로웠고 난학이 성행하고 있었다. 20세의 후쿠자와는 나가사키로 유학을 떠날 때 봉건적 문벌제도와 유교가 지배하는 나카쓰번中津藩에 '침을 뱉고 출발했다'고 자서전에 밝히고 있다. 나카쓰번으로부터 해방은 유교로부터 탈출이자 동시에 개인적인 탈아脫亞이기도 했다. 유교와 봉건적 문벌제도에서 벗어남은 곧 아시아 유교 사상으로부터 해방됨을 의미한다. 후쿠자와는 그런 뜻에서 생애를 걸고 유교와 유교주의를 비판했다. 후쿠자와의 이런 유교 비판은 마침내 〈탈아론〉으로 결실을 보았고, 그것은 곧 일제 군국주의자들에게 아시아 침략의 이론적 근거를 제공하게 된 것이다.

2. 후쿠자와와 갑신정변

조선 개화파와의 교류 배경

그럼 후쿠자와는 왜 쿠데타를 사주하면서까지 그토록 조선의 '개화문명開化文明'을 도우려 했을까. 그는 한 번도 조선을 방문한 적이 없다. 그렇다고 조선에 특별한 연고가 있었던 것도 물론 아니다. 이에 관한 그의 분명한 의도가 담긴 문헌도 없어 궁금증을 더한다. 다

---

* 네덜란드어와 네덜란드에 관한 학문.

만 학자들의 가설을 빌어 후쿠자와의 속셈을 가늠해 볼 수밖에 도리가 없다. 기네후치 노부오는 그가 쓴 《후쿠자와 유키치와 조선》에서 "후쿠자와는 조선 신사유람단을 접촉하고(1881년 5월) 유학생을 받아들임으로써 조선에서 '(그의)아버지의 적敵(유교 봉건주의)'을 발견하고 조선 문제에 대해 깊은 관심을 갖게 된 것"이라고 해석하고 있다. 비유적으로 말하자면, 조선은 세계지도 가운데 한 점에 지나지 않지만 아시아 지도를 펴면 더 크고 가까워지듯이 주시할 대상으로 커졌다는 설명이다.

또 한 가지는 "메이지유신 때 방관자로 보낸 그가 개혁을 기다리는 이웃 나라를 발견하고 스스로 개화운동에 참가할 유혹을 느꼈기 때문"이라는 분석이다. 후쿠자와는 일본이 개화한 뒤 양학洋學 지식을 습득하여 바이신陪臣(지방 번藩의 신하)에서 바쿠신幕臣(바쿠후의 신하)으로 신분이 상승되었다. 그럼에도 그는 정작 메이지유신 때 정권 획득운동에 참여하지 않고 이를 수수방관해 정권에 참여할 자격을 얻지 못했다. 후쿠자와는 이러한 사실을 자신의 저서 《통속민권론通俗民權論》에 공개하고 있다. 이는 후쿠자와가 메이지 정부의 입각 권유를 시종일관 사양한 큰 이유 가운데 하나이기도 했다. 3공화국 때부터 정권 교체에 관계없이 요직을 차지하며 때로는 엽관獵官운동도 서슴지 않는 우리네 관료 풍토와 비교하면 얼마나 대조적인가. 후쿠자와의 이런 면이 돋보여 오늘날 1만 엔짜리 얼굴로 일본 국민들의 추앙을 받고 있는지도 모른다.

이런 일본 학자들의 견해를 종합해 보면, 후쿠자와의 조선 개화파 지원은 메이지 정권에서 소외된 그가 조선을 친일 쪽으로 끌어들여 정부가 이루지 못한 외교적 꿈을 실현함으로써 민간도 외교에 중요한 몫을 할 수 있다는 사실을 보여주고자 꾀한 시도라고 풀이할 수 있다.

어쨌든 후쿠자와는 조선 승려 이동인李東仁을 대면*하면서 조선 개화파와 인연을 맺게 되었다. 이동인이 개화파와 후쿠자와 사이에 다리를 놓은 것이다. 이동인은 후쿠자와가 최초로 만난 조선인이기도 하다. 그렇다면 천민 계급인 승려 이동인은 도대체 어떤 인물이기에 그때 개화파 선비들과 가깝게 되었고, 결과적으로 밀사 구실까지 하게 된 것일까. 국내에는 그에 관한 기록이 별로 없어 구체적인 이력에 대해서는 잘 알 수가 없다. 그의 법명法名은 기인琪印이고 법호法號는 서명西明으로, 서울 수유리 화계사華溪寺 삼성암三聖庵과 경남 통도사通度寺 백련암白蓮庵, 서울 봉원사奉元寺 등을 옮겨 다녔다는 행적이** 고작이다. 가족 사항은 말할 나위 없이 출생지를 비롯한 변변한 신상명세마저 남아 있지 않은 실정이다.

다만 일본 사학자 하기와라 노부토시萩原延壽(1926~2001)가 1990년 6월 7일~8월 21일자 《아사히신문朝日新聞》에 연재한 〈먼 벼랑遠い崖 – 사토의 일기초日記抄〉에서 이동인을 언급하고 있어 조금이나마 그의 풍모를 상상해 볼 수 있을 뿐이다. 이에 따르면 이동인은 당시 주일 영국 외교관이었던 어니스트 사토Ernest M. Satow의 조선어 교사였다고 한다. 그때 이동인의 나이는 30세 안팎으로 키는 작고 얼굴은 기이하여 못난 편이었으며, 눈 빛깔도 괴이했던*** 모양이다. 하기와라는 〈사토의 일기초〉에서 "이동인은 메이지유신 뒤 일본에 깊은 관심을 갖고 1878년 6월부터 교토에 본원을 두고 있는 히

---

* 날짜 미상. 1879년 9월~1880년 5월 사이로 추정된다.
** 李光麟 〈개화당開化黨 연구研究〉와 李用熙 논문 〈동인승東仁僧의 행적行蹟 – 김옥균파 개화당의 형성에 연하여〉 참조.
*** 《초야신문朝野新聞》 주필 스에히로 데쓰조末廣鐵腸의 1881년 5월 6일 기록.

가시혼간지東本願寺 부산별원釜山別院에 출입하게 되었고, 당시 조선 사회에서 승려는 천민으로 취급받고 있었으나, 그는 상류층으로 개화사상을 지닌 김옥균金玉均(1851~1894)·박영효朴泳孝(1861~1939) 등과 친분을 맺고 있었다. 1879년(메이지 12년) 9월 일본으로 몰래 건너온 그는 교토 히가시혼간지에 머무르면서 일본어를 배우고 이듬해 4월 도쿄로 상경하여 아사쿠사淺草에 있는 히가시혼간지 별원에서 기거했다"고 밝히고 있다. 또 "이동인을 일본에 보낸 김옥균은 양반 명문 출신이고 박영효는 전前 국왕 철종哲宗의 사위로 후쿠자와와 깊이 교제하기까지 조선 개화파의 대표였으며, 이동인의 밀항에 동행한 사람은 부산별원에서 포교활동을 하던 교토 히가시혼간지의 일본인 승려 와다 엔쥬和田圓什였다"고 한다. 사토의 일기는 이동인이 김옥균·박영효의 지시에 따라 일본에서 각국 공사관의 외교관들과도 접촉하면서 '일본국정시찰단(신사유람단)'의 파견 계획까지 추진하였음을 확인할 수 있는 좋은 자료이기도 하다.

히가시혼간지 부산별원은 부산항 개항에 따라 1877년에 문을 열었다. 일본진종日本眞宗의 포교활동은 말할 나위 없고 조선국 유지들과 접촉해 그들을 친일화親日化함으로써 일본 정부의 대對조선정책을 측면에서 돕고, 나아가 조선의 팔도 사원寺院을 총괄하는 데 목적을 두고 있었다. 이동인은 이곳에서 원주院主 오쿠무라 엔신奧村圓心과 불교 담론談論을 비롯해 조선 불교의 퇴폐상, 조선 정국론政局論, 더욱이 조선의 국제적 고립 등에 대해 깊이 있는 대화를 나누었다고 전해지고 있다. 곧 이어 설명하겠지만 이동인은 김옥균 등 개화파 선비들을 처음 만났을 때*"나는 일본을 수차례 여행했으며 일

---

* 연도 날짜 미상, 개화파 인사들이 이동인을 만난 뒤 일 년 가까이 이동인이 구해 온 서적과 씨름하고, 그를 일본에 보낸 시기가 1879년 9월이므로 첫 만

본에 대해 잘 알고 있다"고 말한 점으로 보아 그 이전에도 몰래 여러 번 일본을 왕래했다고 짐작된다. 당시 이동인과 깊은 이야기를 나누었던 오쿠무라 엔신의 일기를 보면 이동인이 보통 인물이 아니었음을 짐작케 한다. 참고로 그의 일기를 옮겨보면 이렇다.

> 동인은 원래 승려일지라도 평상시 애국 호법護法의 신경가神經家로서 최근 조선 국운이 날로 쇠퇴하고 종교는 이미 땅에 떨어졌다고 말한다. 이때 혁명당 박영효·김옥균 등은 국가의 쇠운을 분개하고 크게 쇄신하려 했다. 또한 동인도 의견이 죽절竹節하였으므로 박영효·김옥균 양씨가 동인을 인견引見하고 중용하기에 이르렀다. 그러므로 열국列國의 공법 등을 알고자 우리 종문宗門에 들어와 일본에 가려한다. 동인은 박영효가 준 순금 환봉丸棒 네 개(길이 2촌 둘레 1촌 남짓의 금덩이)를 나에게 보이고 이를 여비로 하여 도항渡航하려 한다고 말했다. 그래서 총영사관에 알려 본산本山에 보내기로 했다. 이는 즉 조선개혁당이 일본에 도항하는 시작이다(奧村圓心 〈朝鮮布敎日誌〉).

이 일기에서 보듯이 이동인은 실제로 일본으로 건너가기에 앞서 히가시혼간지 부산별원에서 일본을 비롯, 서구 선진 문명에 대해 적지 않은 지식을 배웠음을 알 수 있다. 이와 함께 그의 도일에 앞서 개화당이 이미 조직되어 활동을 강화하고 있었다는 사실도 확인할 수 있으며, 당시 일본 계몽사상가로 명성을 떨치고 있던 후쿠자와에 대해서도 익히 알고 있었다고 여겨진다. 따라서 이러한 일본을 비롯한 선진 문명에 대한 그의 해박한 지식이 개화파 인사들에게 알려

남은 1879년 봄쯤으로 추측된다.

져 중용되었으리라는 점을 상상하기는 그리 어렵지 않다.

19세기 말 서구열강들이 아시아를 선점先占하고자 세력을 동양으로 집중하고 있던 그때, 우리나라에서도 젊은 선비들을 중심으로 자주·자립정신이 싹트고 있었다. 김옥균과 박영효를 중심으로 한 개화당이 그들이다. 개화당은 그동안 승자 역사를 중시하는 역사 기록 관행에 가려 역사의 패배자로 과소평가되었던 것이 사실이다. 그러나 당시 개화당은 한때 고종의 신임을 받고 내각의 요직을 차지하는 등 만만치 않은 세력을 형성하고 있었다. 구한말 개화당의 역할이 얼마나 중요했는지는 최근 들어 개화당에 대한 연구가 활발해지면서 더욱 분명해지고 있다.

개화당이 1869년 후반에서 1870년대 초 박규수朴珪壽(1807~1876)의 사랑방에서 태동했다는 사실은 이미 잘 알려져 있다. 박규수는 조선 후기 실학자 연암 박지원朴趾源(1737~1805)의 친손자로 고위 양반 출신이었으나, 할아버지의 실학적 학통을 이어받아 일찍이 개화사상을 체감하고 있었다. 박규수는 자신과 뜻을 같이 한 이른바 구한말 '개화사상의 3대 비조鼻祖' 유홍기劉鴻基(1831~?)·오경석吳慶錫(1831~1879) 등과 함께 그의 사랑방에서 북촌의 양반 자제들 가운데 영민한 청년들을 골라 개화사상을 가르치기 시작했다. 김윤식金允植·박영교朴泳敎·김옥균·홍영식洪英植·박영효·서광범徐光範·유길준俞吉濬·김홍집金弘集 등이 그 대표적인 청년들이었다. 개화당에 대한 더 자세한 내용은 《초기 개화사상과 갑신정변 연구》(신용하) 등 다른 연구서를 참조하도록 하고 이제부터 '개화승' 이동인과 개화파 인사들의 만남을 추적해 보기로 하자.

《김옥균 전기》(황문수)에 따르면 김옥균을 중심으로 박영효·서광범·서재필 등의 개화파 인사들은 1870년대 후반 어느 해 봄날(연도,

날자 미상) 독립문 서쪽 산 너머에 있는 새 절(봉원사)에서 이동인을
처음 만났다고 한다. 박규수 사랑에서 담론하던 가운데 김옥균이 산
보를 제안했고, 새 절에 도착한 이들을 이동인이 때마침 영접하게
된 것이다. 자리가 자리인 만큼 화제는 세간 잡사에서 국사로 이어
졌고, 이 과정에서 이동인이 자연스럽게 대화에 끼어들게 되었다.
이동인의 이야기를 듣던 젊은 선비들은 그가 비범한 인물임을 금방
알게 되었다. 이동인은 이에 영국의 런던 거리 등이 담긴 이른바
'요지경(만화경)'을 이들에게 보여 주었다. 이와 함께 《만국사기萬國
史記》라는 일본 서적을 꺼내 보였다. 이들은 모두 일본어를 알지 못
했으나 주로 한문을 쓰고 일본 글자로 토를 단 글이어서 한문만 모
아 읽어도 대개 뜻은 짐작이 갔다. 책은 당시 조선의 상황보다 훨씬
개명된 내용들을 담고 있었다. 개화파 인사들은 모두 놀라 그의 신
분을 묻게 되었다. 이에 이동인은 "저는 본래 부산 사람으로 통도사
에 있었으며 일본어를 약간 배워 일본도 몇 번 다녀왔다"고 말하고,
"보고 들은 대로 '일본 사람들은 서양 사람들과 사귀어 새로운 제도
와 문화를 일으키려 열심이다'는 내용을 동료들에게 이야기했더니
개화승開化僧이라고 지목하여 이 절로 피신하게 되었다"고 대답했다.
이 말을 들은 개화파 인사들은 신기하게 생각하여 다른 물건을 주
문하기에 이르렀다. 그로부터 두 달 뒤에 이동인은 역사·지리·물
리·화학 등에 관한 책과 사진, 성냥 등을 구입해 돌아왔다. 그 가운
데서도 성냥을 그어 불이 일어나자 선비들은 "귀신의 재주가 아니
고서야 저런 물건을 어떻게 만들지"하며 감탄했다는 것이다.

　김옥균 일행은 그 뒤 서너 달 동안 이 절에 드나들며 이동인이 구
해 온 서적을 탐독했다고 한다. 그러나 이들은 이 절에 너무 오래
드나들면 발각될까 우려해 동대문 밖 영도사로 자리를 옮겨 한 동

안 이용하다가 다시 새 절로 돌아오곤 했다. 이렇게 자리를 옮겨가며 일 년 가까이 새 서적과 씨름하는 사이 김옥균과 그의 동지들은 차츰 새로운 문명에 눈을 뜨게 됐고, 세계 움직임을 짐작할 수 있게 되었다. 김옥균은 일본 게이오慶應출판사가 펴낸《김옥균전金玉均傳》에서 "그때 우리들이 얼마나 우매한 우물 안 개구리였던가를 절감할 수 있었다"고 고백하고 있을 정도이다. 이와 같은 인연으로 이동인은 개화파 인사들에게 선진 문명 도입에 앞장서고 있던 일본의 후쿠자와를 알리게 되었고, 마침내 후쿠자와와 개화당의 교류를 위한 다리를 놓도록 밀명을 받기에 이른 것이다.

이동인은 앞서 소개한 일본의 히가시혼간지를 매개로 하여 후쿠자와에게 연줄을 대었음이 확인되고 있다. 이시카와 간메이가 쓴《후쿠자와 유키치전》은 "당시 후쿠자와 선생 집에 머물던 히가시혼간지파 승려 데라다 후쿠쥬寺田福壽가 어느 날 이동인을 소개해 서로 알게 되었으며, 그는 일본 이름을 아사노 보朝野某(淺野라는 설도 있음)라고 하여 선생 집을 때때로 드나들게 되었다"고 서로 교류하게 된 경위를 밝히고 있다. 이동인이 이때 후쿠자와와 무슨 이야기를 나누었는지에 대해서는 전혀 전해지지 않고 있다. 그러나 이동인이 도쿄에 머무는 동안 수신사 김홍집金弘集이 일본에 왔고(1880년 8월 11일), 이들이 후쿠자와의 대문을 두드렸던 점으로 미루어 그의 임무가 무엇인가는 짐작이 가고도 남는다. 김홍집은 강화수교조약에서 개항하기로 약속한 3개 항구 가운데 한양과 가까운 인천仁川항의 개항 연기를 일본 정부와 협의하고자 일본을 방문했다.

김수신사 일행은 고베神戶, 요코하마橫濱를 거쳐 1880년 8월 11일 도쿄에 도착, 9월 8일 임무를 끝내고 귀국할 때까지 이동인이 머물고 있던 히가시혼간지 아사쿠사 별원에서 묵었다. 김홍집은 처음의 사절 목적을 이루지는 못했다. 하지만 한 달 동안 도쿄에 머물면서 청나라 공사 허루장何如璋, 참찬관 황쭌셴黃遵憲과 같은 인물들과 접촉하며 문명자강文明自強에 대한 그들의 충고와 제정 러시아의 남하 정책에 대한 공동 대비책 등을 듣고 왔다는 점에서 상당한 성과를 거두었다. 더욱이 김홍집이 가져와 고종에게 바친 황쭌셴의《조선책략》은 고종과 개화를 열망하는 사람들의 커다란 관심을 끌었다. 이와 달리 수구 세력은 이에 극심한 반발을 보여 개화파와 수구파 사이에 격렬한 사상 논쟁이 벌어지기도 했다.《조선책략》은 허루장의 뜻을 받들어 황쭌셴이 쓴 책으로 '러시아의 강대함을 강조하고 러시아의 확장정책으로 보아 조선을 탐내고 있음은 필연적인 사실이므로 조선이 오늘날 꾀해야 할 급무는 러시아를 막는 일이며, 러시아를 막기 위해서는 친중국親中國하고 결일본結日本하며 연미국聯美國하여 자강을 도모해야한다'는 내용을 담고 있다.

이에 앞서 1880년 4월부터 히가시혼간지 아사쿠사 별원에 머물고 있던 이동인은 귀국 예정일을 연기해가며 사절의 도착을 기다렸다고 한다. 밀항승密航僧과 수신사 고관들과의 신분 차이는 이루 말할 수 없이 컸지만, 이동인은 수신사 일행에게 자기 이름을 떳떳이 대고 일본과 세계정세, 조선의 장래 등에 대한 견해를 거침없이 피력했던 것으로 전해지고 있다. 사토는 1880년 9월 8일자 일기에서 "이동인은 수신사 일행의 도쿄 안내를 맡을 정도로 신뢰를 얻고 있었으며, 귀국한 뒤에는 김홍집의 추천으로 조정의 요인과 교섭해 고종으로부터 밀항의 죄를 용서받았다. 또 조미수호통상조약(1882)의 알선을 주일 청나라 공사 허루장에게 부탁하는 밀명을 받을 정도로 중용되었다. 두 번째 단기 방일訪日도 그 때문이었다. 내가 작은 방을 그에게 내어주며 머물도록 한 까닭은 영국이 조선과 국교를 개설하기 위해 이동인을 비밀리에 영국의 조선 대리인으로 활용하고자 했기 때문이다"고 적고 있다.

이동인은 김홍집의 수신사 활동이 끝나자 9월 초순 사절 일행과 함께 일단 귀국했다가 그해 11월 초 다시 일본으로 건너갔다. 이번에는 부산이 아니라 원산항에서 일본 군함 텐죠天城호를 탔다. 그때 이동인은 밀명을 띠고 있었다. 부산이 아닌 원산을 출항지로 택한 이유도 감시기관의 눈에 띄지 않도록 하기 위해서였다고 한다. 당시 명성황후 민씨 일족을 비롯한 수구당은 개화당의 움직임에 촉각을 곤두세우고 있었다. 원산항은 강화수호조약에 따라 부산에 이어 그해 10월 초순 문이 열렸다. 사토는 일기에 "그때 히가시혼간지 원산 별원과 현지 일본 영사관이 이동인의 도항을 지원했다"고 기록하고 있다. 또 "이동인은 두 번째로 도쿄에 도착하자마자 정권의 중심부에 있던 이와쿠라 도모미岩倉具視를 찾아가 그에게 조선을 방문해 주도록 제안했다. 이와쿠라 도오미는 이에 오래전부터 '일·청·조 3개국 동맹'을 추진할 계획이었으나 조선의 배외排外사상이 워낙 심해 노력은 허사로 끝나리라 예상했다고 응답했다"고 쓰고 있다(1880년 11월 17일자 일기). 임무를 마친 이동인은 1880년 12월 중순 일본 우편선 치도세마루千歲丸를 타고 부산항을 거쳐 귀국했다. 양국 교류는 곧이어 신사유람단 파견으로 이어진다.

수신사 파견 등으로 고종의 신임을 얻은 개화파는 김홍집 수신사보다 더 신문명에 깨어있는 사절단을 일본에 보내기로 하고 다른 외국 대표들과 협의에 나섰다. 이러한 구상은 곧 고종의 지지를 얻어 1881년 5월 신사유람단紳士遊覽團이라는 이름으로 일본 시찰 길에 오르게 되었다. 신사유람단은 그해 1월 말 고종에게 처음 출국 인사를 했으나 수구파의 반대 등으로 출발이 늦어졌다. 이들은 반대 세력의 눈을 피하고자 지방 순찰을 목적으로 한 부산 동래부東萊府 암행어사로 속여 한양을 떠났다.

《후쿠자와 유키치전》은 "귀국한 이동인은 김옥균에게 일본에서의 활동 상황을 상세하게 보고하였는데, 김은 더 책임 있는 대관大官을 일본에 보내 신문명의 신시설을 돌아보게 하는 계획을 국왕에게 올려 마침내 박정양朴定陽·어윤중漁允中·홍영식洪英植 등을 파견하게 된 것"이라고 신사유람단의 파견 경위를 설명하고 있다. 그러나 처음 신사유람단 참모관參謀官으로 임명되어 이들의 일본 안내를 맡기로 예정된 이동인은 출발 직전 이들이 타고 갈 선박을 주선하러 궁중에 들어갔다가 그대로 소식이 끊겼다. 그는 수구파에 암살된 것으로 나중에 밝혀졌다. 일본의 《초야신문朝野新聞》은 1881년 5월 6일자에 〈조선 개화당을 위하여 암살된 이동인〉이라는 제목으로 이에 대한 장문의 해설을 실었다.

이동인이 일본에 머무른 기간은 두 번의 공적인 방문을 포함하여 모두 1년 3개월 남짓으로 확인되고 있다. 그 가운데 반년가량은 도쿄에서 보냈다. 그러나 이시카와 간메이는 《후쿠자와 유키치전》에 '동인이 일본에 머물기는 수년'이라고 쓰고 있다. 이는 이동인이 햇수로 거의 3년여에 걸쳐 왕래한데서 비롯된 이시카와 간메이의 착각일 수 있으며, 그가 이동인의 일본 체류 기간을 기억할 수 없을 만큼 이동인과 후쿠자와가 자주 만났음을 함축하고 있기도 하다.

후쿠자와는 뒤에 김옥균을 소개한 《지지신보》 기사(1882년 9월 11일자)에서 이동인을 널리 알리고 있다. 후쿠자와는 이 기사에서 "김옥균은 이웃 나라와 교류하기 위해서는 그 나라를 알 필요가 있다며 일본 도항을 생각하고 국법을 범해야만 하는 대리 인물을 찾고 있었다. 때때로 그는 어느 사원의 승려 이동인이라는 사람을 만나 10일 동안이나 동거하며 이야기 하다가 서로 뜻하는 바를 알게 되었고, 이동인도 상민 계급인 승려의 몸으로 귀족의 우대를 깊이 감사하게 느끼게 되었다. 이동인은 일본행을 부탁받고 죽음으로써 맹세하며 몰래 부산항에 잠입, 도망치듯이 바다를 건너 일본으로 내항했던 것이다”라고 보도했다. 아무튼 이동인은 후쿠자와 이름을 조선의 요인들에게 널리 알린 메신저이자 후쿠자와를 조선 문제에 끌어들인 장본인이기도 하다.

김옥균과의 만남

일본의 개화 상황을 돌아보려고 한양을 떠난 조선 신사유람단은 1881년 5월 24일(음력 4월 28일) 도쿄에 도착했다. 5월 6일 부산항에서 일본 상선 안네이마루安寧丸를 타고 나가사키, 교토, 고베, 요코하마의 뱃길을 항해한 지 18일 만이다. 당시 일본 신문들은 조선 일본 국정시찰단의 도일渡日을 대대적으로 보도했다. 《도쿄니치니치신문 東京日日新聞》은 5월 7일자에 〈(조선) 개화당원 50명 일본만유日本漫遊〉라는 제목으로 조사朝士들의 관직·나이·방문 목적·활동 등을 자세하게 소개하고 있다. 이 신문은 더욱이 일행을 개화파로 인식하고 큰 관심을 보였다. 그러나 이들 가운데는 나중에 생각이 바뀌어 노선이 달라지기는 했지만, 박정양·어윤중과 같은 온건 개화파와 수구파에 줄을 대고 있던 조준영趙準永·엄세영嚴世永·민종묵閔種默 등이 섞여 있었다. 끝까지 급진 개혁파로 갑신정변에 가담한 인물은 약관 27세의 홍영식 한 사람뿐이었다. 김옥균과 박영효도 물론 빠져 있었다. 이에 대해 일부 일본 학자들은 “이는 김옥균·박영효 등 개화파 지도자들이 개화파들보다는 중도파를 포함한 수구파를 일본에 보내세뇌시킴으로써 근대화를 희망하는 동지를 더 많이 포섭하려는 의도가 있었던 것"으로 분석하고 있다.

일본《초야신문》보도는 더욱 예리하다. 이 신문은 시찰단이 일본에 도착하여 활동을 시작하자 5월 20일자에 〈조선국조사朝鮮國朝士 일본 연구 위해 도래渡來 - 개진開進 수구守舊의 오월동주吳越同舟〉라는 제목으로 일본국정시찰단 안의 개화당 어윤중과 수구당 사이의 논쟁을 보도했다. 이는 조선 개화파가 수구파와 갈등과 논쟁을 벌일 만큼 세력이 만만치 않다는 사실을 일본 측이 파악하고 있었음을 입증해 주는 자료이기도 하다.

이 같은 일본국정시찰단은 조선왕조가 청나라에 같은 목적으로 영선사領選使 파견을 준비하면서 독자적으로 파견한 것임은 말할 것도 없다. 신사유람단의 일본국정 시찰을 주선한 사람은 앞서 소개한 개화승 이동인이었다. 이처럼 조선이 일본국정시찰단을 서둘러 파견한 데는 그만한 이유가 있었다. 무엇보다 중요한 목적은 일본의 개화 상황을 정확히 파악하는 일이었다. 강화도조약 체결(1876) 이후 김기수金綺秀(1832~?) 일행이 수신사로 다녀와 일본의 개화 실상을 보고한 데다 제2차 수신사 김홍집이 가져온《조선책략》이 큰 파문을 일으키자 고종과 개화에 관심 있는 신하들은 모두 일본 국정에 대해 궁금해 하고 있었다. 그 다음은 영선사를 파견함으로써 청나라에 종속되고 있다는 인상을 없애고, 청·일 양국 문화를 동시에 받아들여 독자성을 유지하며 나아가 국제적으로 세력균형을 도모하려는 데 뜻이 있었다. 이와 함께 이미 개혁에 들어가 성공을 거둔 것으로 알려진 일본의 경험을 조선의 개혁 모델로 삼으려는 것이 세 번째 목적이었다.

당시 29세의 젊은 국왕인 고종(1852~1919)과 개화파들은 나라를 조속히 개화하고자 '대경장개혁大更張改革'을 바라고 있었으며, 이를 위해서는 무엇보다 기본 자료가 필요했다. 고종은 '유약하고 무능한 군주'라는 오늘날의 평가와 달리 당시 개화정책을 사실상 주도하고 있었다. 이태진(전 서울대 교수)은 그의 저서《고종시대의 재조명》에서 "고종은 중국으로부터 한문으로 번역된 서양 문물 소개서를 비롯한 3천여 종 4만여 권의 중국 서적을 사들여 가까이 두고 정책 구상에 참고하는 등 개화정책은 실로 괄목할 만했다"고 밝히고 있다. 따라서 고종 황제가 '무능한 군주'라는 이미지는 일본의 침략 과정에서 조작된 식민사관으로 우리 학계가 하루빨리 탈피해야할 과제라고 그는 충고한다.

하지만 고종을 주축으로 젊은 신진 세력들이 개혁을 구상하던 당시 국내외 정세는 그리 만만치 않았다. 안으로는 김홍집이 가져온《조선책략》을 둘러싸고 위정척사론衛正斥邪論이 비등하여 상소가 빗발치는 등 시끄러웠고, 나라 밖으로는 열강의 압력과 함께 청나라와 일본의 마수가 더욱 목을 죄어오는 형국이었다. 그래서 고종은 일본 국정시찰단 파견을 당사국인 일본 공사에게도 미리 알리지 않을 만큼 극비에 부쳤다. 조선 조정이 시찰 단원을 동래 암행어사로 발령하고 대외적으로 개인적인 유람조사로 알린 조치도 바로 이 때문이다. 민정 시찰을 구실 삼아 국내 위정척사파의 반발을 피하고 열강에 대해서도 자극을 주지 않기 위해서였다. 이에 따라 조선 조정은 1881년 1월 11일 조준영·엄세영·강문형姜文馨·어윤중 등을 동래 암행어사로 발령한 데 이어 12일 민종묵을, 마지막으로 2월 3일 이헌영李憲永을 역시 동래 암행어사로 임명해 인선을 마무리지었다. 일본 공사 하나부사 요시타다에게는 이동인이 2월 3일에야 알려 그도 뒤늦게 이 사실을 알게 되었다.

조 사	수 원	통 사	하 인
조준영	이봉식, 서상직	문순석	최윤이
박정양	왕제응, 이상재	김락준	이수길
엄세영	엄석주, 최성대	서문두	박춘봉
강문형	강진형, 변택호	김순이	유복이
조병직	안종수, 유기환	김기문	임석규
민종묵	민재후, 박회식	김복규	이정길
이헌영	이필영, 민건호	임기홍	김오문
심상학	유진태, 이종빈	김영득	윤상용
홍영식	고영희, 성락기, 김락운	백복주	정용석
어윤중	유길준, 유정수, 윤치호, 김량한	황천혹	김영근
이원회	송헌빈, 심의영	이수만	김홍달
김용언	손붕구	김대홍	이순길

일본국정시찰단(신사유람단)[*]

시찰단은 12개 반으로 책임자는 모두 조사朝士로 임명하고 조사 1명에게는 대체로 수원隨員 2명, 통사通士 1명, 하인 1명씩을 배치해 1개 반을 5명으로 편성했다. 인원은 모두 62명에 이르렀다. 시찰 조사 대상도 세분했다. 박정양반은 내무성과 농상성을, 민종묵반은 외무성, 어윤중반은 대장성, 조준영반은 문부성, 엄세영반은 사법성, 강문형반은 공부성工部省을 각각 맡도록 했다. 또 홍영식반은 육군, 이헌영반과 조병직趙秉稷반은 세관, 이원회李元會반은 군사관계를 각각 조사해 보고토록 했다. 나중에 청나라를 보고 돌아온 어윤중과 김용원金鏞元반을 제외한 10개 반은 그해 음력 윤 7월 2일 부산에 도착할 때까지 3개월 남짓 동안 시찰 조사 업무를 계속했다. 이들이 돌아본 시설은 포병공창·진대鎭臺·조선소·제지소·조폐국·인

---

* 이 자료는 《초기개화사상과 갑신정변 연구》(신용하)에서 옮긴 것이다.

쇄국·방적공장·제사양잠소·광산·도자요·유리공장·가죽공장·육종장 등이 망라되어 있다. 또 도서관·책방·박물관·박람회장·맹아원·병원·신문사·우체국·발전소·등대·천문대·대학교·사범학교·외국어학교·여학교·사관학교·해군병학교 등도 빠짐없이 돌아보았다. 이와 함께 관제·세제·군제·사법제도·경찰제도·감옥 등도 조사했다.

이들 시찰단 가운데 일부는 조사 도중 미타三田에 있는 후쿠자와 자택을 방문하기도 했다.《후쿠자와 유키치전》은 "이들 일행은 함께 미타에 있는 후쿠자와 집을 찾아와 일본의 개국에서부터 최근 문명의 발전상에 관한 경험담을 듣고 크게 감동하였다"고 이들의 방문 사실을 전하고 있다. 그러나 유람 조사 가운데 누가 언제 후쿠자와 집을 찾아갔는지는 명확하게 알려져 있지 않다. 다만《후쿠자와 유키치전》이 후쿠자와 집 방문 날짜를 '본월초순本月初旬(6월 초순을 의미)', 방문자 수를 '조선인 수인數人'이라고 적고 있는 데다 후쿠자와도 1881년 6월 17일 당시 런던에 머물고 있던 고이즈미 노부키치小泉信吉에게 보낸 편지에서 이를 밝히지 않아 방문 시기는 6월 초순 무렵으로, 방문 인사는 어윤중·홍영식·박정양 등으로 추측될 뿐이다. 후쿠자와는 이 편지에서 다음과 같이 전하고 있다.

이달 초순 조선인 수명이 일본 사정을 시찰하러 도래渡來, 그 가운데 장년 두 명이 본숙(게이오대학)에 입학하여 두 명 모두 우선 우리 집에 머물도록 다정하게 권유했다. 실로 20여 년 전의 나를 생각하면 동정상련同情相憐을 금할 수 없으며, 조선인의 외국 유학은 처음이고 본숙 역시 외인을 받아들인 발단이다. 실로 기이한 인연이라고 아니할 수 없으며 이 인연을 계기로 조선인은 귀천 없이 매번 우리 집을 방문했다. 조선의 이야기를 들어보면 다름이 아닌 30년 전의 일본이다. 부디 앞으로 좋은 교제가 열리기를 바란다.

여기서 20여 년 전의 일이란 후쿠자와가 오사카 오가타緖方 고안
주쿠洪庵塾에서 난학蘭學을 공부할 때 그의 형이 급사急死하여 어려움
을 겪었으나 고안주쿠의 도움으로 학업을 계속할 수 있었던 일을
뜻한다. 게이오기주쿠慶應義塾에 입학한 사람은 유길준兪吉濬과 유정
수柳定秀였다. 《유빈호치신문郵便報知新聞》은 6월 10일자에 "두 명은
아주 분발하여 그저께 미타의 게이오기주쿠에 입학했다"고 둘의 입
학 사실을 보도했다. 이 기사로 보아 유길준과 박정수는 6월 8일 입
학이 확정되었음을 알 수 있다. 따라서 후쿠자와와 유람단 조사들의
접촉도 이들의 입학을 전후해서 시작된 것으로 추정할 수 있다.

한편 시찰단은 귀국한 뒤 저마다 조사 사항에 대한 조사보고서를
작성하고 문제점 등 각자 견해를 적어냈다. 더욱이 각 성의 관제,
세관, 통상 등에 대해서는 아주 세밀한 시찰 복명서를 고종에게 제
출했다. 복명서는 각 반마다 약간의 차이가 있었지만 그 가운데 어
윤중반이 가장 자세하여 우수한 조사로 평가되었다. 이들의 조사보
고서는 대략 다음과 같이 요약할 수 있다.

첫째로 각 나라의 다툼이 약육강식 상태를 빚어 춘추전국이 소전
국小戰國이라면 지금은 대전국大戰國에 비길 수 있는 지력쟁웅智力爭雄
의 시대라고 할 수 있다. 둘째로 일본은 돈독하고 후덕한 데가 없고
표리부동하여 쉽게 친해지거나 멀어지므로 후일을 안심할 수 없으며,
조선이 부강하면 다른 뜻을 품지 못하지만 조선이 약하면 안심할 수
없다. 셋째로 조선의 과제는 하루빨리 부강의 길을 얻어 자강自强을
실현하는 것이며, 근대적 개혁에 의해 부강을 이루지 못하면 이웃 나

라에 수모를 당할 위험이 매우 크다. 넷째로 일본의 국정은 외형상으로 서양 제도와 기술의 장점을 받아들이고 내적으로도 국민이 일심 협력하여 부국강병이 상당히 이루어진 상태다. 그러나 서양 제도의 단점도 들어와 풍속이 문란해지고 상판商販만 숭상하여 정신적 내실이 궁한 상태에 있으며, 부강에 치중한 나머지 재정이 궁핍하여 국채國債부담이 크다. 끝으로 일본 국정은 개항당開港黨과 쇄항당鎖港黨이 대립하다가 지금은 개항과 개화를 주장하는 무리가 기용되어 집권하면서 방향이 바뀌었다. 쇄항 수구를 주장하는 사람들이 정계에서 물러나 야인으로 큰 세력을 이루고 있으며 개항당도 급진과 점진의 양론이 있다.

일본국정시찰단은 3개월 남짓 짧은 활동에도 불구하고 상당한 성과를 거두었고 국내 개화정책에도 큰 영향을 끼쳤다*. 먼저 각 부문 시찰보고서와 견문사건록見聞事件錄은 조선의 제도 개혁에 참고자료로 활용되기 시작했고, 시찰에 참가했던 조사朝士와 수원들은 중용되기에 이르렀다. 육군과 군사관련사항을 시찰 조사한 홍영식과 이원회는 귀국한 뒤 통리기무아문 개편 때 군무사軍務司 당상堂上에 올랐다. 또 내무성을 맡았던 강문형은 감공사監工司 당상, 외무성과 세관을 살펴보았던 민종묵과 이헌영은 통무사通務司 당상, 사법성을 시찰했던 엄세영은 율예사律例司 당상으로 각각 승진했다. 이에 따라 개화 세력이 크게 강화되었다. 청나라 영선사 일행도 일본국정시찰단과 마찬가지로 일부 척족을 제외하고는 거의 모두 개화자강開化自强을 부르짖게 되었으며, 그 영향을 받은 사람들도 이에 가담하

---

* 신용하《초기 개화사상과 갑신정변 연구》참조.

여 개화파 세력이 크게 늘어난 결과를 가져왔다.

개화파 영수격인 김옥균은 개화파가 추진한 일본정국시찰단이 성공적으로 임무를 끝내고 귀국하자 자신이 직접 돌아볼 필요를 절감하고 일본 방문을 추진했다. 그리고 일본 공사관에 배편을 부탁했다. 일본 공사관은 그가 왕명을 받은 터라 선선히 배편을 알선했다. 김옥균은 이에 따라 1881년 12월 인천에서 일본 배를 타고 부산으로 갔다. 하지만 여비 등 문제로 일본으로 바로 출발하지 못하고 이듬해 2월에야 떠날 수 있었다. 이때 부산의 일본 거류민 신문인 《쵸센신보朝鮮新報》는 1882년 3월 15일자에 〈김옥균 왕명을 받아 일본에〉라는 제목으로 "조선 개화당의 유명한 김옥균씨가 왕명을 받들고 우리나라(일본)에 도항渡航하려 하고 있다"고 보도했다. 《도쿄니치니치신문東京日日新聞》도 그가 나가사키에 도착하자 4월 13일자에서 〈조선 개화당 수령 김옥균 내유來遊 − 《쵸센신보》 기사에 신경을 날카롭게 하다〉라는 제목으로 이 사실을 크게 보도하고 있다. 김옥균은 그때 《쵸센신보》가 "왕명을 받들어 국채 모집을 위해 일본에 온 것"이라고 보도한 데 대해 "금일 우리 일행이 결코 관용官用의 의義를 띠지 않았음은 우리 조

일본 시찰을 떠나기 전의 김옥균

정의 실정을 보아도 명료한데 어떻게 하여 이렇게 와전되었는가"라고 항의하며 "우리 일행은 반대당의 싫어함을 피하고 최근의 일본 내정을 살펴 앞으로 인교내지隣交內地에 참고하려는 목적 외에 아무 일도 없다"고 해명했다.

김옥균은 이에 앞서 부산에 머무는 동안 히가시혼간지 부산별원의 일본인 승려 오쿠무라 엔신奧村圓心을 만나 일본에 관한 여러 가지 이야기를 나누었다고 전해지고 있다. 오쿠무라 엔신은 이동인에게 이미 들어 김옥균에 대해 잘 알았다. 일본 측 기록에 따르면 김옥균은 그때 서광범과 함께 도항渡航한 것으로 되어 있다. 이와 달리 《김옥균전》은 "당초 박영효와 서광범도 동행할 계획이었으나 사정이 여의치 않아 이들은 후일로 미루게 되었다"고 적고 있다. 《후쿠자와 유키치전》은 김옥균과 첫 대면 사실을 "메이지 15년(1882년) 봄 그가 교토에 도착했을 때 히가시혼간지 통지에 따라 알게 되었고, 데라다 후쿠쥬寺田福壽가 교토까지 마중을 나가 도쿄로 동행함으로써 선생과 처음으로 대면했다"고 기록하고 있다. 당시 47세인 후쿠자와가 31세*인 김옥균을 정중하게 맞이한 자세를 보면 조선 안에서 김옥균의 위상을 예사롭지 않게 보았음을 짐작할 수 있다.

《후쿠자와 유키치전》은 또 "김옥균은 그때 후쿠자와에게 '잘 부탁한다'는 어윤중의 편지를 지참하고 있었는데, 어윤중은 '그 전년 도쿄에서 선생(후쿠자와)을 만난 연고가 있으므로, 이 소개서를 갖고 선생을 만나는 편이 모양새가 좋아 일부러 순서를 밟았다'고 한다"고 밝히고 있다. 후쿠자와는 김옥균의 방일訪日을 내심 기다리고

---

* 이광수가 1931년 3월 박영효의 나이 71세 때 박을 만나고 나서 쓴 〈박영효씨를 만난 이야기〉에 따르면, 갑신정변 당시 김옥균은 27세, 홍영식은 25세, 서광범은 24세, 박영효는 17세 때였다고 한다. 이를 보면 출생일이 잘못되었거나 박영효 기억에 착오가 있었던 것으로 보인다.

있었던 모양이다. 그래서 후쿠자와는 시간이 날 때마다 김옥균을 만나 서로 이야기를 나누고 조선개혁을 위해 백방으로 뛰고 있는 김의 열성에 찬사를 보냈다고 한다. 김옥균은 후쿠자와 소개로 일본 조야朝野 유력자들과 만나 의견을 교환하기도 했다. 김옥균은 이때 일본의 움직임을 직접 보고 초조한 마음을 걷잡을 수 없었다고 《김옥균전》에서 밝히고 있다. 그가 친일파로 지목되면서까지 일본을 가까이하려 했던 까닭은 일본의 힘을 빌려 개화 독립국가의 기틀을 다지는 데 목적이 있었기 때문이라는 것이다.

아무튼 김옥균은 일본에서 순조롭게 외교 정치활동을 할 수 있었다. 그런 가운데 1882년 7월 한양에서 임오군란이 터졌다. 임오군란은 후쿠자와가 아시아 지도를 펼쳐 조선을 주시하려던 차에 일어났다. 다시 말하면 후쿠자와가 조선 승려 이동인을 알고서 조선인 유학생을 게이오기주쿠에 받아들이고, 김옥균을 맞아 문명개화에 대한 의견을 나누는 등 조선과의 교류를 확대해 가던 참이었다. 그런 의미에서 그의 논설에 힘이 실린 것은 어쩌면 당연한 일이었는지도 모른다. 때마침 그는 임오군란이 일어나기 4개월 전부터 《지지신보》를 창간하고 직접 사설을 담당하고 있었다.

김옥균은 사태 수습을 위해 그해 8월 급히 귀국했다. 정부의 임금 미지급과 불량미 지급에 따른 군부의 불만으로 촉발된 임오군란은 많은 외교 문제를 일으켰다. 조선을 속국으로 만들려는 청나라의 획책이 노골적으로 드러나는가 하면 일본의 견제 또한 만만치 않았다. 국내적으로는 이에 대한 대책을 둘러싸고 개화파 내부에서조차 의견 차이가 크게 드러났다. 개화파는 김옥균·박영효·홍영식·서광범 등을 주축으로 한 급진 개화파와, 김윤식·어윤중·김홍집·박정양 등을 중심으로 한 온건 개화파로 갈리기 시작했다.

　김옥균 등 급진 개혁 세력은 청나라의 조선 속국화 간섭이 조선 자주 독립에 대한 중대한 침해이자 침략적 위협이라며 이를 격렬하게 규탄했다. 이들은 또 국정을 개혁하려면 서양의 선진 과학기술을 적극 수용해야 하고, 정치·경제·사회·문화의 모든 분야를 '대경장개혁大更張改革'으로 일신해야 한다고 주장했다. 김옥균은 일본 자유당계 요인들에게 보낸 편지에서도 "4백 년 누적된 굳은 풍속을 갑자기 변화시키기는 매우 어렵다. 대세는 부득이 정부를 한번 대경장개혁을 한 뒤에야 독립권을 높일 수 있고 민생을 보전할 수 있다"며, "독립을 위해서 정치와 외교를 튼튼히 해야 하는데 지금의 정부 인물로서는 될 수 없으므로, 독립권을 위태롭게 하고 권세만 탐내는 고식배들을 한번 청소할 수밖에 없다"고 밝히고 있다. 급진 개화파들은 개혁을 위한 방법으로 '정변'을 중시하였다. 서재필은 회고록에서 "김옥균은 개화를 구미형과 일본형으로 나누었다. 구미형은 수 세기에 걸쳐 점진적으로 이룩되었고 일본형은 한 세대에 이룩한 것이다. 조선은 뒤늦게 개화를 하려는 것이므로 단기형인 일본형을 선택하여 정변의 방법을 생각하게 된 것이다"고 밝혔다.

　이를 정리해 보면 김옥균의 개화 방법은 후쿠자와의 생각에 상당히 근접해 있음을 알 수 있다. 김옥균이 후쿠자와에게 직접 자문을 받았는지에 대해서는 확인되지 않고 있으나, 적어도 그와 오랜 의견 교환 끝에 영향을 받았다는 추측은 가능하다. 김옥균은 그 뒤에도 갑신정변에 실패하여 1884년 12월 일본으로 망명하기 전까지 1882년 10월~1883년 3월, 1883년 6월~1884년 4월 등 전후 세 차례에 걸쳐 일본을 오가며 후쿠자와를 비롯한 일본의 각계 인사와 접촉하고 조선 개화를 위한 의견을 나눈 것으로 역사는 기록하고 있다.

조선 개화파 지원

후쿠자와는 평소 대對조선·중국 강경론으로 조선을 천대하고 멸시하면서도 그를 찾아오는 조선 개화파 인사들은 그야말로 융숭하게 대접했다. 그 가운데서도 김옥균과 박영효에 대한 신임은 매우 두터웠다. 그의 논설을 비롯한 주의·주장을 읽다보면 개화파에 대한 기대와 믿음을 곳곳에서 확인할 수 있다. 실제로 후쿠자와는 김옥균이 1차 일본 방문(1882년 4월~8월)을 마치고 귀국할 때 인력거 50대와 마차 두 대 구입을 알선해 주고 수송비를 깎아주도록 하는 등 뒤를 돌보아 주었다. 이와 함께 신사유람단으로 일본을 방문했던 유길준과 유정수가 일본 유학을 원하자 자신이 설립한 게이오기주쿠에서 공부할 수 있게 해 주었다. 그는 이들에게 숙소도 제공했다.

후쿠자와는 왜 이토록 귀찮은 일까지 마다하지 않으며 개화파를 지원한 것일까. 이에 대한 일본 학계의 분석은 여러 가지이다. 그 가운데 가노 마사나오鹿野政直의 연구는 매우 흥미롭다. 그는 "후쿠자와가 조선을 하나의 커다란 자본시장으로 인식하고 이를 개방시켜 활용하려 했다"고 설명하고 있다. 다시 말하면 후쿠자와는 자금과 인재를 일본의 수출품으로 보고 이를 조선에 들여보내 자국의 이익을 도모하려 했다는 설명이다. 당시 일본에는 많은 학교가 우후죽순처럼 생겨 젊은이들이 학교를 졸업하고도 직장을 구하지 못해 사회불안 요인이 되고 있었다. 당시에는 이들 실업자들이 민권운동에 적극 나서 연일 데모가 끊이지 않았다. 이들 가운데 우수한 인재를 선발하여 조선에 보내면 일본으로서는 실업자를 해결하여 사회평화를 도모하고, 조선을 개화시켜 친일親日로 만들 수 있다는 일거양득의 발상이다. 또 자본 부족으로 개화·개명이 늦어지고 있는 조선에 돈을 빌려주어 개혁 작업을 도우면 그만큼 이용가치가 커진다는 생각이었다. "조선정략政略의 급선무는 일본 자금을 조선에 이용移用하는 데 있다"고 강조한 논설은 단편적으로나마 그의 조선 지원 의도를 엿볼 수 있다. 하지만 이 자금 지원 계획은 그 뒤 일본 자체의 자금 압박으로 전혀 실효를 거두지 못했다. 후쿠자와가 조선을 지원하고자 발 벗고 나선 또 하나의 이유는 조선 개화파의 개화·개명에 대한 인식이 그와 통했기 때문이라는 분석이다.

국가주의자인 후쿠자와는 앞서 설명한 대로 1870년대 말까지만 해도 주로 '문명과 야만'을 논점의 대상으로 국가 독립을 위한 주장을 펴온 게 사실이다. 그러나 1880년대 들어 '조선의 지배권'을 둘러싸고 청나라와 일본의 다툼이 잦아지면서 그는 청나라를 논쟁의 주적主敵으로 삼게 되었다. 이런 시점에서 청나라를 상대로 연일 강경론을 펴던 후쿠자와가 조선 개화파를 만남으로써 원군援軍을 얻게 된 것이다.

당시 개화파, 그 가운데 김옥균은 후쿠자와와 서로 통하는 점이 많았다. 먼저 김옥균은 후쿠자와 생각처럼 청나라 국력으로는 서양의 힘을 감당하기 어렵다고 판단했다. 또 자립자강하는 일 말고 독립의 길은 없으며, 자립자강하기 위해서는 신문명을 하루빨리 받아들이는 조치가 유일한 지름길이라고 보았다. 김옥균은 이 밖에도 교육을 국가부강의 필수조건으로 생각했다. 나라가 빈약한 원인은 일반 백성이 교육을 받지 못하고 새 기술을 익히지 못한 탓이며, 양반들의 몰지각도 이에 일조를 하고 있다고 인식하고 있었다. 그래서 서양문명에 개명開明을 먼저 이룬 가까운 일본을 조선 개화의 본보기로 삼고 문명론자 후쿠자와를 조언자로 선택한 것으로 학자들은 분석하고 있다.

이러한 분위기 가운데 1882년 7월 23일 임오군란이 일어나 청나

라 군대가 개입함으로써 국내외 정세는 달라지기 시작했다. 청나라
는 임오군란 진압 직후 민씨 정권에 압력을 가하여 '조중상민수륙무
역장정朝中商民水陸貿易章程'을 체결토록 강요했다. 청나라 특권을 설
정한 이 조약은 그동안 조선이 각국과 맺은 통상 조약 가운데 가장
불평등한 내용으로, 심지어 조약 전문前文에 조선을 청나라의 '속방
屬邦'이라고 명시하고 있다. 조선은 청나라의 속국이므로 '조약'이나
'조규'라는 용어를 사용할 수 없다며 이를 '장정章程'으로 표현토록
하고, 재정 고문 천수탕陳樹棠은 방자하게도 '조선은 중국의 속국'이
라는 방문榜文을 숭례문에 써 붙이기도 했다. 또 한양에 주둔한 청군
의 행패도 극심하기 짝이 없었다. 앞에서 설명한 대로 개명開明을 추
진하던 개화파는 이에 대한 대응책을 놓고 강경 노선과 온건파로
갈리게 되었다. 더욱이 강경 노선인 급진 개화파는 청나라의 멍에를
벗고 완전한 자주독립국가 수립을 주장했다. 그 가운데서도 김옥균
은 청나라 세력을 꺾고 동시에 청나라에 추종하는 귀족 무리들을
없앰으로써 완전한 자주독립 정치의 실현을 이상理想으로 삼았다.

이에 급진 개화파와 후쿠자와 사이는 더욱 돈독해졌고, 조선 근대
화를 위한 구체적인 방안이 실행되기에 이르렀다. 신문 발행과 유학
생 수용을 골자로 한 '대조선문화공작對朝鮮文化工作'이 바로 그 예이
다. 대조선문화공작의 취지는 〈우시바 타쿠조牛場卓藏군 조선에 가
다〉(《지지신보》1883년 1월 11~13일자)라는 제목으로 3일에 걸쳐 그
신문의 사설에 실었다(제2장 제물포조약과 후쿠자와 참조). 후쿠자와
는 이 글에서 당시 조선의 정세를 개국(1854) 이전의 일본과 같다고
규정하고 "먼저 조선 국민의 마음을 미몽迷夢에서 깨어나도록 하는
일이 가장 먼저 해야 할 과제"라며, 그 수단으로 "일본의 양학洋學
선인先人들이 조선으로 건너가 지도하고 조선 국민의 인심을 깨우칠

필요가 있다"고 강조하고 있다. 일본 학자들은 이러한 대조선문화공작이 조선을 유교 영향에서 벗어나게 하려는 하나의 정신 혁명운동으로 분석하고 있다. 그 공작이 양학洋學에 의한 계몽을 목적으로 하고 있었기 때문이라는 설명이다.

때마침 개화파 인사들은 후쿠자와의 조언에 앞서 국민 계몽을 위한 신문 발간 필요성을 깨닫고 발행을 준비하고 있었다. 처음 신문 발간에 열의를 가졌던 사람은 박영효였다. 그는 한성판윤에 오른 1883년 2월 6일 이를 고종에게 상주上奏하여 2월 28일 발행 허가를 받아냈다. 박영효는 발간 책임을 당시 통리기무아문 주사로 임명된 유길준에게 맡겼다. 이에 앞서 박영효는 이를 위해 1883년 1월 6일 일본에 수신사로 다녀오면서 후쿠자와의 추천을 받아 우시바 다쿠조·이노우에 가쿠고로·다카하시 마사노부高橋正信 등 3명을 데리고 왔다. 유길준도 그때 함께 귀국했다. 유길준은 게이오기주쿠에서 1년 반 동안 유학을 하였으며, 우시바와 이노우에는 《지지신보》에서 근무하고 있었다. 유길준은 발간 예정에 따라 창간 준비 작업을 빈틈없이 해 나갔다. 그러나 박영효가 과감한 개혁 단행과 이에 따른 국민의 불만 등으로 수구파 세력에 밀려 광주廣州 유수로 좌천되는 바람에 '한성부 신문국 장정', 창간사, 창간호에 실릴 원고 등을 모두 마무리하고도 신문 발간 계획은 수포로 돌아가고 말았다. 이에 따라 신문 발간을 지원하고 있던 일본인 가운데 이노우에 가쿠고로만 남고 우시바 다쿠조와 다카하시 마사노부는 일본으로 돌아갔다.

그로부터 반년쯤 지나 신문 발간 계획은 김윤식에게 이어졌다. 김윤식은 동문학同文學* 장교掌敎(동문학의 대표로 오늘날의 교장에 해당)

---

* 1882년 조미통상수호조약 체결로 통역요원이 필요하게 되자 조선 정부가 1883년 8월 통리교섭통상사무아문에 설립한 외국어 교육기관. 40여 명을 선

인 김만식金晩植에게 발행 책임을 맡겼다. 동문학은 1883년 8월 17일 그 밑에 신문 발행 전담 부서 박문국博文局을 신설하고, 김인식金寅植을 편집주사로, 장박張博·오용묵吳容默·김기준金基駿 등을 편집부원으로 임명했다. 또 이노우에 가쿠고로를 번역부원으로 고용하는 등 9월 7일까지 인선을 모두 마무리했다. 이노우에 가쿠고로는 원래 게이오기주쿠 출신으로 《지지신보》에 근무하며 후쿠자와가福澤家의 가정교사로 일하기도 했다. 《지지신보》 근무 경험이 신문 창간에 도움을 준 사실은 말할 나위 없다. 그는 조선 조정이 제공한 중구 저동苧洞 왕실용 저택에서 기거하며 신문 창간을 도왔다. 나중 이노우에 가쿠고로 후진들이 출간한 《이노우에 가쿠고로 선생전井上角五郎先生傳》은 이노우에 가쿠고로가 《한성순보漢城旬報》 창간에 참여하게 된 전후 사정을 상당히 구체적으로 기록하고 있다.

이 전기傳記가 액면 그대로인지 아니면 과장되었는지는 확인할 수 없으나 당시 분위기만은 짐작할 수 있다. 이에 따르면 그는 민영익閔泳翊·위안스카이袁世凱 등과 동년배로 정치적 입장을 떠나 그들과 가까이 교류했다고 한다. 또 해외 지식에 목마르던 고종에게 양서洋書를 헌상하고 자주 알현했으며, 조선 고관의 지지를 얻고자 임오군란 화해 부사로 일본을 방문했던 김만식에게 부탁하여 김의 친족으로 외아문外衙門 협판(차관)인 김윤식을 알게 되었고, 그의 집을 자주 방문하여 필담筆談을 했다는 사실도 밝히고 있다. 때마침 외아문에는 외아문 고문인 청나라 마젠창馬建常이 귀국하고 후임으로 온 독일인 묄렌도르프穆麟德도 인기가 없어 귀국을 희망하여 외국 통신을 읽을 만한 사람이 없었다. 이에 이노우에 가쿠고로는 김윤식의

발해 오전 오후반으로 나누어 영어, 일본어, 서양의 필산筆算 등을 가르쳤다. 통변通辯학교라고도 했다.

추천으로 외아문 고문이 되었다고 한다. 이노우에 가쿠고로는 곧 김윤식에게 신문의 필요성을 강조했고, 김윤식이 이를 받아들여 김만식에게 창간 작업을 맡기게 되었다고 적고 있다.

또 《한성순보》 발간을 위한 활자와 인쇄기·신문용지 등은 모두 후쿠자와의 알선으로 도쿄에서 구입했으며, 이노우에 가쿠고로가 운반책을 맡았다고 한다. 이러한 사실들은 비록 우리에게 부끄러운 역사라 할지라도, 앞으로 정확한 고증과 연구를 통해 사실대로 기록해야 할 부분이다. 이러한 우여곡절 끝에 《한성순보》는 1883년 10월 30일 마침내 이노우에 가쿠고로의 주거지를 발행소로 하여 역사적인 창간호가 나오게 되었다. 박문국이 설치된 지 70여 일 만이었고, 박영효 등이 신문 발간 계획을 중단한 날로부터 계산하면 반년 뒤의 일이었다. 신문은 가로 19센티미터, 세로 26.5센티미터 크기의 24면으로 오늘날의 잡지와 비슷했다. 내용은 모두 한문이었고 창간호에는 창간사에 해당하는 〈순보서旬報序〉, 정부 소식의 내국기사內國記事, 외국 소식의 각국 근사近事, 교양을 위한 특별 해설 등을 싣고 있다. 《한성순보》는 이름 그대로 열흘에 한 번씩 간행되었다. 《한성순보》는 발행 횟수를 거듭하면서 외국 소식 난에 입헌군주제, 입헌공화제, 정당정치 등 서양의 정치제도는 말할 나위 없고 심하게는 사회주의운동 등 정치사상까지

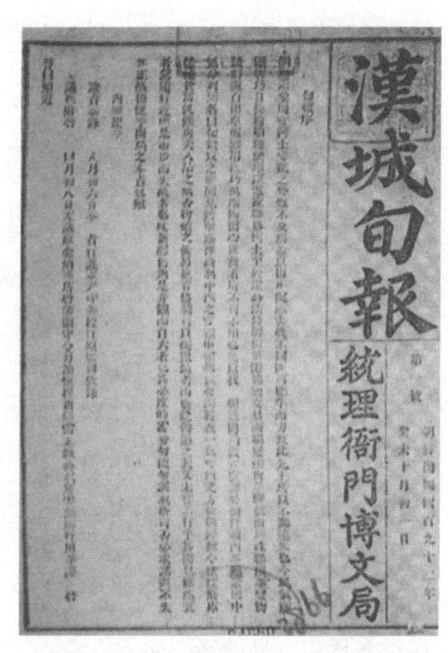

통리기무아문이 창간한 《한성순보》 창간호

도 담았다.

　신문 발행은 후쿠자와가 기획한 대조선문화공작의 기둥이었다. 그런 만큼 그의 정성과 관심도 대단했다. 후쿠자와는 《한성순보》 발간 소식을 듣고 대단히 기뻐했다고 한다. 그리고 창간호가 그의 집으로 도착하자 "기사 재료에는 해외 신문도 필요하다. 이를 위한 번역부 인재를 채용해야 하고 지면에 삽화를 넣는 방법도 고려해 보도록 하라"고 이노우에 가쿠고로에게 서신으로 충고했다고 한다. 이노우에 가쿠고로는 1883년 11월 21일자로 후쿠자와에게 보낸 편지에서 "앞으로 신문에 한글도 함께 쓸 계획"이라고 알렸다. 후쿠자와는 이를 받아보고 "한문만으로는 표현 범위가 좁아 의미가 불분명하고 일반 국민이 잘 이해할 수 없으므로 한글을 사용함으로써 조선 구주의主義도 한꺼번에 타파할 수 있을 것"이라고 1883년 12월 15일자 답장에서 한글 사용을 거듭 강조했다. 후쿠자와는 《한성순보》 창간에 앞서 편집 실무진에게 국한문 혼용을 권유했으나 한글이 언문諺文으로 천대받는 상황이어서 뜻을 이루지 못했다고 한다.

　한편 당시 일본 정부는 후쿠자와와 달리 김옥균 등 개화파를 냉대했다. 1883년 6월 일본을 방문해 10개월 남짓 체류하면서 일본 정부 당국자 등과 외채 도입 등을 교섭하던 김옥균은 후쿠자와의 측면 지원에도 불구하고 단 한 가지도 성사시키지 못한 채 1884년 4월 빈손으로 귀국해야만 했다. 이는 다케조에 신이치로竹添進一郎 주조선 일본 공사가 개화파 세력을 과소평가하고 일본 정부에 지원을 거절토록 건의했기 때문으로 전해지고 있다.

　당시 조선은 악화惡貨 주조로 물가가 폭등하고 외채 도입과 화폐 개주改鑄도 실패해 생활상이 말이 아니었다. 김옥균은 통화정책 실패를 독일인 고문 묄렌도르프 탓으로 돌려 그를 맹렬히 규탄했다.

묄렌도르프는 이에 1884년 5월 유럽을 경유해 귀국한 민영익에게 도움을 요청했다. 이를 계기로 개화·수구 양당은 관계가 더욱 악화되었다. 게다가 한양에 주둔한 청나라 군대의 행패가 날로 심해졌다. 《한성순보》는 1884년 2월 제10호에 청국군의 행패상을 보도했다. 청나라 리홍장李鴻章은 이를 보고 조선 조정에 압력을 넣어 이노우에 가쿠고로를 처벌토록 요구했다. 리홍장을 비롯하여 조선에 주둔하고 있던 청나라 군대는 일본인 지도로 신문이 발간되고 있는 실태를 대단히 불쾌하게 생각하고 있었다. 심하게는 신문에 실린 이노우에 가쿠고로 이름에 총검을 꽂고 다니는 청나라 군인이 있을 정도였다고 한다.

이노우에 가쿠고로는 청나라와 마찰을 피하고자 1884년 5월 잠시 귀국했다. 그의 귀국은 처벌을 피하는 목적 말고도 조선정책에 미온적인 일본 정부에 항의하는 뜻도 내포하고 있었다. 이노우에 가쿠고로는 당시 외무상인 이노우에 가오루井上馨로부터 조선에 다시 부임하라는 종용을 받자 《한성순보》가 청나라 수중에 넘어갈 위험을 미리 막고자 외무성 교부금을 지원받기로 하고 그해 8월 다시 조선으로 건너왔다. 귀국 2개월여 만의 일이다. 그로부터 《한성순보》는 한동안 순조롭게 간행되었다.

그러나 불행하게도 《한성순보》는 1884년 12월 4일 갑신정변으로 박문국이 파괴되어 발간을 중단할 수밖에 없었다. 그때까지 40여 호가 나왔다. 《한성순보》는 그 뒤 복간을 서둘러 인쇄기를 다시 사들이고 편집부원도 11명으로 증원, 폐간된 지 13개월 만인 1886년 1월 25일 《한성주보漢城週報》로 다시 태어났다. 체재는 《한성순보》와 비슷했으나 발간 횟수를 주 1회로 하고 기사도 국한문을 함께 사용했다. 이 《한성주보》가 우리나라 국한문 혼용의 효시임은 잘 알려진 사실이다. 한글이 기사로 활자화 된 데는 후쿠자와의 권유가 주효했다고 한다. 후쿠자와는 당시 도쿄 '쓰키지築地 활판소'에 한글 활자를 주조해 주도록 직접 주문하여 만들어 보냈다고 한다. 이노우에 가쿠고로는 갑신정변 뒤 재차 외아문 고문으로 한양에 머물면서 《한성주보》 복간에도 참여했다. 개화당에 가담한 그가 외아문 고문으로 다시 등용될 수 있었던 것은 신정권의 중심이 된 김홍집과 김윤식의 신임이 두터웠기 때문이었다.

후쿠자와는 신문 발행 말고도 조선의 유학생을 받아들여 일본어 교육을 시킨 다음 각기 소질에 따라 여러 학교에 유학을 알선했다. 김옥균은 1882년 10월 2차 방일訪日 때 61명의 유학생을 인솔해 갔다. 그 가운데에는 서재필·정난교鄭蘭敎·박응학朴應學·신중모申重模·윤영관尹泳觀·이규완李圭完·이병호李秉虎·백낙운白樂雲 등이 포함되어 있었다. 이들 가운데 14명은 육군 도야마戶山학교에 입학하여 사관 훈련을 받았다.

이와 같은 후쿠자와의 대조선문화공작은 쿠데타 음모로 이어져 마침내 갑신정변을 일으키고 말았다.

갑신정변 관여

1884년 12월 4일(음력 10월 17일) 조선 우정국 낙성식 축하 연회장에는 미국 공사 루셔스 푸트Lucius H. Foote, 미국 공사관 서기관 찰스 스커더Charles L. Scudder, 영국 총영사 윌리엄 조지 애스턴 William George Aston, 청나라 영사 천수탕陳樹棠, 청나라 영사관 서기관 탄경야오譚庚堯, 일본 공사관 서기관 시마무라 히사시島村久, 통역관 가와카미류 이치로川上立一郎, 해관 세무사 묄렌도르프를 비롯하여 박영효·김홍집·한규직·민영익·이조연·김옥균·서광범·민병석·윤치호·신낙균 등 모두 18명의 축하객이 참석했다. 우정국 협판協辦 홍영식의 초청으로 이날 저녁 7시부터 시작된 축하연은 술잔이 몇 순배 돌면서 분위기가 한껏 무르익어 가고 있었다. 각국 외교관과 실질적으로 조선을 움직이는 각료들이 망라된 자리인 만큼 연회장은 세계정세 문제로 이야기꽃을 피웠다. 좌중에서는 갖가지 우스갯소리도 나왔다. 김옥균과 옆자리에 앉은 일본 공사관 서기관 시마무라 하사시가 서로 쿠데타를 확인하는 "그대 천天을 아는가?", "요로시!"라는 암호도 농담에 섞여 웃음으로 넘어갔다.

그러나 그렇게 화기애애하던 축하 연회장도 시간이 흐르면서 일순간 아수라장으로 변해버렸다. 축하연에 참석한 민영익이 "불이야" 하는 고함 소리를 듣고 잠시 밖에 나갔다가 칼을 맞고 피투성이가 되어 들어왔기 때문이다. 연회를 즐기던 참석자들은 모두 황급히 자

서울 종로구 견지동에 있는 우정총국 사적지. 갑신정변의 비화를 안고 묵묵히 서 있다.

리를 떴다. 영문을 모른 한규직·이조연 등 수구파 인사들은 사연을 알아보겠다며 궁중으로 내달았고, 쿠데타를 주도한 김옥균·박영효 등은 창문을 뛰어넘어 '천天, 천……'(작전 암호)을 외치며 매복시켜 둔 장사壯士들에게 쿠데타 결행을 알렸다. 개화 세력이 꾸민 갑신정변은 이렇게 시작되었다.

역사에는 가정이 있을 수 없지만, 만약 그때 개화파의 정변이 성공했다면 우리 역사는 어떻게 달라졌을까. 그래도 오늘날과 같은 국토 분단의 비극은 피할 수 없었을까. 삼일천하로 막을 내린 갑신정변은 얻은 것도 없이 너무 많은 대가를 치러야 했다. 개화파가 이룬 일은 그들이 '정치 주변에 있어서는 안 될 고식배'로 지목한 윤태준·한규직·이조연·민영목·조영하·민태호·유재현을 처단하고 민영익에게 중상을 입히는 데 그쳤으나 개화파의 희생은 더욱 컸다. 국왕의 신변 안전을 위해 끝까지 고종을 호위한 홍영식·박영교·신복모와 박응학·정행징·윤영관·하응선·이병호·이건영·백낙운 등 7명의 사관 출신은 재판 절차도 없이 청나라 군대에게 현장에서 처참하게 살해되었다. 그러고도 조선 조정은 1885년 1월 9일 한성조약으로 쿠데타를 함께 행한 일본 측에 "조선은 일본에 사절을 보내 사의를 표명하고 일본인 피해자에게 보상을 하며 육군 대위 살해범을 처형하고 일본 공사관 건설비를 부담한다"는 약속을 해야만 했다. 또 정변을 꾸민 김옥균·박영효·서광범·서재필 등은 일본으로 망명하고 그들의 일부 부모와 처자식 등은 무참히 처형되었다.

개화당이 정변을 일으킨 데는 그만한 이유가 있었다. 조선 속방화를 획책하던 청나라와 이에 동조하는 세력을 몰아내고, 완전 자주독립국가 건설을 목표로 한 자주적 근대화정책을 위로부터 실시하기 위한 목적이었다(신용하《초기 개화사상과 갑신정변 연구》참조). 1882

년 7월 임오군란으로 민씨 정권이 붕괴되고 다시 대원군 섭정으로 바뀌자 청나라는 군대 3천 명을 한양에 파견, 대원군을 납치하고 민씨 정권을 복구시킨 뒤 조선 속방화정책을 강력하게 밀고 나갔다. 이에 개화파 세력이 들고일어난 것이었다.

개화파 세력은 거사에 앞서 경기도 광주와 함경남도 북청에서 각각 5백 명의 군대를 양성하는 등 치밀한 준비를 했다. 김옥균이 서재필 등 14명을 일본 육군 도야마戶山학교에 유학시킨 일도 바로 거사 준비의 한 부분이었다. 이는 후쿠자와의 '대조선문화공작'과도 연계되어 있었다. 다시 설명하겠지만, 후쿠자와가 갑신정변에 깊이 관여했다는 이야기도 그래서 나오고 있다. 당시 도야마학교에 유학했던 신중모는 "일본에 건너간 우리 14명은 사관학교에서 1년 반 동안 공부했는데, 김옥균은 일본에 올 때마다 1주일에 한 번씩 모이게 하여 토론을 벌였다. 김옥균은 이 자리에서 '서양 각국은 모두 독립국가이다. 어떠한 국가든지 독립한 연후에야 비로소 타국과 화친할 수 있는 것이다. 조선은 오직 청국의 속국이 되어 있는바 참으로 부끄러운 일이다. 조선도 언젠가는 독립국가가 되어 서양 제국과 같은 열에 서야할 것'이라고 역설했다"고 정변 실패 뒤 심문 과정에서 토로했다. 또 서재필은 회고록에서 "김옥균은 일본이 동방의 영국 노릇을 하려 하니, 우리는 우리나라를 아시아의 프랑스로 만들어야 한다"고 역설했다고 쓰고 있다.

그러한 가운데 문명 선진국의 식민지 다툼은 더욱 치열해져, 프랑스는 청나라와 베트남(안남安南) 문제를 둘러싸고 서로 대립하게 되었다. 청나라는 전쟁 조짐이 보이자 1883년 5월 23일쯤 한양에 주둔하고 있던 청군 병력 3천 명 가운데 1천5백 명을 빼내 베트남 전선으로 이동시켰다. 그래서 한양에는 1천5백 명만 남게 되어 청나라 경계가 다소 느슨해졌다. 때마침 김옥균은 10개월 동안의 3차 방일을 마치고 1884년 4월 귀국해 있었다. 그는 차관 교섭에는 실패했지만 일본 군사학교에서 훈련하던 사관생도들과 함께 돌아오면서 많은 화약을 구입해 왔다. 정변 때 수구파 세력을 거세하는 데 사용되었던 이 화약은 후쿠자와가 구입을 알선했다. 이러한 사실들로 미루어 김옥균은 귀국 전 이미 쿠데타를 결심하고, 실행 계획까지 마련했다고 짐작할 수 있다. 후쿠자와는 그때 연일 《지지신보》 논설로 만약 청불전쟁이 일어나면 반드시 청국이 패하게 된다고 주장하고 있었다. 그의 예측은 얼마 안 되어 현실로 나타났다. 1884년 8월 마침내 청불전쟁이 일어나 프랑스의 동양함대가 청나라의 푸젠福建함대를 격파하는 등 전세는 청나라에게 불리하게 돌아갔다. 김옥균 등이 "우리나라의 독립 기미가 어찌 이때에 있다하지 않겠는가"(《윤치호 일기》)고 측근에 말한 호언장담을 보면 이때부터 거사일자 택일에 나섰다고 할 수 있다.

그러면 이런 엄청난 결과를 가져온 수구파 요인要人 암살 계획은 어떤 과정을 거쳐 수립되었을까. 과연 개화파 머리에서만 나왔을까. 그 배후에는 후쿠자와가 깊숙이 개입하고 있었다는 게 지금까지 일본 학계의 연구 결과이다. 후쿠자와가 모든 각본을 기획한 작가이자 연출가이고, 개화 세력과 일본 공사는 주연과 조연배우 관계라는 설명이다. 후쿠자와는 신문 창간을 위해 조선에 파견된 이노우에 가쿠고로를 통해 조선 개화파와 일을 도모했다. 그렇게 보면 이노우에 가쿠고로는 후쿠자와의 뜻을 받들어 이를 실행에 옮긴 조연출자인 셈이다. 이노우에 가쿠고로는 뒤에 "정변에 사용된 도검과 폭약류는 모두 후쿠자와를 거쳐 구입한 것"이라고 밝혔다. 후쿠자와는 당시 그를 따르던 이다 산지飯田三治에게 은밀히 지령을 내려, 요코하마의

상점에서 도검 80자루를 구입해 큰 상자에 넣어 조선으로 부쳤다고
한다.

후쿠자와의 개입을 입증하는 증거는 또 있다.《이노우에 가쿠고
로 선생전井上角五郎先生傳》에 따르면, 이노우에 가쿠고로는 중추절을
맞아 김옥균 별장에 초대되어 확정된 구체적인 정변 계획을 후쿠자
와에게 전해주도록 부탁받았다고 한다. 이 계획안은 수구파 습격 장
소가 김옥균 집이고 거사 일자는 12월 초순으로, 최종 실행안과는
약간 다르지만 줄거리는 큰 차이가 없다. 부탁을 받은 이노우에 가
쿠고로는 심부름꾼을 사서 부산으로 편지를 보냈는데, 우편선 출발
에 제대로 맞추지 못했는지 후쿠자와 손에는 사건 뒤인 12월 10일
에야 배달되었다. 이노우에 가쿠고로는 또 청나라 병사의 행패를 다
룬《한성순보》기사와 관련, 청나라 항의를 피해 일본에 일시 귀국
했다가 1884년 8월 조선으로 다시 오면서 정변 때 후쿠자와와 이노
우에 가쿠고로, 김옥균·박영효 사이에 사용할 암호까지 준비해 왔
다. 게다가 후쿠자와는 10월 15일 〈동양東洋의 파란波蘭〉을 끝으로
정변이 일어나기 전까지 조선에 관한 사설은 일절 쓰지 않았다. 이
는 후쿠자와와 개화파 사이에 이미 밀약이 되어 있었음을 말해 주
는 대목이기도 하다. 더욱이 김옥균이 쿠데타 결행일을 12월 4일로
잡은 까닭은 일본 정부의 훈령을 나르는 우편선 치도세마루가 인천
항에 입항하는 12월 7일 이전에 정변을 해치우려는 의도가 있었다.
이는 우유부단한 다케조에 신이치로 공사가 일본 정부의 새 훈령을
받고 일본군 병력을 지원하기로 한 처음 약속을 파기할지 모른다고
판단했기 때문이다.

후쿠자와는 사건이 일어난 지 3년 뒤, 갑신정변 때 작성한 전신암
호가 뒤늦게 문제되어 재판을 받아야만 했다. 재판을 받게 된 경위

는 대략 다음과 같다(《福澤諭吉傳》, 《井上角五郎先生傳》).

　갑신정변에 가담한 이노우에는 정변 뒤에도 김윤식 등의 신임을 받아 외아문 고문으로 발탁되어 1886년 1월 25일 《한성주보》를 복간하는 등 조선 정부를 위해 열심히 뛰었다. 그러나 그의 뒤를 돌보아 주던 김윤식이 실각하고 조선 정정政情이 날로 불안해져 그해 12월 하순 일본으로 돌아가야만 했다. 그는 귀국 후 한동안 후쿠자와 집에서 기거하며 신문사 일을 돕다가 1887년 6월 도미, 캘리포니아에서 해외 이민 사업을 시작했다. 그는 사업을 확장하고자 1888년 1월 2일 도쿄에 왔다가 공동 출자자인 후쿠자와의 동의를 얻은 다음 1월 27일 미국으로 다시 떠나기 직전 도쿄경시청에 구인되었다. 갑신정변 때 작성한 전신 암호 원본이 갑자기 발견되었기 때문이다. 이 암호는 그가 정변 후 귀국하여 묵고 있던 여관의 심부름꾼 아가씨에게 찢어버리도록 한 메모지였다. 또 하나는 이노우에 가쿠고로가 구로다 기요타카黑田淸隆에게 제출한 〈조선내란전말서朝鮮內亂顚末書〉였다. 이 전말서는 〈후쿠자와 유키치 수기福澤諭吉手記〉라고 쓰인 종이 봉투 안에 들어 있었다. 가쿠고로는 무엇보다 후쿠자와에게 화가 미치지 않도록 하려고 했다. 수사관이 "후쿠자와의 지도로 조선 사건에 관계한 것이 아닌가"하고 심문하면 "아니다. 이노우에 가오루의 지시로 했다"고 대답했다. 심문은 수개월 동안 계속되었다. 후쿠자와는 가쿠고로가 구속된 직후 가택수색을 받았으나 별일 없이 가쿠고로가 곧 석방되리라 생각했다. 그러나 후쿠자와는 도쿄시심재판소東京始審裁判所로부터 3월 13일 참고인으로 출두하라는 소환장을 받았다. 그는 건강을 이유로 날짜를 연기하고 15일 출두했다. 간단히 마무리되리라 생각했던 심문은 장시간에 걸쳐 저녁때가 되어서야 끝났다. 품

위 높기로 자타가 알아주던 후쿠자와도 진절머리를 쳤다. 판사의 심
문은 집요했다. 대답은 물론 '아니요'였다.

문: 세간 사람과 조선인들 사이에는 경성난京城亂(갑신정변을 뜻함)은
　　그대가 김옥균을 교사하여 일으켰다고 하는 소문이 파다한데 어
　　떤가.
답: 그러한 말은 일절 들은 바 없다.
문: 이노우에 가쿠고로는 그대로부터 김옥균을 교사하여 경성난을
　　일으켰다는 말을 들었다고 하는데.
답: 나는 그런 말을 들은 적이 없고 이노우에 가쿠고로에 말한 적도
　　없다.
문: 그러면 이노우에 가쿠고로가 그대한테 들었다고 말한 까닭은 무
　　엇이라고 생각하나. 이노우에 가쿠고로가 때가 지난 일에 대해
　　거짓말을 할 이유가 없다고 생각되는데.
답: 왜 이노우에 가쿠고로가 지난 일을 주장하는지 모르지만 나는
　　조금도 기억이 없다.
문: 서면에 기재된 사정은 기억에 있겠지(이노우에 가쿠고로 일기와 후
　　쿠자와 유키치의 서면을 보여주면서).
답: 전혀 기억에 없다.

이날 재판소에 함께 간 《지지신보》의 변호 사무 담당자는 "판사
의 질문은 증인에 대한 질문이라기보다 뭐랄까 후쿠자와를 범인으
로 심문하는 투였다"고 증언하고 있다. 옥중의 이노우에 가쿠고로가
후쿠자와의 소환을 안 날은 4월 13일에 끝난 1심에서 관리모욕죄가
인정된 뒤였다. 이노우에 가쿠고로는 8월 1일에 열린 2심 선고 공판

에서 중금고重禁錮 5개월에 벌금 30엔을 선고받았다. 이노우에 가쿠고로가 조선인과 필담筆談할 때 썼던 쪽지가 증거로 인정되었다. "이토 히로부미·이노우에 가오루 참의參議가 국정을 독단하여 김옥균을 도와야 한다고 다케조에 공사에게 훈령했다"는 내용이었다. 이노우에 가쿠고로는 "필담 일시가 불분명한 데다 외국에서 일을 국내법으로 처벌받는 처사는 부당하다"며 이의를 제기했으나 받아들여지지 않았다. 물론 후쿠자와는 처벌되지 않았다.

이에 대해 기네후치 노부오는 저서 《후쿠자와 유키치와 조선》에서 "일본 정부는 이노우에 가오루가 다케조에 공사를 통하고, 후쿠자와는 가쿠고로를 통하여 직접 또는 간접적으로 김옥균을 교사하여 정변을 일으키도록 한 것"이라고 단정했다. 더욱이 그는 "'정치광'(후쿠자와는 이노우에 가쿠고로를 정치광이라고 불렀다) 가쿠고로에게는 갑신정변의 작가와 연출자가 하나로 비춰졌지만, 정변 상연 각본을 쓴 후쿠자와로서는 이노우에 가오루와 다케조에 공사를 별도 연출자로 인식한 것"이라고 지적했다. 따라서 "시심始審재판소의 심문은 다만 소문을 확인하려는 문답이 아니라 묻는 판사도, 대답하는 후쿠자와도 갑신정변에 관여한 사실을 미리 잘 알고 질문하고 응답한, 혐의 내용의 확인으로 해석해도 무방하다"는 결론이다.

도야마 시게키遠山茂樹는 "갑신정변은 청불전쟁에서 청국이 밀리고 있는 틈을 타 김옥균 일파와 일본 공사관이 합작·음모한 쿠데타로, 민간에서는 후쿠자와와 자유민권파 영수 고토 쇼지로後藤象二郎가 관계되어 있다"고 밝히고, "내면적으로 착실한 점진주의를 주장한 후쿠자와가 이 도박적 모험정책에 가담한 사실은 정말 놀라운 일이다"라고 꼬집었다.

또 이마나가 세이지今永淸二는 저서 《후쿠자와 유키치의 사상형

성》에서 "김옥균이 후쿠자와·고토 앞으로 보낸 의견서(세이카도문고
靜嘉堂文庫 소장)에서 '이번 쿠데타는 무력이 필요할지 모른다. 무력을
사용할 경우 일본인의 도움이 필수적이다.…… 그런데 나에게는 돈
은 있어도 일본인을 고용할 권위가 없다. 우리와 일을 함께 할 수
있는 사람은 오로지 각하뿐이다. 각하와 나는 혈맹관계라고 말할 수
있고, 이 약속은 결국 사적私的이기 때문에 우리 군주의 방침을 받아
일을 행하고 싶다'고 밝히고 있는 점으로 보아 당시 이노우에 외무
경도 조선 개화파의 쿠데타 계획을 미리 알고 있었으며, 정부와 민
간이 하나가 되어 김옥균을 선동했음이 틀림없다"고 주장하고 있다.

후쿠자와는 갑신정변에 대한 글로 〈경성변란시말京城變亂始末〉을
남겼는데 내용을 보면, 책임을 남에게 전가하는 변명일 뿐이다. 그
뒷부분에는 '11월 9일 경성 발 26일 도쿄 착'의 〈어떤 사람의 서한〉
이 부록으로 실려 있다. 어떤 사람이란 이노우에 가쿠고로이다(가쿠
고로는 1935년 후쿠자와 탄생 100주년 기념강연회에서도 후쿠자와가 갑신
정변에 관계한 사실을 밝혔다). 서한에는 다케조에 신이치로 공사가
태도를 바꾼 사실이 구체적으로 쓰여 있다. 다케조에 신이치로는 변
덕스러운 성격으로 평소에도 개화파를 그리 탐탁하지 않게 생각했
다. 일본 정부는 처음에 갑신정변 개입을 주저했던 것으로 알려져
있다. 일본 정부의 적극 개입을 시사하는 이 서한의 추신 내용은 다
음과 같다.

제1. 일본 정부는 때를 보아 중국과 싸우기로 했다.
제2. 일본이 조선을 간섭하고 중국의 반응을 기다려 개전開戰한다
　　(다만 다른 계기가 있으면 조선 문제와 관계없이 싸움을 시
　　작한다).

제3. 조선을 간섭하는 데는 박영효·김옥균·서광범·홍영식 등 4명
만 도울 일이 아니라 자금 제공도 있어야 한다.

일본 학계는 "이처럼 일본 정부가 뒤늦게 이 사건에 관여하게 된
까닭은 민간인에게만 이런 일을 맡겨둘 수 없는 데다, 일본 정부가
일·청 사이에 전쟁이 일어나도 이길 수 있다고 판단했기 때문"이라
고 분석하고 있다. 신용하의 해석은 일본의 침략 의욕을 더욱 확실
하게 입증해 주고 있다. 그는 《갑신정변 연구》에서 "일본 정부가
정변 직전 조선 개화당에 추파를 던진 이유는 개화당을 도와주기
위함이 아니라 개화당을 침략의 통로로 이용하려 한 것일 뿐"이라
고 주장하고 있다. 정한론 이래 침략의 기회를 기다려 온 일본 측이
'부강한 자주 근대국가 건설'을 목표로 한 개화당의 집권을 바랄 리
가 있겠느냐고 반문한다. 개화당이 집권하면 또 하나의 경쟁국이 생
기는 결과나 다름없기 때문이다. 신용하는 개화당이 정변을 자기 힘
으로 하지 않고 이처럼 침략의도를 가진 일본의 무력을 빌린 점이
실패의 가장 큰 요인이라고 덧붙였다.

한편 이노우에 가쿠고로는 후쿠자와의 〈경성변란시말〉에 대해
"이 시말서만 보면 선생(후쿠자와)은 제3자로 역외자인 것처럼 오해
할 수 있지만, 김옥균·박영효 일파의 거사는 처음부터 서로 주고받
아 알고 있었다. 선생은 항상 자신은 작자作者로 줄거리를 쓸 뿐 무
대에서 관객을 즐겁게 해줄 배우는 누가 되든 상관없다고 말해 왔
다. 그러나 두 사람의 거사에는 작자에 그치지 않고 스스로 배우를
선택하여 그를 가르치며 도구를 제공하는 등 모든 준비를 한 게 사
실이다"라고 반박하고 있다(石河幹明 《福澤諭吉傳》).

그럼에도 후쿠자와는 갑신정변 뒤 계속 자신은 모르는 일이라고

거짓말하고 있다. 그가 1884년 12월 15일 《지지신보》에 쓴 사설 〈조선사변朝鮮事變〉은 시치미 떼기의 본보기다. 그 줄거리는 이렇다.

조선에서는 '사대당'을 '중국당'이라고 일컫고 '독립당'을 '일본당'이라고 인정하고 있는 모양이다. 나라와 나라 사이의 교제가 되기 위해서는 무엇보다 그 나라 국사에 참여할 수 있어야 한다. 일본이 조선을 대하는 양상도 이와 같다. 어떤 상황이나 신하들 사이에 벌어지는 내부 사정은 결코 우리나라가 알 바 아니다. 설령 그 안에 누가 일본당이라고 불리는 일이 있어도 이는 우연한 이름이며 실제로 그 나라 형태에는 사대당과 독립당 두 파가 있다는 사실에 지나지 않는다. 독립당을 일본당이라고 말하더라도 독립당의 행동이 곧 일본 정부 기관의 행동을 의미하지는 않는다. 이번 사건은 조선국 내부의 변란으로 일본인과는 추호도 관계가 없다.

일본 학계는 비록 후쿠자와가 이 사설을 쓸 시점에 조선에서 구체적으로 무슨 일이 일어났는가에 대해서는 확인할 수 없었다 치더라도, 이노우에 가쿠고로 서신 등으로 미루어 개화파가 일본 측과 공모한 사실쯤은 알고 있었으리라 분석한다. 그럼에도 이 같은 사설을 쓴 까닭은 일본인의 관여를 은폐하여 국제적 책임을 피하고자 한 것이라고 해석할 수밖에 없다는 게 그들 학자들의 공통된 의견이다. 후쿠자와의 평소 지론이 강경하고 개화파에 도검과 폭약 등 무기를 제공한 점, 김옥균과 도쿄에서 오랜 시간 만나 의논한 점, '대조선문화공작'을 추진한 점, 이노우에 가쿠고로를 통해 사건을 연출한 점 등을 종합해 보면 그는 갑신정변을 기획하고 연출한 주도자임에 틀림없다. 그의 충격과 흥분이 〈탈아론〉으로 표출되었다는 주장도 그래서 나온 결론이다.

갑신정변의 실패

갑신정변의 실패는 후쿠자와에게 실로 하늘이 무너지는 충격이었다. 3년 남짓 물심양면으로 지원한 조선의 문명개화운동이 한낱 물거품으로 끝나버렸기 때문이다. 그는 정변의 성공을 기원하는 마음으로 두 달 동안 중단했던 조선에 관한 논설을 정변 실패 뒤 분풀이라도 하듯 다시 쏟아내기 시작했다. 12월 15일 〈조선사변朝鮮事變〉을 시작으로 17일에 〈조선국에 일본당은 없다〉를 내놓았고, 이어 18일에는 〈우리 일본에 불경不敬 손해를 가한 자 있다〉는 제목으로 조선과 중국에 대한 비판의 강도를 높여 나갔다. 후쿠자와는 이 논설에서 "청군의 출동은 생각 밖이자 불법이다"라며 청나라의 군사행동을 맹렬히 규탄했다.

조선사변에 대해 아직까지 현지에서 당한 사람을 만나지는 못했지만 13일의 관보 기사*로 판단하면 조선 국왕폐하로부터 경비를 요청 받았을 때에는 독립당 인사들이 왕의 신변을 보호하고 있었다. 대궐의 큰일이라는 사실을 확인한 다케조에 공사는 사건 발생 당일부터 6일까지 국왕을 경비하며 만일의 사태에 대비했다. 지나병(청국 병사)은 6일 왕궁에 들어왔으므로 일본 측은 공사가 경비 절차를 마친 다음 지나병을 보게 된 것이다. 우리들은 정변 실황을 처음부터 목격하지 못했으나 지나병의 출현은 실제로 뜻밖이다. 지나는 국왕폐

---

* 15일의 잘못이다. 일본 정부는 갑신정변을 15일자 일본 정부 관보에 게재했다.

하의 적敵은 아닐지라도 국왕이 일본 공사에 신변 경비를 의뢰하여 안전하게 보호받고 있는 상황에서 고의적으로 병사를 출동시켜 마구 총을 쏘았다. 이는 우리의 상상을 초월한 것이다.

참고로 일본 정부는 15일자 관보로 사건의 개요를 다음과 같이 국민에게 알리고 있다.

본월(12월) 4일 조선국 경성에서 변란이 일어나 민영익閔泳翊 등 수명이 살해*되었다. 우리 공사는 사건이 나자 국왕의 요청에 따라 왕궁으로 달려갔다. 경성 주재 청나라 대장도 역시 병사들을 이끌고 왕궁에 도착, 우리 병사와 분쟁을 일으켜 마침내 그들이 먼저 발포하여 서로 사상자가 생겼다. 일본 공사관은 화재를 입었다. 공사는 이 달 8일 일시 제물포로 옮겨 그곳에서 조선 정부 및 청나라 관리와 담판 중이다.

후쿠자와는 이어 다케조에 신이치로 공사가 인천으로 퇴각한 데 대해 "연맹국 군주君主의 의뢰로 수호守護 임무를 맡고 있는 자가 왜 보호를 해제하고 임지를 떠났는지, 공사관과 병기고의 소실은 누구의 책임이며 우리 국민을 죽인 죄는 누구에게 있는지. 우리 공사는 우리 정부와 같고 우리 공사관은 우리 국토와 같다. 가볍게 보아 넘겨서는 안 되며 반드시 책임 추궁이 따라야 한다"며 청국과 조선, 그리고 다케조에 공사의 책임을 따지고 나섰다.

사건 발생 일로부터 4개월 남짓 후쿠자와가 쓴 사설은 실로 보통

---

* 당시 민영익은 살해된 것이 아니라 중상을 입었다.

사람의 능력을 뛰어넘는다. 하지만 대부분의 주제는 일본의 사건 관여를 호도糊塗하는 데 치중하고 있다. 청군의 반격을 일방적으로 단죄하기가 무리인 데다, 일본 측의 조치를 정당화하지 않으면 국제 여론이 불리해지기 때문이었다. 일본 정부도 사건을 진화하는 데 급급했으며 그러면 그럴수록 다케조에 신이치로 공사에 대한 비난은 더욱 높아졌다. 게다가 다케조에 신이치로 공사가 인천에서 돌아와 조선 측과 교섭을 시작했을 때 조선 조정은 그를 역도 공모자로 보고 상대해주지 않았다. 당시 외아문外衙門 독판督辦(지금의 외무장관) 조병호趙秉鎬는 다케조에 신이치로가 일본군의 출동을 '국왕 요청에 의한 구원'이라고 주장한 데 대해 "공사가 혹시 중신重臣 학살 범인을 붙잡고 있다면 순수한 국왕 호위자로 인정하겠다"고 면박을 줄 정도였다.

이같이 사건 수습을 위한 회담을 앞두고 신경전이 계속되고 있는 가운데 조선 현지에서 갑신정변에 가담했던 이노우에 가쿠고로가 12월 18일 귀국, 후쿠자와에게 사건의 전말을 보고했다. 이노우에 가쿠고로의 사건 전말은 〈조난기사遭難記事〉란 제목으로 바로(1882년 12월 19~20일자) 보도되었다. 기사에 이노우에 가쿠고로가 정변에 가담한 사실이 빠져있는 것은 말할 것도 없다. 그러나 이노우에 가쿠고로는 나중에 후학들이 펴낸 《이노우에 가쿠고로 선생전》에서 "개화당으로부터 당일(4일) 우정국 계획이 처음 예정대로 되지 않았다는 연락을 받고, 정변에서 임무를 맡은 일본인들에게 '국왕의 신변을 확보하라'고 지시한 뒤, 폭약을 담당하고 있던 후쿠시마 하루히데福島春秀를 데리고 창덕궁 돈의문으로 달려갔다"고 설명하고 있다. 또 이노우에 가쿠고로는 "고종이 당시 개화당의 요구를 승낙한 까닭은 우리들이 폭약을 갖고 있었기 때문이었다"고 밝혔다.

이같이 맡은 바 임무를 끝낸 이노우에 가쿠고로는 "12월 6일 박문국에서 《한성순보》를 만들다가 김만식으로부터 '중국의 위안스카이가 병력을 이끌고 귀국貴國 공사 세력을 공격하려 하고 있으니 피하라'는 전갈을 받고 일본 공사관으로 급히 달려가 변을 면했다"고 한다. 《지지신보》는 12월 31일자 신문에서 이 편지를 인용, "위안스카이가 중국 병사들을 이끌고 대궐로 들어온 목적은 왕궁 수호가 아니라 다케조에 공사를 공격하는 데 있었으며, 위안스카이가 중국 상인 등에게 명하여 일본인을 살해토록 한 사실이 분명하다"고 보도하고 있다. 이것이 후쿠자와가 청국을 비난하는 유력한 논거가 되었음은 말할 나위도 없다.

도쿄로 돌아온 이노우에 가쿠고로는 그날로 이노우에 가오루 외무경에게 정변 사실을 보고했다. 이노우에 가오루는 전권대사로 12월 22일 도쿄를 출발하여 28일 시모노세키를 거쳐 30일 인천항에 도착했다. 이때 이노우에 가쿠고로도 함께 왔다. 후쿠자와는 이노우에 가오루 전권이 출발하기 직전 〈조선사변의 처분법〉이라는 제목의 논설에서 "이번 사변은 일본·중국·조선의 삼국이 관련된 하나의 큰 사건으로, 이 가운데 중국과 조선은 가해자이고 일본만 그 피해자이다"라고 주장했다. 그러나 그는 일본 공사관이 관여하여 사건이 일어났다는 사실에 대해서는 한마디도 언급하지 않았다. 후쿠자와는 청나라 측에 책임을 씌우기 위해서는 청·일의 군사 충돌을 피할 수 없으리라 내다봤다. 그래서 청·일 개전開戰을 염두에 둔 논설을 계속 게재하며, 국민들의 승전 의욕을 드높이고 국민성금으로 전비를 충당하자고 제창했다. 그는 설령· 지더라도 〈적국敵國 외환外患을 알면 나라는 망하지 않는다〉(1885년 1월 3일자)고 역설했다.

이와 같이 후쿠자와의 강경론이 계속되고 있는 가운데 1885년 1

월 9일 조선과 일본 사이에 한성조약이 체결됨으로써 사건은 평화 유지 쪽으로 가닥을 잡아갔다. 하지만 중국과 일본 사이에는 아직도 해결해야 할 문제가 남아 있었다. 후쿠자와는 이에 〈조선만은 처리되다〉(1885년 1월 13일자)에서 "청국은 어떻게 할 것인가. 아무튼 이번 조선사변은 경성 주재 청국병淸國兵이 우리 대일본제국에 대불경大不敬, 대손해大損害를 가한 주모자이자 교사자, 실천자임은 숨길 수 없는 명백한 사실이다. 더욱이 이번 사건은 전년의 임오군란과 달리 우리 요구는 조선에만 있지 않고 양국에 있다"며 사건이 아직 끝나지 않았다는 사실을 독자들에게 환기시켰다.

후쿠자와는 이어 〈아직 만세 부를 때가 아니다〉(1885년 1월 14일자)라는 사설에서 첫째 청국 병사가 대궐에서 먼저 발포한 점, 둘째 청국 상인들이 청국 병사들과 합세하여 일본인을 살해한 점, 셋째 일본 부인들이 청국 병영에서 능욕을 당한 점, 넷째 청국 수병水兵에게 물품을 빼앗긴 일본인이 있는 점 등을 들어 "청국인이 일본인에게 가한 무례하고 난폭한 짓은 이루 다 열거할 수 없다. 어떤 교활한 수단이 있더라도 피할 수 없는 증거가 많음은 보통 사람이면 다 알 수 있으며, 이번 전권대사는 이 죄를 반드시 물어야 한다"고 강조했다.

그는 1월 15일자 〈견청遣淸 특파 전권대사〉라는 제목의 사설에서 "이번 사건은 '조선사변'이라고 칭하지만 실은 일·청 사이의 사건이라고 말할 수 있고, 가해 책임 99퍼센트를 청국이 져야 하며 조선은 아니다"라고 주장했다. 후쿠자와는 "조정朝廷이 머리 숙여 사죄해도 우리 일본에게 영예가 아니다. 조선이 즉각 배상금을 약속해도 우리 일본의 이익에 부족하다. 우리가 겨냥하는 진짜 적은 청나라이다. 따라서 일·청 교섭이 끝나기 전에는 조선과의 담판이 아무리 훌륭하게 종결되었다 하더라도 그것은 10분의 1에 지나지 않으며, 나머지는 성립되지 않은 것이다. 일본의 영예와 이익도 아직은 결정되지 않았다고 말할 수밖에 없다. 실력으로 경성에 주둔하고 있는 청나라 폭병暴兵을 쫓아내고 청국 정부의 사죄와 함께 배상금 2천만 엔을 받아내야 한다"며 계속 강경론을 폈다.

이러한 후쿠자와의 강경론은 일본 여론을 자극하기에 이르렀다. 1885년 1월 18일 도쿄 우에노上野에서는 청나라를 규탄하는 대규모 시위가 벌어졌다. 이날 참가자 3천여 명은 니혼바시日本橋에 있던 《지지신보》사 앞에서 만세를 부르고, 반대 입장을 취하고 있던 일부 다른 신문사에 불을 지르는 소동을 일으켰다. 대규모 시위가 벌어지자 정부는 《지지신보》에게 자극적인 사설을 싣지 못하도록 했다. 《지지신보》는 이에 1월 20일자 사고社告를 통해 〈기사 게재는 외무성의 허가를 필요로 하고 있다〉는 사실을 독자들에게 알렸다. 후쿠자와는 한성조약이 체결된 뒤에도 청나라와 일본 사이에 톈진天津조약이 성립(1885년 4월 22일)될 때까지 석 달 이상을 거의 하루도 빠짐없이 논설로 대對중국 강경론을 굽히지 않았다.

그는 조선 망명객들을 자신의 별채에서 지내도록 하면서 갑신정변 사태 수습을 둘러싸고 일본 정부가 취하고 있는 미온적인 평화 방침을 강하게 비판했다. 〈국민의 이해 한 곳으로 귀착된다〉(1885년 1월 24일자)는 사설에서 그는 "이제 일·조 담판은 타결되어 전권대사도 무사히 귀국하고 사변의 일부는 종결되었지만, 사변의 주동자인 청국에 대해서는 아직까지 합의한 것이 아무 것도 없다"며 정부의 대응을 재촉했다.

후쿠자와는 그해 2월 7일에 쓴 사설 〈우리의 소망 공허하지 않음을 안다〉에서 "이번 결말에 많은 이익을 바라는 바는 아니다. 조선의 '토지를 침략'하고 '내치에 관여'하거나 '보호국'으로 바꾸려는 조치는 더욱 아니다. 다만 일본이 입은 '대불경, 대손해'에 대해 조선에게는 책임을 지웠지만, 청나라에는 아직 뜻을 이루지 못하고 있어 청국에 대한 조치를 듣는 데 만족할 뿐이다. 심중에 일본이 있기 때문에 나 혼자 청국에 대한 대응을 집착하고 있다. 붓이 있는 한 종이에 적고 혀가 있는 한 입으로 말하여, 무료함이 없게 하고 목숨이 있는 한 태만하지 않는다. 후손들에게 말하여 뜻이 이어지도록 하고자 한다"고 다짐했다.

후쿠자와는 일본인의 국민정신을 부추기는 데도 소홀히 하지 않았다. 〈우리를 믿고 사람을 의지한다〉(1885년 2월 19일자)는 사설은 '일본의 자랑'이라고 해도 틀린 말이 아니다.

일본인의 능력을 믿고 구미인의 무능력을 믿는다. 일본인은 서양이 3백 년 남짓 이룩한 대 사업을 30년 만에 달성할 만큼 능력이 대단하다. 일본인은 서양인에 뒤떨어지는 하등 인종이 절대로 아니다. 서양인의 인순고식因循姑息은 의외이다. 19세기 학술 진보로 세계를 석권하면서 동양 여러 나라에 대한 정략에는 활기가 없다. 태평양에 전선을 깔지 않고 아시아 횡단 철도를 놓지 않는다. 수에즈 운하를 개설한 지 10년 뒤에야 겨우 파나마 운하를 기획하고, 중국과 통상은 해도 내륙 깊숙이 들어가지 못하며 아시아에서 구주 해로에 쾌속선 운항 대책도 없다. 이는 모두 우리가 성사시킬 일로 '도적이 낮잠'자는 사이 빨리 우리들이 '문단속'을 철저히 해야 하는 이치이다.

후쿠자와의 강경론이 연일 쏟아지고 있는 사이, 조선에서는 앞에서 이미 설명한 대로 1885년 1월부터 2월 초까지 갑신정변 가담자와 그 가족에 대한 처벌이 대대적으로 벌어졌다. 후쿠자와는 2월 23일과 26일자 사설 〈조선 독립당의 처형〉으로 이를 통박하고 조선을 '요마악귀妖魔惡鬼의 지옥국'이라고 규정했다. 후쿠자와는 그 뒤 청국과 담판에 임하는 당국자에게 당부하는 사설 〈나라 교제의 주의主義는 수신론과 다르다〉를 내놓은 데 이어 침략이론의 근거 〈탈아론〉을 발표하기에 이른 것이다.

당시 세계정세는 숨 돌릴 수 없을 만큼 급박하게 돌아갔다. 러시아가 부동항 확보를 위해 남진정책을 추진하고, 영국은 이를 핑계로 1885년 4월 조선해협 항로를 움켜쥘 수 있는 거문도巨文島를 점거했다. 평소 러시아의 남하정책을 조선병탄으로 인식했던 후쿠자와는 영국의 거문도 점거를 다행으로 생각했다. 이에 대해 후쿠자와는 1885년 6월 27일자 사설 〈거문도에 관한 조선 정부의 조치〉에서 다음과 같이 피력했다.

> 영국과 러시아의 정략은 완전히 반대이다. 러시아는 반드시 취할 욕심이고 영국은 꼭 머무르기를 바란다. 영국은 동양 전권全權을 장악하려면 여분의 국토를 침략하기보다는 기득권의 유지를 국시로 하고 있는 모습이다. 이에 비해 러시아는 태평양에 얼지 않는 항구를 갖고자 조선을 처음부터 병탄하려 하고 있다. 이는 남의 영토를 빼앗지 않는 영국의 정략과 같다고 할 수 없다.

후쿠자와가 이러한 상황에서 쓴 〈조선 인민을 위해 조선의 멸망을 축하한다〉(1885년 8월 13일자)는 제목의 사설은 더욱 충격적이다. 그 요지는 대강 이렇다.

인간은 보통 '명예', '생명', '사유' 등 세 가지를 중요하게 여기고 있다. 지금의 조선 상태를 보면 왕실에 법도가 없고 귀족이 발호跋扈하며, 세법이 문란하여 사유권이 없다. 정부 법률이 불완전하여 귀족 양반들이 사욕과 사원私怨으로 무고한 백성을 가두고 살상해도 호소할 곳이 없다. 명예를 얻는 일도 상하 인종을 달리하여 하급 계층은 상류층의 노예에 지나지 않는다.

독립국의 영예를 찾기 위해 정부는 세계 사정을 알려주지 않고, 어떠한 국욕國辱을 당해도 조신朝臣들은 걱정하는 기색 없이 개인적인 권력 영화를 다투고 있을 뿐이다. 청나라의 속국屬國으로 취급되는 치욕에 대해서도 부끄러움을 느끼지 않고 영국에 토지를 빼앗겨도 우환을 모르며, 러시아에 나라를 팔아도 자기에게 이익이 되면 꺼리지 않는다.

국민이 모르는 사이 나라는 팔리게 된다. 조선 국민으로 살아가는 게 보람이 아니라면 러시아와 영국의 점령에 국토를 맡기고 러·영의 인민이 되는 경우야말로 크게 행복할 것이다. 망국민亡國民은 즐겁지 않다 하더라도 강대 문명국의 보호를 받아, 적어도 생명과 사유만은 안전을 기할 수 있다는 점은 불행 중 다행이다.

가까운 곳에 한 증거가 있다. 영국이 거문도를 점령해 지배하고 영국법을 적용하고 있다. 일이 있으면 도민島民을 부려 임금을 지불하고 범죄인이 있으면 처벌한다. 거문도 인민 7백여 명은 이미 행복한 사람들이라고 외부에 비추어질 정도이다.

갑신정변 뒤 한때 청나라와 조선에 대해 소극적이었던 일본 정부는 이 사설을 보고 당황했다. 마침내 일본 정부는 '치안 방해'를 이유로 《지지신보》에 1주일 동안 발행정지 처분을 내렸다. 이 때문에

후쿠자와가 준비한 속편 사설 〈조선 멸망은 그 나라 대세로 보아
피할 수 없다〉는 활자화되지 못했다. 요지는 아래와 같다.

　자국 멸망을 바라는 것을 '자포자기'라고 말하는 사람이 있다. 우
리들이 조선인들과 토론을 하다보면 결국 독립의 가능성으로 귀결되
는데 의논은 의논, 현실은 현실로 그치는 인상이다. 집권자들은 흔히
'자립 자주', '국민 협력 자강' 등을 외치지만, 이는 유려한 말에 그칠
뿐 실천은 딴전이다. 조선의 부패는 극도에 달해 대세를 만회할 방법
이 없다. 이는 우리의 바쿠후 말幕府末 실정과 똑같고 서양 열강들의
눈에 이미 조선 왕국은 없다(《福澤諭吉全集》).

탈아론 이후

1. 조선정략론朝鮮政略論

후쿠자와 유키치는 〈탈아론〉 발표 뒤에도 날마다 《지지신보》에 조선과 중국에 관한 사설을 쓰며 비판을 가했다. 그가 쓴 사설이 문제가 되어 가택수색을 받은 적이 있다는 기록을 보면, 그의 주장이 모두 메이지 정권의 입맛에 맞는 것은 아니었던 모양이다. 그는 실제로 테러를 두려워하여 밤에는 일절 문밖출입을 삼갔다고 한다. 그에게 입각을 권유하는 등의 정부 회유 공작도 만만치 않았다고 전해지고 있다. 그러나 그의 논조를 보면 적어도 국익을 위한 목표는 정부와 일치하고 있었음이 분명하다. 때마침 약육강식의 금수禽獸논리가 횡행하던 국제사회는 더욱 어지럽게 돌아가고 있었다.

그런 가운데 갑신정변이 실패한 뒤 일본으로 망명한 개화당 일행은 일본 정부의 심한 냉대를 견딜 수 없어 뿔뿔이 헤어져야만 했다. 이들 가운데 박영효·서재필 등은 더 이상 일본 정부를 믿고 정변을 꾀할 수 없다고 판단해 미국으로 떠났다. 김옥균은 그래도 미련을 버리지 못해 일본에 남아 후일을 도모하려 했지만, 시간이 흐를수록 그에 대한 냉대는 더욱 심해졌다. 물론 처음에는 후쿠자와를 비롯한 일본 친지들의 도움으로 그럭저럭 지낼 수 있었다.

그러나 1885년 11월 하순쯤 그가 '조선 정부를 전복시키기 위해 조선으로 잠입할 것'이라는 소문이 한양에 퍼지면서 일이 꼬이기 시작했다. 이에 조선은 김옥균을 국내로 끌어들여 죽일 계획을 세웠고, 이에 실패하자 다음 해 5월 자객刺客을 일본에 잠입시켰다. 이 사실을 알아차린 김옥균은 일본 정부에 신변 보호를 요청했으나, 조선과 청나라의 항의로 상황이 난처했던 일본 정부는 그에게 7월 중순까지 일본 밖으로 나가라고 명령했다. 일본 정부는 15일 동안의 유예기간이 지나자 그를 요코하마에 있던 외국인 임시거류소 안의 호텔로 이송했다. 후쿠자와를 비롯한 김옥균의 일본 친구들은 이러한 조치는 있을 수 없는 일이라며 정부에 항의하는 한편 구명운동에 나섰다.

이렇게 하여 김옥균은 일단 일본 공권력이 미치지 않는 거류소에서 요코하마에 있던 미쓰이三井별장으로 옮겨졌으나, 곧바로 머나먼 태평양에 있는 오가사와라小笠原섬으로 쫓겨나 그곳에서 2년 남짓 유배나 다름없는 생활을 했다. 한동안 김옥균에 대한 구명운동과 함께 일본 정부의 지원을 줄기차게 주장했던 후쿠자와도 시간이 지나면서 망명 정객의 처우개선 문제를 사설로 올리지 않게 되었다. 후쿠자와는 그 대신 대對청나라 교류 등 큰 문제로 눈을 돌렸다.

후쿠자와는 1891년 7월 청나라 북양수사北洋水師 제독 딩루창丁汝昌이 신예 함대를 이끌고 요코하마 항에 들어오자 "일본 해군도 원양 항해 비용을 아끼지 말고 위세를 과시하는 시위활동을 벌여야 한다"고 역설하고 나섰다. 청나라 해군의 위용은 일본 여론을 크게 자극했다. 후쿠자와는 이와 관련해 〈조선에 대한 경보음警報音을 민첩하게 울려야 한다〉(1891년 9월 27일자)는 제목의 사설을 싣고, 조선 정정政情에 다시 관심을 보이기 시작했다.

  폐문閉門과 다름없이 꼭꼭 닫힌 대원군大院君 사저에 정객이 드나
들고 위안스카이袁世凱와도 왕래한다고 한다. 그 이야기가 사실이라
면, 왕실 외척으로서 지금 집권자인 민씨와 사이가 좋지 않은 사정으
로 보아 민씨에 대한 모종의 계획을 꾸미고 있다는 말이 나와도 근
거 없는 억측은 아니다.

  오늘날 나가사키에서 시작해 쓰시마對馬와 부산을 거쳐 경성에 이
르는 전선電線이 있듯이, 상하이에서 의주 지방을 거쳐 조선에 닿는
전선도 있다. 그렇더라도 우리 전선은 조선 내지內地를 경유하기 때
문에 변란이 있을 경우 절단되어 불통될 우려가 있다. 청나라는 이미
지리적으로 유리한 전선편電線便을 갖고 있다. 일본은 비용이 많이
들어 나가사키와 인천 사이에 해저 전선을 가설할 수 없다면 적어도
인천 근해에 '통신함通信艦'을 상시 배치해야 한다.

  이는 앞으로 조선에서 발생할지도 모르는 사건에 대한 후쿠자와
의 경고였다. 후쿠자와는 이와 함께 "최근 조선 정정은 평온하지 않
다. 외척은 중국 일변도의 의지에서 벗어나 러시아의 보호국이 되고
자 비밀리에 선을 대고, 대원군은 민당閔黨을 제거하려고 한다. 중국
정부도 이에 크게 놀라 왕을 돕는 등 조선 조정은 말 그대로 끓어오
르고 있다. 러시아 군함은 블라디보스토크를 출발하여 원산항으로
향하고, 영국은 재차 거문도를 점거했다. 중국도 인천항에 군함을
배치하고 있다. 재경在京 청나라 대사는 외무성을 빈번히 드나든다.
이러한 때를 맞아 일본은 어떻게 할 것인가"라고 각국의 동정을 소
상히 알리며, 히로시마廣島 현 남부 미하라三原에서 시모노세키下關까

지 군사작전에 필요한 철도를 서둘러 부설해야 한다고 촉구했다.

당시 일본은 제국헌법 공포(1889년 2월 11일)에 따라 총선거가 실시되어 민당民黨이 다수 의석을 차지하게 되었다. 그 결과 정부와 민당의 대립이 격화되어 정부는 국회 운영에 어려움을 겪어 내치內治에 치중하느라 외교 문제에 눈 돌릴 여유가 없었다. 일본 정부는 국회를 해산하고 1892년 2월 15일 다시 총선거를 실시했다. 그러나 제2회 총선거에서도 민당이 과반수를 차지하여 정국은 더욱 꼬여만 갔다. 후쿠자와는 이 정치 난국을 타개하기 위해서는 〈대 영단이 필요하다〉(1892년 7월 19~20일자)며 관민官民 조화調和 수단으로 '조선정략朝鮮政略'을 제안했다. 이를 옮기면 아래와 같다.

국회 개설 이래 민당 세력이 크게 늘어나 당을 형성하고 당당하게 정부에 반대할 수 있게 된 형국이 오늘의 실상이다. '사가佐賀'의 난*과 '세이난西南 전쟁'**은 그 무서움이 민당에 비할 바는 아니었지만 조치는 어렵지 않았다. 정당한 명분으로 병력을 동원하여 토벌했다.

하지만 민당의 반대는 두 난과 다르다. 입법부는 행정부와 대등한 지위이다. 민권이라는 하나의 창槍으로 저항을 시도한다면 당하기 어렵다. 당국자는 헌법 발효야말로 우환의 시작이라고 생각하겠지만 시의時宜에 따라서는 책임내각제 실시를 각오할 수밖에 없다.

한편 민당 인물의 기량은 경시할 수 없다고 할지라도 속세의 명망

---

* 1874년 2월 에토 신페이江藤新平 등이 정한론에 반대한 정부에 불만을 품고 사가에서 일으킨 반란으로 에토 등 주모자는 사형에 처해졌다.
** 메이지유신을 주도한 사이고 다카모리西鄕隆盛가 '정한론'에 반대한 오쿠보 도시미치大久保利通 등 구미 사절단파에 불만을 품고 정부에서 물러난 뒤 1877년 가고시마 부근에서 일으킨 반란이다. 사이고는 정부군 반격으로 패하여 결국 할복자살했다.

과는 거리가 멀고 갑자기 정권을 잡아도 인심이 따르지 않으며, 삼일 천하로 끝나 사회질서를 어지럽게 할 뿐이다. 유신원로들이 애쓴 20년 남짓 치안은 백일 불공佛供이다. 당국자 불평대로 참을 수 없는 점이 있다. 이를 타개하기 위한 방법은 결단을 내려 밖을 향한 대계大計를 정하고, 사회 이목을 이 한 가지에 집중시켜 국내 분쟁을 그치게 하는 것뿐이다. 이는 여러 번藩의 병사를 도쿄에 집합시킴으로써 3백 개 적국敵國을 일개 병영으로 몰아넣는 일과 같은 이치이다. 국내 혼란을 미리 막기 위해서는 공격의 화살을 밖으로 돌릴 수밖에 없다.

기도 다카요시木戸孝允 참의는 조선에 죄가 없는데도 국내 치안을 위해서 어쩔 수 없다며 조선을 치자고 주장했다. 국내 여론 통합을 위해 외국에서 실마리를 찾는 방법은 정치가들이 할 일이다. 서양 여러 나라에도 사례가 있으며 타이완 정벌도 한 예이다. 현재 정치 상황으로는 도저히 정상화할 방법이 없으므로 사회 일반의 이목을 밖으로 끌어 여론을 통일시킬 수밖에 없다.

내가 이상한 말을 해서 사람들을 놀라게 하려는 의도는 절대로 아니다. 어쩔 수 없이 이러한 대책을 쓸 수밖에 없다고 믿는 사람이다. 인심을 바꾸는 방편으로 남양 여러 섬에 식민지를 두는 방법도 있으나 국내 분쟁을 잠재우기에는 별로 효과가 없다. 기도木戸씨 말대로 조선정략 실행 말고는 방법이 없다. 다만 지난날처럼 쓸데없는 전쟁은 하지 말고 동양 형세에 주목하여 기민하게 움직이며, 일반 인심을 하나로 모아 조선 난국을 돕고 아울러 우리나라 이익을 취하면 된다.

그런데 조선 근황을 살펴보면, 안으로 왕족과 외척의 알력이 심하고 밖으로는 강국들의 다툼이 치열하다. 조선의 국운은 화약을 품고 난로 옆에 누워 있는 형국으로 조만간 폭파를 피할 수 없다. 나는 러시아의 음험함을 의심하지는 않지만, 시베리아 철도를 완공하고 블라디보스토크 항의 모습을 크게 바꾸면 러시아는 대국 정략상 조선을 무시할 수 없다. 러시아의 정략은 잠시 제쳐두고라도 조선의 치란흥망治亂興亡은 청국과 일본 손에 달려 있다. 양국은 일치 협동하여 힘을 합해야만 한다. 경성변란 뒤에는 무사평온을 목표로 하여 그리 이해利害를 깊게 따지지 않았다. '서로 통보 없이 병사를 파견할 수 없다'는 톈진조약 항목은 오늘날 눈으로 보면 부적합하기 짝이 없다. 우리가 조선정략에서 제일 먼저 할 일은 양국이 서로 협의하여 이 조약을 폐지하는 문제이다.

청나라는 조선을 속국으로 하고 우리나라는 독립국으로 보는 문제가 있지만 결국 독립도, 속국도 명목뿐으로 실제는 조선의 실력 여하에 달려 있다. 청나라 정부는 역사상 관계를 근거로 속국론을 내세우지만, 조선에 독립 실력이 있다면 그것은 문제가 아니다. 우리나라도 명목상 공론을 그치고 서로 본심을 털어놓고 동양 장래의 이해를 논하며 양국이 힘을 합해 조선을 도와야 한다. 먼저 조선이 실력을 키우도록 하여 마침내 독립국의 이름을 가질 수 있도록 돕는 일이 오늘의 급한 과제이다.

일본과 청나라가 합의해 서로 한 덩어리가 되어 조선의 독립을 도우면 어떨까. 조선이 왕족과 민씨의 다툼으로 국력을 소모하고 문명 세계에 독립할 가망이 없다면, 내정 간섭은 감히 있을 수 없다고 하더라도 양측의 화해 조화를 시도하고 그래도 안 되면 덕의상德義上 일방적인 원조를 통해 실권實權을 하나로 통합해야 한다. 그렇게 되면 조선의 내치와 외교가 제대로 돌아가 국민은 도탄의 고통에서 헤어나고 진보의 꿈을 이루게 된다.

우리 일본에게 이해를 묻는다면 조선문명의 선구자가 되는 것이다. 우리나라는 조선 개국의 제일 선도자로 서양문명을 수입하여 오늘에 이른 최적임자이다. 먼저 내정 정리로 군비재정·우편·전신·기선·철도 등을 개선 또는 개설할 필요가 있다면, 많은 경험으로 숙련된 일본인을 보내 도와야 한다. 재정이 부족하면 저당을 잡고 공사公私 자본을 빌려주어도 된다.

들리는 바로는 함경도 지방 주민들이 정부와 귀족의 이중 수탈로 고통을 받고 시베리아 지방으로 도피한다고 한다. 조선 정부와 약속하여 우리나라에 넘치고 있는 빈민을 보내 토지를 경작토록 하면 서로 편리하고, 우리나라로서는 남양 미개지에 식민지를 두기보다 크게 이익이 된다. 이상은 원래 우리들의 공상空想이지만, 결실을 보려면 우리 국민들이 상하 귀천 없이 조선에 대해 관심을 갖고 내정 개선 또는 이주移住에 전력을 다해야 한다. 평화 수단으로 조선 독립을 달성하는 사이 다른 나라로부터 군사 경계警戒를 불러일으킬 일도 없고, 일본인 심지心地를 생각할 틈도 없게 된다. 입국대계立國大計상, 그리고 현재 정정政情으로 보아 정부가 대 영단을 내려 조선정략을 결정할 줄 믿는다.

이는 '탈아론' 이후 가장 강경한 주장이다. 또한 종전의 주장을 뒤엎고 논리의 일관성을 크게 벗어나는 관점이기도 하다. 일본 안의 정치 불안을 밖으로 돌려 해결해야 한다는 지론은, 그의 말대로 메이지유신 직후 대두된 정한론을 그대로 수용한 꼴이다. 다만 청나라와 협의하여 일을 도모해야 한다는 곁가지만 다를 뿐이다. 물론 군대를 동원해야 한다는 직접적인 표현은 없지만 텐진조약을 파기해야 한다는 소리는 바로 그런 의미가 아닌가. 다시 말하면 그 속에는 무력 동원을 내포하고 있다. 더욱이 그의 눈에 비친 당시 조선의 부패와 분열상은 지금 읽어도 낯이 뜨거울 정도이다. 그로부터 120년이 지난 지금은 과연 얼마나 달라졌을까. 한국인 모두가 깊이 생각해볼 일이다.

제2차 이토伊藤 내각이 발표되자 후쿠자와는 1892년 8월 10일자 사설 〈신내각 방침 여하如何〉를 통해 톈진조약 개정과 대조선정책을 물었다. 그는 이 사설에서 "조선의 형세는 이제 초미의 관심사로 파멸 위기에 놓여 있다. 시기를 놓치면 우리 국권에도 큰 영향을 미치게 된다. 그럼에도 종전 당국자들은 조금도 주의를 기울이지 않고 아무 상관없는 듯이 지나쳐 왔다. 서양의 하찮은 일에 겁을 먹고 놀라 미리 대응하는 전략도 없다"며 조선의 유사시에 대한 대비책을 촉구했다.

당시 조선은 대원군과 민씨 일파의 대립으로 정국이 다소 불안했지만 위안스카이가 청나라 주재관으로 조정을 장악하고 있는 한 큰 변동은 있을 수 없었다. 그러나 청나라 자체가 흔들려 종전의 지위를 그대로 유지할 수 없는 상황이 닥칠 가능성도 적지 않았다. 러시아가 남하하고 청나라를 압도하는 영국의 존재를 무시할 수 없었기 때문이다. 이러한 상황에서 조선이 국제사회에서 홀로서기란 여간 어려운 일이 아니었다. 〈조선정략은 다른 나라와 함께해야 한다〉(1892년 8월 25일자)는 사설은 그러한 시각에서 출발하고 있다.

세계 강국 가운데 동양에 세력 있는 나라는 영국과 러시아 두 국가로, 조선정략에 뜻을 두고 있어 심상치 않다. 양국은 서로 이해가 달라 한 쪽이 꾸미는 일이 다른 쪽에는 적敵이 된다. 런던은 세계 상업의 중심지로 영국의 환심을 잃으면 국익에 도움이 될 수 없다. 오늘날 러시아가 동양에 미치는 세력은 아직 놀랄 정도는 아니지만 수

년 뒤 시베리아 철도가 완공되면 우리는 공수攻守가 바뀌어 등 뒤에
적을 짊어지는 꼴로 전략상 곤란하게 된다. 그렇더라도 영국과 러시
아 어느 한 쪽을 미리 정해 적을 만드는 일은 득책得策이 아니다.
　내가 때때로 논한 조선정략은 조선 독립을 말한다. 청국 정부와 교
섭하여 종전의 감정을 씻고, 소속 명목론은 접어두고 조선이 실제로
독립할 수 있게 돕는 일이 아주 긴요하다. 톈진조약처럼 실정에 맞지
않은 약속은 철폐하고 쌍방 모두 마땅히 지켜야 할 도리상 원조를
해야 한다. 본래 조선정략의 목적은 쓸데없이 일을 좋아해 다른 나라
와 마찰을 빚고자 함이 아니다. 이대로는 조선의 내정 혼란이 외교
곤란을 초래하고 강국의 간섭을 불러와 결국 동양 평화를 해치게 됨
은 불을 보듯 뻔하다. 빨리 방침을 정해 추진해야 우리나라의 이익을
보호할 수 있다. 이는 어쩔 수 없는 필요이다.

이 글에서 보듯이 후쿠자와는 '조선의 독립'을 재차 강조하고 있
다. 그러나 앞서 여러 번 지적한 대로 이는 조선을 위한 독립이 아
니라 자국을 위한 주장임은 말할 필요도 없다. '우리나라의 이익을
위해 어쩔 수 없는 필요'라는 대목이 이를 잘 증명해준다.
　후쿠자와는 이어 8월 26일자 사설 〈소속론은 논하지 않음이 옳
다〉에서 "조선이 청나라 소속이냐 독립국이냐 하는 명목론은 쓸데
없고 독립의 실체야말로 아주 긴요한 것"이라고 다시 한 번 강조하
고, 독립의 결실을 보기 위한 대책을 다음과 같이 펼치고 있다.

조선은 청국과 일본 사이에 끼어 우리나라와는 '입술과 이'의 관계
임과 동시에 청국과도 '수레와 수레바퀴'의 관계이다. 그러나 조선은
두 나라를 서로 구분하는 '가리개'와 같아, 이를 치울 경우 양국이 직

접 동양의 파란으로 충돌할 수밖에 없다. 따라서 지금 '가리개'를 잘 보호하는 일이 무엇보다 급한 방책이다. 그 제일은 톈진조약을 폐지하고 양국이 마땅히 해야 할 도리상 원조를 하여 독립의 열매를 맺을 수 있도록 하는 데 있다. 명목상 쓸데없는 다툼을 그치고 실효를 도모하는 일이 급하다. 그러려면 재정의 시말, 병비兵備, 법률, 경찰 등의 정치기관 정비가 먼저 필요하며 광산, 철도 등 식산흥업 사업도 산적해 있다. 내가 지난날 말했듯이 일본에서 지식 경험자를 보내고 인구 적은 장소에 이민을 보내면 독립 운운은 별도로 치더라도 우리나라에 간접 이익이 적지 않다.

이러한 조선정략론은 신문사들 사이에도 논쟁이 일어 당장 실효를 거두지는 못했지만, 1894년 청일전쟁으로 이어지면서 조선 지배의 이론적 근거로 자리 잡게 되었다.

2. 김옥균의 암살

망명 정객 김옥균의 말로未路는 참으로 비참했다. 그는 1894년 3월 28일 중국 상하이上海의 한 여관에서 홍종우洪鐘宇가 쏜 권총에 맞아 한 많은 일생을 마감했다. 갑신정변에 실패하여 조국을 등진 지 9년 3개월 만의 일이었다. 김옥균은 저격을 당한 뒤에도 유해가 한강변 양화진으로 옮겨져 시신을 토막 내는 이른바 '능지처참'의 형벌이 가해져 차마 눈을 뜨고 볼 수 없었다.

사실 비극은 정변이 실패로 끝나면서 이미 싹트고 있었다. 그는 일이 '삼일천하'로 그치자 일본으로 피신했으나, 시간이 지나면서 일본 정부에게 귀찮은 존재가 되어버렸다. 조선 조정이 그의 신병을 넘겨달라고 끈질기게 요구한 데다 자객刺客이 해칠지도 몰라 신변 안전에 여간 신경이 쓰이는 일이 아니었다. 일본으로서는 국제적인 체면이 걸린 문제인 만큼 아무렇게나 처리할 수 없었다. 더군다나 국가 문제가 관계된 그를 개인 후쿠자와 집에 한없이 머물도록 하기는 더욱 어려웠다. 그래서 생각해낸 방법이 외딴 곳으로의 '유배'였다.

일본 정부는 고심 끝에 신변 보호를 이유로 그를 오가사와라小笠原섬에서 지내도록 했다. 일본 정부로부터 '자진 출국하라'는 수모를 당한 그는 일본 친지들의 도움으로 강제 출국은 면했지만, 1886년 8월 9일 아침 눈물을 머금고 도쿄 시나가와品川에서 배를 타고 유배 길에 올라야 했다. 일본 정부는 김옥균이 지시대로 섬으로 떠나자 매월 15엔의 '급부금'을 지급했다. 그러나 오가사와라는 일본 본토에서 1천여 킬로미터나 떨어진 태평양에 있는 섬으로 습기가 많아 김옥균은 그곳에서 건강을 크게 해쳤다. 김옥균은 이에 다른 곳으로 옮겨달라고 일본 정부에 호소했다.

이 호소가 받아들여져 그는 1888년 7월 요코하마橫浜로 돌아올 수 있었다. 그러나 다음 날 바로 홋카이도北海道 삿포로札幌로 이송되었다. 이때도 이유는 신변 안전이었는데 그해 4월 내각 교체로 수반이 된 구로다 기요타카黑田淸隆의 배려였다고 한다. 홋카이도청은 전에 홋카이도 개척장관開拓長官을 지낸 구로다 기요타카의 뜻을 받들어 양수원 식물원 옆에 양관洋館을 새로 지어 김옥균에게 숙소로 쓰도록 했다. 홋카이도는 기후가 조선과 비슷해 김옥균도 삿포로 이주를 만족스러워했다고 전해지고 있다. 그는 이곳에서 다소 생활의 여유를 찾은 듯하다. 일본 정부가 주는 급부금도 그사이 50엔으로 올랐다. 도내 유지들의 원조도 있었다. 후쿠자와는 홋카이도 탄광철도회사 중역으로 있던 게이오기주쿠 졸업생에게 편지를 보내 김옥균을 특별 예우하도록 당부하기까지 했다.

하지만 무슨 일이 있었는지 김옥균은 1890년 3월 29일 도쿄로 다시 돌아왔다. 따라서 그에게 지급되던 월 급부금도 중단됐다. 이상이 그가 일본 외딴 곳에서 4년 남짓 보낸 대강의 발자취이다. 도쿄로 돌아와 상하이로 가고자 1894년 3월 오사카로 떠나기 전까지 4년 동안 어떻게 생활했는지는 베일에 싸여있다. 구체적인 기록이 없기 때문이다. 1944년 게이오출판사가 간행한 《김옥균전》은 갑신정변까지의 이야기를 담은 상권뿐이다. 하권은 그해 여름까지 펴낼 계획이었으나 필자가 사망하여 빛을 보지 못했다고 한다. 하권에는 암살 전까지 망명생활을 실을 계획이었다. 하권이 나오지 못한 이유도 원고가 완성되지 않았기 때문인지 아니면 공습이 심한 전시 상황 때문이었는지 분명하지 않다.

한편 김옥균이 일본에서 망명생활을 하고 있는 동안 미국으로 떠났던 박영효가 일본으로 돌아왔다. 그러나 김옥균과의 사이는 소원해졌다. 박영효가 온순하고 과묵한데 견주어 김옥균은 예민하고 말이 많아 성격이 서로 다르고, 조선에 있었더라면 박영효는 김옥균보다 지체가 높은 데도 일본에서는 밑으로 보여 유쾌하게 생각하지 않았다고 한다. 게다가 박영효 추종자들이 두 사람 사이를 갈라놓고자 김옥균을 모략한 일도 한 원인으로 꼽힌다. 조선인 서생들은 박영효를 많이 따랐고 김옥균은 오히려 일본인들과 친하며 고독하게 시주詩酒 풍류에 빠졌다고 전해지고 있다. 박영효는 이일직李逸稙의 도움으로 '친린의숙親隣義塾'을 창설하고 서생들을 모았다. 이일직은 자신은 사업가로 무역 목적으로 1892년 일본에 왔다고 소개했지만 사실은 조선 수구파의 지령을 받은 자객刺客임이 나중에 밝혀졌다.

이일직은 1892년 병조판서 민영소閔泳昭의 지시에 따라 일본에 망명 중인 김옥균과 박영효를 암살할 목적으로 권동수權東壽·재수在壽 형제와 함께 일본으로 건너갔다. 그는 풍부한 자금으로 박영효에게 월 1백 엔을 지원하고, 그를 따르는 사람들에게는 20엔씩 주었다고 한다. 이일직은 김옥균을 일본 밖으로 꾀어내고, 박영효는 일본에서 암살할 계획이었다. 그는 혼자 힘으로 암살 성공이 어렵다는 사실을 깨닫고 1894년 2월 프랑스에서 유학을 마치고 귀국 도중 도쿄에 머물고 있던 홍종우를 음모에 가담시켰다. 자객에 대한 경계를 게을리 하지 않은 김옥균은 처음부터 이일직을 의심해 가까이하지 않았다.

어느 날 이일직이 김옥균을 찾아가 "박영효는 우둔하다. 당신처럼 똑똑한 사람이 외국에서 몰락하고 있는 모습을 보면 참을 수가 없다"고 말하며, "상하이로 가면 자유스럽게 자금을 받을 수 있다"고 꾀었다고 한다. 김옥균은 이일직의 권유를 의심하면서도 리훙장李鴻章의 양자인 리징팡李經方이 주일 공사 시절 중국에 한번 놀러 오라고 권유했던 적도 있어서 마음이 흔들렸다. 김옥균은 이 말을 듣고 하코네箱根 도노자와塔澤에 머무르고 있던 후쿠자와를 찾아가 상하이행 의사를 밝혔다. 이는 무엇보다 일본 정부가 자신을 천대함에 따른 결론이었다. 그러나 후쿠자와는 계획이 수상하다며 중국은 위험하므로 가지 않는 편이 좋겠다고 말렸다. 당시 외무차관 하야시 다다스林董는 그의 회상록에서 당시 상황을 다음과 같이 밝히고 있다. 하야시는 후쿠자와 둘째 아들 스테지로捨次郎 장인이기도 하다.

1894년 2월 6일은 청나라 신년이다. 김옥균은 청나라 공사관을 방문해 신년 인사를 하고 돌아가던 길에 외무차관 관사를 찾아와 당시 귀국해 있던 "리징팡李經方이 상하이에서 만나자고 하여 곧 도항渡航할 예정"이라고 했다. 나는 그 말을 듣고 "청나라 정부는 지금 조선 민심을 수습하려고 애쓰고 있다. 무슨 볼일이 있는지는 알 수 없지만 이럴 때 청나라에 가는 것은 대단히 위험하다. 왜냐하면 청나라는 당신을 구속하거나 신병을 조선에 넘길 게 뻔하고 조선 정부도 이를 바라고 있기 때문이다"며 극구 말렸다. 이에 김이 대답하기를 "그렇더라도 상하이는 청나라 영토라고는 하지만 중립지로 위험은 없다"고 했다. 내가 다시 "중립지는 외국인이 각자 자기 나라 법률에 보호를 받을 수 있다. 몸이 그 땅에 있으면 일본의 보호를 받을 수 없고 완전히 청·조 정부의 수중에 떨어지게 된다"고 말하자, 그는 "지금 후쿠자와 선생이 서쪽 지방을 여행 중인데 오사카에서 만나 의견을 듣고자 하고 있다"고 대답했다.

그러나 하야시 다다스의 회상에는 혼동이 있었던 것으로 보인다. 후쿠자와는 2월 27일 큰아들과 작은아들을 데리고 고향 나카쓰로 성묘를 가려고 요코하마를 떠났다. 날짜에 착오가 있었을지라도 김옥균이 후쿠자와를 다시 만나 상담하고 싶다는 생각만은 확실한 듯하다. 이로 미루어 김옥균은 상하이로 떠날 마음을 굳히고도 쉽사리 갈피를 잡지 못하고 있었음이 분명하다. 《후쿠자와 유키치전》을 비롯한 일본 측 기록에 따르면, 김옥균이 상하이로 출발하기 전에 후쿠자와를 만나려는 계획은 서로 길이 엇갈려 뜻을 이루지 못했다.

김옥균은 홍종우를 비롯하여 주일 청나라 공사관이 소개한 중국인 통역, 평소 그를 따르던 이발사 가이 군지甲斐軍治 등과 함께 1894년 3월 10일 시나가와品川역에서 야간열차를 타고 오사카로 출발했다. 성묘를 마친 후쿠자와는 배편으로 시모노세키를 출발하여

14일 아침 고베 항에 도착, 다시 기차를 타고 오사카를 지나 교토京都 바로 전역인 바바馬場(지금의 나가오카쿄長岡京역)에서 내렸다. 후쿠자와는 그곳에서 친구를 만나고 나고야名古屋로 옮겨 하룻밤을 지낸 뒤 다음 날 도쿄로 돌아갔다. 이는 후쿠자와가 집에 돌아온 뒤 친구 앞으로 보낸 편지가 입증해 주고 있다. 따라서 김옥균은 후쿠자와가 오사카에서 머물 예정이라고 잘못 알고 이에 맞추어 출발한 것으로 여겨진다. 김옥균은 결국 후쿠자와를 만나지 못한 채 3월 23일 사이쿄마루西京丸를 타고 고베 항을 출발해 상하이로 떠났다. 김옥균이 승선한 사이쿄마루는 후쿠자와가 고향에서 타고 온 바로 그 선박이었다.

김옥균이 상하이로 출발하기에 앞서 어떤 준비를 하고 여비는 어떻게 마련했는지 등에 대해서는 구체적으로 전해지지 않고 있다. 다만 《김옥균 전기》는 "김옥균의 청국 행 결심을 듣고 후쿠자와가 1천 원*을 여비로 마련해 주고 이시이石井도 주머니를 털어 1천 원을 도와주었다. 또 미야케 세쓰레이三宅雪嶺도 고토 쇼지로後藤象二郎 백작에게 이야기하여 2천 원을 보태 주었다"고 밝히고 있다.

당시 김옥균은 혹심한 자금난을 겪고 있었다. 그와 가깝게 지내던 일본 친구들도 많았지만 대부분 기개氣槪만 높은 야인들로 돈이 없어 경제적으로 전혀 도움이 되지 않았다. 그를 냉대한 일본 정부로부터 지원을 받기란 더욱 어려운 일이었다. 김옥균은 10년 남짓 망명생활 가운데 여러 가지 일을 꾀했으나 모두 실패하여 실의失意가 말이 아니었다. 그래서 어디론가 탈출구를 찾고자 애썼다. 그 초조감이 바로 그를 청나라로 가게 했는지도 모른다.

---

* 1백 엔을 우리 돈으로 환산한 액수로 보인다.

상하이에 도착한 김옥균은 앞서 밝힌 대로 홍종우의 흉탄에 맞아 쓰러졌다. 박영효 암살 계획은 이일직 부하의 수상한 행동이 박영효 측에 사전에 발각되어 미수로 끝났다. 이일직은 이 사건으로 일본에서 재판을 받고 8개월 남짓 구금되었다가 풀려났는데, 경찰 조사에서 김옥균과 박영효에 대한 암살 계획은 조선 정부가 짜고 실행 과정에서 유기환兪箕煥 주일 조선 공사가 깊이 관여했다고 털어났다. 《후쿠자와 유키치전》에 따르면 박영효는 이일직에게 암살 계획을 자백받고 후쿠자와 집으로 달려가 김옥균이 위험하다는 사실을 알렸다. 후쿠자와는 즉각 일본 우편선에 연락하여 사이쿄마루에 타고 있던 김옥균 앞으로 이 같은 사실을 타전했으나 이미 때는 늦었다. 바로 다음 날 그의 피살 소식이 전해졌다. 비보를 들은 후쿠자와는 1894년 3월 30일자 〈김옥균씨金玉均氏〉라는 제목의 논설에서 김옥균의 최후를 애도했다.

김씨가 정변에 실패하고 본국을 떠나 이곳저곳 떠돌이 생활 하기를 10여 년. 안식처를 찾지 못하고 자객의 손에 쓰러지게 되다니 인생 참사로 불쌍하기 그지없다. 김씨의 청국행 인연은 전년 청국 공사로 우리나라에 와 있던 리징팡李經方과의 교제에 있다. 그렇다고 이번 김의 방문에 서면 초청은 말할 것도 없고, 소문이나 전언으로도 권유한 흔적을 찾을 수 없다. 김씨는 언젠가 이씨를 공사관에서 만났는데 서로 사업상 장래가 있다고 마음에 들어 했다. 아마도 이 마음이 움직여 중국인 통역을 구해 출항한 것으로 보인다.

홍종우는 조선 정부에 불미스런 일을 저질러 본국으로 돌아갈 수 없는 몸으로 곳곳을 떠돈 끝에 우리나라로 건너와 김씨에게 접근, 일을 저질렀다. 홍종우는 조선 정부와 소원한 관계로 도리어 정부의 뜻

을 알고 김씨를 암살하여 그 공으로 옛날 죄과를 면죄 받으려고 범
행을 저지른 것이 틀림없다. 밉기 그지없지만 포박되어 재판에 회부
되었다고 하니 두고 볼 일이다.

　리징팡의 허위 전언, 청국인의 권유 등으로 미루어 보면 이번 사건
은 어디까지나 청나라와 조선이 공모하여 뒤탈을 없애기 위해 꾸민
것으로밖에 의심할 여지가 없다. 이러한 비열한 음모는 절대로 청나
라를 위한 일이라고 볼 수 없다. 다행히 가해자가 잡혔으므로 엄중
문책해야 한다. 리징팡씨의 사정에 대해서도 등한시할 수만은 없다.

후쿠자와가 사건의 배후에 청나라가 있음을 알고도 흥분하지 않
은 데는 공정한 처분을 믿고 있었기 때문이라고 일본 학계는 보고
있다. 기네후치 노부오는 그의 저서 《후쿠자와와 조선》에서 "망명
생활 동안 김옥균은 일본 정부에 의지하여 재기할 가망이 없음을
깨닫고, 리훙장에게 부탁해 달라고 공사 리징팡에게 접근하려다 변
을 당하게 된 것"이라고 해석하고 있다. 리징팡은 김옥균을 이용하
여 조선의 반청국당을 포섭하고 청나라 세력을 조선에 확장하려 했
을 뿐, 처음부터 그를 타락한 작은 재목으로 판단해 중용할 생각은
없었다고 기네후치 노부오는 설명한다.

리훙장은 김옥균이 암살되자 이를 조선 회유에 최대한 이용했다.
톈진에서 조선인을 청나라 군함에 태워 상하이로 보낸 뒤 김옥균의
유해를 범인과 함께 인천으로 옮기게 했다. 김옥균의 유해는 상하이
에서 검시가 끝난 뒤 일본인 수행원 가이 군지에게 넘겨졌으나, 그
가 방파제에 두고 선적을 위한 수속을 하는 동안 청나라 경찰이 가
져갔다고 한다.

후쿠자와는 〈김옥균 암살에 따른 청한清韓 정부의 조치〉(1894년 4

월 13일자)라는 논설에서 "청나라 정부의 조치는 부당하고 청국인도 석연치 않으며, 우리 국민들의 감정은 더욱더 예민해질 우려가 있다"고 전제하고, "조선에서는 유해에 치욕을 가하는 극형을 내리고 범인은 우대할지 모른다. 그러므로 우리 국민의 감정은 다시 살아나 쌍방의 감정이 더욱 불미하게 되고 영구 화친의 교제도 약속할 수 없다. 무법無法사상을 고치려면 먼저 조용히 이유를 설명하고, 그래도 깨닫지 못하면 일도양면一刀兩面함으로써 잘못을 느끼도록 조치하는 수밖에 없다"고 강조했다.

청나라의 부당, 조선의 무법을 논한 후쿠자와는 개인적인 감정을 움직여 공론을 내세우지는 않았다. 후쿠자와는 이 논설을 내보낸 그날, 신죠지眞淨寺 주지 데라다 후쿠쥬寺田福壽 앞으로 서신을 보내 "김옥균씨 일은 정말 불행하고 불운한 일로 말로 다 표현할 수 없다"며 법명法名 작명과 독경을 부탁했다. 망명 중 김옥균과 친해진 오이 겐타로大井憲太郞, 이노우에 가쿠고로, 오카모토 류노스케岡本柳之助 등은 '김씨우인회金氏友人會'를 만들어 유해 인수와 장의를 계획하고 사무국을 고슌샤交詢社에 설치했다.

후쿠자와는 4월 20일 간다神田 긴키회관錦輝會館에서 열린 시국 강연회에 연사로 초청되었으나 나가지 않았다. 그리고 4월 24일 그의 집에 관계자들을 모아 법요法要회를 가졌다. 일본의 여론도 청나라가 김옥균 암살에 관여했음을 의심하지 않았다.

《지지신보》와 경쟁 관계에 있던 《도쿄니치니치신문東京日日新聞》은 4월 20일자 기사를 통해 "이번 흉변凶變에는 리훙장씨 부자가 깊이 관여했다는 소문이 있는데 일본에 군함을 파견한 것만 보아도 이 사건에 연루되어 있음을 알 만하다"고 보도했다.

그러나 조재곤은 《그래서 나는 김옥균을 쏘았다》(105쪽)에서 "김옥균은 일본 정부의 방조 없이는 절대로 청나라로 갈 수 없었다. 일본 정부는 이미 1885년 김옥균을 청국으로 보내 그곳에서 죽게 함으로써 일본에 대한 비난 여론을 피하고, 청국에 모든 책임을 떠넘기려는 계획을 비밀리에 준비했다가 여론이 좋지 않아 보류한 적이 있다"며, "김옥균의 암살은 일본 정부가 그에 대한 암살 음모를 미리 탐지하고도 정치적으로 거추장스러운 인물을 자연스럽게 제거하고 청나라에 대한 침략전쟁을 유도하고자 이를 묵인함으로써 이루어지게 되었다"라고 주장하고 있다.

김옥균의 유해는 이에 앞서 한강 도선장인 양화진楊花津에 도착해 능지처참형陵遲處斬刑이 가해졌다. 암살범 홍종우는 상하이에서 재판에 회부되어야 했지만, 앞서 설명했듯이 청나라는 이를 무시하고 신병을 조선으로 넘겨주었다. 후쿠자와는 주위의 분격에도 오히려 일정한 거리를 두고 시국을 우려했다고 한다. 후쿠자와가 1894년 5월 4일자에 쓴 사설 〈남에게 의지하여 스스로를 안심시킬 수 없다〉는 우리 한국인들에게 시사하는 바가 크다.

조선에 대한 정략을 다시 한 번 정리하여 조선이 독립할 수 있다고 판단되면 원조를 하고, 구제할 가능이 없을 경우 우리나라 이익에 상처가 나지 않도록 마음을 가다듬는 일이 긴요하다. 우리나라가 이 정략에 나서면 조선을 속국으로 보는 청국과 충돌을 피할 수 없어 오히려 보호를 모두 맡겨야 한다는 말이 있다. 위안스카이가 조선을 마음대로 주무르는 짓은 조선을 보호하겠다는 리훙장의 의사 표출에 다름 아니다. 그것도 배후에는 '일대강국一大强國'이 은연중 성원하고 있으며 이 사실을 알면 다른 나라는 쉽사리 넘볼 수 없다.

일본이 방침을 정하여 청국과 충돌하면 평지에 풍파를 일으키는 꼴이 된다. 무익한 사태라고 판단하여 물러나면 안심할 수는 있지만 나의 관찰로는 판단이 쉽지 않다. 지나支那제국의 중앙정부는 만주인들이 장악하여 제도 문물은 고대 동양류東洋流로 조금도 개진의 씨를 볼 수 없고, 중심부는 부패한 고목이다. 이러한 국세로 지금의 열국 경쟁 세계에서 영원히 독립을 유지하기는 쉽지 않다.

결론적으로 노대국의 보호로 무엇을 이룰 것인가. 조선팔도는 무인의 경지로 하루아침에 여러 강국이 점령할 수 있는 장소나 다름없다. 일본은 조선정략뿐만 아니라 대對청국 방침도 미리 세워야 한다. 조선에 대한 대책을 마련하지 않고 속으로 청나라에 의지하여 국민을 안심시키려는 대책으로는 국민을 감복시킬 수 없다.

여기에서 배후에 있는 '일대강국'은 영국을 의미한다. 후쿠자와는 영국총영사가 고의로 수속을 통과시켜 김옥균의 암살범을 청나라 관헌에 넘겼다고 판단했다. '김씨우인회'는 5월 20일 아사쿠사淺草 히가시혼간지 별원에서 성대하게 법요식을 치르고 김옥균의 머리카락을 아오야마靑山 묘지에 묻었다. 후쿠자와는 배청排淸 감정을 누르고 김옥균의 장의식을 담담하게 《지지신보》 잡보란에 쓰고 있다. 박영효는 아오야마 김옥균 묘비에 다음처럼 통한의 한을 새겼다.

아 슬프다. 비상한 재능을 품고 비상한 때를 만나 비상한 공은 없고 비상한 죽음만이 있구나.

嗚呼, 抱非常之才 遇非常之時 無非常之公 有非常之死

이처럼 갑신정변이 무위로 막을 내린데 이어 정변의 주역을 맡았던 김옥균마저 중국에서 암살되자 후쿠자와는 1895년 조선 조정에

"그동안 김옥균에게 8천 엔, 조선 유학생들에게 7천6백 엔의 학자금 등 모두 1만 5천6백 엔을 빌려주었다"며 이를 갚으라고 요구, 당시 게이오기주쿠 숙장으로 근무하던 가마다 에이키치鎌田榮吉를 조선으로 보내 모두 받아냈다(安川壽之輔《福澤諭吉のアジア認識》111쪽, 杵淵信雄《福澤諭吉と朝鮮》233쪽).

후쿠자와는 이와 함께 조선 정부와 조선유학생 파견에 관한 정식 계약을 체결한 뒤 조선 정부로부터 학비를 미리 받고 조선 학생들을 받아들였다. 계약 내용을 요즘 말로 옮기면 다음과 같다.

대조선국 학부대신은 대일본국 도쿄 게이오기주쿠와 아래(계약서상으로는 왼쪽)와 같이 유학생 파견에 관한 계약을 체결한다.

제1조 대조선국 학부는 매년 일정 학생을 선발하여 대일본국 도쿄 게이오기주쿠에 유학, 보통학과를 이수토록 한다. 단 연소한 자는 본조의 학과를 이수한 뒤 고상高尙학과를 이수토록 한다.

제2조 게이오기주쿠에 유학할 학생은 연초에, 다음 해부터 입학할 학생의 이름을 서로 통보한 뒤 시행하되, 먼저 학부에서 학생 체질과 학식을 심사하고 성상性狀과 재지才智를 알아보아 후일 전공할 과목을 지정하여 매년 음력 2월 양력 3월에 파견키로 한다.

제3조 게이오기주쿠는 소정의 학과를 이수한 조선 유학생을 졸업시키고, 졸업은 못하나 보통학과를 이수한자로 인정할 자는 다시 성상과 재지를 자세히 적어 학부대신에게 지정을 조회하여 참작하게 한 다음 전공을 이수케 하고자 다른 관립, 공립, 사립학교에 입교하여 실지 수련을 하도록 적당한 수단을 강구한다.

제4조 게이오기주쿠는 게이오기주쿠에 재학 중인 조선 유학생은 물론 전공과목을 이수하고자 다른 관립과 공립, 사립학교에 들어가

수업을 받는 게이오기주쿠 밖 학생들의 모든 진퇴행지進退行止를 감독키로 한다.

제5조 게이오기주쿠는 게이오에 재학 중인 조선 유학생들이 정치 운동에 관여하며 감독인 이외자의 지시를 받거나, 기타 불치의 병에 걸리거나, 품행이 나약하여 학업이 부진하고 무염치 행위로 숙칙塾則과 교칙을 위반하여 도저히 전도의 희망이 없다고 인정될 때는 이를 조선국 학부로 송환키로 한다.

제6조 게이오기주쿠는 매월 말 조선 유학생 성적을 조선국 학부대신에게 보고토록 한다.

제7조 조선국 학부는 유학생이 게이오기주쿠에서 수업을 받거나 다른 관립과 공립, 사립학교에 들어가 수련하고자 게이오기주쿠 밖에 있더라도 유학생 1인당 매월 15원元씩 당년 학자금을 합산하여 전액을 최초 유학생 파견 때 게이오기주쿠에 송금하되 그 이후에는 매년 음력 정월 15일 안으로 학자금 전액을 게이오기주쿠에 송금하기로 한다.

제8조 대조선국 학부대신은 제7조 규정 학자금을 유학생 입학 때로 기산起算하여 당해 연도 외에 그 다음 해 3개월 분을 게이오기주쿠에 송금하여 비상금으로 예비키로 한다.

제9조 게이오기주쿠는 전조 기재대로 학자금을 대조선국 학부로부터 받아 유학생들의 의복비, 수업료, 서적, 문방구 구입 등에 충당하고, 만일 전조에 기재한 예산액이 부족할 때에는 대조선국 학부대신이 이를 보충하고 남을 때는 다음 연도 학자금으로 이월키로 한다.

제10조 대조선국 학부는 학부 유학생이 처음 게이오기주쿠에 입학할 때 필요한 입학금 및 기구 구입비 명목으로 유학생 1인당 20원씩 합계액을 학생 파견 전 게이오기주쿠에 송금하고, 게이오기주쿠는 이

가운데 쓰고 남은 돈이 있을 경우 비상 예비금으로 넘기기로 한다.

제11조 대조선국 학부는 게이오기주쿠에 파견하는 조선 유학생과 게이오기주쿠가 학부로 송환하는 학생들의 여비를 모두 부담하기로 한다.

제12조 게이오기주쿠는 대조선국 학부 유학생 감독을 위해 특별히 생긴 비용을 계산하여 전조 예산액에서 공제키로 한다.

제13조 이 계약은 대조선국 개국 504년 7월, 대일본국 메이지 28년 월 일부터 실행키로 한다.

제14조 이 계약을 수정하려면 그 이유를 1년 전에 통보해야 하며 서로 합의를 원칙으로 한다.

제15조 두 당사자는 계약서 4통을 만들어 대조선국 학부와 대일본국 도쿄 게이오기주쿠, 주조선 대일본 공사관, 주일본 대조선국 공사관에 각각 1통씩 보관키로 한다.

대조선 개국 504년 7월 일

학부대신 이완용李完用

게이오기주쿠 사두社頭 후쿠자와 유키치 대리

가마다 에이키치鎌田榮吉

외부대신 김윤식金允植

계약은 조선 정부의 경우 이완용 학부대신이, 게이오기주쿠 측에선 후쿠자와의 위임을 받은 가마다 에이키치가 각각 대표로 서명했다. 계약서 원본은 고서전문가가 소장하고 있다.

3. 동학혁명과 청일전쟁

갑신정변으로 청·일 양국이 톈진조약을 맺고 화평을 유지한 지 6년 만인 1891년 5월, 중국 양쯔楊子강 유역에서 그리스도 교회를 불태우고 외국인 선교사를 살해한 이른바 '교안敎案' 사건이 발생했다. 서구 연합국은 바로 상하이 우쑹吳淞을 점령할 계획을 세웠다. 후쿠자와는 이 사실이 서양 언론에 보도되자 이는 국권신장伸張을 위해 놓칠 수 없는 기회라고 생각했다. 그때까지 후쿠자와의 주장은 조선 지배권을 둘러싼 청나라와의 대립이었다 해도 틀린 말이 아니다.

여기에 생각이 미친 그는 공공연히 중국에 대한 일본의 국익을 설명하고 "우리에게 가장 시급한 일은 우리 상권·상품 판로를 중국 내지內地에 확보하는 것으로, 반드시 종래의 조약을 개정하여 우리 상인들도 다른 외국인과 마찬가지로 중국 내지에 들어갈 수 있는 권리를 얻어 내야만 한다"고 주장했다. 말하자면 '탈아론'의 주장이 구체적으로 일본 자본주의의 중국 시장 참여 요구로 표출된 셈이다. 물론 당시 일본으로서는 조선 지배도 중요한 정치 과제였다. 그래서 일본은 조선이 방곡령防穀令*을 내리자 이를 문제 삼아 배상을 요구했고, 조선에서 사건이 발생할 때마다 일본 언론은 조선의 혼란에 편승하여 자국 정부에 조선 점령을 촉구하는 주장을 내놓기도 했다.

이처럼 김옥균 암살 이후 조선 지배권을 둘러싸고 청·일 대립이 더욱 격화된 가운데 1894년 5월 전라도 고부 지방에서 대규모 농민봉기가 일어났다. 관리들의 가렴주구를 견디다 못한 농민들이 전봉준全琫準을 중심으로 정부 타도를 외치고 나선 이른바 '동학혁명'이

---

* 1889년(고종 26년) 함경감사 조병식趙秉式이 내린 일본에 대한 미곡 수출 금지령.

그것이다. 이 민중 항쟁은 이미 역사에 기록되어 있듯이 청일전쟁의 도화선이 되었다. 일본 언론들은 이 사실을 대대적으로 보도하며 일본 정부에 즉각적인 대책을 촉구하고 나섰다. 더욱이《지지신보》는 동학군이 5월 중순 무주·장수 지방에서 정부군을 격파하고 외척비리를 규탄하는 격문檄文을 발표하자 이례적으로 이를 그대로 인용 보도했다(1894년 5월 24일자).

> 지금의 신하된 자 보국報國을 생각하지 않고 헛되이 녹위祿位를 훔치고 있다. 총명함을 숨기고 모든 수단과 방법을 동원하여 아첨하며 충정을 말하는 선비를 간신배라 하고 정직한 사람을 비적匪賊의 무리로 몰아붙인다. 안으로 나라 일을 돕고 백성을 편하게 하는 인재가 없고 밖으로는 무고한 국민을 학대하는 관리가 많다. 인심은 조석변이고 나라에는 먹고 살아갈 생업이 없으며 보호책도 없다. 학정虐政은 날이 갈수록 심해지고 백성의 원망 소리는 높아지고 있다. 군신의 의義는 말할 나위 없고 부자 간의 윤리, 상하의 도리마저도 타락하여 온데간데없다.……

지금 다시 읽어보아도 당시의 부패상을 한눈에 알아볼 수 있게 해주고 있다. 후쿠자와는 그로부터 6일 뒤 〈조선 동학당의 소동에 대해〉(5월 30일자)라는 제목의 사설을 통해 "1년도 되지 않아 폭동*이 재발한 양상을 보면 조선 정부는 자체 힘으로 민란을 제압할 수 있는 권위를 잃었다"며 일본군日本軍 출병의 필요성을 강조했다.

혹시 정부가 국가 제어력制御力을 잃고 있는 동안 다른 강국이 국정을 간섭하려 한다면 어떻게 될까. 우리 국민은 조선의 소동을 지나치지 말고 조선 자체의 힘으로 진정시킬 가망이 없어 보이면 병력을 빌려주기를 각오할 수밖에 없다. 다른 나라 내정內政에 병력을 동원할 일은 아니지만 그 나라로부터 의뢰가 있으면 국가 교제의 관례에 따라야 도리이다. 그 부분은 외교 당국자의 수완에 달려 있다.

조선을 속국으로 보는 중국은 파병을 의뢰받지 않더라도 진압에 나설 움직임이다. 만약 중국이 병력을 동원하여 내란을 평정하면 반도의 전권全權은 중국의 수중으로 들어가, 동양에 끼치는 영향은 말할 것 없고 우리 국권의 신장에도 틀림없이 악영향을 끼치게 된다. 일보 양보하여 우리가 먼저 제압할 수는 없다 하더라도 중국 원병援兵과 같은 규모의 병력을 파병해 대등한 지위를 유지해야 한다.

동학혁명이 일어나자 일본 육군은 후쿠자와 사설에 앞서 파병을 예상하고 이미 작전 계획을 짜고 있었다. 참모본부는 외무성 보고에 만족하지 않고 무관을 직접 부산에 파견하여 정보를 수집하는 등 극비리에 군 동원 계획을 서둘렀다. 아리스가와노미야 다루히토有栖川宮熾仁 참모총장은 조선에 보냈던 무관이 5월 30일 돌아와 상황을 보고하자, 청나라와 싸워도 이길 수 있다는 자신감을 갖고 즉각 내각에 출병을 요청했다. 그사이 수도首都를 겨냥하고 북상하던 동학군은 5월 31일 전주를 점거했다. 그날 한양의 창덕궁에서는 갑신정변의 주모자 김옥균을 제거한 축하연이 성대하게 열리고 있었다. 고종은 선대先代 조상의 출신지인 고도古都가 동학군에 함락되었다는 소식을 듣고 놀라 황급히 청나라에 구원병을 요청했다.

한편 당시 일본은 이토 히로부미 내각이 의회의 탄핵을 받고 곤경에 처해 있었다. 이토는 하는 수 없이 의회 해산을 결심하고 6월 2일 수상관저에서 각료회의를 소집했다. 이 회의가 열리기 바로 전 외무성에는 '조선이 청나라에 구원병을 요청했다'는 내용의 전문電文이 배달되었다.

외무상 무쓰 무네미쓰陸奧宗光는 이 전문을 들고 각료회의에 출석했다. 이토 히로부미 수반으로서는 꼬인 정국을 풀 수 있는 절호의 기회였다. '정치 관심을 나라 밖으로 돌려 난국을 타개해야 한다'는 후쿠자와 주장을 실행에 옮길 수 있는 빌미가 저절로 굴러들어온 것이다. 이날 각료회의는 아리스가와노미야 참모총장은 말할 것도 없고 참모차장 가와카미 소로쿠川上操六까지 불러내어 설명을 듣고 조선에 1개 혼성여단을 파견하기로 결정했다.

가와카미 소로쿠는 이에 앞서 1893년 조선과 청나라를 직접 돌아보며 군부 동향을 파악했다. 그는 그때 청나라 군비 상황이 허술하다고 판단하고 청·일 사이에 전쟁이 일어나더라도 승리할 수 있음을 확신했다고 한다. 육군은 각료회의 결정에 따라 비밀리에 출동준비작전에 들어갔다. 후쿠자와는 이와 때를 맞추어 1894년 6월 5일 〈속히 출병해야만 한다〉는 제목으로 다음과 같이 파병의 당위성을 내세우며 출병을 재촉했다.

근래 보도에 따르면 조선 동학군이 공세의 고삐를 늦추지 않고 점점 경성으로 다가옴에 따라 조선 정부의 낭패감은 이만저만이 아니라고 한다. 현재 귀국해 있는 오토리大鳥 공사도 하루속히 임지로 돌아가야 한다. 소동은 단순한 조선의 내란이 아니라 사안에 따라서는 일·청관계로 발전하여 동양 문제를 야기할지도 모른다. 나는 일·청관계이든 동양 문제이든 관계하지 않는다. 당장 급한 일은 조선에 있는 우리 거류민의 생명과 재산을 보호하는 문제이다. 병력을 동원하는 데는 톈진조약의 통보조항이 있지만 보호에 필요한 병력으로 한정한다면 청국 정부도 싫어하지 않을 것이다.

청나라는 6월 6일, 일본은 7일에 각각 출병 사실을 상대방에게 통보했으나 양국 모두 이미 출병한 뒤였다. 톈진조약의 통보규정은 다만 사무절차에 지나지 않은 셈이었다. 일본 정부는 6월 5일 '대본영'을 설치하고 6월 8일 히로시마廣島의 제5사단에도 혼성여단을 편성토록 지시했다. 그리고 육·해군은 성령省令에 따라 군사작전 관련 기사에 대해 보도관제를 엄격히 시행했다. 후쿠자와는 청일 사이에 전운이 감돌자 《지지신보》 주필을 자임, 거의 매일 신문사에 출근하여 논설을 썼다. 《후쿠자와 전집》에 수록된 1894~1895년 논설은 284편이나 된다. 가노 마사나오鹿野政直는 "청일전쟁이 시작될 때 후쿠자와 나이는 61살로 이미 노인이었다. 그럼에도 개전 직후 6~8월에는 거의 날마다 논설을 신문에 보도했다. 이 전쟁이야말로 문명과 야만의 전쟁이라고 분발했던 것이다. 그리고 청국을 굴복시키는 일은 세계의 문명이 일본에 맡긴 임무라고 잘라 말했다"고 자신이 쓴 《후쿠자와 유키치와 후쿠오자전福澤諭吉と福翁自傳》(199쪽)에 그때 분위기를 전하고 있다. 후쿠자와가 6월 9일자에 쓴 〈중국인의 대 허풍〉이란 논설은 바로 그 시작이었다.

그저께 호외로 보도한 바와 같이 리훙장은 웨이하이웨이威海衛 타이구太沽에서 이미 3천 명을 동원하여, 지금까지 출동 병력은 모두 만 명에 이른다고 한다. 훈련도 제대로 안 된 농민군을 진압하는 데 만 명의 병력 동원은 너무 지나친 행동이다. 어떤 사람 말처럼 내란을 진압하는 기회에 조선을 제압하여 여러 외국에 인정받지 못하고 있는 '조선 속방屬邦'을 공인 받으려고 허풍을 떨고 있는 꼴이다.

그렇지만 조선 독립과 속방은 국제 학자들 사이에도 의견이 분분하다. 조선과 조약을 맺은 나라가 조선을 독립국으로 인정하고 속국임을 부정하면 무력으로 싸울 수밖에 없다. 여러 외국에는 군함도 대포도 있다. 미숙하고 규율도 없는 리훙장 밑의 병사를 무서워하는 나라는 없다. 내가 보기에는 품위 없는 대 허풍으로 상대를 속이려 한다고 말할 수밖에 없다.

'조선이 청국 소속'이라는 말은 청국 공사 왕펑짜오汪鳳藻가 일본 외무성에 출병 사실을 통보하면서 공문에 '파병원조派兵援助, 내아조보호속방구례乃我朝保護屬邦舊例'라고 적어 또다시 문제가 되었다. 이는 청일전쟁이 일어나기까지 외교 과정에서 내내 쟁점이 되었다. 후쿠자와는 톈진에서 들어온 리훙장의 담화를 받아보고 쓴 〈조선의 독립과 소속〉(1894년 6월 10일자)이란 사설에서 이를 재론하고 청나라의 이론적 약점을 지적했다.

리훙장은 속방屬邦의 변란 진압에 수천 명의 군대를 파견한다고 일본인에게 말했다. 이 말을 믿으면 조선은 이미 독립국이 아니며, 독립국 자격이 없으면 여러 외국과 대등한 교제를 할 수 없다. 조선은 틀림없는 망국亡國으로 각국은 조약의 상대를 잃은 꼴이 된다. 노백老伯의 한마디가 여러 나라와 조선의 교제상 어려움을 수포로 돌리고 있다. 많은 병사를 출병시키고, 이제 다시 여러 나라 사람들의 동향을 엿보고 있는 상황에서 리훙장이 이미 한 말의 잘못을 사과하고 조선은 명실공히 독립국이라고 선언하기는 마음 아픈 일일 것이다.

그런 사이 오토리 게이스케大鳥圭介(1832~1911) 공사가 6월 9일 인천에 도착했고, 인천항에는 상비함대常備艦隊 깃발 아래 마쓰시마松島, 지요다千代田, 야에야마八重山 등 6척의 일본 군함이 집결했다. 오토리 게이스케 공사는 군함에 타고 있던 병사 가운데 420명을 뽑아 이끌고 다음 날 한양으로 향했다. 후쿠자와는 〈부산·경성 간의 통신을 자유롭게 해야 한다〉(6월 12일자)는 사설에서 "상황을 올바로 파악하기 위해서는 빠른 정보가 필요하다"며 신속한 통신을 확보할 것을 촉구했다.

조선이 다사다난한 오늘날 여러 일로 필요한 사항은 경성과 우리나라의 신속한 통신이다. 경성·부산 사이 전신은 메이지 15년(1882년) 조선변란 뒤 우리나라가 부설한 것이지만 필요할 때 사용한 적이 없다. 청나라에는 의주선義州線이 있는 데다 국경이 인접해 우리보다 유리한 점이 많다. 우리나라는 조선 정부와 담판하여 부산선釜山線을 빌려 보수하거나 '지급 경편전선輕便電線'을 부설할 필요가 있다.

당시 전선은 의주선·부산선 할 것 없이 보수·관리 상태가 나빠 한양과 도쿄 사이의 통신이 보통 2~4일 걸렸다고 한다. 이 때문에 평온을 되찾은 조선 사정이 곧바로 도쿄에 전달되지 않았다. 동학군은 6월 10일 정부군과 화의로 전주를 정부 측에 돌려주었다. 동학군은 대부분 고향으로 돌아갔으나 전봉준 등 수백 명은 지리산 아래 남원으로 잠입했다. 민중봉기가 진정되기를 바라던 조선 조정은 더 이상 동학 수뇌부 뒤를 쫓지 않았다. 이처럼 조선 조정이 동학 수뇌부를 붙잡지 않은 데는 청나라의 뜻도 들어 있었다고 전해지고 있다. 일본의 신속한 군사 대응에 놀란 청나라는 민중봉기가 진정되면 파병 이유가 사라져 일본군이 철수할 수밖에 없다고 판단했기 때문이다. 그러나 이를 모를 턱이 없는 일본 정부가 그대로 순순히 철병에 응할 리는 만무했다. 파병에 소요된 비용만도 엄청났다.

이토 히로부미는 6월 14일 열린 각료회의에서 다음과 같은 내용을 주요 골자로 하는 대조선정책을 발표했다.

△ 일·청 양국은 공동으로 동학 비도匪徒를 토벌한다.
△ 평정한 뒤 내정개혁을 위해 일·청 양국위원회를 설치한다.
△ 내정개혁 방안으로 재정을 조사하고 부패 관료를 도태시키며, 경비대를 상설하고 공채를 모집한다.

각료회의는 이에 불퇴전不退轉의 결의를 덧붙여 이토 히로부미 원안을 통과시켰다. 후쿠자와는 이날 〈지나병支那兵의 진퇴여하進退如何〉를 제목으로 청나라의 음모를 제대로 알고 대처해야 한다고 강조했다.

일본의 출병은 자국인 보호를 위해서지만 동학당은 전라도에 발호할 뿐 경성을 공격할 것 같지는 않다. 경성에 중국 병사의 모습도 보이지 않는다. 그래서 베이징·도쿄 사이 서류 왕복으로 날짜를 허비한다면 일본인은 궁지에 몰리게 된다는 말이 나돌기도 한다. 또 일설에는 리훙장이 속방의 내란을 진압한다고 큰 소리를 쳐놓고 전장戰場에도 나가지 않은 채 병력을 철수시킨다고 한다. 지금 병사를 철수하면 청나라 체면을 구기는 것은 말할 나위 없고 일본의 기세에 위축되었다고 세계가 비웃게 된다. 리씨에게 철수 의사가 있더라도 청국 여론은 일본을 경멸하여 이를 기뻐하지 않는다. 강경 수단을 쓸 수밖에 없다. 따라서 우리의 출병 규모에 따라 청국도 계속 군사를 보낼 것이다. 그렇더라도 일본인이 고통 받는 일은 없어야 한다. 양론兩論을 병기併記하여 세인의 판단에 맡긴다.

여기서 '양론병기兩論併記'란 청나라와 일본이 전쟁에 이를 것인지 아닌지 분명하지 않음을 의미한다. 후쿠자와는 이어 1894년 6월 17일자 사설 〈조선의 문명 사업을 조장해야 한다〉에서 정부의 출병 목적을 더 명확하게 뒷받침하고 있다.

일본의 출병에 대해 청국인과 조선인은 낭패감이 역력하다. 청국 정부군을 철수시킬지 아니면 더 늘릴지 모르지만 우리는 신경 쓸 일이 아니다. 일본인은 인민보호의 목적이 있을 뿐이다. 인민보호는 생명과 재산보호가 우선이지만 나아가 상거래를 보호하고 일본 무역의 보호도 필요하게 된다.

조선은 지금 국법이 없는 상태로 조약을 지키지 않고 정권이 어디에 있는지 분명하지 않으며 관리에 책임도 없다. 일본인이 조선에 거류하면서도 상거래가 안전하지 않고 무역의 이점을 침해당하는 일이 심하다. 병력의 기세로 겁을 주자는 뜻은 아니지만 우리의 출병으로 조선이 위축되고 있는 모양이다. 그렇지만 이는 고의가 아니며 우연이다.

외교관들은 우리 병사가 주둔하는 동안 조선 정부와 담판하여 우리 인민의 교섭이 늦어지는 일이 없도록 노력해야 한다. 승낙을 받아야 할 일은 한 가지만이 아니다. 첫째는 부산·경성 사이 전신선을 일본 정부가 감독할 수 있게 하는 일이다. 다음으로 경성·인천과 경성·부산 사이 철도 부설을 들 수 있다. 필요한 공사비는 일본이 빌려주어야 한다. 미개국은 항상 승객이 적어 보통 수지를 맞출 수 없지만 조선 정부에 이자를 보조하고 우리나라가 보증한다면 투자 염려는 없다.

우편·경찰·교육 제도도 구조를 완전히 바꾸어야 한다. 조선 육·해군에 군함과 무기를 대여하고 우리나라의 잘 훈련된 조교를 보내 조직을 새롭게 훈련할 필요가 있다. 따라서 이에 드는 비용은 막대할 수밖에 없다. 큰돈을 들이고 돌려받을 수 없다는 염려는 걱정하지 않아도 된다. 아프리카 사막에 투자한다면 모르지만 조선은 사막이 아니다. 인구가 많고 물산도 부족하지 않아 일본 내지內地에 결코 뒤떨어지지 않는다. 다만 정치 구조가 좋지 않을 뿐이다. 조선의 문명을 발전시킬 방안을 하루빨리 결정하고, 이 방안에 따라 차근차근 실행해 나가기를 정부와 인민에게 호소하는 바이다.

후쿠자와는 또 동학 민중봉기가 진정되더라도 〈일본병은 쉽게 철수해서는 안 된다〉(1894년 6월 19일자)며 그 이유를 다음과 같이 설명하고 있다.

조선처럼 수구守舊 일변도인 나라에서 문명 사업을 기획하여 여러 가지 제도를 바꾸려면 온갖 방해 공작이 일어나는 것은 자연스러운 추세이다. 우리나라의 유신혁명은 정부에 실력이 있어서 목적 달성이 가능했지만 조선 정부에는 그럴 힘이 없다. 일본병의 주둔은 인민을 보호하기 위할 뿐만 아니라 조선의 문명 진보에도 필요한 조치임을 알아야 한다.

설령 조선에 개혁 작업을 일임하고 할 일이 없는 상태라 하더라도 병력 주둔은 필요하다. 톈진조약에 따라 병력을 경성에서 철수하면 일본인이 어떤 불이익을 당할지 너무도 뻔하다. 방곡防穀 사건은 수년이 지났는데도 결말이 나지 않고 있다.

이번 사건으로 군대를 이동하면서 든 비용만도 적지 않다. 조선에 보호병을 둘 수밖에 없음은 바로 이 때문이다. 조선 정부의 실력으로 무사안전을 영구히 보장할 수 있다는 확실한 근거가 마련되기 전에 철수해서는 안 된다. 톈진조약에 따라 동시 철병 요구가 있더라도 자가自家의 위험을 무릅쓰고 다른 편과 진퇴를 함께할 의무는 없다. 요구를 거절하고 조약을 폐기해야만 한다.

무쓰 무네미쓰 외무상은 6월 16일 주일 청국 공사를 불러 동학군을 함께 진압하고 조선 내정의 공동개혁을 제안했다. 그러나 일본 예상대로 21일 리훙장으로부터 전면 거부한다는 회답이 날아들었다. 이에 일본 정부는 22일 각료회의를 열고 단독으로 조선 내정을 개혁하겠다는 방침을 확정했다. 이에 따라 인천에 있던 혼성여단 병력을 한양으로 옮기도록 하고, 히로시마에 대기하던 제2수송부대에도 출동 명령을 내렸다.

그때까지 청나라는 충남 아산에 2천4백 명을 주둔시키고 있었으며, 6월 25일 4백 명을 증원해 조선에 출병한 청나라 군사는 모두 2천8백 명에 이르렀다. 이에 견주어 일본군은 6월 28일 제2차 출동 병력을 포함해 모두 5천 명을 넘었다. 오토리 게이스케 일본 공사는 이러한 우세한 병력을 배경으로 6월 26일 창덕궁에 들어가 조선의 내정개혁을 일방적으로 통보했다.

고종은 일본 정부의 호의에 일단 감사를 표하면서도 일본군 출병으로 인심이 불안하다며 빠른 시일 안에 철수시켜 달라고 요구했다. 청·일 출병 뒤 3주일이 지나자 동학항쟁은 수그러들었으나, 청·일

양군은 조선 정부의 철군 요구를 무시하고 일정한 거리를 두고 대치하면서 사태의 추이를 지켜보고 있었다. 청·일 양국은 국제 여론을 어떻게 자기편으로 끌어들일까를 고심했다. 후쿠자와는 그러한 시점에서 〈외국 신문기사에 주의를 기울여야만 한다〉(1894년 6월 29일자)는 제목의 사설을 통해 "외국 신문을 잘 활용해야 승리할 수 있다"고 강조했다.

우리 정부가 취해야 할 조치를 든다면 안으로 물샐틈없는 작전태세이고 밖으로는 철저한 외교정략이다. 국외자인 내가 참견할 문제는 아니지만 당국에 바라는 한 가지는 신문기사에 주의하고 보도를 정확히 하도록 배려하는 것이다. 여기서 신문은 내국 신문이 아니라 해외 여러 나라의 신문을 의미한다. 외국 신문은 평소 일본의 사정을 잘 모른다. 그저 호기심에서 멋대로 보도하면 이상야릇한 이야기가 전해져 사실을 크게 왜곡하게 된다.

문명세계의 신문은 군대 군함보다 강력하여 한 편의 기사가 전 세계의 인심을 움직이고 향배를 결정하는 예가 적지 않다. 이에 걸맞은 인물을 신문 통신원으로 파견하고 런던은 말할 것 없이 구주 대륙에서 아메리카에 이르기까지 유력한 신문에 정확한 통신을 전달해 진상을 세계에 발표해야만 한다.

청국인이 매번 자국 신문에 사실을 왜곡하여 다른 나라의 이목을 속여 넘기고 있으나 이는 비열한 행동이다. 이에 흔들리지 말고 있는 그대로를 전하여 오해가 없도록 하고, 자기를 방어하기 위해서도 공명정대하게 대처해야 한다. 영국인으로 보통 사람이라면 무리한 행동으로 아무리 속이려 해도 악평을 곧이곧대로 듣지는 않는다. 영어의 통용 구역을 넓혀 언제나 영어로 변호하는 것도 좋은 방법이다.

후쿠자와의 예상대로 청일전쟁은 각국의 특파원이 몰려 세계가 주시하는 전쟁이 되었다. 일본은 개전 초에 고승호高陞號 사건*으로 국제 여론의 지탄을 받았으나 런던 신문의 도움으로 간신히 비난을 면할 수 있었다. 이와 달리 1894년 12월 뤼순旅順 함락 작전 때는 미국 대중지의 학살보도에 시달리기도 했다. 글 가운데 '신문 통신원'은 기자가 아니라 오늘날 정부 공보 담당자를 뜻한다. 결국 동학농민봉기는 후쿠자와가 본심을 드러내고 본격적인 군국주의 길로 나서는 데 길잡이가 되었다고 말할 수 있다.

4. 조선의 내정개혁

동학농민봉기는 결과적으로 이토 히로부미 정권에게 민권운동으로 시끄럽던 일본 국내 정국을 잠재울 수 있는 좋은 계기를 만들어 주었다. 이토 히로부미 정권은 후쿠자와 주장대로 일본 국민의 정치 관심을 조선으로 돌리기 위한 '조선 내정개혁안'을 준비하여 시행에 들어갔다. 정부 지도층에게 민권선동자로 인식되던 후쿠자와는 그런 점에서 정권 담당자들에게 일단 빚을 갚은 셈이다. 후쿠자와는 이에 그치지 않고 날마다 사설로 조선 내정개혁에 걸림돌이 되는 여론을 무마해 나갔다.

조선 안에 있는 거류민 보호를 구실로 병력 배치를 끝낸 일본 정부는 오토리 게이스케 공사를 통해 1894년 7월 3일 조선 조정에 일방적으로 조선 내정계획을 통보했다.

---

* 1894년 7월 25일, 일본 군함이 인천 앞 풍도 해전에서 청나라가 영국에서 빌려 전투 병력을 수송하던 고승호를 격침한 사건.

그 개혁은 다음 내용을 주요 골자로 하고 있었다.

    △ 정부조직 개혁과 인재 등용

    △ 재정 정리와 자원 개발

    △ 사법제도 개정과 공정한 재판

    △ 민란 진압과 치안 유지를 위한 군비 확충

    △ 교육제도 확립 등

오토리 게이스케 공사는 이를 위한 개혁안조사위원회가 필요하다며 조사위원을 임명해 주도록 명령하듯이 요구했다.

하지만 조선 파병에 대한 일본 국민의 반대 여론도 만만치 않았다. 청국에 대사를 파견하여 군사 충돌을 피하면 되고, 거류민 보호에도 대군大軍이 필요하지 않다는 소리가 높아갔다. 이에 후쿠자와는 조선의 자립은 일·조 교섭사항으로 제3자인 청나라는 관계가 없고, 적지 않은 병력은 조선 내란의 재발 방지를 위한 근본적인 개혁을 추진하기 위해 반드시 필요한 사항이라며 일본 정부를 적극 옹호하고 나섰다.

후쿠자와는 이어 〈토지를 병탄倂呑해서는 안 되지만 국사國事는 개혁해야 한다〉(1894년 7월 5일자)는 제목의 사설로 일본 정부가 추진하는 조선 내정개혁의 필요성을 다시 한 번 강조했다.

강하고 약한 두 나라 사이에 병력을 동원할 때 승리가 강자에 돌아감은 고금古今의 통례이다. 일본이 조선의 토지를 빼앗지 않겠느냐는 의심도 무리는 아니다. 나는 일본의 정략에 이와 같은 일은 있을 수 없다고 단언하는 데 주저하지 않는다. 일본은 욕심이 없고 무기력한 바보가 아니다. 운 좋게 땅을 찾는다면 물러나지 않겠지만 조선 국토는 병탄해도 실로 이익이 없다. 또한 동양 전체의 안녕을 해치기 때문에 덕·부덕이란 말을 입에 담지 않고 이해利害에 관계없이 단념 해야 한다.

조선은 일·러·청 삼국 사이에 끼어 있는 약소국으로 도자기 사이 에 끼워 넣는 '합지合紙'와 같다. 이런 점으로 미루어 보면 동양의 태 평은 조선의 하사품이라고 말할 수 있다. 수년 전 우리나라에 이웃 나라를 정벌하자는 논의가 있었지만, 인문의 진보와 외교술의 발달로 진구황후神后皇后, 도요토미 히데요시豊臣秀吉와 같은 옛 꿈을 꾸는 사 람은 없다. 내가 이번 출병에 토지병탄의 의사가 없음을 보증하는 장 담도 이 때문이다.

후쿠자와는 "'합지合紙'의 연약함에도 한도가 있다"며 조선 내정의 적폐積弊를 더욱 자세하게 설명했다.

정령政令은 대신大臣의 이름으로 행해지지만, 사실 국왕도 모르고 왕비와 두세 명의 총신寵臣으로부터 나온다. 재정이 궁핍하여 관리들 의 봉급이 일정하지 않고 관리 등용도 재주에 따르지 않는다. 매관賣 官에 따라 정치자금을 받고, 그 액수의 다과에 따라 관위官位가 결정 된다. 수뢰의 중심은 왕실에 있고 그 폐는 전국에 미친다.

후쿠자와는 이처럼 쉴 사이 없이 《지지신보》에 사설을 쓰며 조선 의 내정개혁을 독촉했다. 이와 함께 청나라의 움직임에 대해서도 경 계를 게을리하지 않았다. 그는 7월 10일자 〈그들에게 승산 있을까 없을까〉라는 제목의 사설에서 청나라의 개전開戰 움직임을 다음과 같이 전했다.

베이징 정부가 리훙장의 의견을 받아들여 개전을 결정했다는 소식
이 며칠 전부터 들리고 있다. 그러나 톈진 타이구太沽에서 출병을 준
비 중일지는 몰라도 조선으로 향하는 병사는 아직 한 명도 보이지
않는다. 너무 느려 실전을 결심한 흔적을 찾아볼 수 없다. 설령 그들
이 싸움을 시작하더라도 승산이 없기는 너무도 뻔하다. 승산이 없는
이상 싸움을 피하고 말로 여지를 남기는 수야말로 좋은 전략이라고
적敵이지만 권고하는 바이다.

후쿠자와는 1894년 7월 10일에 쓴 사설 〈조선개혁은 청국인과 함
께 할 수 없다〉에서 청나라에 전쟁의 승산이 없음을 나름대로 분석
하고 있다.

청국이 '조선 내정개혁을 공동으로 하자'는 우리의 제의를 거절했
다. 우리로서는 다행한 일이다. 청나라는 조선을 속방屬邦으로 여기고
자립을 이루게 할 마음이 없음이 명백하다. 아무튼 청국의 국정은 조
선과 같이 문명 진보를 인정하지 않는다. 근년 서양식 풍조가 생겨
신식군대와 거대한 군함을 갖추고 양학을 연구하며 전신과 철도를
부설하고 있지만, 그것은 18성省 4백여 주州 가운데 리훙장의 직속
성省뿐이다.

청국 본래의 군비軍備는 팔기녹영八旗綠營*의 상비군과 용두익수龍
頭鷁首**의 낡은 선박이 고작이다. 신식군대는 상비병 외에 의용병으

---

* 청나라 시대의 병제兵制. 정황·정백·정홍·정람·양황·양백·양홍·양람의 팔기
로 나누고 각 기의 병수는 7천5백 명이다.

로 조직되어 2만~3만 명뿐이다. 서양 군함을 운항하는 데는 다른 나
라 사람의 손을 필요로 할 정도이다.

한편 리훙장은 청나라 북양 육·해군의 실력이 일본에 따라갈 수
없음을 알고 개전을 피하고자 했다. 서태후西太后의 비호를 받고 있
던 리훙장의 융화融和 외교에 광서제光緒帝(덕종)의 불만은 대단했지
만, 무기력한 청조淸朝는 리훙장의 의견을 따를 뿐이었다. 다만 황제
에게 중용된 일부 중신重臣만이 주전론을 폈다.

일본군 출병에 놀란 청조는 국제적 조정으로 문제가 해결되기를
기대했다. 리훙장은 귀국하는 길에 톈진에 들른 주청 러시아 공사
카시니Cassini에게 일본이 병력을 철수하도록 중재를 의뢰했다. 일본
이 추진하는 조선 내정개혁은 조선 조정에 대한 청국의 영향을 줄
이기 위한 조치로 판단했기 때문이었다. 그러나 러시아는 중재에 나
설 생각이 없었다. 베이징에서는 영국 공사 오코너O'Coner가 중재를
자청하고 나섰다. 무역을 중시하던 영국은 동양에서 전쟁이 일어나
는 것을 바라지 않았다. 당시 청나라는 일본이 군대를 철수한 뒤에
조선의 내정을 개혁하겠다는 의견이었지만, 일본은 조선 내정개혁
을 협정한 뒤에 병력을 철수시키겠다는 주장이었다. 영국은 두 나라
의 주장 차이가 너무 커 7월 12일 조정을 중지하고 손을 뗐다.

후쿠자와는 7월 14일자 사설 〈외국의 권고를 거절하고 앞으로 어
떻게 할 것인가〉에서 청나라가 영국의 중재를 거부할 수밖에 없는
이유를 아래와 같이 설명하고 있다.

** 천자가 타는 배.

얼마 전부터 외국이 일·청 사이를 계속 조정調整하고 있는 사실은 세간에 알려진 일이지만, 어제 호외로 보도된 바와 같이 청국 정부가 권고를 거부함으로써 여러 외국은 손을 들었다. 조정은 서로를 원만하게 하려는 데 뜻이 있지만, 이번처럼 중재가 실패로 끝났다고 해서 일·청 사이에 불화를 불러오지는 않는다. 다만 조선의 개혁을 공동으로 하자는 일본의 제의를 청나라가 동의하지 않은 관계로 어쩔 수 없이 일본이 단독으로 이를 실행에 옮기자, 여러 외국이 일본에 의견을 타진하지 않고 청나라에 동의를 권유했을 뿐이다. 청나라가 이를 단호히 거절한 이유를 살펴보면 생각이 지나친 데 있다. 우리나라의 조선개혁은 순전히 문명주의에 따라 추진하는 것이다.

청국인의 눈으로 보면 조선의 국정은 청나라와 똑같이 난형난제의 사이로 조금도 개혁의 필요를 느끼지 못한다. 개혁에 대한 동의는 문명주의를 택하는 일로 당연히 일본이 일·청 위원회의 수석을 차지해야 한다. 조선의 고질적인 '국사병國事病'을 진단하고 치료하는 데 일본인은 문명의학으로 학의學醫를 활용하지만, 청국인은 한편의 '상한론傷寒論'*에 의지한다. 두 나라가 위원회를 구성하게 되면 그들은 일을 맡아도 팔짱을 끼고 있을 수밖에 없다. 불리함을 알아차리고 거절했음은 어쩔 수 없다 하더라도 그들이 힘으로 일본과 싸울 용기가 있는지는 의문이다.

후쿠자와는 7월 15일자 사설 〈조선개혁의 수단〉에서 "청국은 전쟁을 도발할 용기가 없다"고 쓰고 있다. 노대국老大國에 일격을 가하는 일이 조선의 사대사상 타파와 개혁을 추진하는 지름길이라고 생

---

* 중국 후한 때 장중경張仲景이 지은 의학책. 동양의학 원전 가운데 가장 오래된 책의 하나로 임상치료학의 권위서로 알려져 있다.

각한 후쿠자와는 청나라가 싸움을 걸어올 결심을 하지 않은 것 같아 아쉽다고 털어놨다. 후쿠자와는 "이에 따라 청국은 안중에 둘 필요가 없고 여러 외국에 대해서도 신경을 쓰지 말고, 개혁 기간을 3~5년으로 잡아 추진하되 경성 주재 일본병을 문명개화의 파수꾼으로 활용해야 한다"고 일본 정부에 촉구했다. 후쿠자와의 제안이 오토리 게이스케 일본 공사가 주관하는 조선개혁을 뜻함은 말할 나위도 없다. 오토리 게이스케는 7월 10일과 11일 이틀 동안 조선 조정이 임명한 개혁조정위원들과 회합을 갖고, 5개 실천 항목을 27개 항으로 구체화하여 설명했다. 오토리 게이스케는 이를 2년 안에 실행하겠다고 밝혔다. 오토리 게이스케가 개혁 완료 기한을 2년으로 못 박은 것은 실행이 불가능하다고 판단하고 내린 결론이었다.

조선의 내정개혁조정위원들은 7월 15일 제3차 회의에서 "일본군이 주둔하고 있는 상태에서 기한을 정해 개혁을 끝내도록 강요하면 국내 민심을 불안하게 하고, 내정간섭이라는 의심을 받을 우려가 있으므로 먼저 병력을 철수한 뒤에 협의를 하자"고 제의했다. 그리고 16일에는 공문을 보내 이러한 주장을 반복했다. 일본 측은 조선이 이처럼 일본의 제안을 거부하는 데는 위안스카이와 리훙장의 배후 조종이 결정적이라고 판단했다. 후쿠자와는 이에 "청나라 공사와 청군이 개혁의 걸림돌이 되고 있다"며 7월 17일자 사설에서 이들의 퇴거를 주장했다.

세간 일반 논자論者에게는 청나라 공사와 병력의 퇴거退去를 재촉하기에 명목이 없다고 주저하는 정情이 있다고 한다. 나는 논자論者의 불명不明에 놀랄 뿐이다. 일본이 이웃 나라의 국정개혁을 꾀함은 그들 국민을 무정無政·무법의 고통에서 구하여 문명의 혜택을 받도록 하자는 데 있다. 세계만방과 하늘이 준 행복을 받기 위한 의거로 하늘과 땅에 한 점 부끄러움이 없으며, 구미 여러 강국도 은밀히 찬성하고 있다. 이 개혁의 길에 옆으로 누워 방해를 하는 일은 온당하지 않은 짓이다.

청나라 정부는 처음부터 조선 내정개혁을 반대하고 있다. 따라서 그 정부를 대표하는 공사도, 파병된 병사도 함께 개혁 대상국 밖으로 내쫓는 일이야말로 자연의 순리이다. 그렇다고 청나라 사람들을 영구히 조선 땅에 들여놓지 말자는 뜻은 아니다. 개혁을 추진하는 동안 잠시 물러나 있게 하자는 것뿐이다. 모든 일의 실마리를 찾는 일을 기꺼이 환영한다. 문명 무역에 관한 일도 옛날과 같이 하면 된다.

일본의 신문들이 오토리 게이스케와 조선 내정개혁조정위원회의 교섭 내용을 보도한 것은 모든 개혁이 좌절된 뒤였다. 후쿠자와의 사설 〈개혁위원 인물은 여하如何〉가 1894년 7월 21일자에 실리고, 이어 7월 22일자에 〈개혁안 결과적으로 거절되다〉라는 제목의 사설이 나와 이를 뒷받침하고 있다.

일본의 조선 내정개혁 좌절은 곧 청일전쟁을 몰고 왔다. 당시 일본 혼성여단은 1개 대대를 한양 안에 배치하고 나머지 대부분은 서쪽 교외에서 야영하고 있었다. 7월 19일 마침내 일본 본국으로부터 청군을 공격하라는 명령이 떨어졌다.

위안스카이는 그날 리훙장에게 귀국을 허락받고 비밀리에 한양을 빠져나갔다. 10여 년 동안 조선을 반일反日로 이끈 위안스카이는 일본의 보복이 두려웠기 때문이다. 다음 일을 위임받은 청나라 공사관 서기관 탕사오이唐紹儀는 영국 공사관으로 피신했다. 일본 공사 오토리 게이스케는 혼성여단에 한양과 부산 사이의 전신 가설을 요청하는 한편, 조선이 청나라와 종속관계를 청산하고 자주독립 국가가 되려면 7월 22일까지 조선에 주둔하고 있는 청군을 모두 철수토록 요구하라고 조선 정부를 협박했다. 그리고 조선 조정의 회답에 관계없이 전투를 위한 준비를 하나하나 갖춰 나갔다. 이러한 움직임은 통신 관계로 일본에 바로 전달되지는 못했다.

후쿠자와가 1894년 7월 24일자에 사설 〈청나라와 조선 양국을 상대로 즉각 전쟁을 시작해야 된다〉를 게재할 때는 이미 일본군의 군사행동이 시작되고 있었다.

우리나라의 조선 내정개혁에 대해 구미 여러 나라는 이의를 내세우지 않고, 어떤 나라는 오히려 이를 성실하게 실행하기를 바란다는 말을 전해 올 정도이다. 오토리 공사가 여러 조항을 요구하자 조선 정부는 일단 응할 태세이더니 며칠 뒤 이를 거부했다. 일본의 대군이 조선 안에 가득 차 있어도 두려워하지 않고 우리의 정당한 요구를 거절했다. 이는 앞뒤를 모르는 대담한 모험이라고 생각되지만 청나라 정부의 후원에 의지한 모양이다. 청나라는 조선과 부패 정도가 똑같아 조선 국사國事를 개혁한다고 말하면 서로 개혁할 수밖에 없으므로 일본의 거동을 유쾌하게 생각하지 않는다. 몰래 조선 정부를 교사教唆하여 일본의 정략을 방해하고 있다. 분명한 증거를 대면 리훙장이 전문電文 가운데 말한 '안으로 덕정德政을 받아들여 황제 은혜에 거역하는 일이 없도록 하고 왜구의 방자함에 각오를 다져야 하며, 다만 보건대 우리 병사의 일거一舉는 돌로 계란을 치는 것과 다르지 않다'이다. 이대로 놓아두기에는 노대국인이 종종 여러 가지로 방해를 하여 일본은 목적을 달성할 수 없을 뿐이다.

오늘에 이르러서는 억지로 하는 문답은 쓸데없다. 일각도 지체하지 말고 청국을 적으로 하여 우리가 먼저 싸움을 시작해야만 한다. 지금까지 평화방침을 유지한 까닭은 청국이 직접 손해를 가하지 않았기 때문이지만 리훙장, 위안스카이가 수단을 다하여 조선을 교사한 증거가 명백하므로 조금도 주저해서는 안 된다. 바로 개전을 선포하여 응징의 뜻을 분명히 해야만 한다. 여기에 지나쳐 버릴 수 없는 일은 조선 정부의 소행이다. 한번 승낙한 바를 아무 말도 없이 거절한 행동은 우리나라에 지극히 무례를 범한 거나 다름이 없으므로, 청국과 같은 굴에 든 늑대로 위약죄를 묻지 않으면 안 된다. 약소국을 토벌하기란 귀찮은 일이지만 청국 숭배의 미몽에서 깨어나게 하기 위해서는 총탄밖에 승부수가 없다. 우리나라 병사가 수원으로 행진하고 있다고 들었다. 군기軍機는 알 바 아니지만 우리 군사가 나아가 아산의 청국 병사를 무찌름과 동시에 조선 정부에도 큰일을 할 수 있다는 본보기를 보여주기 바라는 바이다.

본국에서 출동 명령을 받은 일본 혼성여단은 청군이 주둔하고 있는 충청도 아산으로 출발하기에 앞서 오토리 게이스케의 요청으로 내정개혁 강제 추진을 위한 실력 행사에 나섰다. 시작 순서는 후쿠자와 의견과 일치하지 않았지만 그의 기대 대로 실행되었다. 7월 23일 오전 4시쯤 서대문으로부터 1연대가 성안으로 들어와 경복궁 일대를 포위했다. 일본 병사들은 경복궁 안에서 발사한 총격에 대응하면서 왕궁으로 들어가 조선병의 무장을 해제하고 경비를 대신 맡았다. 일본병의 경복궁 점거는 너무나 쉽게 이루어졌다.

경복궁 안에 있던 많은 척신들은 도주하고, 궁중에는 고종과 종신宗臣 그리고 소수의 근신近臣만 남아 있었다. 일본은 대원군만이 새 정권을 맡을 수 있는 인물이라고 판단했다. 그래서 일본 공사관은 대원군에게 다시 정권을 맡기기 위한 공작에 나섰다. 공사관원이 대원군 사저인 운현궁에 출입하는 것을 민씨 일가가 싫어하자, 일본은 이를 피하려고 민간인으로 조선에 와있던 오카모토 류노스케를 동원했다. 대원군은 정변 뒤 일본이 조선 땅을 절대로 차지하지 않는다는 약속과 함께 고종이 보내준 가마를 타고 경복궁으로 입궐했다.

후쿠자와는 7월 25일자 〈대원군이 나왔다〉는 사설에서 대원군과 왕비 일가의 대립 경위를 회고하며 "왕비 집안이 배제됨으로써 국왕의 '심사'가 실현되었다"고 대원군의 재집권을 환영했다.

조선 정부는 오토리 공사의 요구를 두 번이나 거부했다. 이는 청나라의 교사를 받은 증거임이 명백하다. 여기에 오토리 공사가 국왕을 찾아 뵙고, 주권자의 '진의眞意'를 확인했다. 일본 정부로서는 정당한 절차이다. 국왕은 처음부터 공사의 요구를 거부할 뜻이 없었다. 민씨 등이 국왕의 총명함을 겁내어 공사의 요구를 거부토록 한 것이다. 국왕이 대원군을 궁중으로 불러들여 정무를 맡긴 사실이 이를 증명한다. 친자의 정이 두텁고 정치상 의견을 같이해도 외척의 방해를 받아 모든 일이 뜻대로 되지 않는다. 대원군은 약 30년 전 국왕이 어렸을 때 국부國父로 섭정하여 외척의 전권專權이 조선의 국폐라는 사실을 알고, 왕비 책봉에 신경을 써 군君의 부인 실가인 민씨로부터 왕비를 맞아들였는데 일도 마음도 틀렸다.

국왕의 성장에 따라 인척인 민씨는 세를 재촉하여 전권專權을 잡았다. 국부 섭정의 큰 세력으로도 제압할 수 없었음일까. 대원군은 20년 전에 배척되어 지위를 잃었다. 1882년 임오군란 때 다시 왕실을 보살펴 참정을 했지만, 어윤중·조영하·김윤식 등이 민씨의 뜻을 받들어 청국인과 함께 대원군을 속여 청국으로 보내 구류시켰다.

그 뒤 귀국했지만 민씨의 시기가 심해 표면으로 존경해도 속마음으로는 멀리 하고, 군의 전후좌우에는 민씨 일가의 비밀 정탐원이 있어 부자 사이에 서로 보아도 말을 하지 않았다. 친자의 정은 변하지 않았지만 국왕 자신의 안위마저 알 수 없어 정을 참을 수밖에 없었다. 오늘의 경우에 이르러 국왕은 국가의 대사를 외척의 사정私情에 끌려 그르칠 때가 아니므로 단연 물의物議를 제치고 대원군을 맞아들여 정무를 맡겨야 할 것이다.

이와 함께 일본병이 곁에 있음을 다행히 여겨 신변 보호를 의뢰해야 할 일이다. 어제 호외 보도처럼 오토리 공사는 국왕 의뢰에 따라 군사를 동원하여 조선 병사의 방해에도 불구하고 대원군을 호위하여 무사히 궁중으로 들어가 함께 국왕을 알현했다. 대원군이 나서 정무를 맡으면 국왕이 뜻한 바를 실행에 옮길 수 있고, 우리 공사의 성의도 관철되어 조선 정부도 개혁에 착수할 수 있게 된다. 조선 조정은 우리들의 덕의상 조언을 받아들여 이미 자립, 일·조 양국의 교제는 한 점의 구름도 없이 원만하게 끝을 맺을 것이다. 청국인이 방해하더라도 효과가 없으면 쓸데없는 노력을 그치게 된다. 그들의 안전을 위해 스스로 병사를 거두어들이기를 나는 감히 기원하는 바이다.

이 사설은 우리에게 몇 가지 중요한 의미를 시사하고 있다. 첫째 후쿠자와는 지난 임오군란 때 '대원군을 이 사회에서 영원히 쫓아내야 한다'고 역설했다. 그가 청국과 친한 수구파라는 이유 때문이었다. 그런데 다시 대원군이 정무를 맡아야 한다고 강조하고 있다. 이는 후쿠자와의 지론에 일관성이 없다는 좋은 본보기이다. 또 무력 동원을 계속 강조하고 있다. 이는 입으로만 지식인일 뿐 그 역시 군국주의자임을 스스로 인정하는 증거이다. 조선 국토를 점령할 의사가 조금도 없다고 했지만 군사 작전은 민간인인 그가 할 일이 아니다. 그의 말처럼 국가 사이의 일은 욕심이 생기면 달라질 수도 있기 때문이다.

아무튼 대원군이 정권을 다시 쥐면서 조선 내정개혁은 급류를 타기 시작했다. 이른바 '갑오개혁'이다. 7월 24일 척족의 중신들은 모두 조정에서 쫓겨났다. 조정에서 물러난 총신들은 지위를 잃는 데 그치지 않고 죄를 추궁당한 사람도 적지 않았다. 사전私錢 주조로 재산을 모은 민응식閔應植과 위안스카이에게 출병을 의뢰한 민영준閔泳駿 등 민씨 일가 여러 명은 귀양길에 올라야 했다. 초점은 왕비를 어떻게 조치하느냐에 모아졌다.

후쿠자와는 7월 26일자 사설에서 〈민족閔族의 처분에 대해〉라는 제목으로 이 문제를 거론했다.

대원군은 조정 신하들을 모두 바꾸려 하고 있는 듯하다. 이웃 나라의 내사內事에 참견할 일은 아니지만 우리의 희망을 말한다. 민씨 일가는 외척의 위세를 빌려 국사를 그르치고, 정적을 죽이고, 무고한 인민을 학대하고, 마침내 국왕의 언행까지 속박했다. 이는 정리正理, 인도人道로부터 용서받을 수 없는 일이다. 외국인인 우리들이 치를 떨 정도이면 조선 국민들은 오죽 하겠는가. 원한이 골수에 사무쳐 물리는 것에 만족하지 않고, 민족閔族이라면 본 가지를 끝까지 밝혀 멸족시키고자 하는 것이 일반 정서이다.

더욱이 인질과 같은 대우를 받은 대원군이라면 평생의 울분을 푸는 것이 인정이지만 멸족 운운에 이르러서는 그만둘 사람이다. 아무튼 외척의 전횡은 조선의 적폐로 민씨에서 시작되지는 않았다. 그들도 구습관에 빠져 깨닫지 못했다면 죄악을 미워하되 그 사람은 미워하지 말아야 한다. 다만 정부 밖으로 쫓아내는 처분은 정당한 조치라고 할 수 있다. 왕비 일신에 관해서는 일부러 외척을 위해 일을 꾸미고 때때로 정치상으로 신중하지 못한 세력을 끌어들여 일을 도모했으므로 국모國母 자리에서 물러나게 해야 한다고 공언하는 사람마저 있다. 메이지 15년(1882년) 대원군이 일시 정권을 잡았을 때 왕비는 위험에 빠져 도망갈 정도였다. 이번 경우도 어떠한 말이 나올지 알 수 없지만 왕비는 본래 한 부인에 지나지 않는다. 그렇게까지 불온한 감정을 품을 필요는 없다고 본다. 왜냐하면 결국 궁중의 구조를 바르게 할 수 없고 궁중 안의 구별을 분명하게 할 수 없기 때문이다. 반드시 사람을 책망하지 말자는 이야기는 아니지만 구조를 고쳐 앞으로 폐를 막아야 한다. 종래의 원한을 높은 데까지 미치게 하는 앙갚음은 조선 국민을 위해 결코 바람직한 일이 아니다.

이번 개혁은 우리 정부의 요구에 따라 고래古來의 폐습을 고쳐 새로운 문명주의로 나가는 데 있다. 그러므로 개혁 때문에 살벌하고 잔인한 행동이 있어서는 안 된다. 살벌하고 잔인한 행동은 문명국의 비난을 받을 것이며 우리의 본래 목적에서도 벗어나는 일이다. 우리의 정부 당국자들은 그 점에 주의하여 조선 국민을 설득하고, 개혁을 유감없이 이룩할 수 있기를 바란다.

후쿠자와의 우려는 공상이 아니었다. 일본 신문들은 왕비가 폐위되었다고 보도할 정도였다. 대원군은 명성황후를 처형까지는 아니더라도 왕비의 지위를 박탈하여 서민으로 만들기를 바랐지만, 일본 공사관이 동의하지 않아 뜻을 이루지 못했다고 전해지고 있다.

한편 세계 각국의 신문은 일본군 출병을 저마다 국익을 고려하여 논평했다.

이때 후쿠자와의 사설 〈우리에게 끼어들 곳 없다〉(1894년 7월 27일자)는 일본 정부 입장을 대변하는 해명이나 다름없었다.

일본의 조선 출병에 대해 외국 신문들은 이따금 잘못된 보도를 할 때가 있다. '청국은 2천~3천 명을 동학당 진압을 목적으로 상륙 지점도 봉기 장소에 가까운 아산을 택했는데, 이보다 많은 병사를 바로 경성에 배치한 일본의 작전은 심히 이해할 수 없는 일'라고. 그러나 일본이 많은 병력을 파견한 것은 오히려 평화를 위한 조치이다. 적은 병사는 청군의 도발을 초래하게 된다. 이는 1884년 갑신정변 때 이미 경험한 일이다. 경성의 병력 배치에 대한 의심은 우리 출병의 목적을 잘 모르기 때문이라고 말할 수밖에 없다. 동학당과 같은 한 번의 소동에 다른 나라 군사 지원을 요청하는 것은 그 정부의 정신적인 부족함을 자인하는 꼴이지만, 재발 때의 출병은 바보가 아니라면 자국 정부의 안녕을 위해서도 불가피한 조치임을 알 수 있다.

이 기회에 국사개혁을 재촉하여 자립의 열매를 맺을 수 있도록 온 힘을 다해야 한다. 이는 정당한 수단으로 조금도 거리낌이 없다. 혹시 일본에서 뭔가 끼어들 곳이 있어서 멋대로 병력을 사용한 점을 지적한다면 의심을 품어도 방법이 없지만, 우리에게 추호도 다른 뜻은 없다. 눈을 가진 사람이라면 이를 의심할 수 없을 것이다. 조선의 내정을 개혁하자고 처음부터 청나라에 제의한 사실 하나만으로도 청국인에 격의 없음은 명백하다. 청나라가 거절하여 일본 단독으로 조선 내정을 개혁하기에 이른 것이다.

5. 문야文野 전쟁론

일본은 1894년 8월 1일 청나라를 상대로 선전포고를 했다. 일본은 이에 앞서 7월 24일부터 이미 군사작전에 들어가 있었다. 이날 인천 풍도豐島 앞바다에서 청나라 증원군을 싣고 아산으로 가던 군함을 공격한 데 이어, 29일에는 충남 성환에 포진해 있던 청군을 급습해 큰 피해를 끼쳤다. 일본 정부와 대립을 계속하던 일본 의회도 임시 군사비 예산 1억 5백만 엔을 가결하여 전쟁을 적극 지원했다.

후쿠자와는 바라고 고대하던 청일전쟁이 시작되자 《지지신보》 7월 29일자 〈청일전쟁은 문야文野의 전쟁이다〉라는 제목의 사설에서 청나라와 일본의 싸움을 '문야의 전쟁'으로 규정하고 일본의 선제공격에 대한 정당성을 옹호하고 나섰다. 여기서 '문야'란 문명과 야만을 줄인 말로 개명 세계와 미개한 사회를 뜻하고 있다. 사설의 내용은 아래와 같다.

전쟁의 실상은 청일 양국 사이에 벌어졌지만, 그 근원을 찾으면 문명개화의 진보를 도모하는 자와 그 진보를 방해하려는 자와의 싸움이지 결코 양국 사이의 싸움은 아니다. 본래 일본인은 중국인에 대해 사원私怨이 없고 적의도 없다. 세계 일국의 국민으로서 인간 사회에 보편적인 교제를 바라는 것도 그들은 고루 몽매하여 보통의 도리를 깨닫지 못하고, 문명개화의 진보를 보고 이를 좋아하기는커녕 반대로 그 진보를 방해하여 무례하게도 우리에게 반항의 뜻을 표하여 어쩔 수 없이 이 지경에 이른 것이다. 곧 일본인의 안중에는 중국, 중국인은 없고 오로지 세계문명의 진보를 방해하는 자를 타도하고자 함이므로 사람과 사람, 나라와 나라 사이의 다툼이 아니라 일종의 종교분

쟁으로 보아야만 하는 것이다. 적어도 문명세계의 사람들은 사태의 옳고 그름을 가리지 아니하고 하나도 둘도 없이 우리 목적의 소재에 동의하리라고 우리들은 결코 의심하지 않는다. 즉 청일전쟁은 문명과 야만의 전쟁이다.

이처럼 후쿠자와의 주장은 보통 사람의 상상을 뛰어넘는다. 더욱이 "전쟁은 청·일 양국 사이에 벌어졌지만, 그 근원을 찾으면 문명개화의 진보를 도모하는 자와 그 진보를 방해하려는 자와의 싸움이지 결코 양국 사이의 싸움은 아니다"는 궤변에 가까운 논리는 일본 정권담당자들에게 침략의 정당성을 뒷받침해 주려는 이론적 비약에 지나지 않는다. 심지어 그는 청일전쟁을 '문명의 의전義戰'이라 이름하고 개전 때 한양(일본은 경성이라 부름)에 주둔하고 있던 일본군을 '문명개화의 파수병'이라 일컫기도 했다.

후쿠자와는 전쟁의 책임도 상대방에게 떠넘기고 있다. 그는 "세계 한 나라의 국민으로서 인간 사회에 보편적인 교제가 상식이지만, 그들은 고루 몽매하여 보통의 진리를 깨닫지 못하고 문명개화의 진보를 보고 이를 좋아하기는커녕 반대로 그 진보를 방해하며 무례하게도 우리에게 반항의 뜻을 표하여 어쩔 수 없이 이 지경에 이른 것이다"라고 억지 논리를 폈다.

그뿐만 아니라 환갑에 가까운 그는 날마다 《지지신보》 사설에서 "이번 전쟁은 제국의 운명을 좌우하는 중대한 갈림길로 모든 국민은 각오를 단단히 해야 한다"며 인심을 고무하고 여론을 이끌어 국민들을 전쟁의 길로 내몰았다. 〈많은 군자軍資를 갹출하자〉(1894년 7월 29일자)는 논설에서는 재력가들에게 성금 기탁을 권유하고, 미쓰이 하치로지로三井八郎次郎, 시부사와 에이이치澁澤榮一 등과 보국회報

國會를 조직하여 군비 갹출의 취지를 널리 알렸다. 이 계획은 정부의 군사공채 모집으로 중지되었으나 《지지신보》는 성금모금운동을 계속하고 후쿠자와도 1만 엔을 내놓았다. 또 그는 '국민은 우국, 애국의 정을 결집시켜 청나라에 대적하자'고 역설하고 메이지 정부에 대한 비판도 일절 중단했다. 후쿠자와에게 청일전쟁은 국권확립을 위한 전쟁이자 아시아 동쪽에 그가 말한 '동양의 영국'으로 일본의 지위를 끌어올리는 절호의 기회였다.

이어 그가 계속 쓴 〈즉각 베이징을 공격해야 한다〉(1894년 8월 5일자), 〈반드시 베이징 점령에만 국한하지 않는다〉(8월 9일자), 〈우선 만주 삼성三省을 공략해야 한다〉(8월 11일자)는 주장을 읽다보면, 마치 병사들에게 전투 임무를 부여하는 부대장의 훈시를 듣는 느낌이다.

후쿠자와 예상대로 청일전쟁의 대세는 일본에 유리하게 돌아갔다. 일본군은 9월 16일 청군이 주둔하고 있던 평양을 손안에 넣고 9월 17일에는 황해도 해전에서 북양함대를 격파하여 승세는 결정적이었다. 그러나 후쿠자와는 이에 만족하지 않고 "일본의 일방적 승리가 아니고서는 청나라가 좀처럼 조선에서 물러나지 않을 것"이라며, "조선에 대한 청나라의 간섭이 완전히 없어질 때까지 싸움을 계속해야 한다"고 강조했다.

청일전쟁이 계속되는 동안 조선 조정은 내각제를 도입하고 총리에 김홍집金弘集을 기용, 내무에 민영달閔泳達, 외무에 김윤식金允植, 탁지度支(지금의 재무)에 어윤중魚允中, 학무學務(지금의 문교)에 박정양朴定陽을 각각 임명했다. 이와 함께 내각 보조심의기관으로 군국기무처를 설치하고, 대원군의 재집권에 공이 큰 김가진金嘉鎭·안경수安駉壽·김학우金鶴羽·유길준兪吉濬 등 친일파 젊은이들을 등용했다. 그러나 대원군은 정권 복귀에 만족하고 개혁에는 별로 열의를 보이지 않았다.

이에 후쿠자와는 9월 7일자 사설 〈조선의 개혁은 늦출 수 없다〉에서 "일본인 고문을 배치하여 조선 내정을 하루빨리 개혁해야 한다"며 마치 조선이 일본의 식민지인 것처럼 조선의 내정간섭 발언을 주저하지 않았다.

조선 정부는 현재 대원군을 섭정으로 새롭게 대소 관리를 등용하여 개혁을 추진하고 있지만, 내가 듣는 바로 내정을 추측해 보면 의심의 여지가 있다. 민씨 일파를 쫓아내고 그 지위에 앉은 신임 관료는 청국의 속박을 벗고 자국의 독립을 위해 신명을 바칠 각오가 안 되어 있는 것 같다. 조선이 청국 소속임은 국민의 마음에 박힌 고정관념으로 관료도 이를 쉽게 물리치기는 어려울 것이다. 일본이 바라는 국사國事는 문명을 따르는 길이다. 조선인들은 듣기에 새롭고 초근목피草根木皮를 복용하는 데 익숙해 '학의學醫' 치료를 싫어할지 모른다. 학의라는 말은 도리가 당연하여 거부할 수 없는 것이지만 수백 년의 구습을 쉽게 버리기 어려워 실행에 옮기는 데 시간이 걸린다.

지금 정권을 맡은 인물들을 보면 뜻을 함께하는 평생주의자들이 아니라 10인 10색으로 일정한 방침 없이 정계의 상황을 보아가면서 개인의 명예와 이익을 추구하는 자들을 한데 모아놓은 꼴이다. 민씨 시대에 두각을 나타냈기 때문에 배척된 자, 두 다리 걸치기로 화를 면한 자, 민씨의 사주를 받고 일신을 도모한 자 등이 있어, 서로 신뢰하기는커녕 위로 대원군을 받드는 척하며 대원군을 해치려는 자마저 있다. 명목상으로 일신 개혁을 내걸고 있는 정부지만 내실은 이분자異分子들의 집합소이다.

내가 보기에 왕비를 비롯한 민씨 일가를 따르는 자가 조야朝野에 적지 않기 때문에 일본식의 개혁을 좋아하지 않는 것 같다. 일본의 세력이 성하는 것 같아도 갑신정변 때와 같이 되면 조선은 다시 청국에 말려들어 민족閔族 만세의 성세盛世로 복귀할 수밖에 없게 된다. 실로 무기력한 인물들이라면 조금도 주저함 없이 모든 관리들을 물러나게 하고 진짜 문명주의에 따라 일본의 정치 친구를 널리 구해 국무 전권을 맡길 수밖에 없다. 아니면 임시방편으로 일본인 가운데 적임자를 선발하여 요직에 배치하고 '행정사범師範'으로 삼도록 하는 조치도 필요하다. 이웃 나라의 국사개혁을 세계에 떠벌리면서 열매를 얻지 못하면 우리의 대외 명예는 어떻게 될 것인가. 실로 얼굴이 붉어질 뿐이다.

후쿠자와는 이에 따라 고토 쇼지로後藤象二郎를 행정사범으로 추천하고 일본 관계 요로와 조선 정부에 영향력 있는 사람들에게 그가 임명될 수 있도록 힘써 달라고 호소했다. 그러나 일본 정부는 당시 내무상으로 있던 이노우에 가오루의 자청을 받아들여 1894년 10월 15일 그를 주조駐朝 공사로 임명했다. 후쿠자와는 10월 14일자 사설 〈이노우에백井上伯의 조선행〉에서 "한 나라의 운명을 걸고 싸움을 시작했는데 조선 내정개혁에 열매를 얻지 못한다면 세계를 볼 면목이 없다"며 이노우에 가오루의 주조 공사 임명을 크게 환영했다.

후쿠자와는 이어 10월 16일자 〈이노우에백의 도한渡韓을 환송한다〉에서 조선의 개혁이 진척되지 않고 있는 이유를 다음과 같이 밝히고 있다.

이번 개혁이 벽에 부딪치는 가장 큰 원인은 조선 정부 당국자가 일본인을 믿지 않은 데 있다. 일종의 감정을 갖고 오히려 우리를 싫어하고 겉으로는 유순해도 안으로 딴 마음이 있다. 모든 관리 가운데 단 한 사람도 속마음을 일본에 털어놓지 않는다. 갑신정변에 몸을 던진 지사志士는 죽고, 남아 있는 박영효는 아직까지 국왕 알현도 하지 못한다. 그들이 정변을 도모할 때 외교 당국자였던 백伯은 이번에 조선으로 가게 되어 스스로 금석今昔의 느낌이 없을 수 없을 것이다.

그러나 이제 다시 후회해도 어쩔 수 없다. 백伯의 경륜에 바라는 바는 당면한 문제의 처리이다. 조선 당국의 '노물老物'*은 도저히 문명의 일을 도모할 인물이 아니며, 폐정의 근원이 궁중에 있으므로 궁중을 청소하는 일이 무엇보다 먼저 할 일이다.

조선의 개화당이라고 칭하는 신진관료는 다른 나라에 놀러온 여러 나라 사람과 안면이 있다는 자체만으로 앞서는 데 지나지 않는다. 식견이 없다면 절친한 친구에게 부탁할 일이 아니지만 일을 도모하기 위해 그들로부터 인물을 구할 수밖에 없다면 인물의 대소 진위眞僞를 잘 살펴 지도할 수밖에 없다. 단 한 가지 주의해야 할 일은 외국인의 의향을 잘 살피는 것이다. 그들은 일본이 조선 내정을 간섭하여 국토를 빼앗을 뜻을 품고 있다고 생각할지 모른다. 백은 대담하고 단호한 성격이니 외교에 노련미를 보인다면 반드시 허술한 점이 없게 될 것이다.

1892년 여름, '메이지 14년(1881) 정변'으로 소원해진 이노우에 가오루와 우호관계를 되찾은 후쿠자와는 격의 없는 충고를 털어놓고 있다. 여기서 주목할 만한 대목은, 후쿠자와가 무엇을 노렸는지

---

* 대원군을 뜻한다.

알 수 없지만 친일파에 대한 평가가 의외로 혹독하다는 점이다. 후쿠자와 주변에는 김옥균이 남긴 동지들이 있었다. 때마침 서광범 등세 명이 미국에서 돌아와 후쿠자와 집에 머무르고 있었다.

그럼에도 후쿠자와는 1894년 11월 3일 〈조선국의 혁신 아직 의심할 수밖에 없다〉라는 제목의 사설에서 이들의 기용을 추천했다.

나는 여러 가지 잡다한 작은 사정을 묻지 않고 정면으로 조선 당국자의 태만을 꾸짖으려 한다. 일본 군인은 만 리 이역에서 위험을 무릅쓰고 전투에 임하고 있으며, 우리 동포는 고통을 함께하여 사재마저 털어넣고 있다. 이렇게 하여 싸움에 이기기를 바라는 본뜻은 조선 독립과 문명개화를 위한 것뿐이다.

그럼에도 조선 정부는 여전히 독립할 결심이 없고 개명으로 입문하기를 주저한다고 한다. 우리 일본인의 노력도 헛수고가 된다면 결코 용서할 수 없고 일도양단의 칼날처럼 단안을 내릴 수밖에 없다. 독립의 뒤가 망국이라면 그들은 스스로 멸망을 바라고 있다. 개명의 반대는 야만으로 그들은 야만의 습관을 지키려 하고 있다.

그렇더라도 조선 조정의 힘으로 문명개화의 세계라는 대세를 거스를 수는 없다. 들리는 바에 따르면 조선정계는 여러 가지 소당파가 생겨 사적 싸움에 바빠 국사를 생각할 짬이 없다고 한다. 더러 성실하게 시세를 타려는 인물이 있지만 정부 전체가 '시기와 질투'로 차단되어 다만 관직에 앉아 있을 뿐이다. 그들 정치사회가 활발하지 않은데 비해 사람들 사이 질투심은 깊고 음험하다. 갑신정변이 바로 그한 예이다. 정변에 실패한 김옥균·박영효 등의 주의主義가 이번 일본 정부가 권유하고 있는 취지와 같다면, 다른 일은 제쳐두고라도 박영효·서광범·서재필 등을 맞아들여 대우를 후하게 하고 전권全權을 위임하여 국사개혁에 나서게 함이 옳다.

그들은 여러 해 이국에서 떠돌며 쓴맛 단맛을 다 맛보았고 정치상 지견知見도 넓어 '경륜經綸의 기량'도 있다. 게다가 더 좋은 점은 일본에 김옥균·박영효·서광범의 이름을 모르는 사람이 없고 조선인으로서 일본인과 같은 경우에 있는 자이므로, 그들이 정부의 주요 자리를 차지하면 양국의 교제에 한없이 편리하다. 조선인이 우둔하더라도 이러한 이치를 모를 리 없건만 지금까지 그들을 적대시하여 박영효는 인천에 머물고 서광범은 미국에서 일본으로 돌아왔는데 모르는 것 같다. 소인배의 질투에 방해받고 있다고 추측할 수밖에 없다. 새도 죽을 때가 되면 슬피 운다고 한다. 나라가 망하면 우매한 사람을 놀라게 하는 일이 많다. 김·박·서들에 대한 조선 정부의 움직임을 보더라도 망국의 전조라고 의심하지 않을 수 없다.

갑신정변 때 살아남은 또 한 사람인 서재필은 여전히 미국에 있었다. 후쿠자와가 박영효·서광범·서재필의 기용을 기대한 까닭은 그의 생각으로 달리 인재를 찾을 수 없었기 때문이었다. 이노우에 가오루가 10월 25일 한양에 부임하자 후쿠자와는 1894년 11월 9일 자 〈조선 정부는 무엇 때문에 박·서 무리를 소외하는가〉라는 제목의 사설에서 이들의 기용을 거듭 주장했다.

박영효·서광범·서재필은 국사 범죄자임에 틀림없지만 임금을 죽이려 한 짓은 아니며, 집권 민족閔族의 전횡으로 나라가 도탄에 빠지게 된 상황에서 임금 측의 악을 제거하려 한 것뿐이다. 사건의 진실을 말하면 김·박·서는 왕가의 적이 아니라 민씨의 적이다. 지금 민씨는 쫓겨나 청나라의 간섭 세력이 없고 정부는 김·박·서의 주의主義를 따라 국사를 경영하고 있으므로, 10년 전의 난신亂臣은 오늘의 충신이며 정부야말로 죄를 벌할 일이 아니라 과거의 잘못을 사과해야 할 것이다. 국왕의 특명으로 죄를 사하고 충신을 암살하도록 교사한 무리를 처형하는 단안이야말로 지금 급한 일인데, 국정개혁은 실효가 없고 현재 집권한 늙은이들은 옛날에 연연하여 개진改進을 기뻐하지 않는다. 이들은 박·서라는 인물이 대역무도大逆無道한 죄를 범한 자이므로 죄를 면하기 쉽지 않고, 특전으로 죄를 용서하더라도 사람을 죽인 자를 정부가 받아들이면 천하의 인심이 허락하지 않는다고 억지를 부린다.

대역무도와 국사범의 구별은 문명 여러 나라의 통례로 조선인의 견문이 넓지 않더라도 구별을 못하는 자는 없을 것이다. 이를 알고서도 이들을 배척하는 까닭은 이러한 인물이 정부에 들어가면 자신들의 지위가 흔들리지 않을까 우려하기 때문이다. 조선 정부는 처음 일본의 권고를 받아들여 국사개혁을 약속했다. 이에 따라 갑신정변의 국사범도 사면 복권시키리라 기대했으나 모두 아니다.

이는 우리 국민 일반을 실망시킨 점이지만 조선의 개혁은 일본의 책임으로, 문명 여러 나라와의 공약과 같은 약속이므로 조선인의 완루頑陋에 관계없이 일본의 영예를 위해 허락해서는 안 된다. 조선 정부가 박·서 등을 받아들이는 조치가 바로 개혁 가운데 하나이다. 누가 감히 거부한단 말인가. 우리 군대는 조선을 위해 싸우고 조선을 위해 죽는다. 일본은 전력을 다하여 조선 독립과 개명을 위해 힘쓰고 있는데 그 성과는 지지부진하다. 사물의 균형을 잡을 수 없다. 오늘의 사태를 대략 평하면 조선인은 일본의 은혜를 모르는 자라고 말할 수 있을 뿐이다.

후쿠자와는 조선의 개혁이 진척되지 않는 이유의 하나로 정권 최고 자리에 '노물'이 앉아 있는 점을 들었다. 대원군이 군국기무처의 정책을 거부하여 중간에 있는 수상 김홍집이 아무 일도 할 수 없다고 판단했기 때문이다.

후쿠자와는 11월 11일자 사설 〈조선의 개혁〉에서 대원군에게는 개혁을 기대할 수 없으므로 박·서에 의존해야 한다는 이유를 설명했다.

대원군은 천품이 영특하고 비범하며 경륜과 기량도 빈약하지 않다. 지위 명망은 전국을 압도하고, 궁중을 마음대로 움직일 수 있는 자는 대원군뿐이므로 내외의 사정이 묘하게 되면 그에게 무게를 두는 자가 있다. 그러나 대원군의 재주와 명망을 아는 것만으로 그의 심사를 알 수 없다. 군주전제국의 최고 지위에 있는 자라면 다소의 재주만 있어도 명망은 당연하고, 또 대원군의 영특하고 비범함은 동양류東洋流에 지나지 않는다. 그의 내면을 한 꺼풀 벗겨보면 완전히 부패한 유교국儒敎國의 '평범한 완고옹頑固翁'일 뿐이다.

20여 년 전 국정을 독점하여 새로운 면모를 보이겠다고 공표하고도 폭정으로 인민을 협박하고 가렴주구苛斂誅求로 왕가의 영향력을 넓혔을 뿐이다. 공업이 일어나지 않고 농사도 원시 상태를 벗어나지 못해 팔도 생민生民이 도탄에 빠져 신음하는 데도 쇄국양이鎖國攘夷를 부르짖어, 세계에 단지 중화中華가 있다는 것만 알 뿐이다.

일본 군함이 처음 조선을 방문했을 때 '동이東夷 해적'이라는 이름을 내린 옹이다. 평양이 함락되기 전까지 청나라의 필승을 기원하고 몰래 동학당과 내통하여 일본병을 협공했다는 풍문도 사실무근이라고 단언하기 어렵다. 그래도 대원군의 완고는 여전히 마음대로이다.

아무리 문명을 적대시하더라도 국가의 중요함을 잊어서는 안 된다. 또 나라를 위해서는 노후 여생을 걱정해서도 안 된다.

지금의 조선 정계를 살펴보면 일정한 주의主義를 지키는 자가 없고 어제는 개명 오늘은 수구, 전월前月은 청나라를 섬기고 지금은 일본을 가깝게 하고 있다. 소인도 화禍를 볼 줄 알면 노련한 채 하고, 노인도 시세에 따라서는 주의 주장을 외친다. 늘 일신만 챙기고 나라는 안중에도 없다. 그들은 변명에 탁월하고 생각이 부족하기 때문에 개인적으로 만나 문장을 시험하면 인물이 한결같아 정사正邪를 말하지 않을 수 없다.

누구나 새의 암수쯤은 가릴 줄 안다. 내가 여러 해 동안 경험한 바로는 모두 책임이 없고 절조가 없는 연약한 남자뿐이다. 이를 상대로 국사개혁 도모는 절망이지만, 김·박·서 같은 사람은 인물 여하에 관계없이 여러 해 동안 교제해도 일본인을 배반하지 않았고 타국인에 의지하려고 하지 않아 그들을 믿고 일을 맡기려 한 것이다. 설령 그들이 정권을 맡지 않아도 믿을 만하므로 가까이해야 하며, 다른 인물을 기용하더라도 이들을 통해 발탁 인물의 됨됨이를 확인할 수 있으므로 큰 과오는 면할 수 있다. 내가 여러 번 이들을 끌어들이자고 한 이유가 바로 여기에 있다.

그렇다면 후쿠자와는 박영효와 서광범을 통해 무엇을 이룰 수 있다고 생각했을까. 그해 11월 17일자 사설 〈파괴는 건설의 시작이다〉에서 "일대 영단을 내려 조선의 국가 조직을 근본부터 뜯어 고쳐야 한다"고 해답을 내놓았다.

예를 들면 일본 메이지 정부가 혁명에 성공한 것은 폐번치현廢藩置

縣의 큰일로부터 무가의 폐도廢刀를 실현하고 사회를 시민 동등주의로 바꾸는 등 사회 전반의 낡은 조직을 완전히 고쳤기에 가능했다. 다행히 우리나라는 조야朝野의 상층에 문명주의를 아는 사람이 적지 않고 하류사회를 풍미하여 별 탈이 없었으나, 조선은 부패 소굴로 지배층 안에 마음이 활달하여 작은 일에 구애받지 않는 과단성 있는 인물이 없고 국민은 노예와 같아 상하 문명의 짐을 이해하지 못한 자들뿐이다.

조선 국정개혁은 일본의 선례를 표준으로 해야 한다. 내 소견으로 판단하면 일본의 힘으로 개진을 재촉하고 이에 따르지 않으면 지도하고, 그래도 안 되면 협박과 교육에 의지할 수밖에 없다. 힘을 바탕으로 한 문명 협박은 매끄럽지 못하지만 일시 방편으로 우리들의 본심에 부끄러운 점이 없는 한 기어코 실행해야 한다. 조선인이 아무리 완고하고 우둔해도 자국의 이해를 모를 리 없다. 정중히 반복하면 스스로 깨달아 문명의 문으로 들어가게 된다고 설득해 보자는 사람도 있지만 그들의 국익을 중시하는 생각은 사리私利에 묻혀 발동하지 않는다.

조선의 민씨 일가가 일시 청나라의 환심을 잃고 어떤 강국과 비밀 조약을 맺어 일족一族의 화를 면하려 기도했던 것처럼 가정만 알고 국가는 모른다. 일본인 마음으로 조선인을 헤아리는 일은 결과적으로 큰 잘못을 불러오게 된다. 이는 내가 여러 해 동안 실험으로 조선인의 근성을 관찰해 얻은 결론으로 여러 번 강조한 바 있다. 협박과 결단으로 국무의 실권을 장악하고 조선인에게 일을 집행하도록 해야 할 뿐이다. 개혁을 추진하는 동안 크게 불평을 말하는 자가 있더라도 두려워할 필요가 없다. 조선인을 안중에 두지 말고 오로지 조선의 문명 개진만을 각오하고 하루빨리 시작하여 새 면목을 열어야 한다.

후쿠자와는 이어 〈조선의 개혁 그 기회에 떨어지지 말지어다〉(11월 20일자)라는 제목의 사설에서 당장 조선 국정개혁을 단행하라고 촉구했다.

> 우리 군대는 청나라 방면으로 진격하고 여러 외국은 국외자로 중립을 지키고 있다. 조선 내지에 주둔한 병사도 적지 않아 전승의 세는 팔도 인심을 전율케 한다. 조선은 말 그대로 우리 수중에 들어와 있다. 이 세를 이용해 개혁을 추진하면 수개월 안에 대체적 방향은 결정할 수 있다. 주변 여러 나라를 염려하여 결단을 주저하고 시일을 허비하면 기회를 놓치게 된다. 타국의 내정간섭은 나라 교제의 법도가 아니라고 하는 사람도 있으므로 삼가는 일이 도리이지만 간섭의 시비는 상대의 생각 나름이다. 국토를 빼앗겠다는 야심 없이 이런 쪽으로 성의를 다 한다면 그들도 틀림없이 깨닫게 된다.
>
> 우리나라가 무엇보다 우려하는 바는 외국의 비뚤어진 눈이지만 이미 일·조 관계를 상세하게 밝힌 바 있으므로, 우리의 대조선정략을 모르는 자는 없다. 조선에 있는 외국인으로 이를 거론하는 하는 사람도 있으나 이는 그들의 독단적인 논의는 아니다. 현재 조선 조정은 군소 당파로 갈려 외교 문제에도 로당露黨·영당英黨·미당美黨·독당獨黨이 있고 친한 외국인에게 내정을 밀고하며 불평을 유발시키고 있을 정도이다.

이와 같은 후쿠자와의 '문야전쟁론'에 대해 이마나가 세이지는 《후쿠자와 유키치의 사상형성》에서 "후쿠자와는 청일전쟁을 〈탈아론〉의 실현으로 인식하고 이런 논리를 전개했다"고 설명하고, "조선 지배를 목적으로 한 중국과의 전쟁을 문명개화라는 미명으로 분식했다"라고 덧붙였다.

한편 10월 25일 한양에 부임한 이노우에 가오루는 고종과 대원군, 총리 김홍집을 차례로 만나 자신은 종전의 공사와 같은 예사 공사가 아니라 조선 정치고문의 입장에서 상담에 응하고자 부임했다고 위세를 부렸다. 이노우에는 부임한 뒤 후쿠자와가 제안한 대로 조선 내정개혁을 엄격하게 실행해 나갔다.

6. 청일전쟁에서 일본의 승리

후쿠자와에게 청일전쟁의 승리는 참으로 벅찬 감동이었다. '일국독립'의 달성이기도 했고, 그가 평소 주창한 제국주의적 문명론이 결실을 맺은 것이기 때문이다. 그는 승전보를 접하자 지금 죽어도 여한이 없다며 크게 기뻐했다고 한다. 후쿠자와는 단순히 감격에 그치지 않고 청일전쟁을 종군 취재하던 외국 특파원이 일본군의 뤼순旅順 점령을 학살이라고 보도하자, 마치 정부 대변인처럼 지면으로 이를 항변하고 나섰다.

후쿠자와가 12월 14일자에 쓴 〈뤼순의 살육 무계無稽 유언流言〉이라는 제목의 사설은 그가 얼마나 국익을 앞세우는 국가주의자였는가를 입증해 주고 있다.

우리의 뤼순 대승大勝을 '대살육 학살'이라고 말하는 외국인이 있다. 외국인들은 '일본인의 용감무쌍함, 빈틈없는 작전으로 견고한 요새를 몇 시간 안에 함락한 전술에 대해서는 감탄할 수밖에 없지만, 승리에 편승해 많은 청국인을 도살한 사실은 세상의 비난을 면할 수 없으며 승리의 명예를 실추시키기에 충분하다'고 논평하고 있다. 사물을 마음대로 보고 들어 판단하는 외국인이므로 무리가 아니겠지만 당사자인 일본인은 군대의 행동을 간단하게 지나칠 수 없다. 내가 살펴 얻은 바로는 우리 군인이 무고한 청국인을 도살했다 함은 아무 증거 없는 오보이다. 일본인 가운데 일본의 이익을 위해 말을 바꾸는 등 잘못 추측하는 사람도 있지만, 사실은 사실로 다룰 수밖에 없다.

일본 군대는 문명의 군대로, 예를 들면 아산과 평양에서처럼 우리 군에 항복하는 자는 국내 안전한 지역으로 이송하고 부상자는 병원에 입원시켜 자국의 병사와 다르지 않게 대했다. 왜 뤼순 전투를 도살이라고 하는지 알 수가 없다. 하기야 뤼순 전투에서는 적의 사망자가 많이 생겼다. 포대를 지키던 청국병은 1만 5천~1만 6천 명으로 다수는 도주해 흩어지고 도피하다 늦은 자는 시가의 민가에서 의복을 훔쳐 보통 시민으로 위장, 잠복하여 우리 병사들에게 총을 쏘았다. 너무 위험하여 어쩔 수 없이 가택을 수색하고 민간인으로 변장한 병사를 죽이게 된 것이다.

아산에서는 적병이 전투력을 잃었다고 판단하고 놓아주었는데 이들이 평양으로 숨어들어 다시 저항한 예도 있었다. 평양에서도 백기를 들고 휴전을 호소하는 적병이 병기 수거를 핑계로 성城을 제때에 내주지 않고 밤에 도망가 주롄청九連城에서 다시 싸움을 걸어왔다. 파렴치한 불신·불의로 우리를 속인 예는 한두 번이 아니다. 일본 군대가 아무리 관대해도 사기 수단에 넘어가는 우를 범할 수는 없다. 무기를 숨겨 저항하는 자는 죽일 수밖에 없다. 이들을 죽이는 것은 당연한 조치이다. 그 가운데 병사가 아닌 인민도 많다는 설이 있으나, 나는 사실무근이라고 단언하기에 주저하지 않는다.

우리 군이 상륙하여 요새를 공격할 때까지는 1개월 이상이 걸렸으므로 난을 피할 시간적 여유는 충분했다. 뤼순 항 장관으로 사정장관을 겸한 궁자오위龔照璵는 가재를 모두 치우고 어디론가 달아났다. 인민보호에 힘써야 할 장관조차 이러할 정도였으므로, 전 시가의 남녀들이 앞서거니 뒤서거니 도주했음은 의심의 여지가 없다. 한두 명의 시민이 도망가는데 늦어 유탄에 맞아 죽었더라도 전쟁에는 이런 경우가 보통이다. 신문 통신이 이러한 이야기를 듣고 뤼순 시가의 죽은 자에 무고한 인민이 많다고 속단한 보도는 완전한 낭설이다.

후쿠자와가 뤼순 학살 보도를 문제 삼은 계기는 도쿄 주재 외국인들에게 들었거나 요코하마의 영자신문 기사를 보았기 때문으로 추측된다. 뉴욕의 신문이 일본에 배달되려면 적어도 3주 정도가 걸렸다.

이처럼 청일전쟁이 더욱 가열되고 있는 가운데 한양에 부임한 이노우에 가오루 공사는 11월 20일과 21일에 고종을 알현하고 각 대신大臣들이 함께 한 자리에서 국정개혁의 급선무로 왕실과 국정의 분리, 예산제도 도입, 군제·조세·사법제도 확립, 엄정한 관리등용, 고문관 초빙, 일본에 유학생 파견 등 20개 항을 권고하고 대원군에게 정무를 맡긴 칙령을 취소토록 요구했다. 고종은 이를 모두 받아들이겠다고 약속했다. 그로부터 이틀 뒤 내무·법무·공무·농상 등 각 아문의 차관 인사가 단행되었으나 신임자는 모두 민비의 연고자였다. 이에 화가 난 이노우에 가오루는 12월 1일 다시 고종을 찾아가 불만을 털어놓자 다섯 명의 대신大臣이 12월 7일에 일본 공사관을 방문해 이를 정식으로 사과했다. 조선 조정은 12월 17일 개각을 단행하고 마침내 박영효(내무)와 서광범(법무)을 각료로 기용했다.

후쿠자와는 1895년 1월 4일자 〈개혁 권고 과연 주효할 것인가〉라는 제목의 사설에서 "내각 개조는 상층부만의 진전"이라고 평했다.

이노우에 공사가 권고한 개혁 조항은 긴요한 일이건만 그 중요한 일이 현재 실천되지 않고 있다. 처방은 적절하더라도 처방을 실행하는 조선 내각은 무지무식의 소굴로, 내심內心 불복하지만 사정상 어쩔 수 없어 겉으로만 움직이고 있는 것처럼 하고 있을 뿐이다. 이번 박영효와 서광범이 입각했지만 특별한 움직임은 보이지 않는다. 둘은 정말로 전력을 다할 수 있을 만큼 지위를 확보할 수 있을까.

대원군은 정치계에서 물러나 궁중개혁을 약속하고 있지만 그대로 은퇴시켜 손을 떼게 해야 한다. 부패의 근원인 궁중의 민비 거동은 옛날과 다르지 않다. 정부 내부는 합해질 수 없는 각양각색의 인물이 동거하는 '화물化物 저택'이나 다름없다. 조선의 동학당 봉기도 결국 '화물 저택'에서 나온 악희惡戱라고 한다. 소동은 진정되었더라도 잡동사니를 없애지 않는 한 어디까지나 새싹은 나오지 않는다.

조선은 중앙정부 부패가 극에 달하여 위신이 없을 뿐만 아니라 지방 부패 역시 심하다. 나에게 조치를 말하도록 한다면 독립국의 체면은 곧 나아졌다 하더라도 실제로는 극복했다고 볼 수 없으므로, 정부 요직에 일본인을 앉혀 실권을 장악하고 경찰업무에서 회계·지방행정에 이르기까지 모두 담당하되 세상 물정을 아는 조선인을 채용하여 정사를 연습시켜야 한다. 현재 초미의 관심사는 회계이다. 국가의 가난은 개인의 극빈자와 다르지 않다. 긴급을 요하는 일국 경제의 기본을 세우기 위한 자본은 일본에게 빌리는 수밖에 없다. 그렇더라도 남을 믿지 않는 지금까지의 조선인 행태를 보면 절대로 돈을 빌리지는 않을 것이다. 돈을 빌리지 않으면 자멸하게 된다. 돈을 빌려야만 자멸을 방지할 수 있다. 따라서 회계 전권을 우리가 쥐고 국사를 추진하는데 조금도 주저할 필요가 없다.

후쿠자와는 이어 1월 5일자 사설 〈조선개혁에 외국의 눈치를 보지 말지어다〉에서 "조선의 빈틈을 노리는 자는 청국만이 아니다"라고 하면서 다음과 같이 일본 정부 당국자의 주의를 환기시켰다.

다른 나라의 주권 유린은 좋지 않다는 논의도 있지만 주권이라는 말은 완전한 독립국만 쓸 수 있는 말이므로 조선에는 적용될 수 없다. 개혁조치는 조선의 독립이 목표이지 독립을 간섭하려는 목적이 아니다. 조선과 같이 '허술한 나라'가 구미歐美에 끼어 있었다면 아마 그냥 두지 않았을 것이다. 불이 나기 쉬운 계절에 초가집과 이웃한 집을 보고만 있을 수 있겠는가. 불이 옮겨 붙기 쉬운 인화물질처럼 여기고, 국토를 분할하여 화근을 없애거나 간섭하여 함께 국사를 개혁하려 할 것이다. 그 길밖에 다른 수단이 없다.
일본 국력으로 조선을 병탄하기는 쉽지만 병탄은 다른 쪽을 고통에 빠뜨려 우리의 이익이 적기 때문에 이를 보류하고, 조선을 독립시켜 정략상 그리고 상업상 우리가 이용하려 함이다. 우리의 조치는 공명정대하여 조금도 꺼릴 것이 없다. 조선 내정개혁이라는 단 한 가지 문제로 청나라와 전쟁을 하고 있는데 개혁 도중에 다른 나라의 잡음에 눈치를 보며 주저하다니 세계의 웃음거리이다.

고종은 1895년 1월 7일 종묘에서 독립선서식을 갖고 내정개혁 14개조를 서약했다. 이른바 '홍범洪範 14조'로 불리는 이 서약은 이노우에 가오루가 권고한 20개 조를 받아들여 작성한 것이다. 이는 일본의 압력에 못 이겨 만든 개혁방안으로, 일본의 영향이 줄어들면 곧 취소될 수밖에 없는 상황이었다. 후쿠자와의 강압적 논조는 바로 이러한 점을 지나치지 않고 있다.

후쿠자와는 이노우에 가오루 공사가 개혁을 추진하고자 일본 민간은행에서 5백만 엔을 빌리려다 어려움에 부딪치자, 1월 15일자 〈조선 공채는 우리 정부가 대출해야 한다〉라는 사설에서 "조선 내정에는 자금이 필요하며 일본 정부도 이를 예견하고 있었던 만큼 당연히 정부가 대출을 맡아야 한다"고 이노우에 가오루를 응원했다. 5백만 엔은 그때 조선 정부의 1년 세비와 맞먹는 액수였다. 후쿠자와는 《지지신보》 한양 특파원 앞으로 보낸 편지에서 "속되게 말하여 훌딱 반할 정도의 차관을 배경으로 조선 정부를 휘어잡고, 아울러 여러 외국의 비판을 막아주기 바란다"라고 이노우에 가오루 공사에게 전해주기를 부탁했다. 후쿠자와는 승전에 따른 청나라 영토 획득이 구미 여러 나라의 질투를 불러, 일본의 조선 내정개혁에 간섭하는 구실이 되지 않을까 걱정했다고 한다. 일본 정부는 조선차관 규모를 줄여 3백만 엔으로 결정, 2월 21일 추경예산으로 일본 의회의 승인을 받았다.

후쿠자와는 이 결정이 조선에 은혜를 베푸는 일로 일본 사회에 비춰지자 3월 12일자 사설에서 "이는 의협義俠이 아니라 우리의 이익을 위한 일이다"라고 못 박았다.

우리들이 애쓴 노력은 문명 경쟁 세계에서 무욕담백한 의협국義俠國이라는 평판을 얻은 결과만으로 결코 충분한 보수가 되지 않는다. 내가 여러 번 강조한 바와 같이 이욕利欲 일변도의 세계에서 의명義名 외에 바랄 것이 없다고 내세우면 물정에 어두운 처사로 비웃음을 면할 수 없다. 우리 국민은 은혜를 베푸는 행동이라 생각하지 말고 도움의 대가를 받겠다는 결심을 하지 않으면 안 된다. 대가는 조선의 토지를 양수하거나 보호국화 하는 데 있지 않다.

현재 일·조 무역은 보잘것없이 미미하지만 첫째 바람은 상업상의 이익이다. 폐정개혁이 열매를 맺으면 부원富源이 개발되고 사람들의 구매력이 증가하여, 조선반도는 일시에 일본의 좋은 시장이 되리라는 예상은 의심의 여지가 없다. 일·조 상호 이익으로 구미 여러 나라의 무역에도 좋은 영향을 끼칠 것임에 틀림없다.

세상 사람들은 이익을 말하기 좋아하지 않고 국가이익도 잘 모른다. 의협심에서 조선을 돕는다고 말하는 자가 있기 때문에 외국인은 오히려 수상하다고 생각하고 일본의 야심을 의심하는 것이다.

그러나 사람과 돈을 빌려 개혁을 추진하려던 이노우에 가오루의 노력은 헛돌았다. 후쿠자와는 〈조선의 근황〉(1895년 3월 13일자)이라는 제목의 사설로 그 사정을 다음과 같이 분석했다.

최근 조선의 한 친구로부터 모씨에게 보낸 글을 보니 조선개혁의 실마리가 풀리지 않는다고 한다. 회계의 근본이 아직도 제대로 서지 않았기 때문이다. 조선은 현재 대원군과 왕비 모두 문명의 적이다. 대원군은 원래 교활하여 이간책으로 대신들을 반목시켜 신정부를 전복하려 한다. 이는 숨길 수 없는 사실이다. 다만 이노우에 공사가 있기 때문에 실행하지 못하고 있을 뿐이다.

왕비는 날 때부터 교묘한 인물로 민씨 일가가 권력을 부릴 때도 동족同族을 모으지 않고 일개 자신의 전권專權에만 몰두했다. 지금이야말로 능란한 수단을 재연해 박·서를 이용하고 김씨·어씨를 멀리하며 정권을 다시 쥐려고 하지만 잔꾀에 속는 자는 없다. 지금 당장 급한 일은 대원군과 왕비를 견제하고 노소 정객을 화합하는 데 있다. 이노우에 공사의 권유로 서로 협력할 자세를 보이고 있지만 근본이 너무나 달라 화합을 보장할 수는 없다. 2~3년 동안 일본 공사가 힘을 바탕으로 감시·보호하지 않으면 종전처럼 대원군이 계략을 꾸미고 왕비가 서로 이간질할 것이 틀림없다. 그렇게 되면 사태는 더욱 꼬이게 된다.

노老정객들은 신진들이 왕비와 결탁할까봐 두려워하지만 신진들은 민족閔族의 적이므로 그럴 염려는 없다. 신진들이 대원군과 뜻을 같이 할지는 의문이지만 김윤식·어윤중은 대원군에게 죄를 받은 자들이 아닌가. 대원군을 암살하려고 꾀하면 서로 그럴 수밖에 없다는 사실을 알아야 한다. 그래서 노소가 서로 힘을 합할 수밖에 없다. 그렇더라도 의심해서는 안 되는 일을 서로 의심하고, 미워하지 않아도 될 일을 미워하여 마침내 얼마 전 내각이 총사퇴해야 된다는 논의가 나오게 된 것이다. 이노우에 공사가 힘으로 이를 조정하여 실로 다행한 일이다.

세간에는 '일본에서 귀국하여 각료로 기용된 박·서가 나라 안에 적이 많고 세勢가 적은 관계로 왕비에 의존하려 한다'는 소문을 퍼뜨리는 자가 있으나 이는 사실을 모르는 자의 망상에 지나지 않는다. 위와 같은 내용의 서신은 신의를 말하되 신의를 알지 못하고 언행이 정반대인 조선 정계의 현실을 그대로 드러내고 있다. 이씨李氏 건국 5백 년 이래 불법佛法을 폐하고 유교를 지키도록 했는데, 말할 때는 가장 아름답게, 행동할 때는 가장 나쁘게, 생각할 때는 가장 추하고 기이한 발상을 동원하는 유교 중독증으로는 나라를 구할 수 없다.

오늘날 문명의 문에 들어가 독립해야 한다고 운운하지만 이노우에 공사의 설득에 따라 입에 담을 뿐이다. 공사의 손이 느슨해지면 바로 유교 독소의 폐해가 나타날 것이다. 그렇게 되면 이노우에 공사는 아무 일도 할 수 없게 된다. 마차를 몰듯이 박차를 가하고 나라 안에 재능이 둔한 사람밖에 없을 경우, 가까운 사람을 조종해 나아가면 유독儒毒을 벗어나 문명의 문으로 들어가는 자도 있게 된다. 오로지 공사의 끈기 있는 인내를 빈다.

사설에 인용한 한 친구는 내무협판協辦(차관)으로 있던 유길준을 가리킨다. 유길준은 1894년 12월 28일 후쿠자와에게 편지를 띄웠다. 따라서 글 가운데 '총사퇴'란 12월 17일의 개각 소동을 말한다. 또 노老정객은 김홍집과 어윤중 등이며 신진은 김가진과 유길준 등을 가리키고 있다. 이들이 서로 반목하고 있는 데다 내각에 들어간 박·서는 지지기반이 없어 2개월 반이 지나도 조선 정계 지도는 조금도 바뀌지 않았다.

한편 일본은 전쟁에 이기고도 러·독·프 삼국의 권고를 받아들여 요동 영유를 포기하고 1895년 5월 8일 청나라와 강화조약을 맺었다. 후쿠자와는 5월 14일자 사설 〈평화조약의 발표〉에서 "세상 사람은 10인 10색으로 불평하는 자도 많지만, 인내하기 힘든 굴욕을 인내하고 참을 수 없는 부끄러움을 참으며 국력을 증진시키는 일 뿐"이라고 강조했다.

7. 조선 지식인과 후쿠자와

'문명개화'를 주제로 한 후쿠자와의 언설은 조선의 일부 개화 지식인들에게 참으로 많은 영향을 끼쳤다. 조선의 개화운동에 도움을 준 순기능도 있었지만, 조선을 멸시하고 비하함으로써 조선인들에게 열등감을 갖게 하는 등 역기능 또한 컸다. 더욱이 일제의 한국병탄 이후에는 '조선이 일본의 식민지가 되는 편이 조선인을 위해 오히려 행복한 일'이라는 패배의식을 심는 데 그의 주장이 결정적 구실을 했다고 일본 학계는 분석한다.

조선의 개화파 인사들이 후쿠자와의 업적을 찬양하고 흠모하는 정분은 스승과 제자 사이의 도리로 어느 정도 이해할 수 있다. 그에게 직접 배우고 지원도 받았기 때문이다. 하지만 일제 식민지 시대 이른바 민족의 선각자라는 사람들까지도 조선과 중국 지배에 무게가 실린 아시아 침략론에 동조한 언행은 두고두고 생각해볼 일이다.

개화파 인사들 가운데 후쿠자와의 열렬한 팬으로는 김옥균·박영효·서광범·이동인·유길준·유정수·서재필·윤치호 등을 꼽을 수 있다. 또 식민지 시대 인물로는 최남선과 이광수가 대표적이다. 친일 문제 연구가들이 이동인을 친일파의 원조元祖로 지목하고 개화파 인사들을 제1기 친일파로 여기는 까닭도 바로 이런 데서 비롯되고 있다. 친일 문제 연구가들에 따르면 이들 말고도 이완용·송병준 등 매국노와 이강·이준용·이인직·주요한·양주삼·박흥식 등 일제강점기 황국신민화운동에 앞장서거나 부역한 사람들도 후쿠자와 사상이 담긴 아시아 지배 논리를 몰랐을 리 없다고 단언한다. 물론 이들이 문명론으로 포장된 조선과 중국 지배의 침략론을 제대로 파악하고도 어쩔 수 없이 대세론을 따랐는지 분명하게 밝힌 자료는 없다. 그러나 《서유견문西遊見聞》을 쓴 유길준과 〈민족개조론〉을 남긴 이광수에게 후쿠자와의 영향이 얼마나 막대했는지 그 위력은 확인할 수 있다.

후쿠자와는 유길준의 스승이었다. 따라서 유길준이 후쿠자와 사상에 깊이 빠지게 된 것은 어쩌면 당연한 일인지도 모른다. 앞서 설명한 대로 유길준은 1881년 5월 25세 때 신사유람단의 한사람으로 일본에 갔다가 그해 6월 8일 유정수와 함께 후쿠자와가 운영하던 게이오기주쿠에 입학했다. 그는 조선인 가운데 첫 해외 유학생이자 게이오기주쿠에서도 처음 받아들인 외국인이었다. 유길준은 후쿠자와 집에서 5개월 동안 기숙하면서 일본말과 풍습을 익혔다고 한다.

유길준은 머리가 참으로 비상했다. 그는 게이오기주쿠에 입학한 지 두 달 만에 일본어로 이야기하고 책을 읽는 데 조금도 불편함이 없었다고 한다. 10여 개월 뒤에는 《지지신보》에 일본어로 〈신문의 기분〉이라는 제목의 글을 기고하여 조금도 고치지 않고 그대로 활자화할 정도였다고 전해지고 있다. 그만큼 일본어가 완벽했다는 이야기이다.

유길준은 책을 쓰기로 마음먹은 지 14년 만인 1895년에 《서유견문》을 펴냈는데, 이는 1885년부터 백록동白鹿洞에서 유폐생활을 하면서 쓴 것이다. 1883년 7월 견미遺美 사절단 수행원으로 미국에 갔다가 매사추세츠 주의 덤머 아카데미 Dummer Academy에서 유학한 그는 1885년 미국에서 돌아오자마자 체포되어 감옥에 갇혔다. 《서유견문》 원고는 1887년부터 쓰기 시작하여 1년 반 만에 완성했으나, 국사범의 처지에서 바로 출판하지 못하고 6년 뒤 복권을 계기로 빛을 보게 되었다. 후쿠자와의 《서양사정》이 완간된 지 꼭 25년 뒤의 일이다.

《서유견문西遊見聞》을 쓰고
국민 계몽에 앞장 선 유길준

《서유견문》이 나옴으로써 서양 사정이 국내에 구체적으로 알려지기 시작하여 집권층의 세계관이 바뀌게 되었다. 그러나 일본에 견주면 그만큼 늦은 셈이다.

이미 잘 알려져 있듯이 《서유견문》은 조선왕조 말 개화사상을 집대성한 명저로 우리나라 최초의 근대적 인쇄본이자 국·한문 병용서이다. 인쇄는 일본에서 해왔다. 모두 20편으로 지리·역사·정치·교육·법률·행정·경제·사회·군사·풍속·과학기술·학문 등을 폭넓게 다루고 있다. 서양 여러 나라의 사정도 단순히 실상만을 소개하지 않고 나름대로 조선의 현실과 비교하며 비평을 가하고 있다. 한 가지 아쉬움은 후쿠자와의 《서양사정》보다 25년 뒤에 책을 내면서도 《서양사정》을 그대로 모방한 점이다. 3편에서 20편까지 절반가량은 《서양사정》을 그대로 옮겨놓은 듯한 인상이다. 그 가운데 17편 〈빈원貧院〉에서부터 20편 〈서양 여러 나라의 대도회大都會〉편은 더욱 닮았다. 이는 유길준이 후쿠자와에게 얼마나 많은 영향을 받았는가를 여실히 보여주는 대목이기도 하다. 유길준은 사회발전 단계를 '미개·반개·개화'의 3단계로 나누어 설명하고 있다. 이는 야만과 문명이라는 말을 미개와 개화로 바꾸었을 뿐 후쿠자와의 지론을 답습했다고 해도 틀린 말이 아닐 것이다. 물론 후쿠자와의 이론을 더 발전시킨 점도 적지 않다. 개화에는 자기 나라의 실정에 맞

유길준의 《서유견문西遊見聞》 표지

게 문화를 받아들이는 '실상實狀개화'와 맹목적으로 받아들이는 '허명虛名개화'의 두 가지가 있다는 설명은 그 한 예이다.

유길준은 일본 유학 당시 후쿠자와의 《서양사정》을 읽고 《서유견문》을 쓰기로 작정했다고 한다(유동준 《俞吉濬傳》 참조). 1894~1895년 개혁사업을 주도하기도 했던 그는 1907년 전후 12년 동안의 망명생활을 청산하고 일본에서 돌아왔다. 그때 순종은 유길준을 특진관으로 임명했으나, 그는 모든 품계를 버리고 평민으로 돌아가 한 사람의 국민으로서 책임을 다하겠다는 상소문과 함께 정계에서 물러났다고 한다. 이 역시 후쿠자와가 메이지 정부의 부름을 마다하고 스스로 평민의 신분으로 돌아간 거취 결정과 닮은꼴이다.

후쿠자와에 대한 흠모의 열정은 많은 소설과 논설 등으로 우리 민족에게 커다란 영향을 끼친 이광수가 훨씬 더하다. 한마디로 그는 후쿠자와에게 푹 빠진 사람이다. 아니 후쿠자와가 이광수의 정신세

도쿄 아자부 젠부쿠지善福寺에 있는 후쿠자와 유키지 묘비

계를 지배하고 있었다고 해도 지나친 말이 아니다. 그는 후쿠자와를 '일본에 복을 주기 위해 하늘이 내린 위인'이라고 극찬하고 있다. 이광수는 도쿄 유학 시절 후쿠자와 묘를 참배하고 참배기 〈후쿠자와 유키치福澤諭吉의 묘墓를 배拜함〉을 남기기도 했다. '하늘이 내린 위인'이라는 말은 이 참배기에 담겨 있다. 참고로 참배기 일부를 원문 그대로 옮겨보면 다음과 같다.

…… 일본이 아직 국國을 쇄鎖하고 구舊를 수守하던 60년 전에 형형형형烱烱한 그의 안광眼光은 조부히 세계의 대세를 찰察하여 일본도 세계에 존재를 향享하고 웅비雄飛를 기하려면 발발潑潑한 태서泰西의 신문화로써 침체한 구사상 구제도를 대代하여야 할 줄을 확신確信하고 단연斷然히 지志를 결決하고 구주만유歐洲漫遊의 도途에 등登하니 소견所見 소문所聞이 거개擧皆 신新하고 장壯하고 명明한 지라.……

그는 피지彼地의 일사일물一事一物을 정미精微하게 연구하고 서양문명의 원류와 핵심을 예민하게 구핵究覈하여 만복만광滿腹滿筐의 신사상 신경륜을 포抱하고 아직도 춘몽春夢을 미각未覺한 고국故國에 귀歸하다. 일국의 문화를 연구하려 하여도 십수 년 적공積功을 요하거늘 전혀 구문명과 인연도 무無하던 이문명異文明을 여사如斯히 단기간의 만유漫遊에 완전히 이해한 그의 천품天稟과 적력積力은 과연 절윤絕倫하다 하려니와 천天이 일본을 복福하려 하시매 여사如斯한 위인偉人을 하下하였다.

이광수의 극찬은 이에 그치지 않는다.

실로 일본서 최초의 연설을 한 자가 그이고, 최초의 신식학교를 입

立한 자가 그이니, 그의 게이오의숙慶應義塾이 재在한 미타三田 산상山
上의 일 와실蝸室에서 수십 명의 청년을 솔率하고 신지식을 강講하여
서 일본 신문명 전파의 사도使徒를 득得하려 하니, 차此가 즉 금일 5
천~6천 명의 대학생을 유有한 게이오의숙의 전신이라.

이광수의 후쿠자와 묘소 참배기를 읽다보면 이광수가 마치 일본
사람 같은 착각을 느끼게 된다. 온갖 미사여구를 총동원하여 그의
업적을 기리고 있기 때문이다.

오호嗚呼라. 다 같은 오척五尺 일신一身으로 일국 문화의 대 은인이
된 그의 공이여, 위偉하도다. 여余는 묘전墓前에서 수首를 저低하고 망
연자실茫然自失하였다가 다시 안眼을 거擧하여 묘비를 향하니 흠경欽
敬의 정이 우신尤新이라. 감개무량하여 묵연黙然 저회低回할 새 사승寺
僧이 여등余等 일행을 출영出迎하거늘, 여등은 조선인이라 여등도 장
차 조선문화에 미력을 보補하려 하며, 그의 덕을 흠모하여 내배來拜
함이로다 하고 잉仍하여 여余는 여차한 국민적 대 은인의 묘를 여차
히 초라하게 함은 하고何故인고 문問하였다.
사승寺僧이 소왈笑曰, 군등君等은 그의 성격을 미해未解하는가. 묘소
를 약시若是히 검소하게 함은 그의 유훈遺訓이라. 평생에 그는 평민으
로 자처하여 영예로운 작위를 고사하고, 부귀와 빈천貧賤을 계급적으
로 구별함이 무無하여 전부田夫 야인野人을 대하되 평교平交와 여如하
니, 임종臨終에 유훈이 장의와 수묘修墓를 일 평민과 여如히 하라 한
지라, 후인後人이 감히 그의 유훈을 위역違逆치 못한다 하거늘 여余는
여차한 질문을 발한 것을 수치羞恥히 여기고 경更히 묘를 향하여 일
배一拜하였다.……

그가 비록 차세此世에 부재不在하시나 그의 유遺한 덕德과 입立한 언言이 천추千秋에 그의 최애最愛하는 일본 국민의 감사하는 도사導師가 되고 친우親友가 되리니, 그의 생명은 그의 조국의 영원함과 동同히 영원하고 그의 조국의 영광됨과 공共히 영광되리로다. 그의 영이 존存하실진대 금일 그의 묘전墓前에 공배恭拜하는 여등余等 삼三 청년에게도 고명高明한 지교指敎를 수授할지어다. 인기因記하노니 그의 법명法名은 독립자존獨立自存이요, 천보天保 5년 2월 12일 생, 어於 오사카大阪 메이지明治 34년 2월 3일 몰歿, 어於 도쿄東京라 하였더라.

이광수는 평소 자신을 '조선의 후쿠자와'라고 자부했던 것으로 전해지고 있다. 이는 이광수의 글에서도 쉽게 느낄 수 있다. 이광수는 후쿠자와보다 57년 뒤에 태어나 시대는 달랐지만, 서로 닮은 점이 적지 않은 것은 사실이다. 먼저 두 사람은 신문기자로 이름을 날렸다. 이미 설명한 대로 후쿠자와는 《지지신보》의 고문 겸 주필로 사설을 전담했으며, 이광수는 상하이 임시정부 《독립신문》의 사장과 《동아일보》 편집국장을 지냈다. 그들은 모두 둘째가라면 서러워할 정도로 대 문장가였다. 또 머리가 뛰어났던 점도 잘 알려진 사실이다. 이광수는 일제강점기 홍명희·최남선

후쿠자와 사상에 푹 빠진 이광수

과 함께 조선의 3대 천재로 손꼽힐 정도였다고 한다. 시의에 잘 영합하고 임기응변에 능하며 지조志操가 곧지 못하다는 점도 빼닮았다. 열렬한 민권론자에서 국권론자가 된 후쿠자와와 독립운동에 가담했다가 친일노선으로 전락한 이광수의 변신을 좋은 예로 들 수 있다. 여성의 지위 향상에 관심을 갖고 조혼의 폐습을 없애는 데 힘쓴 발자취도 공통점이다.

그러나 다른 점은 후쿠자와는 정권이 아니라 국익을 위해 힘쓴 데 견주어 이광수는 민족과 국익을 버리고 일본 제국주의 정권을 위해 헌신했다는 사실이다. 이와 함께 후쿠자와의 주장은 공격적이었으나 이광수의 논리는 방어적이었다는 점도 대조적이다. 따라서 이광수의 〈민족개조론〉에는 후쿠자와의 주장이 짙게 배어 있다. 무엇보다 우리 민족의 열등성을 강조하고 독립이 불가능하다고 역설한 대목은 후쿠자와의 지론을 그대로 옮긴 듯한 느낌이다. 그리고 독립운동 따위로는 절대로 독립을 쟁취할 수 없으며, 민족성 개조만이 뜻을 이룰 수 있다고 내세우고 있다. 민족개조도 빨라야 10년, 늦으면 30년 이상 걸린다고 전망했다.

〈민족개조론〉은 3·1운동이 일어난 지 2년 만인 1921년에 쓴 글이다. 이 글은 그 이듬해 5월 《개벽開闢》에 실렸다. 2백 자 원고지 3백 장 안팎의 꽤 긴 글이다. 이광수의 주장을 읽어보면 수긍할 대목이 없진 않지만, 대체로 일제강점기 상황에서 민족 장래를 어둡게 보는 패배주의에 젖어 있는 것이 특징이다. 그는 이 글에서 우리 민족은 게으르고 믿을 수 없으며, 거짓이 많은 데다 사회성도 부족하다고 비판하고 있다. 그러면서 조선 민족이 쇠퇴한 근본 원인을 타락한 민족성에서 찾고 있다. 그의 주장을 옮겨보면 이렇다.

‘조선 민족의 쇠퇴의 책임은 그 치자治者계급 – 즉 국왕과 양반에게 있다’함일 것이외다. 과연 조선에는 적어도 삼백 년 이래로는 엄연히 치자계급이란 것이 있었습니다. 국왕과 양반, 일인의 국왕과 혹은 동서인東西人, 혹은 노소론老少論하는 전 민중의 몇 백분지 일에 불과한 소수계급이 세습적으로 정치와 교화를 분담하여 왔으니, 전 민족을 쇠퇴케 한 직접의 책죄責罪가 그네에게 있는 것은 사실이외다. 더욱이 인국隣國의 치자治者계급이 서양의 신문명을 수입하여 대경장大更張을 행할 때 그 인국의 권유와 원조가 있음에도 불구하고 때맞추어 유신의 원도遠圖를 행하지 못함으로써, 전 민족으로 하여금 철천徹天의 한을 품게 한 것은 그네의 죄 중에도 가장 큰 죄라 할 것이외다.

하지마는 한 걸음 더 내켜 생각하면 이 역시 전 민족의 책임이요, 또 한걸음 더 내켜 생각하면 이 역시 민족의 소사所使외다. 만일 영인英人같은 자유를 좋아하는 정신이 있고 불인佛人같은 평등을 좋아하는 정신이 있다 하면 결코 신임치 못한 치자계급을 두지 아니하였을 것이외다. 또 치자계급인 그네에게도 자유·평등·사회성·진취성이 있었다 하면 결코 조선 민족을 이렇게 못되게 만들지는 아니하였을 것이외다. 치자이던 양반이나, 피치자이던 일반 민중이나 그가 가진 타락한 민족의 희생이 되기에는 마찬가지 조선 민족이외다. 만일 민족성을 타락하게 한 책임이 치자계급에 있다 하여 그네를 책망할진대, 그러한 치자계급을 존속케 한 책임이 또한 일반 민중에 있다하여 또 그네를 책망하게 될 것이외다. 그러므로 치자계급이던 양반에게 민족을 쇠퇴케 한 직접의 책임을 지우더라도 별수 없는 일이오. 요컨대 조선 민족의 쇠퇴의 근본 원인은 타락된 민족성에 있다 할 것이외다.

이광수가 이 글에서 지적한 '인국의 권유와 원조'는 후쿠자와의 지원을 뜻한다. 이광수는 민족을 쇠퇴케 한 지배자의 악정을 고치지 못한 원인을 첫째, 나태하여 실행할 정신이 없고, 둘째, 겁나怯懦하여 실행할 용기가 없고, 셋째, 신의와 사회성의 결핍으로 동지同志의 공고한 단결을 얻지 못한 까닭이라고 나름대로 분석했다.

이광수가 메이지유신을 일본 민족의 개조운동으로 높이 평가한 것과 달리 갑신정변을 준비 없는 모반으로 낮추어 본 관점도 특기할 만하다. 그는 "메이지텐노明治天皇를 중심으로 기도 다카요시木戸孝允·오쿠보 도시미치大久保利通·사이고 다카모리西鄕隆盛·이토 히로부미伊藤博文·오쿠마 시게노부大隈重信 같은 모든 정치가, 후쿠자와·모리 아리노리森有禮·니지마 조新島襄 같은 신사상가 교육자, 가토 히로유키加藤弘之·이노우에 데쓰지로井上哲次郎·미야케 세쓰레이三宅雪嶺·도쿠토미 소호德富蘇峰·다카야마 쵸규高山樗牛 같은 여러 사상가 학자, 쓰보우치 쇼요坪內逍遙 같은 문사文士, 시부사와 에이이치澁澤榮一 같은 실업가, 기타 무릇 신일본을 건설하기에 노력한 유력무명의 무수한 일꾼이 모두 5개조의 서문誓文과 교육칙어를 종지宗旨로 한 단체의 단원이라고 볼 수 있는 것"이라고 지적하고 "비록 어떤 특정한 명칭을 갖지 않았지만, 그 중심인물이 마침 국가의 주권자였기 때문에 대일본제국이라는 국가의 명칭 아래 민족개조의 사업을 진행하였고, 그 뜻이 같고 중심인물을 통하여 나오는 명령에 복종하여 조직적으로 민족개조의 대사업을 경영한 점으로 보아 단체사업이라고 할 수 있다"고 분석했다.

이와 달리 갑신정변에 대해서는 "설령 김옥균·박영효 일파가 정권을 장악하는 데 성공했다 하더라도, 그 이상理想은 일부분도 실현하지 못하고 삼일천하로 끝나고 말았을 것"이라고 단언하고 있다.

준비 없이 단행한 무모한 정변이었기 때문이라는 설명이다.

이광수가 청일전쟁 결과 조선이 완전한 독립국이 되었다고 말한 부분도 후쿠자와의 주장을 그대로 인용한 셈이다. 독립에 대한 이광수의 생각은 지금 다시 읽어도 충격적이다.

강화회의나, 국제연맹이나, 태평양회의는 조선인의 생활개선에는 아무 관계가 없는 것이외다. 설사設使 일조선인一朝鮮人의 생활이 정치적 독립에 달렸다 하더라도 그 정치적 독립을 국제연맹이나 태평양회의가 소포우편으로 부송付送할 것이 아니외다. 정치적 독립은 일종의 법률상 수속이니, 이는 독립의 실력이 있고 시세時勢가 있는 때에 일종의 국제상 수속으로 승인되는 것이지 운동으로만 될 것은 아니외다. 우리는 과거 쓰라린 경험으로 이 귀한 진리를 깨달았습니다.

우리는 다시 구원救援을 우리 밖에서 구하는 우愚를 반복하지 아니할 것이요, 우리는 목적을 요행에서 달達하려는 치穉를 반복하지 아니할 것이외다. 이제부터 우리가 근본적으로 할 일은 정경正經 대도大道를 취한 민족개조요, 실력양성이외다. 조선인이 각 개인으로 또 일민족으로 문명한 생활을 경영할 만한 실력을 가지게 된 후에야 비로소 그네의 운명을 그네의 의견대로 결정할 자력과 능력이 생길 것이니, 그 때에야 동화同化를 하거나, 자치를 하거나, 독립을 하거나, 또 세계적 의의를 가진 대혁명을 하거나, 그네의 의견대로 자처할 것이외다.

그러므로 조선인의 명운命運개선에는 결코 민족개조를 제除한 외에 아무 지름길도 없는 것이외다. 다시 말하면 유일한 지름길이 곧 민족개조이외다. 부질없이 다른 요행의 지름길을 찾다가는 한갓 세월만 더 허비하고 힘만 더 소비할 것이외다. 언제까지나 우리는 이 유치하고 못생긴 '요행饒倖'을 바라는 생각을 버리지 아니할 것인가.

이광수는 이처럼 민족개조를 소리 높여 외치면서도 결국 비관적으로 끝을 맺고 있다.

이 밖에 최남선이 《조선 역사》를 통해 우리 민족은 독립할 능력이 없음을 보여주려 했던 점도 후쿠자와 사상의 영향으로 알려지고 있다. 최남선은 "우리 민족은 응집성과 결집력이 부족하다. 공적인 양심과 용기가 결핍되어 있다. 질서와 조직성이 부족하다. 뇌동雷同적이고 무관심하다. 당론파쟁黨論派爭적이다. 그래서 조선 역사의 칠할은 내분의 기록이다"라고 비판하고 있다(《인물로 보는 친일파 역사》 참조).

이처럼 조선 지식층에 침투된 후쿠자와 사상은 일제의 한국병탄 뒤 조선 지식인들이 일제의 식민지 황민화 동화정책에 동원됨으로써 결국 민족정기를 흐리는 마약으로 작용한 셈이다. 후쿠자와 사상의 적폐積弊는 이에 그치지 않고, 오늘날 우리 사회에 그에 대한 장점만 부각되면서 치욕의 역사를 희석시키는 효소로 작용하고 있다고, 뜻있는 학자들은 입을 모으고 있다. 정명환(전 서울대 교수)은 《한국 작가와 지성》에서 "우리가 후쿠자와의 소론을 통해 서양사상을 받아들임으로써, 일본이 자의로 해석·수용한 서양사상을 받아들이는 제2차 굴절현상을 일으켜 서로의 전통과 상황에 심각한 뒤틀림 현상을 가져왔다"고 비판했다.

제2장

사건으로 본
후쿠자와의 조선관

강화도사건과 후쿠자와
임오군란과 후쿠자와
제물포조약과 후쿠자와
명성황후 시해와 후쿠자와
대한제국 성립, 의화단사건과 후쿠자와

강화도사건과 후쿠자와

앞에서 이미 설명한 것처럼 후쿠자와는 실로 헤아릴 수 없을 만큼 많은 글을 남겼다. 그가 《지지신보》에 조선과 중국에 관해 쓴 1천5백여 편의 논설은 가히 초인적이다. 따라서 그의 글을 따라가다 보면 당시 조선의 상황과 조선에 대한 그의 인식, 국가관 등을 한눈에 볼 수 있다. 이와 함께 시간이 흐르면서 그의 논리가 어떻게 변화되었는지에 대해서도 바로 알아볼 수 있다. 후쿠자와의 초기 조선론朝鮮論은 주로 조선의 문명화, 곧 독립 문제에 초점이 맞춰져 있다. 그러나 주장의 목적은 조선이 아니라 어디까지나 일본의 이익을 도모하는 데 있었다. 다시 말하면 후쿠자와는 조선 문제를 논함으로써 일본 정부에 구체적인 대안을 제시해 결국 '메이지 정권' 항로에 커다란 영향을 끼쳤다. 조선에 주둔군 파견, 전신 가설, 일본 투자에 따른 철도 건설과 광산 개발, 조선 정부에 재정차관 공여 등 어느 것 하나 후쿠자와의 생각이 들어가 있지 않는 것이 없다. 이들 문제는 모두 일본 정부의 실행에 앞서 후쿠자와가 먼저 논설로 제안한 시책들이다.

그 가운데서도 후쿠자와가 임오군란 뒤 제창한 '국무감독관國務監督官'은 청일전쟁(1894~1895) 중에 이노우에 가오루가 조선의 내정개혁을 지원한다는 구실로 조선에 건너와 맡음으로써 그 기능을 발휘하기 시작했다. 그 뒤 일본이 러일전쟁(1904~1905)에 승리하자 국무감독관은 '한국통감'이란 정식 이름으로 이토 히로부미가 맡았고, 이토 암살(1909년) 뒤에는 한국 국권피탈과 함께 '조선총독'으로 자리를 굳혔다. 이 직책은 집권 세력이 바뀌면서 명칭은 달라졌지만, 우리가 잘 알고 있듯이 일본 패전 전까지 '조선식민화의 상징'으로 악명을 날리게 되었다. 〈탈아론〉을 비롯한 후쿠자와의 논설이 아시아 침략론이라는 평가도 이런 데서 비롯되고 있다.

후쿠자와가 최초로 신문에 거론한 조선 문제는 강화도사건이다. 그 이전에도 《문명론의 개략》 등에서 조선을 들먹인 적은 있지만, 사건을 직접 논제로 하고 있다는 점에서 성격이 다르다. 잘 알려져 있듯이 강화도사건이란 1875년 9월 20일 조선 해안경비대가 강화도 인근 우리 영해를 침범한 일본 해군함 운요마루雲揚丸에 포격을 가해 격퇴한 사건을 말한다. 일명 '운양호사건'이라고도 일컫는다. 사건은 일본 측의 계산된 도발이었다.

당시 쇄국정책을 고집하는 조선의 연안에는 국교를 요구하는 영국·프랑스·미국 등 구미 여러 나라의 군함과 무역선이 몰려와 문호개방을 요구하며 수로水路 측량을 핑계로 정탐활동을 하고 있었다. 일본 해군도 부산에 있던 일본 공관의 요청에 따라 조선 연안에 대한 정탐활동을 하게 되었는데 이는 메이지유신 뒤 국교 재개를 거절하는 조선 정부에 위협을 가하기 위한 목적이었다. 부산항에 나타난 운요마루 등은 소기의 목적인 '시위효과'를 거둔 뒤 동해안 정탐활동을 마치고 1875년 7월 초순 일단 귀국했다. 그러나 운요마루는 곧이어 '조선 동남서해안으로부터 청나라 요하 입구에 이르기까지 항해하라'는 제2차 지령을 받고, 그해 9월 초순 나가사키를 출발하여 우리나라 서해안을 항해하던 가운데 강화도에서 사건을 일으켰다. 운요마루 함장은 그때 "조선 측이 수로를 안내하지 않아 보트를 내려 음료수를 구하려고 섬으로 접근하자 갑자기 포격을 가했다"고 일본 정부에 보고했다. 물론 이는 변명일 뿐이고, 그 이면에는 피해를 구실로 조선의 문호를 열게 하려는 속셈이 깔려 있었다. 그때 강화도는 조선의 수도방위 요충지로 경계가 어느 곳보다 삼엄했다. 섬 주위에는 외적의 침입에 대비해 9개의 포대가 있었는데, 운요마루는 초지진草芝鎭에서 포격을 당했다.

운양호사건에 앞서 일어난 병인양요(1866년)와 신미양요(1871년)도 강화도를 무대로 펼쳐졌다. 병인양요는 1866년 3월 조선에 몰래 들어와 포교활동을 하던 프랑스 신부 시메옹 프랑수와 베르뇌Siméon François Berneux 등 9명이 처형됨에 따라 일어났다. 프랑스는 그해 가을 두 번에 걸쳐 여러 척의 함대를 파견하여 한강을 봉쇄했으나, 상류로는 항해가 어려워 공격을 단념하고 점거했던 강화도도 정족산鼎足山을 공략하지 못해 하는 수 없이 물러났다. 국교 교섭은 말할 나위도 없고 신부 살해 책임도 묻지 못했다.

같은 해 미국 상선 제너럴셔먼호가 대동강을 오르다가 불에 탄 사건이 발생했다. 미국은 소식이 끊긴 셔먼호를 찾기 위해 다음 해와 그 다음 해(1868) 군함 한 척을 파견했지만 진상을 규명하지 못했다. 이 때문에 1871년 5월 군함 5척을 동원하여 강화도 포대를 점령했으나 조선은 끝까지 사건 교섭을 거절하여, 결국 미군 함대는 중국 산둥山東반도의 즈푸芝罘 항으로 물러날 수밖에 없었다. 그때 이 서양 함대들을 물리친 흥선대원군(1820~1898)이 이를 기념하여 전국 곳곳에 척화비斥和碑를 세우도록 한 일은 너무나 유명한 이야기이다.

포격을 받고 나가사키로 퇴각한 운요마루는 1875년 9월 28일 밤 7시쯤 도쿄로 이 사실을 타전했다.《도쿄니치니치신문》은 9월 30일자에 논평 없이 이 사실을 보도했다. 그러나《유빈호치신문郵便報知新聞》은 사건 확인 절차를 거쳐 10월 2일자에 〈조선 사건은 이제 자신만만한 우리 간담을 서늘하게 하는 형세가 되고 있다〉고 전했다.《유빈호치신문》은 "일본 정부가 조선 정부에 근해 측량을 통보하지 않고 강화만에 배를 입항시키면 조선 정부의 반격은 자명한데 우리 측량선이 멋대로 들어가 이런 사태에 이르게 되었다"라면서, "조선의 반격은 당연하고 잘못은 일본 측에 있다"고 질책했다. 또 이 신문은 일본 정부가 군함을 수리하여 병사를 조선으로 수송하려 한다는 '항설'이 있다며, 사태가 긴박한 지금 조선 출병을 반대한다는 입장을 밝혔다. 때마침 일본에는 '정한론'이 대두되어 찬반양론이 뜨겁게 일고 있었다. 그러한 상황에서 발생한 운양호사건은 정한론에 기름을 붓는 꼴이었다.《유빈호치신문》은 처음부터 정한론에 대해 부정적인 시각이었다.

그로부터 5일 뒤《유빈호치신문》에 실린 후쿠자와의 주장 〈아시아 제국諸國과의 화전和戰은 우리 영욕榮辱에 관계없다는 설說〉(1875년 10월 7일자)은 신문지상 논전論戰으로 1개월가량 계속되었다. 후쿠자와가 운양호사건과 관련해 정한론을 어떻게 인식했을까. 앞에서도 잠시 소개했지만 그의 주장을 들어보기로 하자.

일본이 아직 진정한 개화의 독립국이라고 말할 수 없는 까닭은 '학문의 우열, 상업의 성부盛否, 나라의 빈부, 병사의 강약'이 구미 여러 나라에 미치지 못하기 때문이지, 아시아 나라들에 견주어 떨어지기 때문이 아니다. 따라서 아시아 나라에 이기더라도 뭔가 명예스럽지 못하고 오히려 나라 독립에 해로운 점이 있다. 전년前年의 타이완 출병은 구미 인민에 대해 국위를 빛낸 것일까. 수백만 엔의 군비만 축냈을 뿐이다. 우리나라의 외채는 1천5백만 엔이며 원리元利와 함께 매년 2백만 엔씩 20년 동안 상환하면 4천만 엔에 이른다. 군비를 외채를 갚는 데 쓴다면 우리나라 국민의 부담을 덜어주어 독립에 일조를 하게 된다. 필자는 앞서 《문명론의 개략》에서 거함대포巨艦大砲로 거함대포를 대적할 수는 있지만 외채를 대적할 수는 없다고 지적한 바 있다. 최근 항간에는 정한征韓의 이야기가 있다. 야만 상태인 조선인이 우리에게 무례를 범한 것은 사실이다. 도리를 이야기하여 풀 수 없는 상대라면 정벌하는 것밖에 도리가 없다는 말도 있지만, 나라를 사랑하고 충성을 다하기 위해서는 마음을 가라앉히고 영원한 이해를 살피는 것이 가장 중요하다.

'조선 교제의 이해'를 논하려면 그 국체를 관찰해야만 한다. 조선은 아시아 가운데 '하나의 작은 야만국〔一小野蠻國〕'으로 문명은 아직도 멀어 일본에 미치지 못한다. 무역을 해서 이익이 없고 통신을 해서 얻을 것이 없으며 학문도 병력도 하잘것없다. 한 예로 조선이 일본의 속국이 되어도 우리가 기뻐하기에는 부족하다. 그 이유는 일본이 구미 여러 나라를 앞서는 세를 얻을 수 없다면 진정한 독립이라고 말할 수 없기 때문이다. 정한론자는 말한다. "싸움은 바람직하지 않더라도 이미 양국 사이에 틈이 생긴 이상 우리의 영욕을 위해 버려둘 수 없으며, 돈 때문에 대의명분에 잘못을 해서는 안 된다"고. 절실한 말이지만 일본은 '부모의 병과도 같은 구미 교제'에 어려움을 겪고 있다. 가내 평온을 필요로 할 때 외부의 소동에 말려들 필요는 없다. 지금 조선인의 무례는 문외한의 싸움처럼 여겨 술값 팁을 주어 조용히 그치는 게 지당하며 나라 영욕과는 관계가 없다.

나아가 정한론자는 조선이 목적이 아니라 조선을 시작으로 다음은 중국으로 뻗어 중국의 부富를 취함으로써 오늘의 비용을 보상받을 수 있다고 주장한다. 말은 그럴 듯하지만 중국은 '구미 여러 나라 사람들의 전원田園'이다. 전원을 유린당해도 방치하는 자가 있을까. 스스로의 이익을 위해 반드시 구출 작전에 나설 것이다. 또 정한론은 인심에 싹이 튼 지 오래여서 그 기염이 타이완 출병을 일으키고, 그 여력이 소멸되지 않고 오늘의 사태에 이르게 된 것이다. 보기 좋은 기세로 고인 물을 흐르게 하는 권도權道로 세勢가 여기에 이르면 어쩔 수 없게 된다고 한다. 이것은 정한征韓의 잘못을 알고 독립에 해가 된다는 사실을 아는 이상 세에 쫓겨 졸속을 행함과 마찬가지로 나머지가 동의하지 않는 점이다. 정한론이라고 해서 하늘에서 내려와 땅에서 생긴 것이 아니다. 일본국의 이익을 생각하는 사람의 입으로부터 나온 말이다. 다만 소견이 얕아 방향을 잘못짚고 있을 뿐. 그 사람의 마음으로 방향을 바로 잡으면 정한론은 즉시 그만두어야 한다.

후쿠자와의 지론은 1단계로 나라의 독립을 지키는 조건을 정리하고 2단계로 조선의 현상을 규정하며 3단계로 정한론을 세 가지 이유를 들어 반박하고 있다. 당시 일본신문 가운데 《도쿄니치니치신문》, 《유빈호치신문》, 《초야朝野》 등 세 개 신문이 정한론을 반대하고, 《도쿄아케보노신문東京曙新聞》, 《요코하마마이니치신문橫浜每日新聞》 등은 찬성 쪽이었다. 후쿠자와가 《유빈호치신문》에 글을 기고한 연유는 이 신문에 후지타 모키치藤田茂吉를 비롯한 게이오기주쿠 출신들이 많이 모여 있었기 때문으로 추측되고 있다. 논쟁은 그해 10월 말 묘당廟堂에서 불만을 품고 있던 참의參議 사이고 다카모리西鄕隆盛와 이타가키 다이스케板垣退助 등 정한파가 사임함으로써 종식

됐다.

　정한론은 신생 일본의 근대 신문이 외교 문제를 둘러싸고 벌인 최초의 논쟁이기도 하다. 강화도사건은 후쿠자와가 거의 1년 동안 집필에 몰두한 계몽서 《문명론의 개략》이 출간되자마자 일어났다. 후쿠자와 주장에서 알 수 있듯이, 당시 일본은 근대국가의 기본 구조가 아직 다져지지 않아 나라 자체가 흔들리는 상태였다. 그러한 상황에서 그가 '조선 정벌은 중지되어야 한다'며 정한론을 극구 반대한 이유도 조선을 위해서가 아니라 자국의 이익 때문이었다.

　한편 조선과 메이지 정권 사이에 전운이 감돌았던 운양호사건은 1876년 2월 27일 강화부江華府 서문 옆에 있던 연무당練武堂에서 조약이 체결됨에 따라 일단락되었다. 일본 측은 이에 앞서 2월 초순 구로다 기요타카黑田淸隆와 이노우에 가오루를 정부正副 전권대사로 임명하고 강제 국교 교섭에 나섰다. 이들은 현장에 있던 군함을 비롯한 여러 척의 함대를 이끌고 부산항에 들어와 위세를 과시한 다음 인천항으로 향했다. 회담은 2월 11일부터 20일까지 4회에 걸쳐 이루어졌으나, 마지막 비준 형식을 둘러싸고 난항을 거듭했다. 이에 따라 구로다 기요타카 전권은 강화도 인근에서 대기하던 군함으로 일단 물러나야 했다.

　그리는 동안 조선 조정에는 고종의 평화방침에 불만을 품은 상소가 빗발쳤다. 특히 유학자儒學者 최익현崔益鉉(1833~1906)은 개국을 강요하는 일본도 서양과 마찬가지라는 내용의 '왜양일체倭洋一體' 상소를 올렸다. 한편 일본에서는 정한론을 지지하는 《도쿄아케보노신문》이 날마다 조선의 포대 사격을 비난하며 개전開戰을 선동했다. 그래서 한때 원만한 타결이 불투명해지기도 했다.

　옥신각신 끝에 조약은 그로부터 6일 뒤 간신히 결말이 났다. 그러나 양국 사이에 수호修好, 사신使臣 교환 등 전문全文 12개조로 된 이 강화도조약(일명 병자수호조약)은 일본 측에 일방적으로 유리한 불평등 조약이었기에 체결 뒤 엄청난 결과를 가져왔다. 그동안 쇄국정책으로 문을 굳게 닫았던 조선은 문호를 개방하고, 부산·원산·인천항 등을 차례로 일본 상인들에게 내주었다. 일본은 미국에서 배운 수법대로 전쟁을 하지 않고 실리를 모두 챙기는 성과를 거둔 것이다.

하지만 당시 일본은 정권 장악을 둘러싸고 정한파와 반정한파反征韓派가 대립하는가 하면 자유민권운동이 거세게 일어나 정권 자체가 흔들리고 있었다. 그래서 정권을 쥐고 있던 오쿠보 도시미치大久保利通는 사이고 다카모리 등 5명의 참의가 사임한 '메이지 6년(1873) 정변' 뒤 국회 개설 청원에 대비해 헌법 제정 문제 등을 다룰 '정체취조계政體取調係'에 외무경 데라시마 무네노리寺島宗則와 공부경工部卿 이토 히로부미를 임명하였다. 오쿠보 도시미치는 후쿠자와를 여기에 포함시키려고 이들에게 의견을 물었는데(《大久保利通 일기》), 이토 히로부미가 "민간 유식자有識者를 받아들이면 그 주장을 다소나마 받아들일 수밖에 없고, 그렇지 않을 경우 불만이 남을 것"이라며 이를 완곡히 거절했다.

오쿠보 도시미치는 이 문제를 거론하기 이전부터 후쿠자와를 주목해 왔다. 《오쿠보 도시미치 일기》에 따르면 후쿠자와와 면담은 1875년 6월 13일에 이어 1876년 2월 27일이 두 번째였다. 오쿠보 도시미치는 후쿠자와가 자유민권운동을 선동하고 있다 여기고, 후쿠자와와 절친한 데라시마 무네노리 밑에서 외무대보外務大輔로 일하던 사메지마 히사노부鮫島尚信 주선으로 사메지마 히사노부 집에서 면담을 했다. 그날이 바로 강화도조약이 조인된 날이었다. 오쿠보 도시미치는 "그날 후쿠자와와 이것저것 여러 가지 이야기를 나누었는데 재미있었고, 역시 그의 박학다식함에 부끄러움을 느꼈다”
고 일기에 적고 있을 뿐, 조선과 일본의 교섭에 대한 구체적인 언급
은 별로 없다.

이는 후쿠자와의 회상도 마찬가지다. 후쿠자와는 이날 자신이 오
쿠보에게 민권가의 대표로 비춰진 데 대해 아니라고 말하고 “세간
에서 정권을 둘러싸고 벌집을 쑤신 듯한 소동이 날 경우 ‘착실한 인
물로 제군들을 위한 대모代母라고 생각’될 경우도 있을 것”이라고 대
답했다. 이것이 바로 국가를 위해 민과 관이 나뉠 수 없다는 ‘관민
조화론官民調和論’의 발상이다. 이 ‘관민조화’야말로 후쿠자와가 일생
동안 일관되게 갖고 있던 정치자세였다.

강화도사건 교섭에 앞서 〈아시아 여러 나라와 화전은 일본의 영
욕에 관계없다는 설〉을 《유빈호치신문》에 투고한 후쿠자와는 1877
년 2월 4일, 그가 주관하는 잡지 《가정총담家庭叢談》(제48호)에 〈조
선은 퇴보가 아니라 정체하고 있다는 설〉을 내보냈다. 강화도조약
이 체결된 지 거의 1년 만의 일이다. 개방 이후 조선은 일본의 기대
와 달리 문명개화로 나아가기는커녕 쇄국시대로 되돌아가려는 수구
세력이 더욱 강했다. 그러한 상황에서 발표된 후쿠자와의 소론小論
은 당시 조선을 어떻게 관찰하고 있었는가를 잘 말해주고 있다.

최근 논자들은 ‘조선의 문명은 퇴보했다’고 한다. 옛날부터 일본은
조선에서 문명을 흡수하기 위해 서로 통했다. 문자·유학儒學·불교·의
학·역법·공예 등 일본으로 건너오지 않은 것이 하나도 없다. 조선은
실로 ‘일본 문명의 선생’이라고 말해야만 한다. 그 뒤 우리 문명이 조
금 진보함에 이르러 처음으로 중국을 통하게 되었다. 고대古代 징구神
功의 친정親征은 그만두고라도 도요토미 히데요시豊臣秀吉의 군세軍勢

는 한때 대단했지만 당시 해군 상태를 살펴보면 조선에 크게 미칠 수 없음을 알아야만 한다.

그런데도 작년 강화도사건이 있을 때부터 조선국의 상황을 들어보면 '병기兵器의 조악함', '지론의 완고함', '풍속의 야비함', '국민의 빈약함'이 말이 아니다. 모두 배를 움켜쥐고 웃을 수밖에 없다. 그렇다고 보면 우리가 선생이고 조선이 종복從僕이다. 도저히 적대할 상대가 아니다. 심하게 퇴보하여 현상이 현격하게 전도된 상태에 이르렀다. 이것은 일리 있는 것 같지만 내가 보기에는 다르다. 어쩌면 조선은 '퇴보'가 아니라 '정체'일 뿐이다. 일본 역사는 사기史記가 없어져 소상하게 말할 수 없지만, 서기 628년 임나任那가 처음으로 입공入貢한 적이 있다. 860년에는 징구황후神功皇后가 신라를 정벌했다.

이로부터 수백 년 동안 조공을 거르거나 또는 서로 공격을 함으로써 때때로 출병하여 '정벌하고 토벌하고 진무鎭撫하며 폐위廢位·살생·여탈與奪한 적'이 있다. 이런 것을 가지고 생각해보면 당시 조선은 네 편으로 갈리어 약소하다는 사실은 의심할 여지가 없다. 비록 우리가 문명을 흡수하였지만 '위압압제威壓壓制'로 취하였기 때문에 오늘날 구미문명을 받아들인 것과 같은 양상이라고는 말할 수 없다. 조선은 중국에 가깝기 때문에 유학·불법佛法·공예 등이 우리보다 깨어 있었다 하더라도 네 소국 약소 상태로 미루어 보면 '높게 알려진 문명'이다. 나중 합쳐져 하나의 조선국이 된 문명도 발전하여 부강하게 된 것이다. 그렇더라도 히데요시가 출병했을 때는 왕자까지 포로가 되어 명나라의 구원이 없었더라면 멸망할 수밖에 없었다. 이를 보면 '높게 알려진 진보'도 아니다.

논자들이 진보와 퇴보를 논함에는 어떤 시대와 비교할까를 정해야 한다. 고대古代를 기준으로 하면 지금보다 더 작고 약한 네 편으로 갈린 시대에 해당된다. 대신 히데요시 시대를 기준으로 하면 '유서儒書를 읽고 시문詩文을 잘하는 자'가 우리보다 조금 많은 정도이다. '정치도, 병력도' 우리를 따라올 수 있는 수준은 분명 아니다. 그러나 백전百戰 연마한 히데요시 군사를 맞아 잘 응전應戰하는 수는 상당한 수준이다. 논자들은 이를 보고도 조선의 지금 상태가 퇴보라고 할까. 내가 보기에는 아니다. 히데요시군秀吉軍은 조선 팔도를 석권했으나 명나라 병사를 만나 제압하지 못하고 결국 패퇴하고 말았다. 그 결과 명나라는 정치가 혼란하고 쇠약해졌다. 그런 와중에 대장은 말할 것 없고 명장도 없었다. 히데요시 병력도 이를 헤아려 알아야만 한다. 말하자면 '지금의 운요마루 한 척은 히데요시의 수군 전체'에 해당하고, '지금의 육군 3만 명은 히데요시의 15만 명'과 맞먹는다. 이 병제군기兵制軍器야말로 오늘날 현격한 차이라고 말해도 이상하지 않다. 조선을 보면 옛날 병기는 예리하고 지금은 조악하다. 옛날 지론은 활발하고 지금은 완고하다. 옛날의 풍속은 고상하고 지금은 야비하다. 옛날 나라 상태는 부강하고 지금은 빈약함과 다름없다. 모두 히데요시 시대의 '구물舊物'을 고치지 않고 있을 뿐이다. 때문에 조선은 '퇴보'가 아니라 '정체'한 상태이다. 하지만 세계는 '활동물活動物'이다. 나라마다 문명 부강을 향하여 걸음을 빨리하며 실력을 겨루고 있는 형국이다. 어찌 조선의 정체를 비웃고 우리가 적은 진보에 안주할 것인가. 그럴 때가 아니다.

이 글에서 확인할 수 있는 바와 같이 후쿠자와의 고대사 인식은 우리와 크게 동떨어져 있다. 그가 어떤 역사서를 참고했는지 알 수 없으나, '임나부'는 일본 근세 사학자들이 거짓으로 꾸민 역사조작이다. '일본이 신라를 정벌했다'는 내용도 우리 역사에는 없는 허위 사실이다. '수십, 수백 년 동안 조공을 거르거나 공격을 해 와 출병 정토征討하고 진무·폐위·살생 여탈한 적이 있다'는 부분은 일본의 역사를 미화하는 황국사관이라고 말할 수밖에 없다. 임진왜란도 개전 초기에는 밀렸지만 우리 손으로 격퇴했음은 명백한 사실이다. 영국 해군사海軍史는 거북선을 이용한 이순신 장군의 노량대첩을 '세계 해전사海戰史에서 가장 빛나는 승전'으로 기록하고 있다. 물론 명나라 지원이 크게 도움이 되었음도 숨길 수 없는 사실이다. 그러나 '병제군기兵制軍器' 비교만으로 문명도의 차를 논함은 견강부회牽强附會이다. 오늘날 구소련이 인공위성을 미국보다 조금 앞서 발사했다고 러시아 문명이 미국을 앞섰다고 말할 수 있는가. 임진왜란 때 히데요시군秀吉軍이 강제로 끌고 간 조선의 도공은 얼마이며 약탈해 간 서적과 문화재는 얼마인가. 후쿠자와는 이를 '위압압제'에 의한 문명 흡수로 표현하고 있다. 일본의 역사왜곡은 사실상 메이지 시대부터 본격적으로 시작되었다고 해도 지나친 말이 아니다. 다만 메이지유신 이전에 조선에서 전수받은 문명의 실상을 인정하고 있는 점은 그나마 논객의 양심이다.

기네후치 노부오는 "바쿠후幕府 때 태어나 유신 동란을 체험한 메이지 시대 사람들은 일본의 많은 문물이 조선을 거쳐 온 사실을 피부로 알고 있다"며 "후쿠자와도 예외는 아니었다"라고 그의 저서에서 밝히고 있다. 후쿠자와가 《문명론의 개략》에서 "양잠, 조선 기술, 실 짜는 기계, 의유불법서醫儒佛法書, 기타 여러 가지 문명은 조선에서 전해지거나 혹은 자국에서 발명하여……"라고 쓰고 있는 사실만 보아도 이를 알 수 있다는 설명이다. 하지만 이러한 긍정도 결과적으로 그 문명이 어느 정도 높았던가를 묻는 반문에 지나지 않는다는 분석이다. 기네후치 노부오는 "그러한 생각이 후쿠자와의 붓을

강인하게 휘두르게 했다"며, "후쿠자와에게는 '퇴보' 또는 '정체'가
문제가 아니라 양국의 '현격한 차이'가 인식의 초점이었다"고 덧붙
였다. 그 차이를 가져다 준 잣대가 바로 다름 아닌 '서양문명'이라고
후쿠자와는 굳게 믿고 있었다.

임오군란과 후쿠자와

후쿠자와는 《지지신보》로 일생의 꿈을 실현했다고 해도 지나친 말이 아니다. 그가 평소에 품고 있던 생각·주의·주장 등을 노년에 이르기까지 거의 하루도 거르지 않고 유감없이 펼쳤기 때문이다. 때로는 메이지 정권에 고언苦言과 아픈 채찍을 가하고 한편으로는 국민을 계몽하며 일본의 문명 발전을 이끌었다. 이미 밝힌 대로 그가 《지지신보》를 창간한 것은 1882년 3월 1일이다.

후쿠자와가 신문 발간을 생각하게 된 계기는 메이지 정부로부터 정부신문 발간 의뢰를 받은 데 있었다. 후쿠자와는 1880년 12월 24일 오쿠마 시게노부大隈重信 집에서 이토 히로부미, 이노우에 가오루 등 당시 메이지 정권 실세들로부터 정부신문 발행을 맡아 달라고 정식으로 요청받았다. 후쿠자와는 이 자리에서 단순히 정부를 옹호하는 신문은 맡지 않겠다며 제의를 고사했다. 하지만 교섭은 이어져 다음 해 1월 이노우에 가오루 집에서 다시 만났다. 이노우에 가오루는 후쿠자와에게 국회를 개설하기로 했다는 정부 방침도 알리면서 의사를 타진했다. 그러자 후쿠자와는 그러한 정부의 용단에 놀라움을 표시하며 협력을 약속했다.

후쿠자와는 자신의 오른팔이라고 할 수 있는 아베 다이조阿部泰藏

《지지신보》 1882년 3월 1일자 창간호. 후쿠자와는 이 신문으로 제국주의 이론을 가다듬고 국민을 계몽했다.

등과 함께 정부기관지 발행을 의논하기 시작했다. 그러나 이토 히로부미와 오쿠마 시게노부의 의견이 서로 맞지 않은 데다, 오쿠마와 후쿠자와가 힘을 모아 정권 탈취를 모의중이라는 소문이 나돌아 신문 발행 계획은 차일피일 미루어졌다. 게다가 1881년 10월 11일 이른바 '메이지 14년의 정변'(제4장 5절 참조)이 일어나 정부신문 발행 계획은 취소되고 말았다. 11일 열린 어전회의에서 메이지 정권은 입헌정체를 채택하고 오쿠마 시게노부 참의를 파면하기로 의결했다. 이에 따라 오쿠마 시게노부는 참의직을 그만두게 되었고 관계官界에 있던 게이오기주쿠 인맥도 모두 쫓겨났다. 이에 대해 일본 학계는 "당시 메이지 정부가 후쿠자와에게 정부신문 발간을 권유한 데는 국정신문 발간보다 민권론자인 후쿠자와를 정부 측으로 끌어들이려는 의도가 숨어 있었다"고 풀이하고 있다. 당시 일본 사회는 국회 조기개설 등을 주장하는 민권론이 절정에 이르러 날이 갈수록 정부에 대한 공격이 심해지고 있었다.

국정신문 발행의 뜻을 이루지 못한 후쿠자와는 1882년 1월 말 게이오기주쿠 집회集會에서 어느 한쪽으로 기울지 않는 불편부당不偏不黨한 신문을 발행하기로 결의하고, 2월 중순 신문 발행 허가와 함께 인쇄기를 사들인 다음 3월 1일《지지신보》창간호를 선보였다. 후쿠자와는 자택에서 날마다 사설을 직접 집필했다. 그리고 같은 미타三田 구내에 있는 신문사에 얼굴을 수시로 내밀고, 사원들의 원고를 수정하거나 때로는 심야발송을 위해 신문을 접는 일도 기꺼이 도왔다. 후쿠자와는 3월 11일자에 〈조선의 교제를 논함〉이라는 주제로 사설을 썼다. 이 글이《지지신보》에 실린 최초의 '조선론'이다.

조선의 문호를 열게 한 일본은 앞으로 서양 여러 나라가 조선과 국교를 트더라도 조선을 '가장 오랜 화친국和親國'으로 교류상 언제나 최우선 국으로 대해야 한다. 그것이 순리이다. 우리 국민이 일본을 개국시킨 미국을 중시하고 미국인도 우리나라를 친하게 여기고 있다. 이러한 관계가 일본과 조선에 생긴 이상 조선국과의 교제는 우리나라가 등한히 할 수 없을 뿐만 아니라 조선의 치란治亂, 흥폐興廢, 문명의 진보에 '초월楚越의 관점*'으로 보아서도 안 된다.

이같이 양국의 화친에 대해 설명한 후쿠자와는 이어 조선에 일본

---

* 중국 전국시대의 초나라와 월나라 관계라는 뜻으로, 서로 원수처럼 여기는 사이를 비유적으로 이르는 말이다.

병사를 주둔시켜야 할 필요성을 역설하고 있다.

조선국은 '쇄국의 무리'들이 도시까지 출몰하여 세정世情이 평온하지 않음이 명백하다. 우리나라는 영국인이 요코하마에 군사를 주둔시켜 무례하다고 분개한 일도 있지만 자국민의 안녕을 위해서는 어쩔 수 없이 타국에 병사를 두어야 한다. 따라서 무위武威를 과시하여 인심을 압도하고, 일본 국력으로 이웃 나라의 문명을 도와 나가는 일은 양국 교제의 출발점에서 일본의 책임이다. 세계의 형세는 문명의 진보와 함께 병비兵備가 날로 발전하고 '병탄의 욕심'이 높아 가고 있다. 이는 자연적 세勢이다. 혹시 지금의 중국을 중국인이 지배하고 조선국을 조선인이 지배한다면 걱정할 일이 없지만, 만일 서양인의 손에 이를 하사하는 일처럼 큰일이 나면 어떨까. 이러한 사정은 옆집의 불이 옮겨 붙어 자기 집을 태우는 꼴이나 다름없다. 서양인의 세력이 동쪽으로 뻗어와 마치 불이 만연하는 모습이다. 우리들이 조선 정부의 주의를 환기시키는 이유도 이 때문이다.

여기에서 우리는 후쿠자와가 무력을 사용해서라도 이웃 나라의 발전을 도와야 한다고 주장한 참뜻이 무엇을 의미하는 것인지 다시 한 번 음미해 보아야 한다. 더군다나 후쿠자와는 이때에 김옥균 등 조선 개화파 인사들과 만나 의견을 나누며 교류를 강화하고 있었다. 《지지신보》가 창간된 지 1개월 뒤 강원도 원산에서는 일본인 상인들의 부당 거래를 규탄하는 주민들의 집단 항의 집회가 열려 일본 거류민 5명이 부상을 당하는 불상사가 일어났다. 이어 7월 23일에는 임오군란壬午軍亂이 일어나 이회응, 민겸호, 일본인 등 13명이 죽고 일본 공사관이 불탔다. 군대 내부 문제이면서도 일본인과 일본 공사관이 습격 대상이 된 까닭은 무엇보다 일본이 조선을 강제 개국시킨 데 따른 반감이 크게 작용했기 때문이다. 또한 대원군을 섭정攝政에서 물러나게 하고 일본과 개국을 추진한 민씨 정권에 대한 반발이기도 했다. 당시 명성황후(1851~1895)는 왕궁을 떠나 지방으로 피신했고, 일본 공사 하나부사 요시타다花房義質는 인천으로 도주했다. 하나부사 요시타다는 그곳에서도 습격을 받고 작은 선박을 타고 해상에 머물러 있던 영국 측량선으로 다가가 구조를 요청해 간신히 목숨을 건졌다. 하나부사 요시타다는 7월 30일 나가사키에 도착하여 전화로 일본 정부에 이 같은 사실을 알렸다.

일본 정부는 이에 7월 30일 철야회의를 열고 "이노우에 가오루 외무경이 시모노세키에서 이 사건 수습을 총지휘하고, 하나부사 요시타다를 다시 전권위원으로 군함과 함께 파견"하기로 결정했다. 육군성은 구마모토熊本 진대鎭臺 1개 대대를, 그리고 해군성은 당시 정예함인 금강金剛, 비예比叡, 청휘淸輝, 일진日進호와 공부성의 메이지마루明治丸, 와가우라마루和歌浦丸를 동원했다. 아울러 외교 교섭이 실패할 경우를 대비해 도쿄와 구마모토 진대에서 후쿠오카로 병력을 수송하여 혼성여단을 편성했다. 최악의 사태를 예상하고 임전 태세를 갖춘 것이다.

이에 따라 하나부사 요시타다는 시모노세키에서 메이지마루를 타고 8월 11일 제물포에 도착해 다음 날 뭍으로 올라왔다. 이 배에는 당시 일본을 방문하고 있던 김옥균도 함께 타고 있었다. 《후쿠자와 유키치전》은 "김옥균은 그해 7월 귀국하던 도중 대원군 변란 소식을 듣고 크게 놀라 급히 시모노세키에 도착, 조선으로 출발 준비를 하고 있던 하나부사 요시타다를 만나 그 군함을 타고 인천에 도착했다"고 기록하고 있다. 시모노세키에 이미 도착해 있던 이노우에 가오루가 안면이 있는 김옥균에게 편의를 제공했다는 것이다.

임오군란 발생을 알게 된 후쿠자와는 7월 31일자와 8월 1일자에 〈조선의 변사變事〉란 제목으로 연이어 사설을 썼다.

경성京城과 인천의 폭도가 어떤 무리인지 알 수 없지만, 이른바 척화당斥和黨이라는 조선의 완고당 부류인 것만은 의심하지 않는다. 당대의 조선 국왕은 개국주의이고, 그의 아버지 대원군은 척화수구斥和守舊의 완고주의頑固主義를 주장하여 권세가 대단히 강하다. 조선 정부의 외교 정략에 임하는 자 가운데는 시세 사정상 어쩔 수 없는 개국주의자가 없지는 않지만 세력은 강대하지 않다. 항상 척화 완고당에 억압되어 충분한 조치를 취할 능력이 없다. 그러나 정부 외의 일반 사회에서는 척화쇄국斥和鎖國의 논의가 요란하고, 또는 수백 명이 연서로 상소하여 당대의 국왕을 폐위시키고 '쇄국정치'를 부활시키려고 한다. 그 상태는 전국 일반 국민과 척화쇄국당이 대단결을 이루고 있다. 그런데도 근년 미국·영국과도 조약을 맺었다. 외국 선박은 때때로 인천 근해에 출몰하는 추세이지만 인심의 격동은 더욱더 심해지고 있다. 끝내 나라 존망이 위태로울 지경이어서 뜻있는 인사들은 나라를 살릴 이변이 있어야 한다고 입을 모으고 있다.

후쿠자와는 이어 4개월 전 원산사건 때 주장처럼 "이노우에 외무경이 일본인 보호 경비 태세를 충분히 갖추었다면, 일본 공사관이 폭도에게 습격당하는 일은 일어나지 않았을 것"이라고 지적하고, "일은 이미 날아간 화살이다. 이번 사변에 대한 대책으로 육·해군의 출동 준비를 명하고 하나부사 공사에게 화력전의 전권을 주어 경성에 보내야 한다"고 강조했다. 후쿠자와는 또 군비·병력이 충분해야 하는 이유를 다음과 같이 설명하고 있다.

조선 역도逆徒의 실세를 심판할 수 없는 까닭은 군략軍略 문제가 아니라 중국 관계 때문이다. 중국은 얼마 전 그들이 가필加筆 기초한 조미수호조약에서 '조선은 중국 소속이다'라고 강력하게 주장했다. 이 사실로 미루어 중국은 일본이 '의義'에 따라 '조선의 불법'을 추궁하는 문제를 '오만과 시기심'으로 방해할지 모른다. 이럴 경우에는 우리도 '혈맹'으로 격파하겠다고 각오해야함은 의심의 여지가 없다.

조미朝美수호통상조약은 1882년 5월 22일 인천 제물포에서 조인되었다. 그러나 이에 앞서 중국 톈진天津에서 리훙장과 미국 대표 슈펠트R. W. Shufeldt 제독 사이에 원안에 대한 심의가 이루어졌음은 알려진 일이다. 리훙장은 대미 교섭에서 강화도조약 때 일본이 조선을 자주국이라고 인정함에 따라 훼손된 종속관계를 회복하고자 '조선위중국소속지방朝鮮爲中國所屬之邦'이라고 명문화하려 했으나 뜻을 이루지 못했다. 후쿠자와는 미국 제독이 조약 비준을 위해 본국으로 간 사실을 확인하고 "조선에 대한 미국의 관심은 옛날보다 훨씬 커질 것으로 예상되므로 주미 공사로 임명된 데라시마 무네노리寺島宗則는 하루빨리 부임해야 한다"며 다음과 같이 쓰고 있다.

사건이 마무리되면 하나부사 공사를 '조선국무감독관'으로 겸임 발령해야 한다. 임무는 말할 것 없이 조선의 모든 정무를 감독하는 데 있다. 이는 어디까지나 개국주의 인사들을 돕고 보호하기 위한 일이다. '척화쇄국당류黨類'는 대원군이라 해서 용서하지 말고 사회 밖으로 쫓아내야 한다. 조선의 민심은 믿을 필요가 없다. 병력의 힘으로 약속을 지키면 만사형통이고 감독 기간은 짧게는 6~7년, 길게는 십수 년이다. 이 기간 동안 일개 대대 규모의 호위병을 경성에 주둔시키되 의식주를 모두 조선 정부가 책임지도록 해야 한다.

이 국무감독관은 앞서 설명대로 조선총독으로 이름이 바뀌어 일본의 조선식민지화 상징이 되었다. 그러면 후쿠자와는 왜 당시 처음의 평화주의를 바꾸고 무력을 호소하게 되었던 것일까. 그는 그 이유를 3일 연속 사설 〈조선정략朝鮮政略〉(1882년 8월 2~4일자)에서 아래와 같이 설명하고 있다.

하나부사 공사 이하를 습격한 조선 완고당 폭도가 만일 일본인이었다면 죽여 없애고 싶은 자들이다. 아니 일본인에 국한하지 않고 '자국과 다른 인류'를 제거하고 싶을 뿐이다. 사람을 미워하는 게 아니라 그 사람이 행한 행위를 싫어한다. 적어도 구조선의 사물과 다른 것은 모두 없애고 싶은 자들로 그 '완명고루頑冥固陋'함은 우리나라의 '황학자류皇學者流'가 마치 서양 여러 나라를 미워하여 그 나라 사람과 물건을 모두 '배척'하는 사례와 같다. 요컨대 폭도는 '문명의 적'으로, 일본 정부가 이 적을 공격하는 행위는 문명을 위함이다.

조선 정정政情을 보면 '보수 노대老大 집권자는 쇠'와 같고 '개진開進 장년壯年 유력자는 팔'과 같다. 보수 세력들이 지위를 잘 보존할지 아니면 개진 세력이 고로故老들을 압도할지. 어느 쪽이 승리를 하더라도 조만간 한 번은 완력을 필요로 하게 된다. 그러므로 이번 폭동은 조선과 일본의 관계에 그치지 않고 조선 내정이 변화할 기회가 도래했다고 볼 수 있다. 그렇더라도 나라 안을 돌아보면 만천하가 모두 보수 완고의 세상이다. '국학자류와 신풍연神風連당파*'가 일본과

흡사하다.

지난 3월 원산 폭동도 원인은 일본인을 혐오한 데서 생겼고 이는 결국 문명의 적과 다르지 않다. 이번 '난적亂賊'도 같은 유이다. 일본 국기國旗를 더럽히는 자는 조선 정부에 반대하는 난민亂民이다. 난민을 제압하는 일은 조선 정부 책임이지만 힘이 부족하기 때문에 우리가 도우려는 것이다. 이 때문에 일日·조朝 양국 정부 관계는 변함없이 더욱 친목의 정을 키워 지구 한쪽의 고루한 공기를 씻어내고 문명의 행복을 주게 되면, 조선과 관계있는 여러 외국도 우리나라의 출병 '성거盛擧'에 반대하지 않을 것이다. 두 나라가 교제하면서 사건이 있을 때 선전宣戰 강화講和와 함께 병력을 필요로 하게 됨은 의사가 콜레라균을 박멸하고 소독약을 필요로 하는 이치와 같다. 다만 풍속과 습관이 다른 조선의 쓸데없는 오해를 없애고자 군의 기강을 엄하게 하여, 우리의 정략과 병력이 문명 개진주의를 목적으로 하고 있다는 사실을 만국에 알리기 바랄 뿐이다.

그사이 행방을 감춘 명성황후는 한동안 소식이 끊겼다. 대원군은 명성황후가 피살된 것으로 알고 유해 없이 국장을 치르도록 했다. 그러나 명성황후는 지방으로 피신해 숨어 있었다. 정치 상황은 더욱 불안해져 고종과 대원군 두 사람 가운데 누가 조선의 통치자인지도 분명하지 않았다. 대원군은 동래 부사를 시켜 부산의 일본 영사관에 '이번 사건은 내부 소동으로 한양의 일본 공사관을 보호할 수 없었다'며 유감을 표시했다. 일본 외무성은 하나부사 요시타다의 귀임에 앞서 선발대를 영국 측량선에 태워 인천으로 보냈다. 그들은 8월 4

---

* 메이지 정부에 불만을 품은 구마모토熊本 사족士族이 만든 배외적 정치단체. 1876년 10월 반란을 일으켜 구마모토 현청 등을 습격했으나 곧 평정되었다.

일 현지에 도착했고, 공사가 도주한 뒤 처음으로 조선 소식이 일본으로 들어가기 시작했다. 후쿠자와는 그것을 받아 〈조선사변朝鮮事變 속보여론續報余論〉(1882년 8월 8~10일자)이라는 제목의 사설로 기사화 했다.

대원군은 일본인의 안전을 보장하지 못해 책임이 크다고 사과함으로써 모든 일이 끝난 줄로 판단하고 국왕을 유폐시키고, 가짜 국왕의 이름으로 국내 정치와 외교를 계속하려는 간책奸策을 쓸지도 모른다. 우리들은 왕비를 시해하고 유폐된 국왕의 '허명虛名'에 따라 유지되는 조약은 감수하지 않는다. 따라서 구정부가 실력이 없는 이상 역도逆徒들에 의한 정당하지 못한 정부를 새 정권으로 인정하고 새로이 조약을 맺는 경우는 없다고 할 수 없다. 이웃 나라에 정치상 변란이 일어나도 우리 정략의 교제에 관계가 없으면 불문에 부쳐야 한다. 이번 속보에 따르면 사실상 이왕李王 정부는 전복되었다고 단정하지 않을 수 없다. 앞으로 대원군이 국왕을 죽일 것인가, 아니면 폐위시키고 스스로 국왕에 오를 것인가. 새 왕을 세워 후견인이 되더라도 그 정부에서 실력을 갖고 일·조 조약을 준수하여 일본인에게 유감없게 할 때에는 신조선 정부라고 인정해야 할 것이다. 하지만 조선의 폭도가 일본 공사관을 습격한 사실은 명백하다. 신정부가 이 폭도들을 어떻게 할 것인가. 그 '선동자, 지휘자, 성원자'와의 관계는 어떠한가. 이런 문제들을 심문하는 일은 매우 중요하다.

우리들이 그동안 탐색해 온 점과 오늘의 보도를 종합해 보면 대원군 정부는 이 폭도의 한 부류임이 분명하다. 그뿐만 아니라 대원군이 당일 '지휘자'는 아니었을지라도 선동, 성원의 근원이었다. 우리들이 대원군 정부에 이번 폭동의 죄를 용서하지 않겠다고 하는 것은 아니다. 죄를 사하여 영구 평화 교류를 확실히 보장할 수 있다면 받아들여야 한다. 그렇더라도 실제로는 기대할 수 없다. 대원군의 재집권이 나라 안의 보수 완고당파에 '척화 쇄국'을 약속한 꼴이라면 일본인은 납득할 수 없다. 천하 또한 거역할 것이다. 일본과의 교제를 끝내면 천하의 인심을 얻지 못하고, 천하의 인심을 얻으려면 일본에 대해 사과할 수밖에 없는 사실은 자명한 이치이다. 결국 대원군은 자멸밖에는 선택의 길이 없다. 자멸에 이르기까지 여러 가지 묘안을 써서 하루라도 연장하려 하므로 이번 회담은 결코 유쾌한 담판이 되리라고 생각지 않는다. 아무튼 병력을 크게 과시하여 속히 담판에 종지부를 찍어야 한다.

이처럼 긴박한 상황이 계속되고 있는 가운데 하나부사 요시타다 공사는 8월 12일 인천에 도착해 조선 정부에 회담을 요청했다. 그러나 조선 정부는 황후의 국장을 이유로 교섭 연기를 통보했다. 하나부사 요시타다는 이에 최후통첩을 하고 인천으로 철수할 수밖에 없었다. 후쿠자와의 사설 〈일지한日支韓 삼국의 관계〉(1882년 8월 21일, 23~25일자)는 하나부사 요시타다의 교섭이 중단된 상태에서 계속되었다. 후쿠자와는 역사를 거슬러 올라가 도요토미 히데요시豐臣秀吉의 조선 침략 역사까지 끌어들여 주장을 펴고 있다.

조선인은 청인淸人을 '오랑캐夷狄'로 경멸하더라도 '관대한 대우에는 느끼는 정'이 있고, 일본인은 이적이라는 호칭을 면하고 '왜인倭人'이라 부르는 데 그치지만 그 '살벌함에 공포감'마저 느낀다. 청나라 사람은 '겨울날〔冬日〕', 일본인은 '여름날〔夏日〕'과 같다. 겨울날은 사모하여 가까이하려 하지만 여름날은 무서워서 피하려 한다. 현재

정세를 살펴보더라도 청국 정부가 내정에 간섭할 때는 조선 조정도 이에 의탁하여 안의 조화를 돕는데 사이좋은 사정이다. 일본이 요구하는 담판이 평화로 끝나는가의 여부는 청국 정부에 달려 있다.

청국은 일본이 타이완에 출병하고 류큐琉球가 일·청 어느 쪽에도 속하기를 거절하고 있는 방침에 불만을 품고 있다고 한다. 이번 사건은 '숙원宿怨'을 청산하는 호기로 공공연히 적대하지 않기를 기할 수밖에 없다. 그렇더라도 청나라 조정에도 인물이 있다. 이러한 쓸데없는 일을 일으켜 실패하고 또 이를 거듭해서는 안 될 일로 여겨진다. 조선과의 담판은 청나라 조정에 행방이 있다는 사실을 알아야 한다.

이상과 같이 후쿠자와의 주장은 대단히 호전적이다. 그리고 자국의 이익을 위해서는 조금도 양보가 없으며, 초기 주장과는 달리 정부를 강경 쪽으로 내몰고 있는 점이 두드러진다.

제물포조약과 후쿠자와

조선 조정朝廷의 요인要人과 일본 공사관 습격으로 나라 안팎을 시끄럽게 했던 임오군란은 1882년 8월 30일 조선과 일본이 조약(제물포조약)을 맺음으로써 일단락됐다. 사건 발생 한 달 만이다. 조건은 조선이 배상금으로 50만 엔을 일본에 지불하고 일본 공사관 보호를 위해 주병권駐兵權을 허용하며, 사죄 사절을 파견하고 피해자 가족에게 응분의 대가를 보상해 주는 것을 주요 내용으로 하고 있다. 회담은 이유원李裕元, 김홍집金弘集 전권全權과 하나부사 요시타다 전권공사 사이에 이루어졌다. 일본 정부에는 회담 결과가 9월 2일 밤에야 알려졌다. 통신이 불편하여 인천으로 출장 왔던 회담 수행원이 시모노세키로 돌아가 도쿄로 타전했기 때문이다.

임오군란은 후쿠자와에게 많은 논제를 가져다 준 사건이었다. 《지지신보》 사설을 담당한 그는 먼저 저널리스트로 멋진 출발을 보였다. 이와 함께 임오군란으로 제국주의 시대 논리를 가다듬었다 해도 틀린 말이 아니다. 그가 조약체결 뒤 쓴 〈조선 사건 담판 결과〉(9월 4일 자)라는 사설만 보아도 이를 확인할 수 있다. 후쿠자와는 이 사설에서 "우리 지론과 큰 차이 없이 회담을 성사시켜 대단히 기쁘다"며, "국내외 모든 사람들도 기뻐할 것"이라고 쓰고 있다. 후쿠자와는 특히 신속한 출병에 대해 매우 만족스러워했다. 메이지 정권의 조치가 그의 주장과 일치했기 때문이다. 다만 그는 당시 대원군이 청나라로 납치된 뒤의 조선 정정政情을 걱정했다.

후쿠자와는 〈조선의 배상금 50만 엔〉을 주제로 한 1882년 9월 8일자 사설에서 "조선의 국시國是는 일변하여…… 이제부터 '정권은 개화당 인사들이 잡아야만 한다'고 이를 조선 정치가 모씨에게 물어보니, 모씨의 말은 전혀 반대이다. 그는 '왜냐하면 지금 조선에서 문명개화를 추구하는 자는 조정에 들어가 있는 신하들 가운데 겨우 30여 명에 지나지 않는다. 모두 빠짐없이 중직에 임명하더라도 직職은 많고 사람은 적어 다른 많은 지위는 모두 종전 완고당에 줄 수밖에 없다.…… 조선은 이제 암흑의 시대가 도래하고 있다'고 한탄한다. 조정 신하 가운데 문명을 추구하는 두세 명의 수족 같은 신하가 있기는 하지만 어찌 이들만으로 조선 국왕이 도도한 천하를 다스릴 수 있겠는가"라고 쓰고 있다. 글 가운데 모씨는 김옥균이다. 기네후치 노부오는 "이 글은 사건 발생 이전 김옥균이 후쿠자와 집에 머무르고 있을 때 서로 나눈 이야기를 사건 수습 후 문답 형식으로 끼워넣은 기록으로, 김옥균을 정권 전면에 내세우기 위한 수순手順"이라고 설명했다. 후쿠자와는 이로부터 3일 뒤 〈김옥균씨金玉均氏〉를 《지지신보》에 실었다.

강릉 부사 김병기金炳箕를 아버지로 올해 나이 36세. 종3품從三品 홍문관弘文館 교리校里(지금의 교장직)를 맡고 있으며, 직접적인 정치기관은 아니더라도 개국설을 주창하여 후학을 지도하고 있다. 완고당頑固黨은 고관이 아닌 데도 외교 이익을 말하는데, 이는 명성을 외국에서 얻어 국내에 과시하는 꼴이다. 이들을 빨리 없애지 않으면 조선은 반드시 큰 변을 자초하리라는 말이 떠돌고 있다. 그 가운데서 대원군이 가장 심하며 절교한 지 오래다. 대원군 정권 때 그의 아버지는 옷을 벗었어도 이를 탓하지 않고 더욱더 개국의 의지를 굳히고 논밭을 팔아 이동인李東仁에게 여비를 대주었다. 금년 봄 스스로 서광범徐光範과 함께 일본에 왔다. 박영효朴泳孝, 민영익閔泳翊도 동행할 예정이었지만 민씨는 모친상喪을 당해 중지되었다.

이 일 하나만 보더라도 김옥균이 민영익을 팔고 있다는 말은 사실무근으로 추측된다. 우리들은 반드시 '힘을 다하여 김옥균을 위해 변호'하지 않으면 안 된다. 일본과 조선이 교류하는 복잡한 때에 우리 일본이 친구로 해야 할 자는 개화자류開化者流밖에 없으며, 그리고 김씨와 같은 '당중黨中'의 '거두'이면 평생의 전말顚末을 기록하여 사람의 의심을 푸는 일이 우리 조야朝野를 위해 중요하다고 믿어, 이에 필로筆勞를 다하여 그를 소개한다.

이 글은 《후쿠자와 유키치 전집》에는 실려 있지 않지만 김옥균에 대한 기대가 얼마나 컸는지를 여실히 보여 주고 있다. 후쿠자와는 임오군란 때 청나라가 취한 민첩한 조치를 보고 노대국老大國에 대한 인식을 바꿨다고 한다. 그는 18회(1882년 9월 9일~10월 18일)에 걸쳐 연재한 〈병론兵論〉에서 청국을 부국으로 인정하고, 청나라 병제 개혁 현황을 구미 각국과 비교하여 소개하고 있다. 후쿠자와는 이 연재에서 "에도江戸 시대 무사 부양扶養을 생각하면 지금의 군비 부담은 가벼우므로 조속히 증강해야 하며, 증세增税 부담을 위해서는 여론의 일치가 필요하다"고 강조했다. 그는 이어 〈동양정략 과연 어찌하랴〉(1882년 12월 7~12일)라는 글에서 임오군란 뒤 조선·청나라·일본 삼국 관계를 새삼스럽게 수정했다.

서양 근대문명이 동양으로 전해지고 있는 지금, 삼국 교제의 구舊
예를 말할 때는 아니다. 일본은 문명의 우두머리가 되어 중국을 재촉
하고 조선에는 사절을 보내 화친무역조약을 맺고 있다. 삼국이 교제
를 새롭게 이룩한 이상 함께 자국의 독립을 굳건히 하고 동방에 서
양인의 방자함이 재차 들어오지 못하도록 하는 일은 일본의 최종 책
임이다. 우리들의 목적은 이 한 가지에 있으나 삼국의 인심은 그 목
적을 함께하기에는 심히 어렵다. 고루하여 임기응변을 모르고 의심하
여 믿지 않는다. 삼국 공동의 대의大義를 잊고 변란을 좋아하며 교제
를 이간시키려 교사하는 자가 있어 더욱 한심하다.

조선사변 때 청국인의 거동을 보니 한인韓人의 '고루불명'을 이용
하여 일본인을 의심토록 했다. 거액의 돈을 빌려주어 은혜를 베풀고
그들을 따르게 함으로써 일본인에게 과시하려 한다. 우리들은 청나라
에 원한이 없고 조선도 마찬가지이다. 청나라가 대원군을 납치하리라
고는 예기치 못했지만 일본은 변란 소식을 듣고 병력에 호소하지는
않는다. 어디까지나 평화주의를 중시하고 동양 삼국의 '문명개진'을
목적으로 한다. 청국 정부는 이를 탐탁하게 여기지 않는지, 문명개진
을 이루는 것이 자국의 장점이 아니라고 생각하고 구습만이 지킬 가
치가 있다는 아집인지, 동양 전체의 이익을 잊고 자국만의 이익을 도
모하고 있다. 그러한 나쁜 여파는 일본과 조선의 교제에까지 미치고
양쪽에 불쾌한 생각을 갖게 하여 견딜 수가 없다.

우리 동양정략은 청국인에게 해를 끼친다고 말할 수 없다. 이에 대
처하는 데는 두 가지 방법밖에 없다. 뒤로 물러나 구물舊物을 지키느
냐 아니면 앞으로 나아가 본래의 뜻을 이루느냐이다.……

후쿠자와는 이어 '물러나 지키느냐〔退守〕', '나아가 취하느냐〔進取〕'

는 두 가지 방법을 자세히 설명하고, 일본 정부가 진취를 선택했다면 8년 후의 국회개설(1889년 대일본제국헌법 제정에 따라 국회를 개설키로 함을 뜻함)을 기다리지 말고 군비확장을 서둘러 결정해야한다고 촉구했다. 그는 "만약 조치가 늦어지면 청국 정부가 동양 지배권을 갖게 되며, 이는 우리가 가장 우려하는 일이 될 것"이라고 경고했다. "우리 본래의 뜻은 '문文은 개명의 우두머리'를 이루고, '무武는 아시아의 맹주'가 되는 데 있다"는 것이 후쿠자와의 결론이다.

기네후치 노부오는 그의 저서 《후쿠자와 유키치와 조선》에서 "임오군란 때 청군淸軍의 출동은 후쿠자와에게 그가 이상理想으로 하고 있던 문명개화의 아시아관을 이루려면 무력은 피할 수 없다는 사실을 각인시켜 준 계기가 되었다"고 설명했다. 이는 후쿠자와가 "수년 전을 회고하면 우리들은 바보스럽게도 일본 정부가 내치에 주력하여 거액의 자본을 광산과 축항에 투자하는 일에 찬성했다. 혹시 이 자본과 정신을 군비 증강에 쏟아부었다면 오늘의 화급을 불러오지는 않았을 것이다. 다만 기왕의 무식견을 혼자 참회할 뿐"이라고 고백한 글에도 잘 드러나 있다.

한편 사죄사謝罪使로 일본에 파견되었던 박영효 정사正使와 김홍집 부사副使는 1883년 1월 초순 하나부사 요시타다 공사 후임으로 승진한 다케조에 신이치로竹添新一郎와 함께 고베神戸에서 인천행 직항 기선을 타고 귀국했다. 이때 이른바 '조선의 문명 개진자'로 후쿠자와의 추천을 받은 게이오기주쿠 출신들이 요코하마에서 배를 타고 부산을 경유해 서울로 왔다. 앞에서 설명한 대로(제1장 조선 개화파와의 교류배경 참조) 후쿠자와는 사설 〈우시바 타쿠조牛場卓藏군 조선에 가다〉를 통해 이들의 사명을 강조했다. 후쿠자와가 임오군란 뒤 조선에 무엇을 기대하고, 또 어떤 일을 걱정했는가를 파악할 수 있는 글이다.

조선 인민은 야만이 아니다. 고상한 사상이 없는 것은 아니지만 안광眼光이 지금까지 분명하지 않고 방향을 헤매고 있다. 분명히 해야 하는 방법은 '위엄을 갖고 다스려야'하고 '이利로써 타격을 가해야'하며, 다만 '인심의 잘못을 바로 하여 스스로 깨닫게 하는 한 가지 길' 뿐이다. 실례實例는 이웃 나라에 있다. 일본인이 쇄국정책에서 개국주의로 전환한 까닭은 외국 군사를 두려워하거나 교역의 이익을 맛보았기 때문이 아니다. 스스로 잘못을 깨닫고 크게 눈을 뜨게 된 것이다. 세계 여러 나라의 형세를 알고, 외국은 오랑캐가 아니고 외국인은 금수가 아니며 도리어 문명개화의 좋은 친구라는 사실을 알아야 한다. 따라서 서로 오가며 개명의 지휘봉을 경쟁하는 일이야말로 '보국진충報國盡忠의 대의大義'임을 깨닫게 된다. 지난 인심의 변화가 신속하기는 세계고금에 예가 없다. 그 연유는 150년 전의 아라이 하쿠세키新井白石 선생을 시작으로 아오키 콘요青木崑陽, 스기타 겐파쿠杉田玄白 선생 등의 난서蘭書 강독에 있다. 양학洋學 없이 유신 정부가 혹시 '쇄국 일변도'의 항로를 택한다면 나라의 큰 화라고 말할 수밖에 없고 오늘의 대일본을 볼 수 없다.

조선의 현상을 우리와 비교하면 1백여 년 전의 일본과 같다. 일본과 중국 밖에 나라가 있다는 사실을 모르고, 그 이름을 들으면 꺼리고 피할 뿐이다. 난학자蘭學者가 '실학의 실마리를 풀어 수구고루守舊固陋'를 털어 내고 양학자洋學者가 '쇄국의 살기殺氣'를 돌아보지 않고 개명의 좋은 결과를 가져오듯이, 솔선한 인물을 얻어 국민 일반의 마음을 여는 일이 매우 중요하다. 이번 조선 정부의 초청이야말로 다행이다. 우시바군이 가서 '개진의 솔선자'가 되어 뛰어나고 빼어난 사람을 친구로 하고, 고루한 사람을 설득하여 이해시키되 노하지 말며, 훈계하되 욕하지 않고 평생 처세의 기량과 학문적 실력을 갖고 가르친다면 어려울 것이 없다.

최근 수개월을 보니 중국은 종주국宗主國이라는 허명을 실제로 실현하고자 군대를 파병하고 돈을 빌려주는 제정 고문을 보내는 등 거동이 의심스럽다. 그 '방약무인傍若無人'함은 국토가 광대하고 인구가 많음을 배경으로 하고 있다. 우리도 분발하여 부국강병을 강구하고 청국의 부강에 대응해야 한다. 이는 우리의 지론으로 이론의 여지가 없으며 실제로도 어렵지 않다. 나는 다른 것을 믿는 자이다. 즉 일본 상류 지식인들만이 갖고 있는 '근대문명사상'이다. 이제 세계 각국은 오로지 문명개진의 앞뒤를 경쟁하고 있다. 그 점으로 보면 청국의 국력은 우리 십분의 일도 못되는 작은 노유국老儒國이다. 일본인의 방법은 부강, 재정 정리, 군비 확장이 우선이지만 이는 당국자의 일이다. 우리들은 학자이다. 우시바군에게는 '학자 본연의 임무'로 청국인을 대하고 조선인을 유도할 것을 희망하는 바이다.

앞장에서 설명한 바와 같이 우시바 타쿠조는 학교 교육과 신문 발행으로 조선의 문명개화를 촉진하고자 다카하시 마사노부·이노우에 가쿠고로와 함께 조선에 왔다. 교육과 신문은 정부 당국자와 일정한 거리를 두고 있던 후쿠자와를 사회에 우뚝 설 수 있게 한 기반이기도 했다. 그래서 후쿠자와는 믿고 있던 우시바 타쿠조가 '개진의 솔선수범자'가 되기를 기대했던 것이다. 그러나 우시바 타쿠조는 어려움에 부딪혀 얼마 되지 않아 귀국하고 말았다. 조선이 청국의 원조 없이는 신규 사업을 할 수 없었던 현실도 한 원인이었다. 후쿠자와는 이에 〈조선정략의 급선무는 우리 자금을 이용移用하는 데 있다〉(1883년 6월 1일자)는 글에서 일본 자본을 조선에 투자할 것을 제의했다.

조선 유도 방법의 첫째인 무력은 민심의 동요가 심하고, 두 번째 포교布敎는 조선 인사들이 불법을 믿지 않으며, 셋째 학문 또한 '근대 문명학'에 우둔하기 때문에 적합하지 않다. 그래서 네 번째 방법인 자금을 조선에 옮겨 공업을 일으키는 일이다. 이 방법으로 일단 실마리를 풀고 이어 세 번째인 학문 유도를 추진해야 한다.

후쿠자와는 이어 〈일본 자본을 조선에 이용移用해도 위험은 없다〉(1883년 6월 2일자)는 사설로 일본 국민과 정부를 설득하고 있다.

조선의 세입은 대략 250만에서 3백만 엔이지만 기본적으로 계산하면 8백만 엔의 세수는 용이하다. 일본 국내에 자본이 없으면 다른 나라에서 빌려 전용하면 된다. 그렇더라도 금력으로 조선 국민을 노예시하는 무례는 우리 정부와 국민의 덕의德義로 미루어 있을 수 없는 일로 믿어 의심치 않는다.

이상의 논설에서 확인할 수 있듯이 임오군란은 후쿠자와가 조선 개화파 지원을 빌미로 민권론자에서 국익을 앞세우는 민족주의자로 변신하는 계기가 되었다.

명성황후 시해와 후쿠자와

　전쟁을 마무리하기 위한 청·일 강화회담이 한창이던 1895년 4월, 서울 장안은 말 그대로 벌집을 쑤셔놓은 듯 발칵 뒤집혔다. 친일파 관료 김학우金鶴羽를 암살한 범인이 잡혀 '김을 죽인 것은 고종을 물러나게 하기 위한 음모의 일부였다'고 자백했기 때문이다. 김학우는 이노우에 가오루 일본 공사가 부임한 지 얼마 되지 않아 살해되었다. 범인이 자백한 음모의 내용은 '포도대장 이준용李埈鎔이 동학당을 강화도까지 올라오게 한 다음, 이를 진압한다는 핑계로 병사들을 이끌고 출정했다가 도중에 회군回軍해 동학당과 함께 왕궁을 점거하고 왕위에 오른다'는 계획이었다.

　《도쿄아사히신문東京朝日新聞》은 1895년 4월 16일자에 이를 자세히 보도했다. 이준용은 대원군이 가장 아끼던 손자로 1895년 4월 18일 체포되었으나 대원군의 읍소泣訴로 죽음만은 면하고 멀리 귀양을 가야 했다(그로부터 수개월 뒤 사면되었다). 대원군 역시 사저 운현궁에서 공덕리 별장으로 옮겨 은거에 들어갔다. 이런 소용돌이 속에 명성황후는 일본이 삼국간섭에 굴복한 것에 놀라 러시아 공사 베베르Karl Ivanovich Veber(1841~1910)의 부인을 통해 러시아 공사를 가까이하기 시작했다.

당시 러시아가 프랑스·독일과 함께 일본에 요동 영유를 포기하도록 압력을 넣은 목적은 역사 기록처럼 조선에도 영향력을 행사하겠다는 의사 표시였다. 따라서 일본은 조선 내정개혁을 계속 추진하는 데 혹시 러시아가 참견을 할지 몰라 입장이 난처해졌다. 그렇다고 하던 일을 중단하면 청나라와 전쟁을 한 명분이 사라지는 꼴이어서 어쩔 수가 없었다. 이노우에 가오루 공사는 대조선정책의 근본을 확립할 필요가 있다고 판

명성황후로 알려진 사진(진짜 사진이 아니라고 주장하는 학자도 있음). 그는 조선왕조 말 정계를 풍미하다 비참한 최후를 맞았다.

단하고 5월 22일 무쓰 무네미쓰陸奥宗光 당시 외무상에게 일단 귀국을 희망했다. 이에 이토 히로부미 수상은 6월 4일 각료회의를 소집하고 러시아 남하정책에 대해 논의했다. 그러나 이날 회의에서는 불간섭원칙에 따라 조선 문제를 현상대로 유지해 나가기로 결의했다.

이때 쓴 후쿠자와의 〈조선 문제〉(1895년 6월 14일자)라는 제목의 사설은 삼국간섭으로 일본 정부의 외교정책이 흔들리고 있는 데 대한 불만이자 비판이었다.

외전外戰은 삼국의 충고로 순조롭게 종결되었지만 안팎으로 말을 하는 자가 있다. 조선 진출을 노리는 최강국은 스스로 말을 만든다. '일본은 이웃 나라의 자립을 도우려고 전쟁을 했는데 속박하는 정도가 청국보다 오히려 심해 약속에 위배된다'고. 이들은 일본이 답할

말이 없으므로 조선에 대한 간섭을 풀고 철수하는 수밖에 없다고 주
장한다. 나의 소견으로는 일본의 조선 간섭은 공명정대한 일이지 결
코 음험한 일이 아니다. 문명 강국으로서 시인하지 않을 이유가 없
다. 혹시 질문 공격할 자 있으면 한마디로 말해 보라. 조선 국사國事
와 인사의 부패는 수백 년의 고질로 하루아침에 고칠 수 없다.

조선에 있는 우리 외교관과 고문은 문명의 교사敎師에 지나지 않는
다. 조선은 팔다리가 마비된 환자이며 일본인은 이를 치료하는 의사
이다. 의사라고 하면 환자를 가까이해야 함은 물어보나 마나이고 병
을 잘못 고치면 책임을 물어야 한다. 조선처럼 큰 병이 걸린 나라에
문명을 주입하는데 간섭 때문에 움츠러들어 방관하는 일은 있을 수
없다. 조선에 대한 간섭이 청나라보다 훨씬 심하다는 공격도 사물의
형태만을 본 어리석은 말이다.

청나라는 노대국의 부패물을 주입시켜 나쁜 중독증을 더욱 악화시
키고 있는 데 지나지 않는다. 이와 달리 일본은 독을 없애고 회생시
키는 처방 의사이다. 간섭의 겉모양은 닮았다 하더라도 정신은 아주
다르다. 그런데도 간섭의 성질을 가리지 않고 조선의 독립을 일본이
빼앗는다고 말한다. 한마디로 근거 없는 이야기다. 환자에게 쓴 약을
먹이는 방법은 약의 상복을 없애기 위한 이치처럼 심한 간섭도 손을
떼기 위한 수단이다. 그러나 일이 빨리 성취될지 아니면 늦어질지 확
실히 말할 수 없다. 일본은 맑고 깨끗한 간섭으로 서양의 여러 나라
사람도 의심하는 자가 없다. 혹시 일본 세력을 말살하고자 간섭에 간
섭하는 자가 있다면, 이는 주치의의 치료에 제2의 의사가 입을 여는
꼴이다. 딱 잘라 거절하기는 살풍경이지만 치료법을 설명하여 더욱
좋은 방법을 찾으면 된다. 새로 온 의사의 거친 말이 더욱 심해지면
제3자에 호소할 길도 있다. 구주의 한두 개 강국이 우리의 간섭을 풀

도록 말하지만 그 이면에는 일본을 대신하려는 의도가 명백하다. 이를 보면 여러 나라의 이해利害는 하나가 아니다. 우리나라에 제휴를 제의하는 자라도 있다면 완급을 가려 국권을 유지하는 외교 수완을 발휘해야 할 일이다.

아무튼 일본이 조선의 국사에 깊이 개입했으므로 이제와 손을 뗄 수는 없다. 세계의 외교법은 다른 나라에 손을 뻗칠 핑계가 없는가를 고심하는데 일본은 손을 떼는 구실을 찾고 있다. 모든 일이 보람 없는 조선인을 상대하자면 필경 무익한 일도 만날 수 있다. 이는 속으로 말할지라도 개혁 노력 따위를 이유로 미리 퇴각론을 끄집어내는 등 트집을 잡을 일은 아니라고 말할 수밖에 없다.

6월 22일 일본으로 돌아간 이노우에 가오루는 각료회의의 불간섭 방침을 납득하고 후임에 미우라 고로三浦梧樓를 추천했다.

후쿠자와는 7월 5일자 〈조선의 독립 더욱 뿌리내려야 한다〉라는 제목의 사설에서 조선에 대한 일본 정부의 방침 전환을 다시 한 번 강력히 비판했다.

일본 정부는 조선에 대한 원조를 중단하기로 결정했다고 한다. 이노우에 공사의 귀국도 그 때문이라고 전하는 사람도 있지만 이는 참으로 말로 담기에 부족하다. 조선 국세는 우리의 원조로 안정을 유지하고 있으므로 우리가 일단 버리면 무정부 상태의 암흑세계가 되어 반도의 인민은 도탄에 고통을 받을 뿐만 아니라, 동양의 평화도 깨져 이웃에게 폐가 된다. 전쟁에 진 청나라는 여력이 없어 다른 나라 국사를 생각할 겨를이 없으므로 당장 일을 맡을 나라는 러시아이다. 일단 러시아가 조선 국사에 관계하여 조선 팔도에 세력을 굳히면 일본이 위험할 뿐만 아니라 동양 전체의 균형에 편중을 낳는다. 일본의 요동 영유가 불가하다면 러시아가 조선에 세력을 미치는 일도 불가하다. 세계 공론을 인정할 수 없는 점이다.

조선의 후견자를 택하여 야심이 없는 나라는 일본을 제외하면 없다. 우리나라는 자위自衛를 위해 조선 독립을 도울 뿐 다른 뜻은 추호도 없음은 강화도조약 제1조에 조선 독립을 명기하고 있는 사실만 보아도 알 수 있다. 다른 나라의 반대를 불러오지 않을까 하는 의구심에서 우리 정부가 책임을 포기할 일은 결코 아니며 국민도 이를 용납하지 않는다.

이는 청일전쟁이 일어나면서부터 보조를 같이 하던 후쿠자와와 일본 정부의 생각이 어떠한가를 여실히 보여 주는 대목이며, 그만큼 후쿠자와 주장이 더욱 강경하다는 점을 입증하는 예이기도 하다. 《후쿠자와 유키치와 조선》의 저자 기네후치 노부오는 이에 대해 "이는 말 그대로 전쟁을 목적으로 조선의 내정개혁을 입안한 자와, 세계 여러 나라의 양해를 얻기 위한 구실로 내세운 자의 차이가 드러난 것"이라고 그의 책에서 설명했다.

청일전쟁이 끝나자 조선에는 일본인들이 삿갓을 쓰고 거드름을 피우듯이 조선 독립을 말하며 거만하게 구는 풍조가 생겨, 이에 반발한 조선인이 친일파 박영효 집을 침입하거나 길가에서 김윤식에게 무례한 행동을 하기도 했다.

후쿠자와는 이렇게 되면 일본의 노력은 수포로 돌아갈 수밖에 없다며, 1895년 7월 13일자 사설에서 조선에 있는 일본인의 무례한 행동에 대한 단속을 더욱 엄격하게 해야 한다고 강조했다.

한편 러시아 공사는 야간에도 자유롭게 왕궁을 드나들며 명성황후와 이야기를 나누었다. 박영효는 이들이 틀림없이 일을 도모하고 있다고 판단해 이를 막기로 결심했다. 그는 왕궁 경비를 맡고 있는 시위대侍衛隊를 일본 교관이 가르친 훈련대로 바꿀 것을 계획하고, 6월 하순 궁정회의에서 명성황후의 행동을 거리낌 없이 간언했다. 이를 듣고 있던 고종은 이는 명성황후를 배제하고 정권을 농단하려는 불경이라며 불쾌하게 여겼다. 고종은 그 일로 7월 6일 내무대신 박영효를 갑자기 파면했다. 박영효는 겨우 체포를 피해 일본으로 재차 망명했고, 도미渡美 전에 후쿠자와 집에 머물며 잠깐 비호를 받았다. 후쿠자와는 이 사건을 다룬 7월 14일자 사설 〈조선의 처분 여하〉에서 "조선 정계의 불안을 진정하기 위해서는 신경증을 앓고 있는 부인에게 진정제를 주듯이 미봉책을 강구하면서, 일반 국민을 문명의 문으로 들어가게 하는 대책이 필요하다"고 강조했다.

이어 쓴 사설 〈조선인을 교화시켜야 한다〉(1895년 7월 19일자)에서는 "일본 정부가 연간 20만 엔을 지출하면 천명의 학생을 교육할 수 있다"며 유학생을 받아들여 가르쳐야 한다고 주장했다. 게이오기주쿠는 청일전쟁이 한창이던 1894년 12월 학내에 조선어학과를 설치하고, 다음 해 4월 130명의 유학생을 수용한 데 이어 8월에는 젊은 관리 35명을 받아들여 숙사를 제공했다. 후쿠자와는 사설로 정부에 유학생 교육을 권장하기 전에 스스로 실천해 보인 것이다.

미우라 고로 공사는 9월 1일 조선주재 일본 공사관에 부임했다. 친일파는 박영효의 망명으로 기둥을 잃어 힘을 쓰지 못했고, 조선 정부 당국자는 이제 일본은 안중에도 없었다. 따라서 명성황후 세력이 다시 등장해 김홍집 내각을 장악하여 정치판은 사실상 명성황후 정권이나 다름없었다. 그래서 미우라 고로 공사는 현 정권을 친일로 바꾸기 위해서는 명성황후를 제거하는 길밖에 없다 판단하고 스기무라 후카시杉村濬 서기관 등 공관원들과 짜고 명성황후 암살을 위한 비밀작전에 들어갔다.

시해 날짜는 처음 예정보다 앞당겨 10월 8일로 결정했다. 훈련대가 곧 해산된다는 소문이 나돌았기 때문이다. 암살 작전에는 일본 수비대, 공사관원, 공사관 경비,《한성신문》발행자 아다치 겐조安達謙三를 비롯한 사원, 조선에서 일거리를 찾던 일본인 장사壯士 등이 동원됐다. 여기에 야간 훈련 명목으로 출동한 훈련대의 조선 병사 2개 대대도 가담했다. 조선 정부 고문으로 와 있던 오카모토 류노스케岡本柳之助는 대원군과의 연락을 다시 맡았다. 대원군의 동의를 얻는 데 시간이 걸려 공덕리 별장에 갔던 오카모토 류노스케 등이 경복궁에 도착했을 때는 이미 동이 트고 있었다. 이 때문에 왕비 침전인 건청궁乾淸宮에 일본군이 침입한 사실을 왕궁을 경비하던 시위대의 미국인 교관과 러시아인 기사技師가 목격했다. 또 급히 이 소식을 듣고 궁으로 달려온 러시아와 미국 공사는 일을 끝내고 철수하는 일본 건달들의 모습을 보게 되었다. 미우라 고로 공사는 경성발 전신을 일시 중단하고 이를 대원군과 훈련대의 정권 탈취극으로 거짓 보고하며 일본 공사관의 관여를 은폐했다.

후쿠자와는 1895년 10월 15일 〈사건의 진상을 명백히 해야 한다〉는 사설을 쓰고 그의 의견을 밝혔다.

이번 조선사변의 보도는 일본인으로부터 나왔지만 외국인에게서 받은 소식도 사실은 극히 애매하다. 침소봉대했거나 큰일을 뒤로하고 작은 일을 먼저 한 것이나 다름없다. 급할 때 통신의 혼잡은 피할 수 없어 상보도착을 기다릴 수밖에 없지만 경성에 머물고 있는 일본인 가운데 다소가 관계했음은 의심의 여지가 없다. 타국인의 몸으로 이

음모에 가담했다니 실로 내 얼굴이 붉어져 견딜 수 없다.

그렇더라도 지금 일본의 국정으로 미루어 때때로 이런 폭력배가 나오는 예도 어쩔 수 없는 사정이다. 유신혁명으로부터 일종의 정치사상을 키워 정치광의 모습을 드러내고, 정치를 위해 사람을 죽이는 살벌한 풍경을 연출해도 이상하지 않다. 대리 암살, 외국인에 대한 폭력은 여러 번 있었던 일이다. 지난해 러시아 황태자, 금년 리훙장 사건은 손꼽을 만한 사례이다. 일본인에게 일종의 살벌한 사상이 있음은 사실이며, 조선과 관계에서 이들 망상가가 망상을 버리지 못하여 일을 그르치는 우려가 적지 않다.

작년 전쟁 뒤 정부는 특히 유의하여 내국인의 이유 없는 도항을 금하고 거류민을 엄격히 단속하며 주의를 기울이고 있지만, 이른바 장사壯士라고 하는 상식 없는 건달들이 거류민 가운데 많아 이번 음모에 스스로 참가한 자가 있었다. 이 점 때문에 일본인이 관계되어 있다는 보도를 의심할 수는 없다.

다만 바람은 사실을 있는 그대로 드러내 근본부터 죄를 묻고 전후 사정을 명백히 해야 한다. 무지한 무식배라고 하지만 남의 나라 궁중에 난입하여 난폭한 행동을 저지른 행위는 언어도단으로 결코 용서할 수 없다. 폭도들 때문에 일본은 난폭한 나라라고 오명을 뒤집어쓰게 되면 대단히 괴로운 일이며 용서할 수 없으므로 관계자를 엄벌하기 바란다.

후쿠자와가 일본 공사관이 이런 살해음모를 꾸민 사실을 정말 모르고 이같이 썼는지, 아니면 알고도 사건을 호도하기 위해서였는지는 잘 알려져 있지 않다. 그러나 일본 학계는 후쿠자와가 이를 몰랐을 턱이 없다고 단언한다. 일본 정부는 외무성 정무국장 고무라 주타로小村壽太郎를 대표로 검사, 군 관계자 등을 급히 조선에 파견했다. 이어 10월 17일 미우라 고로 공사를 파면하고 관계자 전원을 일본으로 송환해 구속했다.

후쿠자와는 10월 30일자 〈조선의 독립〉이라는 제목의 사설에서 공사관 관여가 명백해진 사태에 대해 그 나름대로 해석을 덧붙이고 있다.

이번 조선정변은 실로 점입가경이다. 관계된 자가 건달뿐만이 아니다. 우리 외교관 수비대는 이러한 사태를 예방하는 일이 본분임에도 사태가 크게 번질 때까지 태만하여 비난받아 마땅하다. 자세한 사항은 공사 등이 소환령에 따라 곧 귀국하게 되어 알게 되겠지만, 일본인의 관여는 의심 없는 사실이므로 엄중히 조사해 관민을 가리지 아니하고 분명하게 처분하여, 일본 국민의 진의를 세계에 알리기를 바란다. 이로 말미암아 조선정략의 수정은 어쩔 수 없을지 모르지만, 조금도 흔들림 없이 앞으로 동양의 치안을 위해 조선 독립을 확고히 하는 처음 우리 방침을 바꾸어서는 안 된다.

외국인 가운데 이웃 나라에 있는 일본인의 거동을 보고 의심하는 자가 있지만 이는 일본의 본래 모습이 아니다. 생각해보면 30여 년 전 쓰시마對馬島를 점거한 러시아 함대가 수병을 상륙시켜 만행을 저질렀지만 이는 러시아 정부 방침이 아니었다. 함장이 본국의 뜻에 거슬러 난폭한 행동을 했듯이, 이번 일도 외국에 파견된 공사관이 멋대로 한 것임에 틀림없다. 그래도 사실이 명백함에 따라 외국인의 의구심은 씻을 수 없다.

일시의 혐의에 일본이 영원한 방침을 바꾸는 일은 없으리라고 나는 단언한다. 일본의 바람은 조선의 독립에 있다. 스스로 독립하거나 다른 나라의 힘에 의해 독립해도 지지할 수밖에 없다. 일본인이 일개 국가의 일에 관여할 의사가 없음은 작년 개전 때 청나라에 조선 공동 개혁을 제안했던 일에서도 명백히 알 수 있다. 이웃 나라가 하루빨리 독립을 성취하기 바란다. 독립을 위한 일본의 지원 역시 변함없이 열매를 맺을 수 있기를 나는 마음속으로 희망하는 바이다.

명성황후 시해 뒤 조선 정정政情은 그야말로 바람 앞의 등불이었다. 내각이 총 사퇴하고 왕궁을 지키던 훈련대도 해산되었다. 대신 왕궁 경비를 전담하는 친위대가 신설되고 지방에도 경비를 맡는 진위대鎭衛隊가 생겼다.

11월 28일에는 정권 탈취를 목적으로 한 이른바 '춘생문春生門' 사건이 일어났다. 러시아 공사관에 숨어 있던 왕비 측의 이범진李範晉이 구시위대侍衛隊 대원들을 꾀어 난을 일으키려 한 계책이었다. 사건은 친위대 장교들의 배반으로 미수에 그쳤다. 후쿠자와는 호재를 만난 듯 12월 7일자 사설 〈28일의 경성사변〉에서 이는 명성황후 암살 사건의 '재연'이라고 비판했다.

민비 암살 사건 때 일본인이 관여했다고 조선 정부에 따지고 일본 공사를 공격한 모 외국 공사 밑에서 똑같은 모양의 테러범이 나왔다. 정말 근래에 드문 이야기이다. 앞 사건의 죄를 물으려면 이번 사건도 결코 지나칠 수 없다.

외국의 교제법은 내국의 치죄법을 적용해도 마땅하지만 한 걸음 나아가 조선의 정정을 살펴보면, 여러 외국인의 난폭 무법도 그렇게까지 심하게 비난하기는 충분치 않은 양상이다. 신사 사이에 법칙이 없음은 시정잡배 사이의 보통 일이나 다르지 않다. 시중에서 큰 소리로 노래 부르고 옷을 벗는 일은 금지되어 있지만 야외에서는 추태도 좌흥座興으로 여긴다. 지금 조선 정부에 위엄이 없고, 30~50명의 건달만 있으면 정권도 왕성王城도 마음대로 빼앗을 수 있다. 오늘의 정부가 내일의 정부가 아니고 어제의 정령이 오늘은 취소되며 오늘 취소된 법률도 내일 부활된다. 죄인도 죄인이 아니고 공신功臣도 공신이 아니다. 이미 망국亡國과 같은 팔도는 폭정의 싸움터로 망망한 들판이다. 외국인의 무례한 행동을 비유하면 야외에서 산보하는 소년이 큰소리로 노래 부르고 무익한 살상에 울분을 터뜨리는 모습과 같다.

따라서 앞서 궁궐 난입과 이번의 난동을 비난하려면 비난할 수 있지만, 조선의 현 국정으로 미루어 보면 야외의 유흥 또는 무익의 살상으로 볼 수 있을 뿐이다. 망할 수밖에 없는 상황인데 아직 망하지 않아 예외이지만, 예외의 변란을 심히 이상히 여겨도 가치가 없다.

한편 음모에 실패한 구시위대 대원들은 춘천 지방으로 달아나 민란을 획책했다. 조선 정부는 이들을 진압하고자 한양의 진위대를 출동시켰다. 그사이 인천에 정박해 있던 러시아 군함에서 수병이 상륙하여 한양으로 들어와, 여성 옷차림으로 경복궁을 빠져나간 고종을 호위하기에 이르렀다. 후쿠자와는 2월 14일 〈경성의 사변〉이라는 제목으로 이 사실을 보도하면서 "이는 왕비를 살해한 일본에 대해 고종이 원한을 품고 있었기 때문에 일어난 일"이라고 단정했다. 그러나 그는 1896년 1월 20일 히로시마 지방재판소에서 명성황후 시해사건 관련자들이 무죄를 선고받고 풀려났을 때는 논평을 쓰지 않았다.

후쿠자와는 그로부터 26일 뒤인 1896년 2월 15일 〈조선 정부의 전복〉이라는 제목의 사설에서 명성황후 시해사건에 대한 최종 의견을 다음과 털어놓았다.

이번 조선 정부 전복은 가엾은 일지만 나의 소견으로는 당국자의 자업자득이다. 작년 10월 사건에서 왕비의 불행을 본 외국인 가운데는 사후 새 정권은 온당하지 않다며 인정하지 않는다고 말하는 이도 있지만, 본래 국내 소동으로 외국인의 명예와 이익에는 조금도 영향이 없다. 왕비의 최후는 정의와 인도에 용납될 수 없는 일이라고 말하지만, 옳고 그름은 조선인 스스로 판단할 일로 다른 나라 사람들이 말할 일은 아니다.

왕비의 참사를 불행이라고 말하지만 외국에는 정치적 혁명이 여러 번 있었다. 국왕과 대통령을 살해한 경우도 적지 않다. 국내에 사변이 일어났어도, 사회질서가 유지되고 외국인의 이익과 명예에 손해와 손상이 없는 한 돌이켜 보아서는 안 된다. 그러므로 새 정부는 설령 정당한 정부로 인정받지 못하더라도, 착실히 새로운 정치를 펴서 정권을 유지하면 내외의 물의도 반드시 소멸하게 된다.

10월 정변에 각료 이하 전 신하가 정도의 차이는 있지만 모두 관계되어 있으면서 한 사람도 이의를 내세우는 자가 없음은 명백한 사실이다. 그들의 행동을 나쁜 일이라고 보면 주범과 종범의 구별이 있게 마련이고 함께 죄인이 되면 동지로 결속하여 나아갈 수밖에 없는데, 조선인은 항상 자신만의 안전을 도모하려고 한 결과 저절로 떨어져 고립되고 넘어지게 된다.

나의 예상이 틀림없다면 각료들은 외국인 말에 동요되어 책임을 모두 대원군에게 돌리고, 대원군은 이에 책임자를 찾아내어 벌을 줄 것이다. 먼저 왕궁 점거에 가담한 우범선禹範善을 내쫓고 다음으로 조의연趙義淵과 권영진權瀅鎭을 물러나게 하며 마침내 죄를 이주회李

周會에게 씌워 사형에 처하게 되기에 이를 것이다. 스스로 동지를 배제하여 같은 편을 죽이면 정부 자체도 고립되어 하룻밤 사이에 최후를 맞이하게 된다. 이는 아무리 생각해도 실책이다.

후쿠자와는 미국에서 일본에 대한 비난의 소리가 높아지자 명성황후 생전의 정치행각을 소설형식으로 나쁘게 그린 다음 영문으로 옮겨 《뉴욕 헤럴드》에 투고할 정도였다.

대한제국 성립, 의화단사건과 후쿠자와

역사가 말해주듯이 명성황후 시해사건 뒤 조선 정국政局은 말 그대로 열강의 '각축장'이었다. 청일전쟁에서 진 청나라가 물러가자 이번에는 러시아가 들어와 일본과 대결, 조선은 러·일 공동 지배 아래 있는 거나 다름없었다. 이에 따라 조선 정세는 점점 러시아 쪽으로 짙게 물들어 갔다. 마침내 1896년 2월 11일에는 고종이 러시아 공사관으로 거처를 옮겨 조정 업무를 관장하는 사태가 벌어졌다.

후쿠자와는 1896년 5월 1일자 〈일국의 침체 우연히 아니다〉는 제목의 사설로 다음과 같이 고종의 러시아 공사관 피신 사실

제국주의 격랑 속에 기울어 가는 사직을 붙들고 안간힘을 쓰다 망국의 최후를 맞이한 비운의 고종

을 논평하고 있다.

　한 나라의 흥망성쇠는 유래가 있는 것이지 우연은 아니다. 개인의 힘으로 어떻게 할 수 없는 어려운 일이다. 예를 들면 일본은 40년 전에 쇄국을 탈피하고 왕정 유신에 힘써왔지만, 도쿠가와 이백 수십 년의 태평은 인민의 정신 발달을 촉진했다. 국민의 기상이 이러한 이상 봉건정치 압정은 더 이상 시행할 수 없었고 조세부담 역시 의외로 적었다. 비록 외국과의 교역은 없었지만 국내 산업은 발달했다.

　지금 조선 상태를 보건대 일본과는 전혀 반대로 개국 20년이 지났는데 나라 일은 더욱더 문란하고, 근래의 사태에서 보듯이 이름만 독립국이지 실제는 망국亡國이다. 앞으로의 운명은 심히 의심스럽다. 수백 년 동안 유교 중독中毒으로 진취 기상을 볼 수 없고, 귀족 사대부士大夫는 일신의 사리私利에만 급급해 눈이 어두워 있다. 국민의 재력은 바닥이 나 해마다 다른 나라로 도망하는 자가 적지 않다. 본래 국토는 기름지나 지금은 황무지이며 산림은 모두 베어버려 큰 나무를 볼 수 없다. 그래도 독립의 이름을 잃지 않고 명맥을 유지해 가고 있는 까닭은 '가까운 다른 나라'가 자국의 이해利害를 위해 간접적으로 받쳐주고 있기 때문이다. 집 기둥이 낡아 이웃 집 벽에 기대어 겨우 자리를 유지하고 있는 형국과 다르지 않다. 의지할 곳을 잘못 택하여 '다른 길'을 찾으려 한다면 뒤집힘을 면하지 못할 것이다.

　여기에서 가까운 이웃 나라란 일본을 말하며 다른 길은 러시아를 의미하고 있다. 후쿠자와는 이처럼 지배 실세가 러시아로 옮겨가고 있다는 사실을 충분히 이해하고 있었다. 이 같은 러시아 세력은 더욱 커져 1896년 6월 9일 모스크바에서 러·일 의정서가 조인되기에 이르렀다.

러시아 공사관 안에 있던 조선 조정은 그해 10월 내각제를 폐지하고 이전의 의정부를 부활시켰다. 그리고 고종은 1896년 2월 11일에 러시아 공사관으로 피신한 지 꼭 1년 만인 이듬해 2월 20일(2월 25일설도 있음) 궁궐로 돌아왔다. 그러나 경복궁이 아니라 덕수궁이었다. 덕수궁 가까이에는 러시아 병사들이 묵는 병영이 있었다. 고종은 그해 10월 12일 덕수궁 정면 대한문 앞 광장에 원구단圜丘壇을 세우고 황제 즉위식을 가졌다. 이어 16일 국호를 대한제국大韓帝國이라 고치고 복위된 왕비를 명성황후明成皇后로 추서追敍했다.

후쿠자와는 10월 17일자 사설 〈사실을 직시해야만 한다〉에서 실속 없는 칭호를 비웃었다.

외교는 사실을 제대로 보는 일이 무엇보다 중요하다. 현안이 되어 있는 러시아병兵 용병傭兵 문제는 양쪽 다 할 말은 있겠지만 외교는 공론이 아니라 사실 문제이다. 그래서 지금 조선 상황을 보건대 독립이란 이름뿐으로, 나라이지만 나라가 아니다. 근래 알려진 바에 따르면 조선은 소문대로 존호를 의결하고 앞으로 국왕을 조선황제폐하로 칭한다고 한다. 정말 놀랄 일이다. 국왕이라고 부르든 황제라고 칭하든 자기 마음으로 우리가 지지할 수는 없지만, 황제폐하의 지배를 받아야 하는 제국帝國이 밖에서 보면 국체도 제대로 이루지 못하고 있다. 다른 나라 공사관에 오래 머물던 국왕이 갑자기 나와 황제라고 호칭만 바꾼다고 안팎에 위엄이 세워지는 것일까. 도의와 인의仁義를 말하면서도 언행이 다른 가짜 군자의 소굴로 믿음을 줄 수 없음은 나의 경험이다. 배신과 위약이 그들의 천성이라면 조선인을 상대한 약속은 처음부터 무효라고 각오하고 사실상 결과를 추구할 수밖에 없다.

조선에 대한 각오는 이러할 수밖에 없더라도 다른 상등국上等國과
의 관계는 어떻게 해야 할까. 일·러 협상은 어쩔 수 없는 필요에 따
라 나온 산물로 지금 와서 득실을 논할 일은 아니다. 이미 이루어진
일은 할 수 없지만 앞으로는 방탕한 아들에게 후견자가 한 푼의 돈
도 빌려줄 수 없다고 언약하듯이 처리해야 한다. 아들이 다행히 근신
하고 있다면 지원할 수밖에 없지만 방탕생활을 그치지 않고 뒤를 봐
주는 사람에게 거리낌없이 또다시 돈 이야기를 할 때는, 위약을 말할
권리는 있지만 약속에 무게를 두지 말고 되어가는 대로 맡겨두어야
지혜 있는 사람이다.

텐진조약도 일·청 양국이 조선의 평화를 보장하는 정신에 따라 성
립되었지만 이러한 평화 보장이 효력 없게 된 이유는, 조선인이 자립
심이 없고 청나라에 일방적으로 의탁하여 내정을 간섭당했기 때문이
다. 일·러 협상처럼 조선이라는 쓸모없는 썩은 나무와 더러운 땅을
가운데 두고 대차 관계를 지나치게 꾸중할 때는 양쪽의 감정만 상할
뿐이다. 따라서 조선 국왕이 용병傭兵을 발의하여 러시아가 어쩔 수
없이 이에 응한다면 너그럽게 보아 넘겨야 한다.

오늘은 러시아를 따르더라도 이는 집권자 두세 명의 사정私情에서
나온 것이므로 영원히 계속될 수는 없다. 머지않아 바람이 몰아쳐 우
리나라에 의지할 때가 있을 것이라고 믿어 의심치 않는다. 협상을 잘
하면 용병은 조약에 위배될 뿐만 아니라, 그대로 두면 스스로 활동을
견제 받는 불이익이 따르게 된다. 우리가 용병 문제를 가볍게 보고
답답한 논리를 펴지 않는 사유도 이 때문이다.

후쿠자와는 조선을 둘러싸고 벌어지는 일·러 경쟁을 유동적으로

보고 러시아 이외의 열강에 대해서도 주의를 기울였다. 러시아는 당시 외교에 능란한 베베르를 교체하고 주일 러시아 공사관에서 근무하던 스페이르Alexis de Speyer 서기관을 승진 임명했다. 그는 한양에 부임하자마자 조선 총세무사總稅務司로 일하던 영국인 고문 브라운 John Mclery Brown을 해고하고 러시아인을 재정 고문으로 앉히려고 조선 조정에 압력을 넣었다. 브라운은 당시 궁내부宮內部 지출을 억제하여 빚을 줄이고 재정을 개선하는 데 크게 이바지하고 있었다. 이 보고를 들은 영국은 1897년 12월 동양함대 군함 7척을 인천항으로 급파했다. 이에 놀란 조선 조정은 브라운에 대한 해고 인사를 철회하고 러시아인을 탁지부度之部 고문으로 발령했다.

한편 독일은 선교사 살해 사건을 구실로 중국 산둥반도의 교주만膠州灣을 점령했다(1897년 11월 14일). 러시아도 이에 질세라 함대를 동원하여 뤼순 항을 점거했다. 후쿠자와는 이에 1898년 1월 12이부터 나흘 동안 〈14년 전의 지나분할론〉, 〈지나분할 새삼스럽게 놀랄 일이 아니다〉, 〈지나분할 도저히 면할 수 없다〉, 〈지나분할 후의 역량은 여하〉라는 제목의 논설을 연이어 싣고, 중국은 앞으로 영국·프랑스·독일이 분할 지배할 것으로 전망했다. 이는 중국이 제2의 폴란드가 될 가능성이 있다

쇄국정책으로 일관하다 결국 국권을 빼앗긴 흥선대원군

고 예상한 분석으로 프랑스의 한 정치가의 이야기를 듣고 썼다고 한다. 후쿠자와는 유럽 강대 세력에 의해 분할이라는 비운을 맞은 폴란드를 한자로 파란波蘭이라 표현했다. 그는 이 논설에서 일본이 푸젠성福建省 절반을 영유하게 되리라고 예언하여 주목을 끌기도 했다. 후쿠자와는 "이 예상도에는 오스트리아와 이탈리아가 빠져 있으나, 오스트리아는 터키를 점령하여 그 경영에 바쁘고 이탈리아는 아프리카 지역에 사단事端을 일으켜 동양침략까지 손이 미칠 여유가 없었기 때문"이라고 풀이했다. 이를 종합해 보면 후쿠자와는 서구열강이 아시아 각지를 분할 지배하리라는 점을 이미 알고 있었으며, 대국의 상호 이익 균형에 따라 소국 안전 여부가 판가름 나는 새로운 국제환경이 조성될 것으로 내다보고 있었음을 알 수 있다.

국제정세가 이처럼 급박하게 돌아가고 있는 동안 1898년 2월 대원군이 사저 운현궁에서 조용히 숨을 거두었다. 후쿠자와는 2월 25일자 〈대원군 훙서薨逝하다〉는 제목의 사설에서 아래와 같이 대원군의 가련한 말로를 애도했다.

대원군의 약력을 보면 이는 대원군 한 몸 부침浮沈의 역사만이 아니다. 조선의 운명사라고 볼 수밖에 없다. 조선은 완전한 유교주의 국가로 마치 중국 오랜 역사의 반복과 다름없다. 어린 천자天子, 국부國父의 섭정, 외척의 전권, 궁중의 음모, 이적夷狄의 소요, 외래 종교 금지 등이 모두 순전한 동양 전제국의 각본으로 유교주의에서 나온 유물이다. 신하들은 평소에 충의와 신의를 말하지만 실제는 달라 군을 매도하는 충신이 있고 부모를 고통스럽게 하는 효자도 있다. 유교의 해독害毒은 인심을 부패시킨다. 따라서 국민의 운명은 스스로 명백하다.

지금의 세계 대세로 보면 조선은 유교주의 최저국을 유지하는 데도 모자란다는 사실을 알아야 한다. 대원군이 1백 년 전에만 태어났더라도 중흥의 명군名君으로 역사에 이름을 남길 만한데 희대의 영웅호걸도 문명 대세는 거스를 수 없다. 일은 마음과 달라서 일거일동이 더욱더 자가自家와 나라의 쇠운을 불러와, 가엽게도 허무한 말로를 고하게 되었다.

대원군이 죽은 뒤 국제정세는 더욱 복잡하게 돌아갔다. 후쿠자와는 조선이 극도로 쇠약해 회복할 가망이 없고, 청나라는 외국에 해안의 요지를 내주어도 영토가 넓어 판도는 구우일모九牛一毛에 지나지 않는다며 날마다 동양 문제에 대해 논진論陳을 펼쳤다. 그는 더욱이 1898년 4월 28일자 사설〈대한對韓의 방침〉에서 "일본인에게 조선의 토지를 취득할 수 있도록 하여 일본인을 많이 이주시켜야 한다"며 아래와 같이 주장했다.

일반적으로 여러 나라와 외교에서 특히 조심해야 함은 새삼스런 일이 아니다. 정부는 냉정하고 태연하게 당면 문제에 대처하기 바란다. 동양의 형세는 청국과 조선의 실상에 따라 좌우되고 있다고 해도 지나친 말이 아니다. 우리나라의 대한對韓전략은 일진일퇴를 거듭하여 마침내 오늘에 이르렀다. 이처럼 만족스럽지 못한 상태를 불러온 데는 두 가지 실책에 원인이 있다. 하나는 '의협심義俠心'이고 다른 하나는 '문명주의'이다.

우리나라가 조선을 독립시켜 부강한 나라로 만들려는 의도는 순전히 의협심의 발로이다. 하지만 나라와 나라 사이 교제에는 조금도 효력을 거두지 못했다. 우리 쪽은 의협심에 열중했지만 조선은 조금도 이를 느끼지 않고 오히려 귀찮다는 인상이다. 조선인들이 싫어할 때는 어쩔 도리가 없다. 무익한 노파심을 접으면 그만이지만 가엾음을 넘어 밉기 백배이다. 아니 배은망덕에 적개심마저 든다. 메이지 15년(1882년)의 대원군 소동, 17년의 변란(갑신정변), 동학당 봉기 뒤처리 등은 어느 하나 우리 의협심에 일치하지 않는다. 우리 의협심에 대한 앙갚음인 셈이다. 인간 감정으로 유쾌할 리 없다. 28년(1895년) 10월의 결말은 분개가 극에 이르고도 남는다.

그러나 본디를 더듬어 보면 괜히 열을 올린 우리 쪽의 실책이다. 그래서 앞으로 조선에 대한 의협심은 일체 단념하는 쪽이 옳다. 조선인은 문화와 생각이 부족하므로 가르쳐 문명으로 인도하기가 쉽다. 하지만 자국의 경험에 비추어 같은 길을 가려고 애써 완명頑冥 고루함은 남양의 토인에도 절대 뒤지지 않는다. 평생개혁을 권고하여 내각 조직을 고치고, 법률과 재판법을 제정하며 조세법을 개정해 일본과 같은 개혁을 행하려 한 운동은 문명주의에 치우친 실책이다. 결과는 일본을 꺼리게 하는 생각을 갖게 하는 데 지나지 않았다.

조선에는 고유한 습관이 있다. 복통에 탕약을 먹이거나 배를 천으로 둘러 따뜻하게 하면 되는 환자에게 난소卵巢 수종水腫의 중증이라며 절개수술을 하더라도 의사의 지시에 따르지 않으면 완쾌를 기대할 수 없다. 조선인에게는 서양의西洋醫의 마음으로 한방 치료를 하는 편이 나으며 문명주의 직수입은 금물이다. 따라서 내정개혁, 독립심 부양 등 정치적 문제를 해결하려 하지 말고 실물을 제시하여 스스로 깨닫게 하는 게 중요하다. 실물이란 고문관도 아니고 훈련 조교도 아니며 다수의 일본인을 조선에 이주시켜 조선인과 함께 어울려 살게 하는 일이다.

일본인의 조선 이주는 전에도 주장한 바 있지만, '문명주의'나 '의협심'의 깃발을 내리도록 한 설득은 주목할 만하다. 후쿠자와는 4월 29일자 사설 〈대한對韓의 방략方略〉에서 이를 더욱 구체적으로 제시하고 있다.

근래 조선에 열심인 러시아인은 성과를 거둔 모습이다. 그렇지만 이것도 일시적 현상으로 다시 원상으로 돌아올 날도 머지않았다. 따라서 우리들의 전략은 러시아인이 오든, 영국인이 오든, 조선 정부가 변화하든, 정치와는 관계없이 오로지 많은 일본인을 이주시키는 데 있다. 이들을 식산흥업에 종사시켜 조선인과 함께 살게 하면 서로 오가며 접촉하는 사이 지식이 늘어나게 되고, 부원富源도 찾아내어 하늘이 내린 이익을 함께 누릴 수 있게 된다. 일단 사정이 여기에 이르면 일본인의 이익은 외국인이 감히 넘볼 수 없을 만큼 막대하게 된다. 믿을 만한 조선인의 말에 따르면 그들 땅은 휴경지休耕地가 많아 5백만 명의 일본인을 받아들일 여유가 있다고 한다. 우리나라 인구의 팽창 사정으로 보아 5백만 명 이주는 간단하지만, 우선 50~60만 명 정도로 잡고 조선 정부와 담판하여 법을 개정할 필요가 있다. 이주할 지역은 북쪽의 함경도는 잠시 빼놓고 전라·충청·경상의 삼남이 적지適地이다.

조선 지역 농민이 고통을 받는 까닭은 조세 부담이 크기 때문이다. 풍년이 들어도 지방 관리의 욕심이 지나쳐 농민들은 배고픔에 울고 가족들이 뿔뿔이 헤어져 토지는 황폐화하고 있다. 일본인이 경작하면 국법에 정한 조세 말고 징수할 명목이 없어 개인 권리를 지키는 성城과 같이 된다. 함께 사는 조선인도 일본인의 사정을 선망하고 분발하여 정치와 법률 개정을 촉진하게 됨은 필연이다. 눈앞에 실례를 보여

길을 안내하는 방법이다.

생산품을 증산하면 자연히 운수·교통도 발달하게 된다. 기업을 운영할 실력이 있는 조선인이 있으면 당연히 맡겨야 하지만 철도 부설 같은 어려운 일은 일본인이 책임지고 맡을 수밖에 없다. 광산도 일본인이 손을 대면 엄청난 이익을 만들어 낼 수 있다. 이 모두 다 실례를 그들 눈앞에 확인시켜 줄 수 있는 일이므로 우리들이 가장 중점을 두어야 할 일은 이주이다.

조선의 부원을 크게 개발하고 생산품을 증산하면 무역이 성하는 것은 말할 나위도 없다. 무역이 번창하면 수출과 수입이 크게 늘어 이익을 얻는 것은 지리·풍속적으로 가까운 일본이다. 조선반도의 구구한 권력 소장消長에 울고 웃는 일은 우리가 버려야 할 점이다.

이어 후쿠자와는 일본인 이주 문제를 다룬 1898년 5월 1일자 사설 〈망명인을 귀국시켜야 한다〉에서 일본에 망명 중인 조선 정객들을 귀국시켜야 한다고 아래와 같이 조선 정부에 촉구했다.

일본인은 술에 떨어지는 것처럼 개인적인 교제가 쉽지만 조선인은 토끼 귀처럼 의심이 많다. 나라와 나라의 교제도 마찬가지여서 일본 정부의 친절을 조선 정부는 뭔가 덫을 놓은 것은 아닌가 하여 주저하는 것이 보통이다. 일본의 조선 경영이 실패한 원인도 그들의 시의심猜疑心에 방해받고 있기 때문이다. 가이드의 안내로 도회지를 구경하는 촌사람이 안내자가 자기를 속이지 않은가 의심하는 바와 다르지 않다. 일본인도 세계 사정을 알지 못한 때는 서양인을 의심했지만, 오늘날은 한낱 과거의 피해망상증으로 기억할 뿐이다. 따라서 조선인의 의구심을 없애기는 어려운 일이 아니다. 그들도 어떻게든 우리와 친하게 되려면 적어도 주의를 기울여야 한다.

나아가 우리의 바람은 조선 망명객의 해결이다. 망명객의 보호는 문명국의 관례이지만 춘추전국시대 세력을 잃은 자가 외국으로 달아나 실력을 기른 다음 본국을 치는 예도 있었다. 그래도 이상스럽지 않았다. 오자서伍子胥가 오吳나라에서 난을 피해 있다가 나중 부모의 원수를 갚은 좋은 예가 있다. 중화사상에 젖은 조선인이 망명인을 오자서와 같이 보는 것은 무리가 아니지만, 일·한 친선을 꾀하려면 언짢은 생각을 깨끗이 버리고 박영효 이하를 귀국시키는 일이 중요하다.

현재 일본에서 떠돌이 생활을 하고 있는 조선 망명객은 약 30명에 이른다. 그 가운데는 법률상 죄인과 이미 죄형이 결정된 자들도 들어 있다. 조의연·유길준·권영진·우범선 등 8명은 궐석재판에 따라 유죄가 결정되었지만, 나머지는 별로 큰 죄도 아니다.

전 외무대신 김윤식은 아무 죄도 없는데 국모國母를 시해케 한 원수로 여겨 한 번의 심리도 없이 종신 귀양에 처해졌다. 30명의 망명객을 갑자기 귀국시키기는 어렵더라도, 이대로 놔두면 일·한 교제에 방해가 되므로 조선 정부를 설득시켜 안전을 보장하고 귀국시켜야 마땅하다.

후쿠자와는 이와 함께 "일·한 풍속이 비슷하다고 하지만 말이 통하지 않은 데다 이익을 목적으로 하는 일본 이주자는 기풍이 거칠어 조선인과 충돌하는 사례가 잦다"며, "이를 막으려면 일본 개국 때 일본에 온 서양인 선교사가 큰 구실을 했듯이 도자이혼간지東西本願寺는 승려를 조선에 파견하여 이를 도와야 한다"고 역설했다.

이처럼 60대 나이에도 밤낮을 가리지 않고 조선정략에 대한 각종 대안을 쏟아내던 후쿠자와도 건강에 무리가 와 1898년 9월 26일 뇌일혈로 쓰러져 한동안 붓을 잡지 못했다. 그러나 그는 두 달 만에 회복해 그해 12월 회복 축하회를 갖기도 했다. 이에 따라 1899년 2월 이후 사설은 《지지신보》 논설기자로 일하던 이시카와 간메이와 호리에 기이치堀江歸一가 후쿠자와의 구술을 받아쓰거나, 보도할 내용을 미리 들어 초안을 쓴 뒤 후쿠자와가 다시 손질하여 신문에 실었다.

이러는 동안 아시아 정세는 점점 미궁으로 빠져들었다. 청나라는 1900년 6월 21일 열강에 선전포고를 하고, 베이징 외교단을 청군과 의화단義和團이 포위해 버렸다. 이른바 '의화단사건'으로 '북청사변'이라고도 한다. 당시 톈진에 주둔한 각 나라 군대는 모두를 합해도 2만 명이 채 안되어, 수만에 달하는 청군을 상대로 베이징에 고립된 외교단을 구출하기는 역부족이었다. 영국 극동함대사령관 시모어E. H. Seymour가 한때 베이징 공격을 시도했지만 실패하고 지원군이 도착하기를 기다려야만 했다.

구원군의 신속한 파병이 어려운 열강은 먼저 일본에 지원을 요청했다. 영국은 일본의 빠른 파병을 재촉하려고 재정 지원을 약속하기도 했다. 이에 일본 정부는 7월 6일 혼성여단 파병을 결정하고, 일본군이 베이징 공격을 겨냥한 일본·영국·미국·프랑스·독일·러시아·이탈리아·오스트리아 등 8개국 연합군의 주력으로 참전하게 되었다. 그로부터 9일 뒤인 7월 15일, 마침내 톈진이 함락되었다. 톈진성을 공략하는 데는 일본군의 활약이 컸다.

후쿠자와는 1900년 7월 24일자 사설에서 일본병 출동 작전을 감탄하며 "한 명의 병사라도 함부로 피해를 입혀서는 안 된다"고 전제하고, "베이징까지 가는 길은 적병과의 조우도 문제지만 기후풍토도 큰 적"이라며 병사들의 건강관리를 철저히 하라고 당부했다.

후쿠자와는 7월 28일자 〈국민의 각오〉라는 제목의 사설에서 의화
단사건과 조선의 관계에 대해 자세히 논하고 있다. 이는 후쿠자와가
조선에 대해 언급한 최후의 논설이기도 하다.

이번 출병은 자국의 공사와 거류민을 구출하기 위한 작전이다. 구
미 각국은 본국으로부터 멀리 떨어져 있어 우선 위급한 상황을 타개
하고자 우리나라가 대병大兵을 파견했을 뿐이다. 그래도 열국의 공동
범위 안에서 일거일동에 신중을 기했다. 이는 각국이 인정하는 바이
다. 이제 열국의 군대도 착착 도착하여 연합군의 작전은 더욱 활발해
지는 양상이다.

이러한 상황에서 관심의 초점은 베이징에 진입한 뒤 어떻게 결말
을 짓느냐이다. 열국은 반드시 신중한 자세를 취한다는 방침이다. 요
즘의 형세는 외국을 배척하는 기운이 더욱 성하여 만주 지방은 극에
달하고 있다. 그러므로 북청 점령은 열국이 당연히 합동으로 해야 할
숙제이다. 그러나 각 지방 문제는 각자 힘으로 스스로 지켜나갈 수밖
에 없다.

만주에 대한 '러시아의 행동'은 어쩔 수 없다. 일본도 앞으로는 자
위 차원에서 방향을 결정하지 않을 수 없다. 우리나라가 조선의 소란
에 편승하여 토지를 빼앗는 일은 결코 없다. 이는 우리의 국시國是로
혹시 다른 나라에 이러한 말이 오간다면 동양평화를 위해 반대할 수
밖에 없다. 청국에 대해서는 국토 보전 말고 다른 뜻이 없지만, 소란
이 타이완까지 이르면 우리의 자위를 위해 진압은 너무도 당연하다.

더욱이 조선과의 관계는 이해가 밀접하여 청국과는 사정이 다르
다. 일본은 조선 땅에 우리 상공업을 발달시켜 다수의 거류민이 살

수 있도록 해야 하고 전력을 다해 안전을 유지해야 한다. 일본과 러시아가 공동으로 일을 맡아야 하지만, 조선 내지에 큰일이 생기면 만주까지 미쳐 러시아는 조선에 손을 쓸 여력이 없다. 급한 경우에는 일본이 단독으로 조선의 안전을 유지해야 한다는 각오가 필요하다.

각국 연합군 1만 6천여 명은 8월 4일 톈진을 출발하여 열흘 만에 베이징에 입성, 공사관 구역을 55일 만에 해방시켰다. 청나라 황제의 어머니 서태후西太后는 다음 날 베이징을 탈출하여 화를 면했다. 그리고 11개 연합국은 1901년 9월 7일 청국과 의화단사건 의정서를 조인했다. 그때 후쿠자와는 이미 이 세상 사람이 아니었다. 논설 가운데 언급한 '러시아의 행동'이란 동청東淸철도 보호를 구실로 내세운 러시아의 만주 점령을 의미한다. 그로부터 3년 뒤, 결국 러시아가 만주에서 군대를 철수시키지 않아 러일전쟁이 일어났다.

후쿠자와는 그가 바라는 '조국의 아시아 지배'를 보지 못하고 1901년 2월 3일 66세의 나이로 세상을 떠났다. 하지만 그의 주의·주장과 사상은 일본 근대화에 실로 엄청난 영향을 미쳤다. 앞서 지적한 대로 그의 문명론은 탈아의 형태로 일본 제국주의의 대륙 지배와 남방 진출을 위한 이론적 무기가 되었다. 그뿐만 아니라 태평양전쟁 기간에는 '대동아 공영권'으로 둔갑해 일본의 아시아 침략을 정당화하기 위한 선전 구호로 이용되기도 했다. 널리 알려져 있듯이 대동아 공영권이란, 아시아에서 구미 세력을 배제하고 일본을 중심으로 중국 및 동남아시아 여러 민족이 공존공영한다는 것을 의미한다. 이는 1940년대 일제 외무상 마쓰오카 요스케松岡洋右의 대對국민 담화에서 나온 말로 전해지고 있다. 이러한 이론들을 바탕으로 추진되던 일본의 아시아 침략은 제2차 세계대전의 참담한 패전에 따라 막을 내렸다.

한편 후쿠자와의 주도 아래 1883년 한때 판매부수 148만 부를 자랑하며 메이지 정권의 '거울'을 자처하던 《지지신보》는 후쿠자와가 죽은 뒤에도 같은 노선을 걸으며 계속 세를 불려 나갔다. 그러나 1926년 마루노우치丸の內에 있는 일본 왕궁 인근에 고층 빌딩을 짓고 위용을 자랑하던 《지지신보》도 경영난으로 1936년 12월 문을 닫아야만 했다. 《지지신보》는 패전 뒤 복간되었으나 옛 명성을 되찾지 못하고 오늘날 보수우익의 깃발을 날리고 있는 《산케이신문産經新聞》에 흡수되어 사라지고 말았다.

제3장
후쿠자와의 생애 I

성장과정

미국 여행

유럽 견학

성장과정

1. 하급 무사의 아들

후쿠자와 유키치는 1835년 1월 10일 오사카 도지마堂島에 있던 나카쓰번中津藩의 '구라야시키倉屋敷' 연립주택에서 태어났다. 아버지 햐쿠스케百助가 마흔세 살, 어머니 오쥰於順이 서른한 살 되던 해였다. 2남 3녀 가운데 막내둥이인 후쿠자와는 오사카에서 출생했지만 토박이는 아니었다. 아버지 햐쿠스케 고향이 규슈九州 부젠노구니豊前國* 나카쓰中津로 햐쿠스케는 나카쓰번의 가신家臣이었다. 가신이라고 하지만 계급이 극히 낮은 하급 무사에 지나지 않았다. 햐쿠스케는 마침 나카쓰번의 오사카 구라야시키 관리인으로 파견되어 근무하고 있었다. 구라야시키란 에도바쿠후江戶幕府 시대 일본 전국 다이묘大名**들이 자기 고장에서 생산된 쌀이나 특산물을 팔고자 설치한 창고 겸 거래소를 말한다. 구라야시키는 주로 에도와 오사카에

---

* 지금의 오이타大分 현과 후쿠오카福岡 현의 일부.

** 메이지유신 이전 무사들이 일본을 지배할 때 많은 영지와 부하를 가진 잘 알려진 무사들을 말한다. 에도 시대에는 1만 석 이상의 영지를 받은 무사들을 이렇게 불렀다.

몰려 있었다.

그때 오사카는 '천하의 부엌'으로 불릴 만큼 일본 경제활동의 중심지였다. 그 가운데 도지마堂島는 지금처럼 상도商都 오사카의 심장부였다. 쌀 중개상에서 환전소까지 없는 게 없었다. 이곳 쌀 상인들은 전국 다이묘들로부터 쌀을 사들여 에도를 비롯한 소비지에 내다 팔며 돈을 벌었다. 전국 다이묘들이 이곳에 창고를 겸한 주택을 둔 것은 시대적 부산물이었다. 다이묘들이 번을 운영하기 위해서는 많은 돈이 필요했다. 당시만 해도 번에서 생산된 물건은 쌀이 대부분이라 쌀이 돈줄의 전부라 해도 틀린 말이 아니었다. 쌀을 팔아 재정을 마련하기 위한 방편으로 대도시에 구라야시키를 연 것이다.

도지마에 구라야시키를 두고 햐쿠스케를 관리인으로 파견한 나카쓰번은 '후다이譜代' 다이묘 오쿠다이라케奧平家가 지배하는 번으로, 연간 쌀 생산량이 10만 석에 이르렀다. 햐쿠스케는 번으로부터 탁송된 쌀을 오사카 부호나 상인들에게 팔거나 저당 잡아 번의 재정자금을 조달하는 일을 맡았다. 쌀이 변질되지 않게 잘 관리하는 일도 물론 그의 몫이었다. 당시 정치·군사를 중시하는 제도 아래서 이러한 이재理財에 관한 사무는 상류 무사에게는 가치 없는 일로 인식되어 하급 무사들이 맡는 것이 보통이었다. 따라서 각 번의 구라야시키 관리인은 신분은 낮았지만 대단히 중요한 직무였다.

햐쿠스케는 성품이 강직한 데다 정직하고 성실하여 15년 동안이나 이 구라야시키 관리를 맡았다고 한다. 그러나 그는 어릴 때부터 중국의 철학·역사·문학 등을 좋아하여 스스로 학문을 계속하고자 했으나 집이 가난하여 뜻을 이루지 못했다. 그래서 구라야시키 일은 그에게 아주 고통스러웠던 짐이었다. 후쿠자와 유키치는 자서전에서 "아버지는 번의 어려운 재정을 꾸려가려고 상인들에게 머리를 숙이고, 때로는 비위를 맞추지 않으면 안 되어 굴욕감을 느꼈다고 했다"고 적고 있다. 이러한 아버지의 쓰라린 경험이 유키치 장래에 커다란 영향을 끼쳤음은 말할 필요도 없다. 햐쿠스케는 그러면서도 좋아하는 책을 사서 읽었다. 막내둥이가 태어난 때도 오랫동안 찾고 있던 《상유조례上諭條例》라는 책을 막 손안에 넣은 참이었다. 햐쿠스케는 명률明律인 이 책을 구한 기쁨에 아들 이름을 《상유조례》의 유諭자를 따서 유키치諭吉라고 지었다고 한다.

자애 깊은 양친 밑에 태어난 유키치는 한동안 남부럽지 않게 자랐다. 하지만 비극은 생후 1년 6개월 때 일어났다. 아버지 햐쿠스케가 45세의 젊은 나이로 갑자기 죽은 것이다. 원인은 뇌일혈로 알려져 있다. 일설에는 부하의 부주의에 책임을 지고 자살했다는 이야기도 전해진다. 뒤에 남은 사람은 어머니와 어린 자식 다섯이었다. 이제 막 11살인 형 산노스케三之助가 큰 아들로 후쿠자와 가문을 이어받았다. 일가의 기둥을 잃은 후쿠자와가福澤家 사람들은 오사카에 더 이상 머무를 수 없었다. 어머니 오쥰은 하는 수 없이 이들을 데리고 아버지 고향 나카쓰로 돌아가야 했다. 나카쓰는 지금의 오이타大分 현 북쪽 끝에 있는 상업도시이다. 에도 시대에는 정치 중심지로 신분제도가 엄격했다. 같은 무사끼리의 대화에서도 하급은 상사에게 최상의 존칭을 써야 했고, 상인과 농사꾼 사이 대화도 달랐다. 게다가 생활

후쿠자와가 태어난 날 그의 아버지 햐쿠스케百助가 오사카에서 입수한 《상유조례上諭條例》. 책 이름 가운데 유諭자를 따서 유키치諭吉라고 이름을 지었다.

풍속이 달라 이들은 큰 어려움을 겪었다. 후쿠자와 자서전《후쿠오자전福翁自傳》에 따르면, 그는 나카쓰 사람들과 언어와 풍속이 달라 아주 쓸쓸함을 느꼈다고 한다.

나카쓰에는 아버지와 어머니 쪽의 사촌들이 10여 명 살고 있었다. 그래도 오사카의 생활 습관과 언어에 익숙한 가족 기풍은 좀처럼 나카쓰 생활환경과 가까워지지 않았다. 더욱이 하급 무사라는 신분 차별은 굴욕감까지 느낄 정도였다고 한다. 공적인 장소에서 제약은 그렇다 치더라도 어린이들 사이의 일상생활조차 신분계급에 따라 차별이 심했다. 이미 설명한 대로 유키치는 이러한 문벌제도를 아버지의 적이라고 개탄했다. 유키치는 평소 윤리 의식과 자존심이 강했다. 일본 학자들은 유키치의 저항정신과 합리적인 사고방식이 이러한 문벌제도의 폐해에서 나왔다고 분석하고 있다. 소년 유키치가 그 뒤 나카쓰를 떠나 1866년 유년시절 배웠던 선생에게 보낸 아래의 편지를 보면, 그가 평소 고향을 어떻게 생각하고 있었는가를 짐작할 수 있다.

> 나카쓰에는 학문의 가르침이 없다. 세상을 알 수 없는 시골풍으로 재능이 없는 자도 출신을 하늘이 내려준 벼슬로 생각하고 있고 보편적인 도리도 모른다. 그저 그런가 하고 말하며 진짜 시골풍을 지키고 나라를 생각하는 일 외에 다른 생각은 있을 수가 없다. 재주가 있는 자는 교활하여 악하고 재능이 없는 자는 완고하여 사람들이 지금까지 이렇게 해온 관행이 지당하다고 생각하여 마음으로부터 화합할 수가 없다.

후쿠자와 집안은 유교주의 가풍으로 가정교육이 엄했지만, 어린

유키치는 장난이 심한 개구쟁이였다. 자서전에 따르면 그는 나카쓰 번주中津藩主 오쿠다이라奥平 다이젠노타이후大膳太夫 이름이 적힌 종이를 밟았다고 형에게 꾸중을 듣고도 다음에는 신神 이름이 쓰인 부적을 화장실에까지 갖고 들어가 마구 밟았다고 한다. 당시 나카쓰번의 하급 무사는 술이나 기름을 사려면 밤이 되기를 기다렸다가 다른 사람이 모르게 발자국 소리를 내지 않고 상점으로 가는 것이 불문율이었다. 그러나 유키치는 대낮에 태연하게 술병을 들고 상점을 드나들었다.

유키치 가족에게도 다른 일반 하급 무사처럼 번에서 녹祿이라는 이름으로 생활비가 나왔다. 그러나 이것으로는 생활비의 3분의 1밖에 대지 못했다. 그래서 잡일로 나머지를 벌어야 했다. 유키치가 13세 때까지 정식 교육을 받지 못한 이유도 이 때문이었다. 그는 5세 때부터 후쿠자와 집안과 연고가 있던 핫토리 고로베에服部五郎兵衛에게 초보 사서四書 책을 빌려다 읽었다고 전해지고 있다. 이어 8세 때부터 학숙에 들어가고자 한자를 익혔다. 당시 나카쓰에는 가숙家塾이라는 개인 학원이 두 곳 있었다. 그 가운데 노모토신죠주쿠野本眞城塾가 더 이름나 있었다. 이들 가숙이 철저한 유교주의를 교육 기본으로 하고 있었음은 더 이상 설명할 필요도 없다.

유키치는 13세가 되어서야 노모토신죠주쿠에 들어갈 수 있었다. 노모토신죠주쿠는 노모토 세츠간野本雪巖과 하쿠간白巖 부자가 세운 가숙으로, 유키치의 아버지 햐쿠스케가 세츠간에게 배우기 시작하면서 인연을 맺었으나 그것도 잠시였다. 노모토신죠주쿠가 번으로부터 처벌을 받고 학원을 다른 곳으로 옮기자 유키치는 하는 수 없이 시라이시 쇼잔白石照山이 세운 시라이시주쿠白石塾로 들어가야 했다. 그는 앞장에서 설명한 대로 이곳에서 한학을 공부하며 두각을 나타냈다. 특히 그의 선생 시라이시 쇼잔에게 많은 영향을 받았다. 시라이시는 유학儒學을 강의하면서도 주자학의 관념적 이일원론理一元論*이 아니라 객관성을 갖고 법과 제도에 의한 통제의 중요성을 강조했다. 이와 함께 실학을 중시해 공허한 문장의 수식 따위는 별로 중요하게 여기지 않았다.

또 유키치가 크게 영향을 받은 다른 하나는, 당시 나카쓰에 성행하고 있던 난학蘭學이었다. 이는 유키치가 유교주의를 벗어나 세상을 넓게 보게 된 촉매제이기도 했다. 나카쓰 지방은 원래 도쿠가와 친번親藩으로 신분제도가 엄격했다. 또한 에도 시대 개막부터 학문과 문화를 존중하는 전통이 강했다. 번주藩主는 말할 것 없이 민간도 '기타바루北原'라는 인형극과 가부키歌舞伎 등을 즐기고 배웠다. 그런 가운데 한학·국학國學과 함께 일찍부터 난학과 난의학蘭醫學이 성행했다. 1774년 네덜란드 해부학 책이 일본어로 번역·출판될 정도였다. 이를 번역한 마에노 료타쿠前野良澤(1727~1803)는 당시 나카쓰번주 일가의 건강을 돌보는 전담의사였다. 그때 나카쓰번주는 오쿠다이라 마사타카奧平昌高였다. 그는 원래 사쓰마번주 시마즈 시게히데島津重豪의 둘째 아들로 나카쓰번주 마사시카昌鹿의 아들 마사오昌男가 병으로 죽자 양자로 들어간 것이다. 마사타카는 번의 학문을 일으키고자 힘썼다. 더욱이 그는 난학과 네덜란드 문화에 심취하여, 43세 때 일부러 번주 자리를 아들 마사노부昌暢에게 물려주고 일본에 와있던 독일출신 의사 시볼트Philipp Franz Jonkheer Balthasar van Siebold(1796~1866)를 만나 문하생이 될 정도였다. 또 마사타카는 번사藩士 오에 슌토大江春塘를 에도로 보내 마에노 료타쿠에게서 난학

___

* 사물의 원리를 다원적으로 보지 않고 오로지 '태극'의 하나로 보는 이론.

을 배우도록 한 뒤 다시 나가사키에서 7년 동안 더 익히고 나카쓰로 돌아와 이를 전파하도록 했다.

이러한 나카쓰번은 양학에 관해서는 일본에서 첫 번째로 개명開明된 번이었다. 게다가 아편전쟁(1840~1842) 이후 유럽 여러 나라가 나가사키로 몰려온 데 자극받은 마사타카는 1850년 7월 나카쓰 번사 14명을 포술가 사쿠마 쇼잔佐久間象山(1811~1864)에게 보내 포술을 배우도록 했다. 그 문하생 가운데 한 사람인 오카미 히코조岡見彦三(1822~1862)가 나중에 오사카에서 공부하던 유키치를 에도로 불러내 나카쓰번 무사들의 자녀 교육을 맡도록 추천한 사실은 일본 학계에 잘 알려져 있다. 유키치는 이러한 나카쓰의 학풍을 이어 받으면서 한 살 반부터 열여덟 살까지 약 17년 동안 살았다. 그가 살았던 집은 오늘날 사적史蹟으로 보존되어 있다.

유키치는 이처럼 나카쓰번의 신분제도를 개탄하면서도 많은 애착을 갖고 시민 교육에 적극 노력했다. 이는 가족·친족 등 혈족과 함께 그의 사상을 진실로 이해해 주었던 은사·선배·친구들이 있었기 때문이라고 《후쿠자와 유키치 - 나카쓰로부터의 출발》을 쓴 요코마쓰 다카시橫松宗는 밝히고 있다.

2. 나가사키 유학

'유교儒敎가 아버지의 적'이라고 생각한 유키치는 유교 봉건제도가 짓누르고 있던 나카쓰中津를 벗어나는 것이 소망이었다. 자서전을 보면 후쿠자와가 얼마나 나카쓰를 떠나고 싶어 했는가를 이해하고도 남는다. 그는 고향을 등지고 나가사키長崎로 떠나던 순간을 자서전에 다음과 같이 적고 있다.

내가 나가사키로 가기로 마음먹은 까닭은, 난학蘭學 공부 문제가
아니라 오로지 나카쓰의 답답함이 싫어 견딜 수 없었기 때문이다. 문
학이든 무예武藝든 관계없이 밖으로 나가기만 하면 기쁜 일이어서 고
향을 떠나는 데는 조금도 미련이 없었다. 이렇게 한 사람이 어디에
또 있을까. 한번 떠나면 다시 돌아오지 않겠지. 지금이야말로 참으로
기쁘다. 혼자 속으로 웃고 뒤를 돌아보고 침을 뱉으며 쌩하니 달려나
갔던 기억은 지금도 생생하다.

유키치가 고향을 떠날 수 있었던 것은 역사가 가져다 준 선물이
었다. 미국 페리 함대의 일본 출현이 직접적인 계기였다. 페리 함대
입항과 유키치의 고향 탈출이 무슨 상관이 있냐는 의문이 생기겠지
만,《후쿠자와 유키치와 후쿠오자전福翁自傳》을 쓴 가노 마사나오鹿
野政直의 이야기를 들어보면 곧 수긍이 간다.

페리는 미국의 동인도 함대사령관으로 네 척의 군함을 이끌고
1853년 6월 3일 우라가浦賀 항에 들어왔다. 이들은 1년 전 미국 대서
양 연안의 노포크 항을 출항해 케이프타운 인도양 말라카 해협을 거
쳐 일본에 도착했다고 한다. 페리는 미국 대통령 국서國書를 휴대하
고, 그 때까지 쇄국정책을 고수하던 일본에 개국을 강요했다. 이 때
문에 페리는 일본인에게 잊을 수 없는 인물이 되었다.

난생 처음으로 증기선의 위용을 본 일본인은 오로지 놀랄 뿐이었
다. 에도 시중에서는 고도구古道具 상점의 갑옷과 투구 값이 크게 올
랐다. 요시다 쇼인吉田松陰(1830~1859)이라는 죠슈번長州藩 젊은 무사

는 때마침 에도에 묵고 있다가 이 소식을 듣고 급히 우라가 항으로 달려가 미국 군함을 자세히 관찰했다고 한다. 그때 충격이 계기가 되어 그는 존왕양이의 지사志士가 되었다. 페리 함대 뉴스는 순식간에 일본 전국으로 퍼져 사람들을 놀라게 했다. 세상 공기는 갑자기 어수선해졌다. 그때까지 일본에는 영국·러시아 등에서 개국을 요구하는 사절이 들어오고 있었지만 바쿠후는 여러 가지 핑계를 내세워 이를 거절하고 있었다. 그러나 이번 미국 사절은 사정이 달랐다. 그들은 자기들의 요구가 받아들여지지 않으면 절대로 물러날 수 없다며 군함에서 공포를 쏘기도 했다. 그때 그들이 쏜 함포는 소리만 들어도 가공할 만했다. 바쿠후는 아무튼 다음 해까지 해답을 주겠다고 약속할 수밖에 없었다. 그리하여 페리 함대는 일단 류큐琉球의 나하那覇까지 물러났다.

고통스런 상태에 빠져든 바쿠후는 그때까지의 독재정치를 풀고 여러 다이묘大名들에게 의견을 물었다. 그래서 정치 정세는 갑자기 흔들리게 되었다. 사람들은 바쿠후의 우왕좌왕하는 모습을 보고 정권이 의외로 약해 대책이 없음을 깨달았다. 바쿠후는 1854년 페리 함대가 다시 찾아오자 화친조약을 맺었다. 이런 상태로 가면 일본은 외국의 침입으로 멸망하게 되리라는 위기감이 국민들 사이에 퍼졌다. 이러한 위기감을 느낀 사람들이 이른바 지사로 존왕양이운동을 일으켰으며, 각 번은 나름대로 살길을 찾아 나섰다. 후쿠자와는 이러한 기회를 잘 잡은 것이다.

가노 마사나오의 설명은 일본의 개국사開國史이기도 하다. 페리 함대의 파문은 날이 갈수록 크게 확대되었다. 요시다 쇼인은 외세를 막으려면 외국을 알아야 된다고 생각하고, 페리 함대가 다시 찾아오자 시스오카 시모다下田에서 몰래 군함을 타려다 붙잡히기도 했다. 이처럼 외국을 알지 않으면 안 된다는 분위기는 유키치가 살고 있던 나카쓰번에도 흐르고 있었다. 특히 페리 함대가 탑재하고 있던 대포에 대한 관심은 대단했다. 나카쓰번은 외세의 침입을 막기 위해서는 무엇보다 서양의 포술砲術이 필요하다며 대책을 강구하고 나섰다. 서양 포술을 이해하려면 외국 원서를 읽는 독해력이 선결 과제였다. 당시 일본에 알려진 서양어는 쇄국시대 일본과 교류한 네덜란드 말이 유일했다. 곧 난학 공부가 필요하게 된 것이다. 일본에서 이를 배울 수 있는 곳은 바로 나가사키뿐이었다. 나가사키는 쇄국 일본에서 외국에 열려있던 '단 하나의 창'이었기 때문이다.

나카쓰번의 중역들은 먼저 유럽 서적을 읽을 수 있는 인력을 양성하기로 하고, 난학을 배울 생각이 있는 지원자를 찾기 시작했다. 그때만 해도 일본은 철저한 봉건제 국가로 번민藩民들의 역외域外 출입을 엄격히 규제하여 번의 허가 없이는 여행이 불가능했다. 형 산노스케三之助로부터 번이 나가사키로 유학할 희망자를 찾고 있다는 말을 전해들은 유키치는 답답한 나카쓰에서 빠져나갈 절호의 기회라 생각하고 주저 없이 지원했다.

이렇게 하여 유키치는 번의 중역 아들인 오쿠다이라 이키奥平壹岐의 도움을 받아 나가사키에 있던 포술가 야마모토 모노지로山本物次郎의 문하생이 될 수 있었다. 그의 나이 20세 때였다. 유키치는 귀찮은 일도 마다하지 않고 앞장서 했다. 먼저 눈이 나빠 책을 제대로 읽을 수 없는 선생에게 시세론을 비롯하여 한문으로 쓰인 여러 대가大家들의 책을 읽어주는 일부터 시작했다. 또 열아홉 살인 선생 아들에게 한서漢書도 가르쳤다. 선생 집안은 그리 넉넉하지 못했지만 가계 규모는 커서 남에게 돈을 빌리기도 했는데, 빌린 돈의 기한을 연기하거나 새로 빌리는 일도 모두 그의 차지였다. 선생이 목욕을 할 때는 등의 때를 밀어주고 사모님이 귀하게 여기던 고양이와 새도 보살폈다. 그뿐만 아니다. 야마모토의 가업을 도맡다시피 했다. 야마모토는 각 번의 요청에 따라 집에 비장秘藏하고 있던 포술서를 빌려주거나 필사해 주는 일을 했다. 포술서는 비밀리에 전해오는 병법으로, 이를 빌리는 데는 많은 사례비를 주어야 했다. 게다가 필사 희망자가 몰려 이를 필사하는 데는 더 많은 금품을 받았으므로, 야마모토의 가계에 크게 보탬이 되었음은 말할 나위 없다. 이런 일들을 유키치가 도맡아 했기 때문에 야마모토도 감동하여 그를 양자로 삼고 싶다고 말할 정도였다.

유키치는 "그때 여러 번藩의 서양가西洋家 예를 들면, 우와지마번宇和島藩·고도번五島藩·사가번佐賀藩·미도번水戸藩 등지의 사람들이 와서 대포 만드는 도면을 보여주라거나, 데지마出島에 있는 네덜란드 저택을 보고 싶다고 하면 모두 도맡아 해결해 주었다"며, "나는 초보자로 대포를 쏘는 광경을 본 적도 없고 도면을 읽을 줄도 몰랐지만, 여러 번藩의 전문가들이 와서 무어라고 물어보면 마치 10년 이상 포술을 배워 익힌 사람처럼 도면을 그리고 설명서를 써주며 부탁을 들어줄 정도였다"고 자서전에 술회하고 있다.

후쿠자와가 나가사키 유학 중 생활했던 고에지光永寺 서원. 포술가 야마모토 모노지로를 도우며 난학蘭學을 공부했다.

그러나 야마모토는 포술가였을 뿐 네덜란드어를 몰라 원서는 읽지 못했다. 유키치는 원래 포술보다는 외국어를 배우는 게 소망이었다. 그래서 그는 네덜란드어 통역사인 나라바야시栖林 집을 다니며 네덜란드어를 배우기 시작했다. 유키치는 나가사키에 와서야 가로쓰기 문자를 처음 보았다. 그는 26개 문자를 외우는 데 3일이 걸렸다고 한다. 그래도 네덜란드 글자를 자주 접하자 점점 쉬워져 이해 속도도 빨라졌다. 가끔 네덜란드 의사 집에 다니며 네덜란드 원서를 읽기도 했다.

유키치의 학문 속도는 시간이 지날수록 가속도가 붙기 시작했다. 사정이 여기에 이르자 야마모토가에 함께 있던 오쿠다이라 이키奧平壹岐가 질투를 했다. 오쿠다이라 이키는 원래 한학자의 제자로, 도량이 좁아 마음이 너그럽지 못했다. 작은 번의 출신이지만 큰집〔大家〕의 아들이어서 제 마음대로 행동했다. 그래서 치밀한 원서를 읽는 데는 관심이 없었다. 그렇지만 유키치의 공부가 놀라울 정도로 발전한 데 시기를 느낀 그는 마침내 유키치를 나카쓰로 돌려보내려 계략을 꾸몄다. 오쿠다이라 이키는 그의 아버지에게 유키치 어머니가 위독하다는 거짓 편지를 보내도록 부탁했다. 당시 나카쓰에는 어머니밖에 없었다. 형은 성장하여 오사카 구라야시키에서 아버지의 뒤를 이어 관리인으로 일하고 있었고, 누나들은 모두 결혼하여 집을 떠났다. 사촌형 후지모토 겐타이藤本元岱가 어머니 뒤를 보아주고 있었다. 사촌형은 직업이 의사여서 사리 판단이 빠르고 한서도 잘 읽는 학자였다.

아들에게 편지를 받은 오쿠다이라 이키의 아버지는 후지모토 겐타이를 찾아와 유키치를 다시 나카쓰로 불러오기 위해 어머니가 아프다는 내용의 편지를 쓰도록 명령했다. 후지모토 겐타이는 이를 거역할 수 없었다. 후지모토 겐타이는 '어머니가 아프니 빨리 돌아오라'는 내용과 함께 이러한 편지를 쓰게 된 전후 사정을 유키치에게 알렸다. 유키치로서는 제2의 위기였으나 나카쓰로 다시 돌아갈 생각은 전혀 없었다. '에도로 가자. 에도야말로 사람다운 사람이 가야만 하는 곳'이라며 유키치는 나가사키를 떠나기로 결심했다. 그리고 1855년 2월 나가사키를 출발했다. 오쿠다이라 이키 집에는 도중에 편지로 '마음이 바뀌어 에도로 가게 되었다'고 알렸다.

그는 여비가 없어 나가사키로부터 고쿠라小倉(현재의 기타큐슈北九州)까지 길도 모른 채 걸어서 동쪽으로 갔다. 이사하야諫早에서 사가佐賀까지는 배를 탔다. 온갖 고난 끝에 그는 시모노세키下關에서 배를 타고 세토나이카이瀨戶內海를 거쳐 오사카에 도착했다. 앞서 설명대로 오사카에는 형 산노스케三之助가 아버지의 뒤를 이어 나카쓰번 구라야시키에서 근무하고 있었다. 형은 유키치를 보고 놀라면서도 반가워했다. 하지만 에도로 갈 수는 없다며 막았다. 나가사키에서 오사카까지 오면서 나카쓰에 있는 어머니도 만나지 않고 온 유키치를 그대로 에도에 보내면 어머니에게 꾸중을 들을 것이 분명했기 때문이다.

유키치가 나카쓰로 돌아가지 않고 번을 벗어나 오사카로 간 것은 일탈 행위로, 당시 규칙상 처벌받게 되어 있었다. 그러나 유키치는 처벌을 면할 수 있었다. 이유는 막번幕藩체제 자체가 흔들려 규율이 제대로 지켜지지 않았기 때문이다. 충성심과 효행심이 깊은 산노스케는 동생의 행동이 너무도 무모하여 어안이 벙벙했으나, 동생의 장래를 위해 훌륭한 선생을 찾아 소개해 주었다.

유키치는 "오쿠다이라 이키는 결코 계략이 깊은 악인은 아니다. 오로지 대가大家의 고삐 풀린 망아지로 지혜가 없고 도량이 좁을 뿐이다. 그때 나를 말로 잘 구슬려 사로잡아 버렸으면 '후다이譜代'의 신하처럼 부릴 수도 있었는데 반대로 질투를 한 것은 바보짓이다. 나이도 나보다 열 살이나 많으면서도 어쩐지 정신연령이 어린아이 같아 나를 나카쓰로 돌려보내려 잔꾀를 내었다. 이 일은 실로 나에게 일대 재난이었다"고 당시의 곤혹스러웠던 순간을 자서전에 쓰고 있다.

3. 오가타주쿠緖方塾

유키치가 오사카에서 형 산노스케에게 소개받은 선생은 오가타 고안緖方洪庵(1810~1863)이었다. 오가타는 당시 46세로 일본 전국에 이름이 널리 알려진 난방蘭方 의사였다. 당시 일본 난학자는 모두 의사였다. 서양 학문을 익힐 수 있는 방법은 서양 의학을 배우면서만 가능했기 때문이다. 바쿠후는 유럽 학문이 들어오면 일본인의 눈을 뜨게 하여 결국 변란을 초래한다고 두려워하여 유럽문명 유입을 의학과 기술 분야에만 한정하고 있었다. 그래서 새로운 지식이나 세계에 대한 관심을 갖는 사람은 심한 박해를 받았다. 난학을 배우고자 하는 사람이 오로지 의학을 공부한 것도 바로 이런 이유에서였다.

오가타는 비주고쿠備中國[*] 아시모리足守에서 태어나 오사카·에도·나

데키주쿠 학숙을 열어 후쿠자와를 비롯한 많은 학생들을 가르친 오가타 고안 초상

가사키 등지에서 모두 10여 년 동안 난학을 공부한 뒤 오사카에 데 키데키사이주쿠適適齋塾(줄여서 適塾라 부름)라는 난학숙蘭學塾을 열었다. 오가타는 의사이자 교육자였다. 이 데키주쿠는 많은 영재를 배출한 곳으로 일본 교육사에서 불멸의 빛을 발하고 있었다. 입학대장에 등록된 학생 수는 6백여 명. 그 가운데는 메이지 군제軍制를 가다듬은 오무라 마스지로大村益次郎(1824~1869), 일본적십자를 창시한 사노 쓰네타미佐野常民(1822~1902), 바쿠후 말 지사 하시모토 사나이橋本左內(1834~1859) 등이 있다.

유키치는 1855년 3월 9일 21세 나이로 데키주쿠에 입학했다. 그가 정식으로 난학을 체계 있게 배우기는 이번이 처음이었다. 328번째 입학생인 유키치는 명문에 입학했다는 자부심이 대단했기에 공부 진도도 빨라 다른 학생들을 앞서기 시작했다.

그러나 새해가 밝자마자 뜻하지 않은 불행이 찾아왔다. 형 산노스케가 류머티즘에 걸려 손발이 부자유스럽게 된 데다 유키치 자신도 장티푸스에 걸려 병상에서 신음해야 했다. 유키치는 오가타 선생의 헌신적인 간병에도 1주일 동안이나 의식을 잃고 사경을 헤매었다. 다행히 젊은 나이 덕택에 죽음은 면했으나, 체력이 달려 더 이상 공부를 계속할 수 없는 상태에 이르렀다. 그는 어머니가 있는 나카쓰에서 건강을 회복해야겠다고 마음먹고 1856년 5월, 2년 만에 고향을 다시 찾았다. 때마침 형도 오사카의 임기를 마친 상태여서 함께 갔다. 나카쓰에 돌아온 유키치는 하루가 다르게 건강이 나아졌다. 난학을 공부하고 싶은 생각도 하늘을 찌를 정도였다.

그는 그해 8월 오사카 데키주쿠로 돌아갔지만 형이 없어 혼자 나

---

* 현재의 오카야마 현.

카쓰번의 구라야시키 빈방을 빌려 자취를 해야만 했다. 이제 막 공부를 제대로 할 수 있겠다고 생각한 순간도 잠시, 9월 10일 나카쓰로부터 한 통의 편지가 날아들었다. '형이 병사했으니 빨리 돌아오라'는 급보였다. 청천벽력이 아닐 수 없었다. 짐도 제대로 챙기지 못하고 허겁지겁 달려갔으나 이미 장례를 치른 뒤였고, 자신은 알지도 못한 사이에 형 산노스케의 뒤를 이어 후쿠자와가福澤家 호주가 되어 있었다. 나카쓰번에서 무사의 집안을 계승했다는 것은 어떠한 하급 무사라 할지라도 자유가 허용되지 않는다는 뜻이다. 무사 제도의 계율이 유키치의 발목을 붙잡은 꼴이었다.

하지만 그의 뜻은 이에 굽힐 수가 없었다. 이미 설명했듯이 번민藩民이 살고 있는 곳을 잠시라도 벗어나려면 번의 허가가 필요했다. 게다가 유키치는 무사 집안의 가장이어서 출번出藩 원서를 내야만 했다. 그는 어머니와 이미 이야기를 마친 뒤여서 숙부나 숙모에게도 상의하지 않고 '난학을 공부하고자 오사카로 떠나려고 한다'는 내용을 적어 번에 원서를 냈다. 그러나 번으로부터 보기 좋게 거절당하고 말았다. 난학 수업을 명목으로 출번을 허용한 사례가 없다는 것이 이유였다. 그렇다면 어떻게 하면 되겠느냐고 원서 접수처에 물었다. 그러자 담당자는 "포술 수업이라고 쓰면 된다"고 일러주었다. 그렇지만 오가타 고안은 오사카에서 사람의 병을 고치는 의사가 아닌가. 의사에게 포술을 배우겠다고 원서를 내면 누가 보아도 우스운 일이었다. 그래도 담당자는 "그것이 무엇이든 예가 없는 일은 어쩔 수 없다. 포술이 아니고는 허가할 수 없으므로 사실이 아니더라도 그렇게 쓰면 된다"고 다시 말해 주었다. 유키치는 담당자의 말대로 '오가타 고안 밑에서 포술을 배우겠다'는 원서를 써냈다. 그러자 바로 통과되어 그는 꿈에 그리던 오사카로 다시 나갈 수 있게 되었다.

유키치는 천신만고 끝에 오사카에 도착했으나, 이번에는 공부하는 데 필요한 돈을 마련할 길이 없었다. 그는 어쩔 도리가 없다고 생각하고 곧바로 오가타를 찾아가 어려운 사정을 이야기했다. 이 말을 들은 오가타 고안은 그의 딱함을 알고 뒤를 돌봐 주겠다고 약속했다. 다만 다른 학생에게는 이런 사실을 말하지 말라고 당부했다. 그리고 오가타 고안은 유키치를 자기 집으로 옮기도록 하고 네덜란드어로 쓰인 《축성서築城書》(성을 쌓는 방법을 설명한 책)를 번역하라고 주었다. 그때부터 유키치는 전국 각지에서 온 학생들과 사귀며 열심히 공부했다.

데키주쿠에서 타고난 재능을 유감없이 발휘한 유키치는 당당히 숙장塾長이 되었다. 데키주쿠는 읽기 어려운 외국 원서의 경우, 학생들이 돌아가며 읽고 난 뒤 토론으로 익히는 학습 방법을 택하고 있었다. 숙장은 바로 그러한 회독會讀을 주관하는 리더였다. 따라서 숙장이란 결국 가장 실력있는 학생임을 뜻했다. 숙장에게는 선생 집에서 식사가 제공되었다. 이와 함께 신입생이 입학할 때마다 입학금에서 일정액을 떼어 주는 규칙이 있어 용돈도 부족함이 없게 되었다.

이처럼 유키치는 영예스러운 숙장이 되었지만 별로 뽐내지 않고 약자를 도와 학생들을 감화시켰다. 그는 혈기 왕성한 젊은이들과 사귀면서 술을 대단히 좋아하게 되었다. 즐길 정도가 아니라 대주가大酒家였다. 유키치가 자서전에 "과음이 가장 큰 결점이었다"고 적은 것을 보면, 그가 얼마나 많은 술을 마셨는가를 엿볼 수 있다. 그는 숙장으로 학숙에서 받는 용돈이 대주가가 되는 데 큰 몫을 했다고 밝히고 있다. 유키치는 장난도 심했다. 그러면서도 공부할 때는 침식을 잊을 정도로 집중했다. 그는 이러한 데키주쿠 생활을 자서전에 실감나게 그리고 있다.

데키주쿠의 교육과정은 신입생이 들어오면 품사론品詞論과 문장론
文章論을 먼저 가르쳤다. 그것이 끝나면 회독會讀을 시켰다. 회독이란
지금으로 말하면 차례로 돌아가며 읽기를 뜻한다. 이 과정이 끝나면
각자 스스로 관심 있는 분야를 연구하게 되어 있었다.

당시 데키주쿠는 외국어 원서가 크게 부족했다. 원서라고 해봐야
물리학과 의학에 관한 것뿐이었고, 그나마 모두 합해 10부밖에 되지
않았다. 모두가 배편으로 들여오기 때문에 한 종류에 한 부로 제한
되어 있었다. 따라서 이를 배우려면 원서를 베껴 필사본을 만들어야
했고, 서로 먼저 필사하려고 다툼이 일어나기가 다반사였다. 하는
수 없이 제비뽑기로 필사 순서를 정할 수밖에 없었다. 학생들은 이
사본으로 매월 6회 정도 회독을 했다고 한다.

유키치는 특히 물리학에 흥미가 있어 열심히 공부했다. 지금과 달
리 당시는 실험 도구가 없어 배운 이론을 실험으로 검증하기가 가
장 어려웠다. 이처럼 어려운 가운데서도 그는 염화아연을 만들어 철
에 주석을 도금해 보고, 악취를 참으면서 암모니아 실험을 해 보기
도 했다. 유키치는 오가타 고안이 빌려 온 물리학 서적에서 패러디
의 전기설을 바탕으로 한 전지구조 원리를 보고 혼을 뺏기기도 했
다고 한다. 네덜란드어로 된 이 책은 치쿠젠번筑前藩(지금의 후쿠오카
현) 번주 구로다 미노노카미黑田美濃守*(1811~1887) 다이묘大名가 가
져왔다(鹿野政直 편저 《福澤諭吉と福翁自伝》 75쪽 참조). 그가 에도로 가다
가 오가타 집에 들러 이를 보여준 것이다. 오가타 고안이 구로다 미
노노카미의 주치의였다. 그렇다고 오가타 고안이 구로다 미노노카
미 집으로 가거나 에도로 출장을 가는 일은 없었다. 그저 오사카에

---

* 미노노카미는 관직 이름이며, 본명은 구로다 나가히로黑田長溥.

있으면서 구로다 미노노카미가 오가다 들르면 건강을 체크해 주는 식이었다. 당시 번과 에도를 오가며 일을 보던 다이묘들은 대부분 이렇게 자신의 건강을 관리했다.

구로다 미노노카미가 가져온 물리 서적은 책값이 10냥이나 되어 학생 신분으로는 좀처럼 구입하기 어려웠다. 유키치는 숙생들과 의논하여 구로다 미노노카미가 오가타 고안 집에 머무는 동안 이를 필사하기로 하고 작업에 나섰다. 학생들은 서로 교대하며 2박 3일 60여 시간에 걸쳐 전기 분야를 필사할 수 있었다. 이 책은 패러디의 전기설에 대한 설명을 비롯해 60여 가지의 원소를 알기 쉽고 찾아보기 쉽게 배열해 놓아 당시로서는 좀처럼 볼 수 없는 책이었다. 유키치는 그때까지 데키주쿠에서 물리책을 읽어도 열에 관한 부분을 중심으로 봤으나, 이 책을 읽은 뒤부터 전기학에 푹 빠졌다고 한다. 물리학에 대한 유키치의 흥미는 그가 눈을 감을 때까지 계속되었다. 그뿐만 아니라 물리학이 근대 서양문명의 기초학이라는 사실도 알게 되었다. 그는 증기기선·철포鐵砲·전신·가스 등 문명의 이기 발명은 말할 나위 없고, 의학·화학 등 자연과학 분야와 인간심리·정치·경제 분야 등의 인문사회 영역에 이르기까지 물리학을 적용할 수 있다고 믿었다. 그래서 이러한 물리학을 잘 활용하면 반드시 인류문명의 황금시대가 도래한다고 확신했다. 물리학에는 시대와 장소를 초월한 보편적인 원리가 확립되어 있다고 믿었기 때문이다.

유키치를 비롯한 데키주쿠 학생들은 이러한 학풍 때문에 유학자儒學者를 적대시했다. 후쿠자와의 자서전은 당시 분위기를 다음과 같이 전하고 있다.

유자儒者가 경서를 강의해도 들으려고 하는 사람이 없고, 한학 서생書生들을 보면 오로지 우습게 생각될 뿐이다. 특히 한의漢醫를 공부하는 학생에 대해서는 웃을 뿐만 아니라 이를 욕하며 조금도 용납하지 않았다. 오가타주쿠 이웃 나카노지마中島에 하나오카華岡라는 한의 대가가 운영하는 학숙學塾이 있었는데, 그 곳 학생들은 모두 돈 많은 사람으로 보이고 복장도 훌륭하여 우리들 난학생과는 부류가 달랐다. 늘 오가며 보아도 말도 건네지 않고 서로 노려보며 지나갈 정도였다. 우리들은 '그들이 2천 년 동안 전해 내려온 상한론傷寒論을 배워 고향에 돌아가면 사람을 죽일 것'이라며 그들을 뿌리 뽑아야한다고 외쳤다. 오로지 한방의漢方醫류를 매도하며 난학생의 기염을 토할 뿐이었다. 아무튼 당시 오가타 학생은 10명 가운데 7~8명은 목적 없이 고학한 자로, 그 목적 없는 것이 오히려 행복하여 에도의 학생들보다 더욱 공부가 잘 되었던 것이다.

유키치가 오사카 오가타주쿠에서 공부하던 때는 일본의 격변기였다. 뜻 있는 많은 청년들이 새로운 정치사상에 목숨을 걸고 뛰고 있을 때 유키치는 난학을 통해 세계를 바로 보고자 전력을 다했다.

4. 네덜란드어에서 영어로

유키치의 난학 실력은 하루가 다르게 좋아졌다. 과학 서적을 비롯하여 아무리 어려운 의학 서적도 일본어로 모두 옮길 수 있을 정도가 되었다. 그런 유키치에게 1858년 어느 날 행운의 여신이 날아들었다. 에도에 있던 나카쓰번 집무실에서 그를 부르는 초대장이 데키주쿠로 배달된 것이다. 1858년은 미일수호통상조약이 체결된 해이다. 이에 따라 일본과 미국은 공사와 영사를 서로 교환하고, 에도와 오사카를 외국인에게 개방하게 되었다. 이어 요코하마橫浜, 나가사키, 니가타新潟, 효고兵庫도 차례로 문을 열어야 했다. 바쿠후는 같은 조약을 네덜란드·러시아·영국·프랑스 등과도 체결했다. 일본은 이들과의 조약을 '5개국 조약'이라 부르고 있다. 이 5개국 조약에 따라 일본은 각국에 시장市場을 개방해야만 했다.

이처럼 국제 정세가 급변하고 있는 가운데 에도의 나카쓰번 집무실에서는 '난학을 공부하는 회會'가 열리고 있었다. 뒤에 데라시마 무네노리寺島宗則로 이름을 바꾸어 외무경에 오른 사쓰마薩摩(지금의 가고시마 현) 출신의 마쓰키 히로야스松木弘安(1832~1893)와 메이지 유신에 공이 큰 스기 고지杉亨二(1828~1917)가 교사로 학생들을 가르치고 있었다. 나카쓰번은 이왕이면 다른 번 출신이 아닌 나카쓰번 사람을 교사로 쓰고 싶었다. 그래서 오사카에서 공부하고 있던 유키치를 에도로 불러들이게 된 것이다. 유키치가 에도 나카쓰번의 난학 교사가 된 것은 24세 때였다. 앞서 소개한 포술 전문가 오카미 히코조岡見彦三의 추천이 결정적이었다.

그러나 유키치는 나카쓰번에 대한 감정이 남아 있어, 나카쓰번의 초청을 받아들이기까지 다소 머뭇거렸다. 나가사키에서 그를 괴롭힌 오쿠다이라 이키奧平壹岐가 이제는 나카쓰번의 에도江戶 가로家老가 되어 있었던 것이다. 그의 괴롭힘에 대한 반항으로 오사카로 떠난 그로서는 고민이 아닐 수 없었다. 결국 유키치는 과감하게 도전해 보기로 하고 나카쓰번의 초청을 받아들였다.

에도로 불려온 유키치는 일단 나카쓰로 돌아가 어머니에게 이 사실을 알린 다음, 오사카의 일을 깨끗이 정리하고 1858년 10월 하순 에도에 부임했다. 부임에 앞서 유키치는 한 명의 하인을 둘 수 있

게 되었다. 유키치가 신분은 낮지만 공용公用이라는 이유로, 나카쓰
번에서 그에게 하인을 부릴 수 있도록 한 사람 몫의 급료를 더 주
기로 결정한 것이다. 유키치는 그 돈으로 데키주쿠 학생 가운데 에
도에 가고 싶은 사람을 모집해 결국 히로시마 출신의 오카모토 슈
키치岡本周吉를 뽑아 함께 가게 되었다. 후쿠자와는 나카쓰를 도망치
듯이 빠져 나온 지 2년 만에 나카쓰번의 공식 난학 교사가 되어 돌
아왔다.

　나카쓰번 에도江戶 집무실은 중앙구 고비키쵸木挽町의 시오도메汐
留에 있었다. 유키치가 출근하자 나카쓰번 에도 집무실은 데포즈鐵砲
洲에 있는 나카쓰번 소유의 연립주택으로 안내했다. 유키치와 오카

도쿄 쓰키지 데포즈鐵砲洲의 게이오기주쿠慶應義塾　발상지. 게이오대학 개교 1백
주년을 맞아 기념비를 세웠다.

모토 슈키치는 바로 들어가 함께 자취하며 여기에 난학숙蘭學塾을 열었고, 나카쓰번 무사 자제들이 하나 둘씩 배우러 찾아왔다. 또 다른 번 출신 아이들도 5~6명씩 들어왔다. 유키치는 이들에게 네덜란드어를 가르쳤다. 2층 연립주택의 1층은 유키치와 오카모토 슈키치가 자취방으로 쓰고 2층에서 공부를 가르쳤다. 가로家老 오쿠다이라이키도 시간이 지나자 어떠한 트집도 잡지 않았고, 유키치와 오카모토 슈키치를 깍듯이 예우했다. 이 데포즈가 바로 게이오기주쿠 발상지로 지금의 세이로카병원聖路加病院 바로 앞이다. 게이오기주쿠 1백년을 기념하여 이곳에 기념비가 세워졌다.

유키치는 오사카에서 에도로 떠날 때 대단한 자부심을 갖고 있었다. 그것은 '오사카의 서생書生은 에도에 배우기 위해서가 아니라 가르치러 간다'는 것이었다. 그래서 유키치는 에도에 가자마자 다른 학숙보다 한발 앞서 가려고 유명한 난학자를 찾아가 실력을 시험해보기도 했다. 유키치는 일부러 유명한 학자에게 네덜란드 서적의 가장 어려운 부분을 골라 묻고, 그가 제대로 설명하지 못하자 속으로 안심했다고 한다. 그는 이렇게 하여 에도의 난학자 사이를 점점 파고들어 갔다.

에도에는 가쓰라가와가桂川家라는 난학의 명가가 있었다. 가쓰라가와가는 초대 호치쿠甫筑부터 바쿠후의 주치의를 맡으면서 난학을 면면히 이어 온, 일본 난학의 본산이었다. 당시는 7대 호슈甫周가 바쿠후의 주치의를 맡고 있었다. 유키치는 이 집에도 때때로 출입하면서 호슈에게 모르는 점을 묻거나 서적을 빌려 읽기도 했다. 가쓰라가와가에서 서적을 빌려 가는 보통 사람들은 필사하는 데 1~2개월이 걸렸으나, 유키치는 6~7일 만에 돌려주었다. 그때 호슈의 둘째 딸 미네는 4살로 어머니를 잃고 늘 아버지 곁에 있으면서 유키치의 귀여움을 받았다. 미네는 친절한 아저씨를 하루라도 안 보면 짜증을 낼 정도로 좋아했다. 유키치는 어린이를 귀찮아하지 않고 자상하게 가르치는 성품으로 그녀에게 재미있는 이야기를 들려주거나 때로는 업고 외출하기도 했다. 그러한 그에게 친밀감을 느낀 미네는 아버지 앞에 똑바로 앉아 설명을 듣고 있는 유키치의 구멍 난 양말에 솔잎을 넣어 간지럽게 하기도 했다고 한다.

유키치는 당시 비록 규모는 작지만 하나의 학숙을 책임지고 있어 자부심이 이만저만이 아니었다. 그러나 그러한 그도 에도에 온 지 1년도 안 되어 하늘이 무너지는 듯한 큰 충격으로 실의에 빠질 수밖에 없었다. 유키치의 일생을 바꾼 이 사건은 요코하마에서 벌어졌다. 1859년 어느 날, 요코하마에 구경 간 그는 지금까지 필사적으로 배워왔던 네덜란드어가 서양 사람들에게 전혀 통하지 않는 사실을 본 것이다.

1858년 외국에 개방되기 전까지만 해도 요코하마는 도카이도東海道에서 떨어진 조그만 어촌에 지나지 않았으나, 개방과 함께 갑자기 번창하기 시작했다. 거리는 온통 토목 공사와 건축 공사로 발 디딜 틈이 없었고, 전국 각지에서 상인들이 몰려들어 외국인과 무역을 하느라 북새통을 이루었다. 유키치는 그렇게 활기찬 요코하마를 한번 보려고 하루거리로 구경을 나섰는데, 요코하마 시내 상점 간판은 모두 영어였고 상품의 상표도, 주고받는 말도 모두 영어뿐인 광경을 보았다. 일본이 쇄국을 하는 동안 세계가 변해 버린 것이다. 당시 일본은 네덜란드에게만 개방했기 때문에 일본인은 다른 나라에 대해서 전혀 모르고 있었다.

유키치의 실망은 너무나 컸다. 그러면서도 앞으로는 영어가 아니면 안 되겠다고 느꼈다. 그는 바로 영어 공부를 하겠다고 결심하고

요코하마에서 돌아온 다음 날부터 영어 공부를 시작했다. 유키치로
서는 대전환이었다. 그는 이를 기어코 이루겠다는 각오로 여러 어려
움에도 불구하고 열심히 영어를 익혀나갔다. 그 충격과 각오가 어떠
했는지는 유키치의 자서전에 잘 나타나 있다.

　　일·미수호조약에 따라 요코하마가 막 개방되어 현지로부터 많은
소식이 들려왔다. 그래서 나는 요코하마의 실상을 확인하려고 구경길
에 나섰다. 그때 요코하마에는 외국인들이 와 상점을 내고 물건을 팔
고 있었다. 상점이라야 기둥도 파지 않은 가건물이 대부분이었다. 그
곳에 갔을 때 조금도 말이 통하지 않았다. 이쪽 말을 알 수 없으므로
물론 저쪽 말도 알 수 없다. 상점 간판도 읽을 수 없으므로 병에 붙
인 상표도 알 수 없다. 무엇을 보아도 내가 알고 있는 문자는 아니
다. 영어인지 불어인지 전혀 알 수 없다. 외국인 거류지를 정처 없이
걷다가 키니풀이란 상점에 다다랐다. 그 상점 주인은 독일인인데도
네덜란드어를 알고 있었다. 이쪽 말은 완벽하지 않았지만 난문蘭文을
쓰면 어떻게든 의미가 통하여 여러 가지 이야기를 하고 물건을 조금
사서 에도로 돌아왔다. 나카쓰번 집무실에는 출입시간 제한이 있어
전날 저녁 12시에 갔다가 그날 저녁 12시에 돌아왔다. 따라서 만 하
루를 걸어 다닌 셈이다.
　　요코하마에서 돌아온 나는 발이 피곤한 것은 둘째치고 실망이 이
만저만이 아니었다. 이것은 도저히 어찌할 도리가 없었다. 지금까지
수년 동안 필사적으로 공부한 네덜란드어가 물거품이 되어 상점 간
판도 읽을 수 없는, 정말 하잘 것 없는 일이 되었다는 사실을 깨닫고
낙담하고 말았다. 그렇지만 결코 낙담만 하고 있을 수만은 없었다.
그곳에서 쓰이는 말과 문자는 영어임에 틀림없었다. 지금 우리나라는

조약을 맺고 문호를 개방하고 있어 앞으로 영어가 필요하게 될 것임은 물어 보나마나다. 양학자로서 영어를 알지 않으면 아무 것도 할수 없다. 영어를 공부해서 읽는 방법 말고 달리 길이 없어, 요코하마에서 돌아온 다음 날부터 새롭게 마음을 가다듬고 영어를 배우기로 결심했다. 하지만 에도에는 영어를 배울만한 곳이 없었다. 그래도 여러 곳으로 수소문한 결과, 그때 조약 체결을 위해 나가사키에서 활약하던 영어 통역사 모리야마 다키치로森山多吉郎가 에도에 와 바쿠후에서 근무하고 있는 것을 알아내었다. 나는 그를 찾아가 영어를 가르쳐 달라고 부탁하여 겨우 승낙을 얻어냈다. 그러나 그는 너무 바빠 좀처럼 시간을 내지 못했다. 그에게 배우기를 포기한 나는 하는 수 없이 영어를 독학하기로 마음먹었다. 사전만 있으면 가능하다고 믿었기 때문이다.

당시 영어에서 가장 어려운 점은 발음이었다. 우리들은 그 의미를 배우려는 목적이 아니라 단지 철자법을 배우는 것이어서, 어린이든 난파선원이든 상관없이 영어를 하는 사람들을 찾아가 배웠다. 처음에는 영어를 네덜란드어로 번역해 보기도 했고, 사전에서 일일이 단어를 찾아 그것을 네덜란드어로 고쳐 쓰면 곧잘 네덜란드어가 되어 문장의 의미를 아는 데 별로 어려움이 없었다. 다만 영어 발음을 똑바로 하는 것이 힘들었으나 그것도 차차 실마리가 풀렸으므로 그렇게 어렵지는 않았다. 처음에 가장 어려웠던 점은 내가 네덜란드어를 버리고 영어를 배우려 할 때, 혼신의 힘을 다해 수년 동안 공부한 네덜란드어를 허공에 버린다는 사실이었다. 그러나 영어든 네덜란드어든 같은 가로쓰기 글자로 그 문법도 비슷하여 네덜란드 서적을 읽는 실력을 스스로 영어로 옮겨 사력을 다해 공부했다. 나는 물에서 헤엄치기와 나무에 오르기가 전혀 다르다는 생각이 일시적 착각이었음을 스스로 깨달았다.

미국 여행

미국 페리 함대 내항에 충격을 받은 바쿠후幕府 말 일본 사회는 서양에 대한 궁금증으로 가득 찼다. 일본 지식인들은 네덜란드 서적 등으로 서양 사정을 어느 정도 짐작하고 있었으나, 실상을 제대로 알지는 못했다. 그래서 직접 서양을 방문하여 그 제도와 문물, 시민사회 실정들을 접해 보는 것이 소망이었다.

후쿠자와는 1860년부터 1867년까지 미국 두 번, 유럽 한 번 등 세 차례에 걸쳐 해외여행을 했다. 유럽 나들이는 1년이나 걸려 각국의 선진 문명을 샅샅이 살펴볼 수 있었다. 엄격한 쇄국체제로 일반인의 해외출입이 일절 금지되던 시대에 세 번이나 해외 나들이를 할 수 있었으니, 극히 보기 드문 경우였다. 그것도 바쿠후의 명령에 따른 해외파견이라 세인의 부러움을 샀다.

후쿠자와의 첫 번째 미국 여행은 그가 스스로 길을 개척했다고 해도 틀린 말이 아니다. 미·일수호조약을 체결(1858년)한 바쿠후는 이듬해 조약서 교환을 위해 사절을 파견하기로 결정하고 준비작업을 서둘렀다. 바쿠후는 먼저 미국이 제공한 미군함에 승선시킬 사절단의 규모를 81명으로 결정했다. 이 가운데 3명은 특사 자격이며 나머지는 수행원이었다. 이와 함께 사절 경호를 목적으로 일본 군함

후쿠자와가 일본사절단과 함께 처음으로 태평양을 건넌 간닌마루 항해도航海圖.
간닌마루는 철선으로 네덜란드에서 사들였으며, 당시 일본 해군의 주축이었다.

간닌마루咸臨丸를 파견하기로 했다. 여기에 간닌마루를 보내기로 결정한 데는 태평양 항해로 실전을 쌓고자 하는 원양 훈련의 뜻도 담겨 있었다. 간닌마루는 바쿠후가 당시 네덜란드에서 사들인 3백 톤급 철선으로 바쿠후 해군의 주축이었다. 이 군함에는 의사 2명과 수부 6명 등 모두 96명이 타고 있었다. 함장은 가쓰 가이슈勝海舟(1823~1899)였지만, 그 위에 기무라 가이슈木村芥舟가 사령관으로 간닌마루를 인솔하게 되었다.

이 소식을 전해들은 후쿠자와는 이 배를 타고 미국 땅을 꼭 한 번 밟아보고 싶었다. 그러나 에도에 온 지 얼마 안 된 그에게 특별히 도와줄 사람이 없었다. 다만 한 가닥 희망은 사령관 기무라 가이슈가 후쿠자와가 자주 출입하던 가쓰라가와가桂川家의 아주 가까운 친척이라는 사실이었다. 후쿠자와는 기무라 가이슈를 따라갈 수 있게 해주도록 가쓰라가와에게 부탁했다. 그리고 그 부탁은 곧 받아들여졌다. 이는 후쿠자와가 얼마나 기민하고 대담하며 왕성한 호기심을 갖고 있었던가를 엿볼 수 있는 대목이다. 기무라 가이슈 쪽에서도 신분상 자신을 도와줄 수행원이 필요했다. 기무라 가이슈는 이런 상황에서 스스로 찾아온 후쿠자와를 장래성 있는 인물로 생각하여 기꺼이 승낙했다고 한다.

이렇게 하여 후쿠자와는 1860년 1월 13일 사절단 일행과 함께 미국으로 갈 수 있었다. 후쿠자와의 도미渡美야말로 그의 일생을 좌우한 결정적 사건이었다. 사절단 일행은 37일 동안 태평양을 항해하여 2월 26일 샌프란시스코에 다다랐다. 이들은 미국에 상륙하여 한 달가량 머무르면서 많은 일을 체험했다. 더욱이 후쿠자와는 풍부한 물

미일수호조약 조약서를 교환하기 위해 미국에 파견된 견미遣美사절단. 맨 오른쪽이 후쿠자와 유키치이다.

질문명에 놀랐다고 한다. 그는 화려한 호텔에서 양탄자 위를 구두를 신은 채 걷고, 얼음이 있을 계절이 아닌데 샴페인 잔 안에 얼음이 들어있는 모습을 보고 눈을 의심했다. 그는 자서전에서 "일본을 출발하기 전까지 천하 독보獨步로 안중에 무서울 것이 없다고 뽐내던 활달한 서생書生도 처음 와 본 미국에서는 시집온 새색시처럼 위축되어버려 스스로도 이상했다"고 당시의 느낌을 적고 있다.

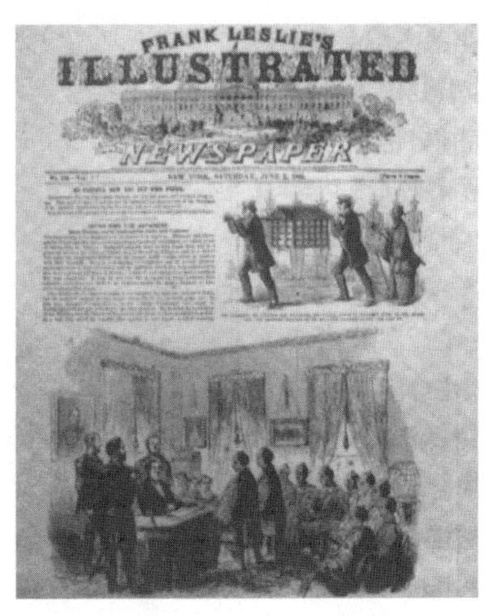

미국 신문에 실린 견미遣美사절단 환영 기사. 일본사절단이 미국에 도착하자 미국 신문들은 이들의 방미訪美를 크게 보도했다.

후쿠자와는 그 가운데 사회 습관과 풍속은 조금도 이해할 수 없었다고 덧붙이고 있다. 예를 들면 아내가 손님과 마주 앉아 접대할 때, 남편이 옆에 서서 돕는 광경을 보고 정말 이상하다고 생각했다. 후쿠자와에게 미국 사회는 마치 엄처시하嚴妻侍下의 여존남비女尊男卑 세상으로 비추어졌다. 또 여러 곳의 제작소 등을 돌아보고 도금법과 전신 등에 관해 설명을 들었지만, 그 이론은 이미 난학에서 배워 익힌 터라 조금도 놀라지 않았다. 정말 놀란 점은 철鐵을 마치 쓰레기처럼 버리는 행동이었다. 집에 불이 나면 못을 줍고자 많은 사람들이 모여드는 일본과는 대조적이었다. 또 한 가지는 굴 값이 너무 비싸 충격을 받았다고 한다.

후쿠자와가 미국 여행에서 이상하게 느낀 점은 근본적으로 서양 사회는 뭔가 일본과 다르다는 사실이었다. 게다가 정치·경제·사회 문제는 전혀 이해할 수 없었다. 후쿠자와는 미국 초대 대통령 조지 워싱턴의 후예가 무엇을 하고 있는지에 대해 미국 시민들이 아무도 모르고 있는 사실이 놀라웠다. 여기서 잠시 그의 자서전을 보기로 하자.

> 내가 문득 생각이 떠올라 어떤 사람에게 물어 본 것은 다름이 아니라 워싱턴의 자손이 지금 어떻게 되어 있는지였다. 그 사람은 "워싱턴 자손 가운데에는 아마 여자도 있을 것이다. 지금 무엇을 하고 있는지는 모르지만 틀림없이 누군가의 부인이 되어 있을 것이다"라며 너무도 냉담하게 대답하여 충격이 컸다. 한마디로 불가사의다. 물론 나도 미국이 공화국으로 대통령은 4년마다 바뀐다는 것쯤은 알고 있었으나, 워싱턴의 자손이라면 일본의 도쿠가와 이에야스德川家康의 집안처럼 대단한 가계임에 틀림없다고 생각하고 물어 보았는데 이 같은 대답에 대단히 놀랐다. 일본에서는 도저히 있을 수 없는 일로 지금도 잘 기억하고 있다. 이학理學에 관해서는 조금도 놀랄 일이 없었지만, 사회문제에 대해서는 전혀 방향을 잡을 수가 없었다.

이는 후쿠자와뿐만이 아니었다. 당시 난학을 공부하는 학생들은 물리학이나 의학 등 자연과학은 어느 정도 이해하고 있었으나, 경제·정치·법률 등에 대해서는 전혀 모른다고 해도 지나친 말이 아니었다. 바쿠후가 쇄국정책으로 사회과학 서적 반입을 금지한 결과였다. 그렇지만 이런 일이 오히려 미국의 시민생활에 대한 이상한 호기심을 불러일으켰다.

사절단은 미국에 도착하기까지 태평양을 항해하는 동안 바다 날씨가 좋지 않아 많은 어려움을 겪었다. 37일의 항해 기간 동안 날씨가 좋은 날은 단 4일에 불과했다. 날마다 강풍이 불어 커다란 파도가 배를 덮치는 날이 하루 이틀이 아니었다. 3백여 톤에 지나지 않는 간닌마루는 함께 타고 있던 미국인 선원 부르크의 도움이 아니었다면 하마터면 뒤집힐 뻔했다. 간닌마루는 부르크의 기지機智로 거친 파도를 헤쳐 나갈 수 있었다. 부르크는 당시 미국의 태평양 해저 측량선을 몰고 사쓰마薩摩의 오시마大島 앞바다를 지나던 중 배가 침몰, 구사일생으로 살아났으나 일본측에 억류되었다. 바쿠후는 고국으로 돌려보내 달라는 그의 호소를 받아들여 간닌마루 승선을 허락한 것이다.

함장 가쓰 가이슈는 거센 파도를 만나 배가 침몰 직전에 있는 데도 자기 방에 틀어박혀 나오지 않았다. 후쿠자와는 이를 매우 못마땅하게 생각했다. "가쓰라는 사람은 사령관 기무라 다음으로 군함을 책임질 지휘관임에도 바다에 대단히 약하여 항해 도중에는 환자처럼 자기 방에 들어가 밖으로 나올 줄을 몰랐다"는 후쿠자와의 자서전을 읽으면 후쿠자와가 그를 어떻게 인식했는가를 극명하게 알 수 있다. 후쿠자와와 가쓰 가이슈는 그 뒤로도 죽을 때까지 서로 가까워지지 않았다. 후쿠자와는 유신정변 때 바쿠후군의 총사령관이었던 가쓰 가이슈가 유신군을 맞아 한번도 싸우지 않고 에도성江戸城을 그대로 내준 처사를 매우 못마땅하게 여겼다. 게다가 바쿠후 해체 뒤 그가 옛날 정적政敵과 함께 새 정

1860년 샌프란시스코에서 사진관 집 소녀와 함께 포즈를 취한 후쿠자와

부의 요직을 맡아 영작榮爵을 받자 혹독하게 비판하기도 했다.

미국에서 돌아온 후쿠자와는 예전과 다름없이 난학숙蘭學塾에서 학생들을 가르쳤다. 그는 돌아오자마자 학숙의 교육과정을 네덜란드어에서 영어 중심으로 바꿨다. 당시 영어는 후쿠자와에게도 어려웠으나 귀국하면서 구입해온 웹스터 사전 등 각종 영문 서적이 큰 도움이 되었다. 그는 네덜란드어와 영어 대역對譯사전 등을 이용하여 자기 자신도 공부해가며 학생들을 지도했다. 그의 노력은 헛되지 않아 학생 수도 점점 늘어났다. 처음 문을 열 때 35명에 지나지 않던 학생이 1872년에는 3백여 명으로 크게 불어났다. 그 가운데 나카쓰번中津藩 출신이 72명으로 압도적으로 많았다. 후쿠자와는 학생 수가 늘어남에 따라 1868년 4월 신센자新錢座에 새 건물을 마련하고 학교 이름을 정식으로 게이오기주쿠慶應義塾라 정했다. 미국인 교사 캐로서스를 월 125엔씩 주고 채용하기도 했다.

이와 함께 후쿠자와에게는 또 한 가지 일이 늘어났다. 바쿠후가 그를 정식 번역관으로 위촉한 것이다. 당시 바쿠후에는 세계 여러 나라와 외교 관계가 시작됨에 따라 외국 공사나 영사관으로부터 많은 공문서가 배달되고 있었다. 하지만 영문과 불문을 읽거나 쓸 수 있는 사람이 한 사람도 없어 공문에는 항상 네덜란드문文이 따라 다녔다. 이 네덜란드문을 해독할 수 있는 사람도 적어 후쿠자와처럼 다른 번藩의 가신家臣까지 고용하게 된 것이다. 그 결과 후쿠자와는 네덜란드어와 영문을 비교할 수 있어 영어 공부에 많은 도움을 받았다.

후쿠자와는 미국에서 돌아온 지 3개월 뒤《증정화영통어增訂華英通語》라는 책을 출판했다. 이는 그가 샌프란시스코에서 구입한《화영통어華英通語》라는 중영사전을 일본어로 옮긴 것이다. 이 사전이 그가 쓴 최초의 책이다.

후쿠자와는 27세가 되던 1861년, 같은 나카쓰번中津藩 번사藩士 도키 다로하치土岐太郎八의 둘째 딸 킨錦과 결혼하고 시바芝의 신센자新錢座에 신방을 차렸다. 연봉 13석石의 하급 무사인 후쿠자와가 3백 석의 상급 무사 딸과 결혼함으로써, 그에게는 상류사회로 들어가는 문이 활짝 열리게 된 셈이다. 이 부부는 금실이 좋아 슬하에 4남 5녀를 두었다.

후쿠자와는 유럽 시찰에 이어 1867년 1월 23일 재차 미국을 방문하는 행운을 잡았다. 바쿠후의 군함 인수 사절단 번역사로 특명을 받은 것이다. 일행은 요코하마를 출발하여 샌프란시스코에서 배를 바꿔 타고 남쪽으로 내려와 파나마 운하를 거쳐 뉴욕에 도착한 뒤 워싱턴으로 갔다. 50일 남짓 워싱턴에 머물렀던 후쿠자와는 서양에 대한 지식과 이해가 매우 깊어졌다.

그는 임무를 마치고 돌아오면서 엄청난 양의 서적을 구입해왔다. 책의 종류를 보면 웹스터 사전 각 판 6종 90권, 영어독본 영문법서 9종 254권, 대수·기하 7종 133권, 물리·화학 3종 81권, 군사 관계사 6종 9권, 경제·법률서 4종 6권 등 모두 43종 695권이나 되었다. 사과 상자와 같은 큰 박스 열두 개에 담을 수 있는 분량이었다. 후쿠자와가 지불한 책 값 만도 2천 냥兩이었고 미화로 1,665.9달

후쿠자와가 최초로 펴낸 《증정화영통어增訂華英通語》. 중영사전 《화영통어華英通語》를 샌프란시스코에서 구입하여 일본어로 옮겼다.

러로 상당한 거금이었다.

일행은 일을 마친 뒤 뉴욕을 출발하여 같은 길을 거쳐 샌프란시스코로 돌아와 6월 하순 귀국했다. 세 번째 외유로 후쿠자와가 얻은 보람은 컸지만 반드시 유쾌한 일만은 아니었다. 후쿠자와는 여행 중 군함 인수 위원장인 오노 도모고로小野友五郎 등의 불만을 사 귀국하자마자 근신 처분을 받았다. 또 미국에서 구입한 서적도 일시 압수당했다. 후쿠자와는 나중에 자서전에서 "항해 도중 배안에서 술을 마시고 바쿠후 정부의 부패상과 버리지 못하고 있는 쇄국사상을 비판하여 그런 결과를 가져오게 되었다"고 적고 있다. 후쿠자와는 바쿠후가 수입을 올리고자 책을 구입해 오도록 한 명령을 거역한 데다, 정부가 사온 책으로 수익을 얻으려 한다면 그에 합당한 수수료를 주어야 한다고 말해 오노 도모고로 등의 노여움을 샀다고 한다. 또한 뉴욕에서 후쿠자와가 돈을 건넨 영국인 심부름꾼이 돈을 가지고 도주한 일도 그의 마음을 상하게 했다.

후쿠자와의 근신은 3개월 만에 풀려 10월부터 다시 바쿠후에 출근하게 되었다. 그러나 그로부터 2개월 뒤 도쿠가와바쿠후는 일본 역사에서 막을 내렸다.

유럽 견학

　난생 처음 미국에 가 많은 체험을 하고 돌아온 후쿠자와에게 1년 만에 다시 외유 기회가 찾아왔다. 결혼한 지 넉 달 만의 일이었다. 행선지는 서구문명의 발상지인 유럽으로, 자격도 1차 때와 달리 외교사절단의 일원이었다. 바쿠후가 후쿠자와를 정식 사절단 통역사로 임명한 것이다. 여행 수당도 4백 냥이나 나왔다. 이는 그가 좀처럼 한꺼번에 쥘 수 없는 큰돈으로, 결혼 선물치고는 아주 큰 것이었다. 후쿠자와는 수당 가운데 먼저 1백 냥을 나카쓰에 있는 어머니에게 보냈다. 여행비는 관비에서 따로 나와 많은 돈이 필요 없었기 때문이다.

　사절단의 임무는 유럽 여러 나라와 이미 체결한 조약 가운데 일부 준수 조항을 연기시키는 일이었다. 당시 바쿠후는 외국 여러 나라와의 약속대로 요코하마·나가사키·하코다테 등의 항구를 개방한데다 니가타·효고 항과 에도·오사카의 문호개방도 앞두고 있었다. 그러나 이들 항구와 시장은 국민들의 반대가 너무 거세어 개방이 그리 쉽지 않았다. 그래서 바쿠후는 얼마 동안 개방을 늦추기로 하고, 이를 교섭하고자 유럽순회사절단을 파견하기에 이르렀다.

　사절단은 다케노우치 시모쓰케노가미竹內下野守(1807~1867)를 정사正使로 모두 30명이었다. 이들 사절단은 영국 정부가 내준 군함 오딘Odin호를 타고 1861년 12월 21일 시나가와品川 항을 떠나 먼 길에 올랐다. 당시 영국이 이들에게 자기 나라 군함을 이용토록 한 까닭은 특사 영접을 계기로 국세를 자랑하기 위해서였다.

오딘호는 1862년 1월 1일 나가사키 항에 들렀다가 홍콩을 비롯한 아시아 여러 항구를 거쳐 두 달여 만에 수에즈에 도착했다. 사절단 일행은 일단 수에즈에서 내려 육로로 카이로를 거쳐 알렉산드리아로 이동했다. 이들은 여기서 다른 배를 타고 지중해를 항해한 끝에 3월 5일 프랑스 마르세이유에 이르렀다. 태어나서 처음으로 유럽 땅을 밟은 후쿠자와는 들뜬 마음을 가눌 수 없었다. 이때부터 이미 후쿠자와의 서유견문기는 시작되고 있었다.

이어 사절단 일행은 기차를 타고 리옹을 거쳐 파리에 도착해 외교활동을 시작했다. 이들이 파리에서 처음 묵은 곳은 루브르Louvre 호텔이었다. 호텔 크기는 6층으로 모두 5백여 명을 수용할 수 있는 6백 개의 객실을 갖추고 있었다. 파리 시가는 도시 계획을 해서 거리는 광장처럼 아주 넓었고, 보도와 공원이 따로 만들어져 화려하기 그지없었다. 당시 일본인으로서는 도저히 상상할 수 없는 일이었다. 세계 대도시의 찬연한 문물과 경관을 직접 눈으로 확인한 사절 일행은 너무 놀라 감탄밖에 나오지 않았다고 한다. 후쿠자와는 이미 1년 전 미국 서해안의 샌프란시스코를 본 적이 있어서 유럽 도시에 대해 상상은 하고 있었지만, 파리의 화려함에는 입을 다물 수가 없었다고 자서전에 술회하고 있다.

당시 파리 인구는 170만 명 남짓으로 나폴레옹 3세가 프랑스를 통치하고 있었다. 그는 나폴레옹 1세의 조카로 1848년 2월 혁명 뒤 그해 말 대통령이 되었다가, 쿠데타를 일으켜 1852년 국민투표로 황제에 올라 나폴레옹 3세라 칭했다. 바쿠후 사절이 파리를 방문했을 때는 나폴레옹 3세가 황제에 오른 지 꼭 10년이 되는 해였다. 프랑스 정부는 사절 일행을 왕궁으로 초청하여 황제와 황후를 알현케 하고 연회를 베푸는 등 극진히 대접했다.

후쿠자와는 유럽을 견학하고 돌아온 뒤 《서양사정西洋事情》 제2편 제4권에 프랑스의 역사를 간략하게 쓰고 황제의 명위名威, 국력 등을 자세히 소개했다. 후쿠자와는 파리 도착에 앞서 마르세이유에서 파리에 이르는 기찻길 주변 풍경을 일기에 빠짐없이 적었다. 늘 미지의 세계에 대한 갈증을 참을 수 없었던 27세의 후쿠자와는 수에즈 동쪽 아시아 여러 항구의 빈곤과 굴종屈從이 대비되어 더욱 슬픔을 느꼈다고 한다. 후쿠자와는 파리에서 두꺼운 일기 수첩을 사서 늘 품에 넣고 다니며, 사람들과 만나서 나눈 질문과 대답을 기록하고 그때그때 생각나는 소견을 적기도 했다. 이 수첩은 현재 게이오慶應대학에 보존되어 있고, 그 기록은 모두 《후쿠자와 유키치 전집》에 옮겨져 있다. 이를 보면 그가 얼마나 열심히 관찰하고 무엇을 궁금해 했는가를 들여다 볼 수 있다.

견문만으로는 한계가 있다고 판단한 후쿠자와는 서적을 사기로 결심했다. 그는 가져온 여행비를 거의 책을 사는 데 썼다. 그는 사절을 따라 파리에서 런던으로 가던 길에 고향 나카쓰의 선배에게 보낸 편지에서 에도에서 지급된 수당은 모두 책을 사는 데 쓰고 장난감 같은 건 하나도 갖고 가지 않을 생각이라고 밝혔다. 이 한마디는 청년 후쿠자와의 의기를 말해주고도 남는다.

후쿠자와의 〈서항기西航記〉에 따르면, 그는 파리에서 처음으로 병원을 돌아보고 동·식물원을 견학했다고 한다. 또 철도부설법을 터득하고 수에즈운하 건설 계획을 들었다. 이와 함께 정부와 전혀 다른, 국민에 의해 선출된 의회가 있다는 사실도 알게 되었다. 특히 우표를 붙여 서신을 전하는 우편제도에 대해서는 3~4일이나 걸려 설명을 듣고 비로소 이해한 뒤 제도의 편리함에 감탄했다고 한다. 이는 후쿠자와가 처음 대하는 제도로, 첫날 설명을 듣고도 몰라 다음 날 사절단을 안내하던 프랑스인을 우체국에 직접 데리고 나가 설명을 듣고 의심나는 점을 질문했다. 그 안내인은 동양어 학자인 레온 드 로니였다. 로니는 중국어를 배워 곧잘 했고, 일본어도 알고 있었다. 로니는 그때 동양과 미국 관계를 연구하던 25세 청년으로 프랑스 정부가 일본 사절을 위해 배려한 것이라고 한다. 후쿠자와는 "그는 직무상 명을 받았는지, 아니면 개인적 흥미가 발동했는지 모르지만 우리 사절 일행이 영국에 체류한 뒤 네덜란드를 방문하자, 거기까지 따라와 20여 일을 함께 보냈다"고 밝히고 있다. 그뿐만 아니라 로니는 일단 파리로 돌아갔다가, 일본 사절 일행이 베를린을 거쳐 러시아 수도 페테르부르크를 방문했을 때도 수백 리 길을 따라와 도와주었다. 이 때문에 가장 덕을 본 사람은 후쿠자와였다. 후쿠자와는 그에게 서양 사정을 자세히 묻고 설명을 들었다.

사절 일행은 파리에 머문 지 21일 만인 4월 1일, 열차 편으로 파리를 출발하여 카레에서 하룻밤을 지냈다. 다음 날 프랑스 정부가 내준 작은 군함으로 도버해협을 건넌 일행은 저녁 때쯤 영국 런던에 도착했다. 숙소는 하이드 파크 인근의 부르

후쿠자와가 유럽 여행 때 보고 느낀 점 등을 기록한 〈서항기西航記〉 수첩. 현재 게이오기주쿠대학에 보존되어 있다.

크스트리트에 있는 크리아리지 여관으로, 지금도 외국 사절이 많이 투숙하는 런던의 고급 호텔이다.

후쿠자와를 비롯한 사절 일행은 이곳에서 46일 동안 지냈다. 후쿠자와는 이곳에 있는 킹스칼리지 병원과 세인트메리 병원을 돌아보고 박람회도 관람했다. 또 템스 강 밑의 터널에 들어가 보고 맹아원·크리스털 궁전·런던 탑·런던 선착장·월리지 조병창·세인트폴 대성당·대영 박물관 등을 시찰했다고 〈서항기〉에 쓰고 있다. 사절 일행은 의회 양원도 견학했다. 후쿠자와는 "저 사람과 이 사람이 적이라면서 같은 식탁에서 식사를 하고 술을 마시고 있다. 조금도 알 수가 없다"며 영국의 의회 제도를 의아해 했다.

후쿠자와는 각국을 시찰하면서 특히 학교와 병원에 관심이 많았다. 이는 당시 일본에 없었던 제도여서 인상 깊었던 것으로 분석되고 있다. 후쿠자와는 새로운 사물을 대하면 질문을 계속하여 납득될 때까지 포기하지 않는 성격이었다. 그 예는 〈서항기〉의 여러 곳에서 찾아 볼 수 있다. 후쿠자와가 농아원을 견학할 때 일이다. 후쿠자와는 농아들이 수화를 배우는 모습을 보고 "처음 농아원에 들어온 자는 손가락으로 알파벳 기호를 가르친다. 이어 입술과 혀 운동을 보고 소리를 흉내 내도록 한다. 자기가 소리내는 법을 배우면 다른 사람의 말을 듣지 못해도 입술과 혀의 움직임을 보고 뜻을 알아차려 의사를 소통할 수 있다"고 적고 있다. 그는 이에 그치지 않고, 한 농아 여학생과 수화를 해 볼 정도였다고 한다.

이렇게 45일을 보낸 일행은 5월 5일 크리아리지 호텔을 떠나 기차로 월리지까지 이동했다. 네덜란드에서 환영 나온 기선을 타고 다음 날 바다를 건너 네덜란드 헬프츠루이스로 간 그들은 다시 육로로 헤이그에 도착했다. 일행의 환영은 특별히 성대했다고 한다. 후쿠자와는 영어보다 네덜란드어를 잘해 취재하는 데도 큰 도움이 되었다. 그의 취재 노트를 보면 일본어 다음으로 네덜란드어가 많다.

사절은 네덜란드에서 30일을 묵은 뒤 6월 9일 독일 베를린으로 갔다. 후쿠자와는 베를린에 머무르면서 오페라를 관람하고 대학·병원·농아원·노병원老兵院·교도소·제철소·펜 제조 공장 등을 돌아보았다. 다른 사절단은 국왕을 알현했고, 후쿠자와 등도 프러시아 국회의사당을 견학했다.

사절단은 러시아의 페테르부르크에서 42일 동안이나 보냈다. 이는 가라후토樺太 환경문제 교섭이 난항을 거듭했기 때문이다. 후쿠자와 등은 이곳에서 황제 열병식을 구경하고 궁전·학교·박물관·도서관·제조소 등을 돌아보았다. 8월 24일 페테르부르크를 출발한 사절 일행은 베를린·벨기에·파리 등을 거쳐 9월 29일 수에즈에서 다시 배를 타고 귀국 길에 올랐다. 항해 도중 아덴·싱가포르·홍콩 등에 들러 그곳 정정政情과 문물 등을 살펴보았다. 이들은 고국을 떠난 지 만 1년에서 10일이 모자란 1862년 12월 10일, 시나가와 항에 돌아왔다.

이 유럽 여행으로 후쿠자와의 수확은 말할 수 없이 컸다. 그는 당시 일본 안에서 제일가는 서양 사정통이 되었다. 더욱이 그가 쓴

네덜란드 헤이그에서 찍은 후쿠자와의 모습. 네덜란드어를 잘했던 그는 열렬한 환영을 받았다.

《서양사정》은 일본인에게 여러 서양문명 선진국의 실정을 있는 그
대로 알려 준 훌륭한 안내서이자 가장 유명한 저서였다. 후쿠자와가
미국과 유럽을 돌아보고 그의 생각을 정리하여《문명론의 개략》과
《학문의 권유》에 담았음은 이미 설명한 대로이다.

제4장
후쿠자와의 생애 II

패도佩刀를 버리고

　남보다 앞선 서양 지식과 외국어 실력으로 바쿠후 정권에서 기반을 굳혀가던 후쿠자와에게도 시련이 닥쳤다. 1868년 1월 4일(3일이라는 설도 있음) 일본의 국가체제를 뒤엎는 이른바 '메이지유신明治維新'이 일어난 것이다. 천하는 하급 무사를 중심으로 한 '존왕양이尊王攘夷'파 지식인들 손안으로 넘어가고, 그동안 세상을 지배하던 다이묘大名들은 몰락의 나락으로 떨어지고 말았다. 후쿠자와가 두 번째로 미국을 돌아보고 귀국한 지 두 달 만의 일이었다.

　당시 일본의 정치 변혁은 집권 세력의 위기 대처 미숙으로 사실상 예고된 바나 다름없었다. 역사가 말해 주듯이 바쿠후 정권은 1853년 미국 페리 함대가 몰려와 개국을 요구하면서부터 체제 자체가 흔들리기 시작했다. 뜻밖의 '흑선黑船'* 내항에 놀란 다이묘들은 한동안 바쿠후를 중심으로 사태를 수습하려 했으나, 상황이 어려워지자 저마다 살길을 찾아 나섰다. 따라서 정권의 권위가 땅에 떨어져 상부 지시가 밑에까지 제대로 먹혀들지 않았고 사회 기강은 말이 아니었다. 민심도 순수 황도주의皇道主義, 존왕양이파, 존왕개국론

---

* 일본 사람들은 페리 함대 철선의 색깔이 아주 검어 이렇게 불렀다.

자 등으로 사분오열되어 갈피를 잡지 못했다. 미국 흑선이 몰고 온 파장은 말 그대로 대 혼돈이었다.

이러한 상황에서 이른바 서남웅번西南雄藩으로 불리던 사쓰마薩摩, 죠슈長州, 도사土佐 등지의 하급 무사들이 지식인들과 손을 잡고 일어났다. 이들 가운데서도 사이고 다카모리西鄕隆盛, 기도 다카요시木戶孝允, 오쿠보 도시미치大久保利通 등은 일본 역사에서 '유신삼걸維新三傑'로 불리고 있다. 이들은 한결같이 일본이 서구열강의 침략 대상인 제2의 청나라가 되지 않으려면 왕을 받들고 서양을 배격하는 '존왕양이尊王攘夷'밖에 다른 길이 없다고 생각했다. 다시 말하면, 이들은 존왕양이론을 자신들의 이익 보장을 위한 정권 재창출용 이데올로기로 들고 나왔다. 따라서 존왕양이론자들은 바쿠후를 무너뜨리고 왕(텐노)을 옹립하여 중앙집권적 국가체제를 수립하는 데 목표를 두었다. '텐노天皇를 숭상하고 외국인을 몰아내자'는 것이 이들이 내건 구호였다. 1863년 무렵부터 절정을 이루기 시작한 존왕양이 운동은 서구열강을 이적夷狄으로 본다는 점에서 아편전쟁 때의 중화사상과 닮은 점이 적지 않다. 그래서 존왕양이론자들은 항상 양학자洋學者들을 비난하고 때로는 암살도 서슴지 않았다.

메이지유신 무렵 찍은 후쿠자와의 모습. 패도를 과감히 버리고 평민의 길을 택했다.

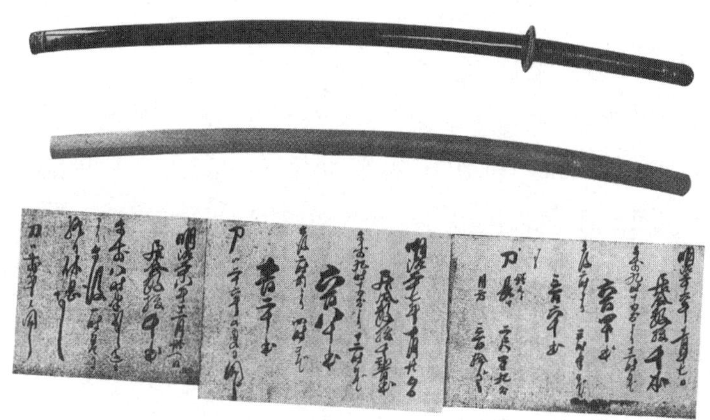

후쿠자와가 평소 애용한 '이아이' 칼과 검술법

　이때 후쿠자와의 생각은 이들과 크게 달랐다. 그는 먼저 존왕양이 론자들을 이해할 수 없었다. 후쿠자와는 서구문명을 받아들이지 않고 문을 걸어 잠그면 나라는 망할 수밖에 없다고 인식하고 있었다. 이는 그가 해외여행으로 터득한 결론이었다.

　후쿠자와는 비록 바쿠후의 신하로 일하고 있었지만 바쿠후를 절대적으로 지지하지는 않았다. 그는 더욱이 바쿠후의 문벌 본위 사고방식과 문호개방의 회피 분위기를 가장 못마땅하게 생각했다. 바쿠후가 구미 여러 나라에 떠밀려 어쩔 수 없이 개국의 길을 선택했지만, 문명사회의 문물에 대해 전혀 이해하지 못하고 있는 점도 마음에 걸렸다. 그런데 존왕양이파가 바쿠후를 무너뜨리고 새 정부를 출범시키자 그는 더욱 실망했다. 후쿠자와는 당시만 해도 존왕양이파를 바쿠후보다 극단적인 '시대낙오자'로 보고 있었기 때문이다. 그는 1866년 죠슈長州번이 존왕양이를 내걸고 내란을 일으키자, '외국의 병력을 빌려서라도 이를 토벌해야 한다'는 내용의 건의서를 바쿠후에 보내기도 했다. 후쿠자와가 자서전에서 이들을 '글도 모르고 사리에 어두운 난폭인亂暴人'으로 표현한 사실만 보아도 그 때의 감정을 짐작할 수 있다.

후쿠자와는 쿠데타가 일어나자마자 사적士籍과 패도佩刀*를 벗어 던지고 평민의 길로 나섰다. 이에 대해《후쿠자와 유기치福澤諭吉》를 쓴 고이즈미 신조小泉信三는 자신의 책에서 "후쿠자와가 당시 무사적武士籍을 버리고 평민을 자처한 처사는 만민평등의 새 시대를 맞이한다는 희망과 포부를 뜻하는 것이 아니라, 오히려 허망한 심경을 이런 식으로 표현한 일종의 시위로 해석할 수 있다"고 설명하고 있다.

후쿠자와는 그 뒤 메이지 정권으로부터 여러 차례 입각 권유를 받았으나 관복을 입지 않았다. 또 작위·훈장·학위 등을 주겠다는 정부의 제의도 모두 거절했다. 그래서 그는 검도의 달인이었음에도 늘 암살 위협에 시달렸다고 한다.** 그의 자서전을 보면 그가 얼마나 암살을 두려워했는가를 확인할 수 있다.

지금까지 말한 대로 나의 언행은 뭔가를 꾸며 일부러 적을 만드는 일은 없었지만, 쇄국 일변도의 일본에서 유난히 두드러지게 개국문명론을 주장한 관계로 자연히 적이 생겼다. 그 적도 입으로 이러쿵저러쿵 요란하게 떠들며 욕하는 정도라면 아무 일도 아니지만 기습 암살

---

* 무사들이 허리에 차는 칼.

** 후쿠자와는 12~13세 때부터 나카쓰번中津藩의 검술사범 나카무라 쇼베에中村庄兵衛에게 검술을 배운 뒤 노년까지 신변 보호와 건강을 위해 계속했는데, 여러 해 동안 수련으로 검술이 달인達人의 경지에 이르렀다고 한다. 그는 특히 앉아 있다가 재빨리 칼을 뽑아 상대를 배는 '이아이居合'에 능했다(《후쿠오지덴福翁自傳》 162쪽 참조).

을 일삼으니 정말 두려워 견딜 수 없다.

이제부터 그 일에 관해 조금 설명하려고 한다. 내가 세상에서 싫어하고 기분 나빠하며 두려워하는 문제는 암살이다. 그러한 심경은 아마 암살 대상자로 지목되어 있는 사람이 아니고는 이해할 수 없으리라 본다. 실로 무어라 말과 글로 표현할 수 없다.

이것이 병이 되거나 아픈 곳이 있다면 뭔가 아내와 상담하고 친구들에게 도움을 요청할 수 있지만, 암살만은 집안사람들에게 말하면 오히려 본인보다 더 걱정하여 아무 소용없게 된다. 때문에 나는 그런 일을 집안사람에게 말한 적이 없고 친구들에게도 알린 적 없다.

무엇보다 나에게 죄가 없고 설령 암살 대상자로 지목되고 있더라도 부끄러운 점이 없다는 건 당연하지만, 다른 사람에게 말하여도 무익하기 때문에 걱정하는 쪽은 내 자신 한 사람뿐이다. 내가 암살을 걱정한 적은 한두 번이 아니다. 때로는 바람 소리와 학鶴 울음소리에도 놀랄 정도였다. 지금 막 미친개를 보아서 얌전한 개를 봐도 기분이 나쁘듯이 보통 사람을 봐도 기분이 나쁘다.

나는 암살을 모면하고자 여러 가지로 머리를 짰다. 그래서 웃지 못할 일화도 있다. 지금 미타三田에 있는 집 문안 오른쪽에 있는 집은 내가 메이지 초년 기거했던 곳이다. 목수에게 부탁하여 마루를 조금 높게 하고 붙박이장에 계단을 만들어 도주할 통로를 내었다. 이것은 혹시 암살자들이 쫓아오면 재빨리 달아나기 위한 방법으로 아직도 그 집에는 계단이 그대로 남아있다.

후쿠자와는 쿠데타 직후 다른 두세 명의 양학자와 함께 교토京都 조정으로 초대되었으나 아프다는 핑계로 가지 않았다. 후쿠자와는 '이제 끝'이라고 생각했다고 한다. 후쿠자와는 그의 자서전에 당시의 상황을 다음과 같이 기록하고 있다.

　그로부터 마침내 왕정王政유신이 성공하여 오사카에 메이지 정권
의 임시정부가 들어서고 그 임시정부에서 명령이 내려왔다. '볼일이
있으므로 오라'는 명령을 가장 먼저 받은 사람은 간다 다카히라神田
孝平와 야나가와 슌산柳川春三, 그리고 나 등 세 명이었다.

　이 가운데 간다는 부름에 응하고, 야나가와는 명을 받들겠지만 아
무튼 오사카에는 가기 싫으므로 부릴 일이 있으면 에도江戸에서 돕겠
다고 했다. 하지만 나는 한두 번이 아니라 끝까지 병으로 나갈 수 없
다고 거절했다. 그 뒤 오사카의 임시정부가 에도로 옮겨 왔고, 에도
의 신정부로부터 또 부름이 있었으나 시종 사양했다.

　언젠가 간다가 나를 찾아와 꼭 나와 달라고 권하자 나는 "도대체
자네는 어떻게 생각하나. 남자의 출처진퇴는 각자가 바라는 대로 하
는 편이 좋지 않을까. 세간에서는 일반적으로 그렇게 하고 있지 않은
가. 여기에 이론이 없겠지. 그래서 내가 보기에는 자네가 평생 바라
는 바를 실천하고자 신정부에 나갔으므로 나도 대단히 찬성하지만
나 자신은 그것이 싫네. 싫기 때문에 나가지 않는 까닭도 자신의 바
람을 실행하려는 목적이므로 자네가 그들에게 동참한 결론과 같은
이치가 아닌가. 지금 나는 자네의 태도에 찬성하고 있네. 그렇기 때
문에 자네도 나의 입장을 헤아려 후쿠자와는 칩거하고 있다고 잘 말
해 주게. 그런데도 명예스럽지 못하게 불러내려는 심부름은 친구로서
할 일이 아니지 않은가"하고 사양했다. 친구 사이이기 때문에 이렇게
마음 놓고 딱 잘라 거절했다.

　그 뒤에도 몇 번 부르러 왔지만 정부에는 이제 일절 나가지 않겠
다고 잘라 말했는데, 어느 날 호소카와 준지로細川潤次郎가 찾아왔다.

그때는 아직 문부성이 없을 때여서 무엇이든 정부의 학교 교육정책을 맡아달라고 말했다. 그럴 수 없다고 대답하자 그는 "아무튼 정부가 그냥 내버려 두지 않을 모양이므로 자네가 국가를 위해 전력을 다해 칭찬받도록 하지 않으면 안 될 것"이라고 말했다. 나는 이 말에 대해 "칭찬을 받든 받지 못하든 그것은 상관할 바 아니네. 인간이 인간으로서 당연히 할 일을 한다면 이상한 일이 아니지. 자동차 공장이 차를 만들고, 두부 집이 두부를 만들고, 학생이 책을 읽는 일은 인간이면 당연히 할 일이 아닌가. 그러한 당연한 일에 정부가 상을 주려면 먼저 이웃으로부터 칭찬을 받지 않으면 안 되네. 그런 일은 일절 하지 말게"라고 말한 적이 있다.

메이지유신 뒤 바쿠후 정권 신하들은 대략 다음 세 가지로 삶의 길을 선택했다. 첫째는 망한 바쿠후와 운명을 같이하여 스스로 목숨을 끊거나 은둔자로 생을 보내는 것이다. 다음은 메이지 정부에 적극적으로 참여하여 스스로 길을 개척하기도 했다. 영어단어 필라소피Philosophy를 '철학哲學'이란 말로 옮겨 유행시킨 니시 아마네西周, 도쿄대학 총장이 된 가토 히로유키加藤弘之 등이 그들이다. 이들은 자신의 전문지식을 살려 메이지 정권에 봉사한 학자들로 국민을 계몽하는 데 앞장섰다. 끝으로 무사 신분을 버리고 평민이 되어 에도에 고도구古道具 상점을 열거나 상업 또는 농업으로 생을 영위하던 사람들이 있었다. 시스오카靜岡에 광활한 차밭을 일군 사람들도 그들이다. 일본 학자들은 후쿠자와를 마지막 부류로 구분하고 있다. 그는 평민이 되어 교육과 신문에 열정을 쏟으면서 서양의 현실을 알리고자 글을 쓰는 데 몰두했다.

이처럼 후쿠자와가 메이지유신 초부터 정부 제의를 거절하고 협조를 하지 않은 이유는 앞서 설명한 대로 개혁 세력이 내건 양이론 때문이었다. 그러나 그러한 후쿠자와의 생각도 곧 바뀌게 되었다. 어제의 양이론자들이 정권을 잡자 오히려 개국론자들의 의표를 찌를 만큼 혁신정책을 과감하게 단행했기 때문이다. 그 가운데 가장 커다란 사건은 번을 폐지하고 현을 설치한 폐번치현廢藩置縣 단안이었다. 이에 대해 고이즈미 신조는 "이는 바쿠후 토벌주의자들이 표변한 돌발적인 사건으로, 양이론자들의 이러한 변화는 심리학과 사회학의 관점으로 규명해 볼 만한 흥미 있는 연구과제이다"라고 지적했다.

또 정권을 담당한 양이론자들은 서양 여러 나라와 접촉하면서, 세차게 몰려오는 구미 선진 세력을 무조건 배격하기는 실질적으로 불가능하다는 사실을 깨달았다. 그들은 하는 수 없이 개방 쪽으로 정책을 바꾸어 구미 여러 나라와 조약을 맺게 되었고, 여기에서 쇄국양이론은 근거를 잃고 말았다.

사정이 여기에 이르자 후쿠자와도 곧 유신 정부의 혁신정책을 믿게 되었고, 민간에서도 이러한 과감한 정책을 지지하는 분위기가 점점 높아졌다. 후쿠자와가 1872년부터 1876년에 걸쳐 부정기적으로 계속 써온 《학문의 권유》와 《문명론의 개략》 등은 이런 분위기를 반영한 주장이다.

후쿠자와가 말년에 회고한 자서전에 따르면 메이지 정부가 대담한 개혁을 단행하여 자신과 같은 개방론자들을 놀라게 하자, 그는 "이것 참 재미있다. 이 세에 편승하여 더욱 많은 서양문명의 공기를 불어넣어 전국 인심을 아래로부터 뒤집고, 외부 세계와 차단된 동양에서 동쪽의 일본이 새로운 문명을 열어 서쪽의 영국에 뒤지지 않도록 하는 일이 어렵지만은 않다"고 다짐했다고 한다.

현재 교토에 남아 있는 게이오기주쿠대학 분교 유적. 후쿠자와는 1874년 교토에 분교를 세워 비문의 글씨처럼 '독립자존'을 교훈으로 학생들을 가르쳤다.

이처럼 신정부의 쇄국양이주의에 대한 후쿠자와의 우려는 사라졌다. 그렇다면 후쿠자와는 왜 당시 많은 양학자들처럼 정부의 도움을 받지 않으려고 한 것일까. 바쿠후가 무너져 패도를 버릴 때 그 역시 생계를 걱정하지 않을 수 없었다. 그는 조상 대대로 오쿠다이라번신 奧平藩臣으로, 번에서 주는 녹으로 최저 생계를 유지해 왔기 때문이다. 하지만 그는 이를 미련 없이 버렸다. 유신 전 발행한 《서양사정》 첫 판, 《뇌총조법雷銃操法》, 《조약11국기條約十一國記》, 《서양여행안내西洋旅行案內》 등이 베스트셀러가 되어 그에게 용기를 주었다. 이들 책은 모두 일본 출판사상 유례없이 잘 팔려 후쿠자와 자신도 "정말 놀랄만한 일이었다"고 말했을 정도였다.

메이지유신 이후 후쿠자와 이름은 더욱 유명해졌다. 일본 제1의 저술가로서 그는 '일본 국민의 선생'으로 대우받았으며, 재조在朝·재야在野의 어느 누구도 그가 찾아가면 문을 열어 주지 않는 사람이 없게 되었다. 이와 함께 생계 염려는 완전히 사라졌다. 후쿠자와는 1873년에 오가타주쿠 시절 사귀던 친구에게 보낸 편지에서 "생계는 도서 인세를 받아 걱정이 없고, 실제로 재산도 상당히 모아 부富에 관해서는 고급 관료인 대신大臣과 참의參議 등에 조금도 부러울 것이 없다"고 밝혔다. 이를 바탕으로 그는 더욱 글쓰기에 매진했다.

"한 나라의 문명은 정부 힘만으로 발전되는 것이 아니라 국민 기풍의 일신一新이 중요하다"는 말은 후쿠자와가 그때 쓴《학문의 권유》의 한 구절이다.

《서양사정》과 그 영향

　　일본인들은 후쿠자와가 쓴 《서양사정西洋事情》, 《학문의 권유學問のすすめ》, 《문명론의 개략文明論之槪略》을 흔히 일본 바쿠후 말 유신기의 3대 명저名著로 꼽는다. 그 가운데 가장 먼저 나온 《서양사정》은 후쿠자와가 일본 제일의 계몽사상가로 우뚝 서게 된 출세의 발판이자 원동력이었다. 《서양사정》은 초편 3권, 외편 3권, 2편 4권 등 모두 10권으로 되어 있다. 초편 3권은 후쿠자와가 미국과 유럽 여행을 마치고 돌아온 지 4년 만인 1866년에, 외편은 메이지유신이 일어난 1868년에, 2편 4권은 1870년에 각각 출간했다. 내용은 그가 세 번에 걸친 구미 견학에서 보고들은 경험을 토대로, 여행 때 구입한 프랜시스 웨이랜드Francis Wayland의 《기본 정치경제Elements of Political Economy》 등 여러 가지 서적을 번역해 정리

후쿠자와가 미국과 유럽을 돌아보고 그 물정을 소개하기 위해 펴낸 《서양사정西洋事情》. 서구의 정치·사회제도와 역사 등이 담겨 있다.

한 것이다.

이를 좀 더 구체적으로 들여다보면, 초편 1권에는 유럽의 정치·조세제도·국채·지폐·회사·외교·군사·교육 및 학교제도·신문·도서관·병원·구호시설·지체 장애인 시설·박물관·박람회·증기기관·증기선·증기차·전선·가스 등 일상생활의 모든 시설과 제도를 소개하고 있다. 이어 2, 3권과 2편은 미국·네덜란드·영국·러시아·프랑스·포르투갈·독일 등 나라의 역사·정치·육해군제·금전출납 문제 등을 집중적으로 다루고 있다. 그 가운데 미국과 영국에 관심의 초점이 맞추어져 있다.

후쿠자와는 특히 미국과 영국의 정치제도와 역사에 많은 지면을 할애하여 독자들에게 이를 알리려고 힘썼다. 미국은 그가 처음으로 방문한 나라로 서구문명의 진수를 실감한 데다 초편 발간 직후 다시 방문하여 더 깊은 관심을 갖게 되었다고 한다. 후쿠자와는 미국의 역사를 소개하면서 1776년 미국 13개 주의 독립선언과, 의회제도에 관한 '합중국의 법령' 등을 예로 들어 민주주의의 본질을 설명했다. 이는 당시 일본의 지배계급, 그 가운데서도 도쿠가와 요시노부德川慶喜와 가와지 도시아키라川路聖謨(1801~1868)와 같은 위정자를 겨냥한 것이라고 일본 학자들은 보고 있다.

이처럼 당시 일본인들이 듣지도 보지도 못한 진기한 사실들이 실린 《서양사정》은 바쿠후 말 유신 초기 일본 사회에 엄청난 파장을 몰고 왔다. 더욱이 낡은 봉건체제

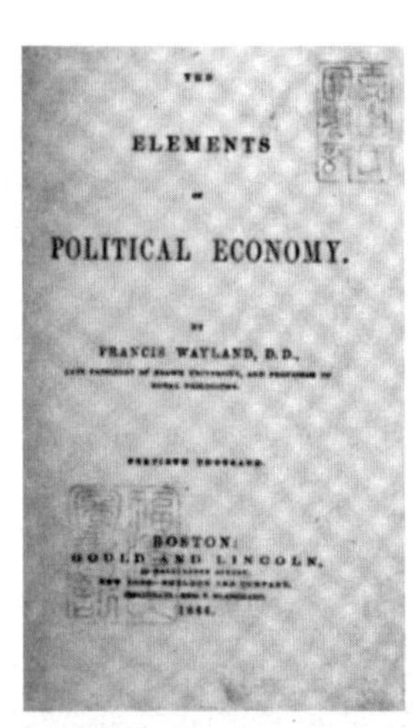

후쿠자와가 《서양사정》을 쓸 때 참고한 웨이랜드의 경제서. 책 내용을 많이 번역·정리하여 소개했다.

를 붙들고 간신히 연명하며 어떻게든 위신을 되찾아, 스스로의 주도권 아래 새 시대에 부응하는 체제를 구축하려고 안간힘을 쓰던 바쿠후 측에는 커다란 충격이었다. 《서양사정》이 그동안 쇄국정책으로 우물 안 개구리처럼 나라 안의 일밖에 모르던 국민들의 마음을 사로잡았기 때문이다. 이 책은 일반 대중들에게 구미 선진 문명에 대한 인식을 새롭게 했다. 나아가 식견 있는 지배층 인사들에게도 전에 없는 충격을 주었다. 바쿠후 말 개명적開明的 정치가로 이름난 가와지 도시아키라는 말년 병상에서 《서양사정》을 읽고 일기에 독후감을 다음과 같이 쓰고 있다.

> 후쿠자와 유키치가 쓴 《서양사정》이라는 책을 읽었다. 내용이 참으로 좋다. 영국과 미국의 정사政事를 거의 알 수 있다. 역서譯書 가운데 반드시 제일이 될 책이다. 워싱턴의 법도法度를 잘 설명하고 있다. 중국에는 후쿠자와 같은 인물을 볼 수 없다. 그래서 보기 드문 큰 인물이다.

도사번사土佐藩士 고토 쇼지로後藤象二郎는 이 책을 읽고 주군主君 야마노우치 요도山內容堂(1827~1872)의 지시로 마지막 쇼균將軍 도쿠가와 요시노부德川慶喜를 만나 권좌에서 물러나도록 설득했다. 이때 도쿠가와 요시노부 역시 이미 《서양사정》을 읽고 세계의 대세에 대해 정통하고 있어 고토 쇼지로를 놀라게 했다고 한다.

또 바쿠후가 무너지는 순간 바쿠후군幕府軍이 혁명군에게 격렬하게 항전하지 않고, 가쓰 가이슈勝海舟와 사이고 다카모리西鄕隆盛의 극적인 담판으로 바쿠후 지도부가 혁명군에게 에도성江戶城을 순순히 내준 일에도 《서양사정》이 크게 작용했다고 일본 사학자들은 해석하고 있다. 이처럼 바쿠후의 요로要路에 있던 권력 지배층이 《서양사정》을 읽고 도쿠가와 요시노부에게 다이세이호칸大政奉還을 결심하게 한 사실만으로도 《서양사정》은 역사적 전환기에 커다란 구실을 했다고 말할 수 있다. 이뿐만 아니라 메이지유신 정부의 정책에도 큰 영향을 미쳤다.

그렇다면 그 이유는 무엇일까. 《국민국가론의 창시자 – 후쿠자와 유키치》의 저자 이이다 카나에飯田鼎는 저서에서 "이는 먼저 바쿠후 말 당시 일본인들은 외국에 대한 지식이 부족했기 때문"이라고 분석하고 있다. 외국이라면 이웃에 있는 조선과 중국, 그리고 인도 정도만 겨우 알았을 뿐, 쇄국 전에 알려진 필리핀 등에 대해서도 난학자를 제외하면 그 존재를 의식하지 못하고 있었다고 한다. 유럽도 네덜란드·포르투갈·스페인 등을 포함하여 '남만제국南蠻諸國'이라 부르고, 1853년 미국 페리 함대 내항 이전에는 미국과 서유럽 여러 나라에 대해 일반 국민들은 전혀 모르고 있었다. 사실 그런 상황에서 생활 체험을 바탕으로 미국과 유럽 여러 나라의 제도·문물에 대해 설명한 사회 견문기가 출간되자 큰 반향을 일으킨 것이라고 이이다는 설명하고 있다.

그래서 《서양사정》은 나오기가 바쁘게 날개 돋친 듯 팔려 나갔고, 후쿠자와는 돈방석에 앉게 되었다. 후쿠자와는 1897년 12월 출판한 《후쿠자와 전집福澤全集》 서언緖言에서 "《서양사정》은 내가 쓴 책 가운데 사람들이 가장 많이 읽은 책으로, 초편의 경우 15만 부가 넘으며 교토 부근에서 나온 복사판을 합하면 20만~25만 부는 틀림없이 팔렸을 것"이라고 말하고 있을 정도이다. 그러나 후쿠자와는 이 책으로 일본 정치를 개혁하려 하거나 바쿠후 권력자나 서민들에게 서양 정치를 설명하여 큰 자극을 주려고 한 의도는 없었다. 그는

《서양사정》의 반향이 커진 데 대해 "출판할 때는 천하에 이러한 책을 읽을 사람이 있을지 없을지 그것도 몰랐고, 설령 읽는다 하더라도 내용을 실제로 일본에 시험해 보리라고는 처음부터 생각지 않았다. 한마디로 말하면 스스로 서양소설, 꿈같은 이야기의 통속소설 정도로 생각하고 있었던 것"이라고 자서전에서 밝혔다.

《서양사정》은 후쿠자와 자신의 사상과 신조 등을 담은 주장이 아니라 서구문명을 객관적으로 소개하는 것이 특징이다. 1866년 조고도上古堂 출판사에서 발행한 《서양사정》에는 〈후쿠자와 유키치 찬집纂輯〉이라는 기록과 함께 책머리에 증기蒸汽·제인濟人·전기電氣·전신傳信이라는 네 가지 말이 씌어 있고, 그 밑에는 세계지도와 유럽시가·철도·기구氣球·기선 등의 그림이 실려 있다. 그 뒷면에는 사해일가四海一家·오족五族·형제兄弟라는 표어와 같은 문자가 위쪽에, 그 아래에는 아시아·아프리카·유럽·남북 아메리카·대양주 여러 민족의 대표적 초상과 현미경, 지구의地球儀 등이 담겨 있다. 후쿠자와가 무슨 의도로 이들 문자와 삽화를 실었는지는 알려지지 않고 있다. 다만 이이다는 "증기蒸汽·전신傳信이라는 지금의 한자 표기와 다른 말도 재미있지만, 사해일가·오족·형제란 말도 그때부터 유행하게 된 표현"이라고 설명한다.

후쿠자와는 당시 영어를 일본어로 옮기면서 단어 선택에 큰 어려움을 겪었다고 한다. 그는 그때까지 외국에만 있던 제도와 문물, 사상 등을 일본인에게 이해시키려고 특히 고심했다고 회고했다. 따라서 학자들은 후쿠자와를 새로운 단어를 많이 만들어낸 인물로 평가한다. 자유自由·인간교제人間交際·권리權利 등은 후쿠자와가 처음 쓰기 시작한 말이라고 이들 학자들은 주장한다. 후쿠자와는 기차와 전신과 같은 문명의 이기는 그림이 있어 설명하면 대개 이해할 수 있지만, '자유'와 '권리' 같은 개념은 바쿠후 말 일본에는 존재하지 않아 설명에 큰 어려움을 겪었다고 술회하고 있다. 유럽사회를 체험한 바쿠후 말 지식인이라면 모두 이를 실감했지만, 유럽사회를 근원적으로 규정한 이들 개념을 서민들이 이해할 수 있도록 적절하게 번역하는 일이 가장 어려운 점이었다는 설명이다.

야나부 아키라柳父章는 그가 쓴 《번역어 성립사정》에서 이러한 후쿠자와의 고심을 이야기하며 "후쿠자와는 영어 Society를 '교제·인간교제·세인' 등 여러 가지로 옮겼으나 '교제'와 '인간교제'를 가장 즐겨 썼다"고 밝히고, "이 '인간교제'는 곧이어 '사회'라는 말로 바뀌어 널리 쓰이게 되었다"고 설명했다. 야나부는 "지금 일본 사회에서 서구의 문물제도와 사상 등이 책으로 일반 대중에게 알려질 수 있었던 것은 후쿠자와의 공이 크다"고 강조했다.

후쿠자와가 미국과 유럽에서 얻은 체험을 논리적으로 잘 정리하여 서구 시민사회의 사상을 완전하게 설명한 대목은 《서양사정》 외편外編이다. 이는 초편을 수정하여 증보한 내용으로 웨이랜드의 경제서와 영국 고전파 경제학자들의 사상 등을 많이 인용했다. 《서양사정》은 곧이어 나온 《학문의 권유》와 《문명론의 개략》의 원전이 되었다.

아무튼 후쿠자와는 이 《서양사정》의 출간으로 '번역의 달인'이라는 명성을 함께 얻게 되었다.

《학문의 권유》

　　《서양사정》에 이어 출간된 《학문의 권유》는 실로 폭발적인 인기를 끌었다. 1872년 2월 첫 선을 보인 초편은 하루아침에 자그마치 20여만 부가 팔려 나갔다. 당시 일본 인구는 3천5백만 명이었으므로 160명마다 1부씩 이 책을 본 셈이다. 후쿠자와 자신도 이 같은 경이적인 반응에 크게 놀랐다고 한다.

　　그도 그럴 것이 《학문의 권유》는 제목 그대로, 고향 나카쓰에 처음 학교가 생겨 이를 기념하고자 고향 사람들에게 학문을 권유할 목적으로 써 보낸 글이었기 때문이다. 그는 이것을 책으로 펴낼 생각은 추호도 없었다고 한다. 원고 분량도 2백 자 원고지 30장 안팎의 소책자에 지나지 않는다. 그러나 고향 반응이 워낙 좋아 주변 사람들이 이를 정식 책자로 내도록 권유해 빛을 보게 된 것이다.

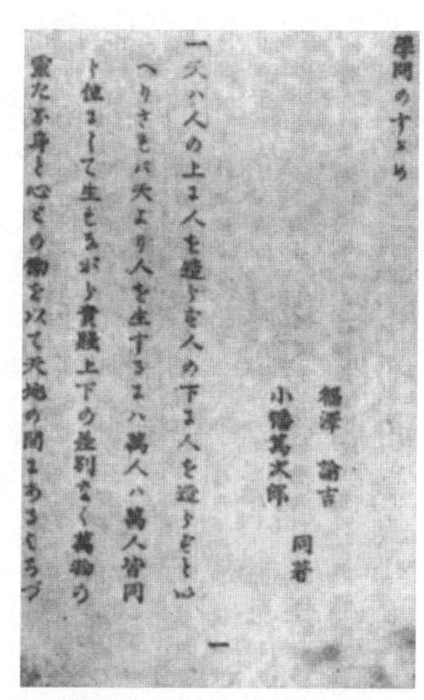

후쿠자와가 1872년 2월 첫 선을 보인 《학문의 권유》

　　이에 용기를 얻은 후쿠자와는 후속

편을 계속 써내려갔고, 원고는 각 편이 완성될 때마다 소책자로 나왔다. 후쿠자와가 1876년까지 5년 동안 학문에 대해 쓴 원고는 모두 17편에 이른다. 《학문의 권유》는 그제야 제법 두꺼운 책다운 책으로 묶여 나왔다. 이렇게 완간된 《학문의 권유》는 낱권 소책자를 합해 모두 370여만 부가 판매되었다고 한다(《福澤諭吉傳》).

《학문의 권유》가 이처럼 일본 국민의 눈을 사로잡을 수 있었던 까닭은 한마디로 일본의 낡은 제도와 사상을 청산하자는 내용을 담고 있기 때문이다. 엄격한 신분제도와 쇄국사상이 일본열도를 짓누르고 있던 당시 상황에서 이를 타파하자는 주장은 상상할 수 없을 정도로 파격이었다는 것이 《후쿠자와 유키치와 후쿠오 자전》을 쓴 가노 마사나오鹿野政直의 분석이다.

또 고이즈미 신조小泉信三는 자신이 쓴 전기 《후쿠자와 유키치》에서 "책의 운명은 정말 예측하기가 어렵다. 충분한 준비와 계획으로 오랜 기간 정성들여 썼다고 반드시 성공하지는 않는다. 반대로 우연한 기회에 쓴 내용이 뜻밖에 세상을 움직이고 불후의 명작이 되는 수도 있다"고 전제하고, "《학문의 권유》는 바로 후자의 좋은 예"라고 설명했다.

《학문의 권유》는 "하늘은 사람 위에 사람을 만들지 않고 사람 밑에 사람을 만들지 않는다"는 말로 첫 장을 시작하고 있다. 첫 구절만 보아도 후쿠자와 의도를 곧바로 헤아릴 수 있다. 이는 미국의 독립선언문에서 인용한 구절이지만 발상이 신선하여 당시 뭔가 변화를 추구하던 일본 국민들에게 감동을 주고도 남을 만했다.

《학문의 권유》는 서양의 모습을 객관적으로 설명한 《서양사정》과 달리, 후쿠자와 자신의 사상을 대담하고 솔직하게 토로한 점이 특징이다. 초편부터 3편까지는 '한 개인의 독립'과 '한 나라의 독립'

을 주제로 하고 있다. 곧 개인의 독립 없이는 국가의 독립이 있을수 없고, 개인의 독립은 학문으로 기력을 회복하는 것밖에 방법이 없다는 주장이다. 또 독립을 유지하려면 다른 나라와의 원활한 교제가 중요하며 개방이 필수적이라고 강조했다. 그가 초편에 설파한 다음과 같은 주장은 그의 신조를 극명하게 보여주는 대목이다.

　　일본이든 서양 여러 나라이든 하늘과 땅 사이에 있기는 마찬가지다. 같은 햇볕을 쬐고 같은 달을 보며 바다와 공기를 함께하여 정분이 있는 인민이므로, 여기에 남는 물건을 저쪽에 주고 저쪽에 남는 것을 이쪽에서 받아 서로 가르쳐 주고 배워 부끄럼도 없고 자랑도 없이 서로 편리를 도모해야 하며 행복을 기원해야 한다. 하늘의 이치와 인륜의 도리에 따라 서로 사귀고 이치를 알기 위해서는 아프리카 흑인 노예에게도 물어보아야 하고, 도道를 위해서는 영국·미국의 군함도 두려워하지 않으며, 나라가 어려움을 당할 때는 일본 나라 안의 한 사람도 빠지지 말고 목숨을 던져 나라의 위신을 지키는 일이 바로 한 나라의 자주독립이라고 할 수 있다. 따라서 중국인처럼 자기 나라 외에는 나라가 없는 듯이, 외국인을 보면 이적夷狄이라 부르고 네 발로 걷는 짐승처럼 천시하고 싫어하며, 자국의 실력도 헤아리지 않고 내치려는 행위는 실로 나라의 분수를 모르고 본래의 자유를 이루지 못한 채 방탕에 빠진 자라고 말할 수밖에 없다.

후쿠자와는 이처럼 '한 나라의 독립을 위해 세계 각국과 교류를 두텁게 하되 독립을 저해하는 외국의 가해 행위에 대해서는 나라의 총력을 모아 싸워야만 한다'는 생각이었다. 따라서 그의 주장에는 민족주의의 색채가 진하게 배어 있다. 또 여기에서 한 가지 주목할 점은 후쿠자와가 청나라를 통렬하게 비판하고 있다는 사실이다. 일본 학자들은 "이것이 바로 나중에 '탈아론'의 복선이 되었다"고 지적한다.

후쿠자와가 여기에서 권유한 학문은 말할 나위 없이 종래의 한학이 아니라 서양학이었다. 후쿠자와는 이를 '실학實學'이라고 규정했다. 이는 허학虛學에 반대되는 개념으로, 후쿠자와가 《학문의 권유》에서 처음 사용함으로써 일본에서 유행하게 되었다고 한다. 후쿠자와는 한학을 허학으로 인식하고 있었던 것이다. 앞에서 이미 설명한 대로 그는 한학을 공부하여 소양도 대단했지만, 특히 한시문漢詩文을 극히 싫어하여 과격한 말로 유자儒者와 유교를 비판했다.

후쿠자와는 또 학문을 하는 데는 '분수'를 아는 노력이 중요하다고 역설했다. 일본에서 분수라는 말은 원래 자주·자유와 대립되는 개념으로 신분제 사회에 적응하는 말이었다. 후쿠자와는 이 말의 개념을 다시 정립하여 "다른 사람을 방해하지 않고 자기 자신의 자유를 향유하는 것"이라고 설명했다. 다시 말하면 사람은 날 때부터 상하귀천 차별 없이 자유·자주의 몸이지만, 하늘의 도리에 바탕을 둔 인정에 따라 다른 사람을 방해하지 말고 스스로의 자유를 찾아야 한다는 논리이다. 따라서 사회적 책임, 즉 '분수'를 아느냐 그렇지 않느냐가 자유와 방임의 한계라는 설명이다. 국가의 경우도 외국을 이적夷狄으로 보고 분별없이 외국인을 내쫓으려는 행위는 '나라의 분수'를 모르는 일로, 개인으로 말하면 자유방임이라는 주장이다.

《학문의 권유》는 속편으로 이어지면서 주제도 다양해졌다. 거기에는 학자의 직분·국법·국민의 직분·명분론·연설법·대인교제법 등이 망라되어 있다. 더욱이 초편은 정부와 권력을 비판하지 않고 메이지 정부의 혁신정책을 지지하고 지원하는 데 역점을 두었다. 그래서 메이지 신정부는 후쿠자와의 발상을 전적으로 받아들였다. 《학문의 권유》 초편이 나오고 반년 만에 단행된 학제 제정은 그 좋은 예이다. 그때 내각의 전신인 다이조칸太政官은 학제 제정에 즈음한 포고문에서 "지금까지 학문은 무사武士 이상이 하는 일로, 농農·공工·상商과 부녀자들은 이를 도외시하여 짐으로 생각하고 있던 점을 부인할 수 없다. 또 드물게 학문을 하는 자도 국가를 위해서 한다고 말할 뿐, 자기 자신을 일으키는 기초라는 진리를 모르고 공리공론空理空論에 빠져 그 논지가 아무리 고상하더라도 이를 몸소 실천하는 일이 그리 흔하지 않았다"라면서 낡은 학문의 병폐를 통렬히 비판했다. 이 포고문은 후쿠자와의 주장을 그대로 옮겼다고 해도 틀린 말이 아니다. 이는 그때 문부차관으로 학제 제정에 깊이 관여했던 다나카 후지마로田中不二磨가 후쿠자와에게 배운 사실만으로도 크게 영향을 받았으리라는 추측이다. 그래서 '문부성은 다케바시竹橋에 있고 문부경文部卿은 미타三田에 있다'는 말이 나올 정도였다. 이는 미타에 살고 있는 후쿠자와를 빗댄 말이다.

《학문의 권유》는 '유신삼걸'로 불리는 사이고 다카모리西鄕隆盛에게도 큰 영향을 끼쳤다. 사이고 다카모리는 이 책을 읽고 크게 감동하여 가고시마鹿兒島 사학교私學校 제자들에게 읽기를 권했다. 사이고 다카모리는 1874년 12월에 이 책을 읽었다고 한다. 그는 책을 보내준 오야마 이와오大山巖에게 편지로 "이 책을 읽고 눈을 떴다"며, "이 이상 감명을 받은 책은 없다"고 극찬했다고 한다. 이 편지에서 사이고 다카모리는 "메이지 정부는 유신 초부터 징병제 도입, 학제 제정 등 놀랄 만한 일을 추진했음에도 후쿠자와의 눈에는 아직도 '전제정부'로 비추어지고 있다는 점, 국민 역시 '여전히 무기력한 우민愚民'의 상태를 벗어나지 못하고 있다는 점, 따라서 문명은 외형적으로 발달하고 있는 것처럼 보이지만 문명정신, 곧 '인민의 독립 기풍'은 조금도 나아지지 않았다는 점 등 후쿠자와의 논지를 잘 이해할 수 있다"고 적고 있다. 당시 사이고 다카모리는 정한론征韓論에 패배하여 관직을 버리고 고향인 가고시마에 머물고 있었다. 사이고 다카모리는 특히 "문명을 일으키는 자는 개인이지만 그 문명을 보호하는 자는 정부가 아니면 안 된다"는 후쿠자와의 지론에 감동하여 가고시마에 '사학교'를 세웠다고 한다.

사이고 다카모리는 서양에 간 적도 없고 후쿠자와를 만난 일도 없다. 그는 관직을 그만두고 고향으로 내려가기 전까지 관과 민으로 후쿠자와와 대립하던 입장이었다. 《후쿠자와 유키치 - 나카쓰로부터의 출발》을 쓴 요코마쓰 다카시橫松宗는 "권좌에 있던 사람이 이처럼 후쿠자와의 지론에 감동했다니 주목할 만한 일"이라고 말했다. 사이고 다카모리는 고향 학생들에게 후쿠자와의 저서를 읽도록 권유하고, 심하게는 후쿠자와가 운영하는 학숙에 들어가 배우도록 입학을 추천하기도 했다고 한다. 이에 따라 1887년까지 게이오기주쿠에 입학한 가고시마 출신은 230여 명이나 되었다. 요코마쓰 다카시는 "이는 사이고 다카모리의 사상이 처음 후쿠자와를 암살하려던 마스다增田 등 존왕양이파와 어떻게 다른가를 입증해 주는 것"이라고 그의 책에서 설명하고 있다.

그러나 후쿠자와의 지론에 긍정적인 반응만 있었던 것은 아니었다. 제3편에 이어 '학자의 본분'을 주제로 한 4, 5편은 양학자洋學者들 사이에 격렬한 논쟁을 불러 일으켰다. 후쿠자와가 학자를 상대로 자신의 소신을 펴게 된 까닭은 문명을 지도하고 담당할 지식인들의 임무와 자세를 강조하기 위해서였다. 그가 학자의 임무를 특별히 강조한 이유도 당시 일본이 독립을 위협받고 있었을 뿐만 아니라 국민들 역시 독립을 지키기 위한 기력이 희박하다고 인식했기 때문이었다. 그의 이야기를 들어보면 이렇다.

옛날 정부는 민民의 힘을 깔아뭉갰고 지금 정부는 민의 마음을 빼앗고 있다. 지난 정부는 민의 밖을 욕보이고 지금의 정부는 그 안을 제압한다. 옛날의 민은 정부를 귀신처럼 보고 오늘날 민은 신神처럼 대한다. 옛날의 민은 정부를 무서워하고 지금의 민은 정부를 공경한다. 그래서 정부가 일을 꾀하면 문명의 형태는 저절로 구현되겠지만, 인민은 틀림없이 기력을 잃어 문명정신은 저절로 쇠퇴할 뿐이다.

따라서 이러한 상황을 탈피하려면 학자들이 정부 밖으로 독립하여 인민이 바라는 목표를 제시해야 한다. 그러나 현재의 상황에서는 이 일을 학자, 특히 양학자洋學者에게도 맡길 수 없는 실정이다. 왜냐하면 이들 학자들은 관官이 있는 줄만 알고 사私가 있는지는 모르며, 정부 위에 군림하는 술수術數만 알 뿐 정부 밑에 있는 길을 모르기 때문이다. 이는 한학자류漢學者流의 악습을 탈피하지 못하고 어디까지나 한漢을 몸통으로 하여 양洋의 옷을 입고 있는 꼴과 다르지 않다. 지금의 양학자에게 의뢰하기 부족하다면 어떻게 하는 것이 좋을까. 인민의 기풍을 일신하여 세상 문명을 발전시킬 수 있는 인물은 오늘의 양학자 가운데서도 재야에 있는 나 한 사람뿐이다.

이는 분명 당시의 모든 학자들에 대한 도전이었다. 그때 함께 활동하던 메이로쿠샤明六社 회원들도 이에 반발하고 나섰다. 메이로쿠샤는 양학자들의 모임으로 1873년 말 모리 아리노리森有禮와 니시무라 시게키西村茂樹가 주동하여 조직한 단체이다. 메이로쿠샤는 매월 강연회를 열고 이듬해 3월 기관지 《메이로쿠잡지明六雜誌》를 창간,

본격적인 계몽활동을 벌였다. 회원은 모리 아리노리, 니시무라 시게키를 비롯하여 쓰다 마미치津田眞道, 니시 아마네西周, 나카무라 마사나오中村正直, 가토 히로유키加藤弘之, 미쓰쿠리 슈헤이箕作秋坪, 스기 고지杉亨二, 미쓰쿠리 린쇼箕作麟祥, 후쿠자와 등 모두 10명이었다. 이 가운데 정부 공무원이 아닌 사람은 후쿠자와와 미쓰쿠리 슈헤이, 나카무라 마사나오 등 3명뿐이었다. 따라서 "학자는 재야에 있어야 하고 관의 일을 하는 학자는 의뢰하기에 부족하다"는 내용의 4, 5편 주장은 마치 메이로쿠샤 회원들에 대한 비판이나 다름없었다.

이 글을 읽은 가토 히로유키·모리 아리노리·쓰다 마미치·니시 아마네 등 메이지 정부에 들어가 일을 하던 관변학자들은《메이로쿠잡지》2호로 이를 반박하고 나섰다. 가토 히로유키는 "국무國務도 민간 일도 모두 중요하므로, 양학자도 그 재주에 따라 관청에 근무하거나 사업에 종사하는 것은 당연하다"고 반박했고, 모리 아리노리는 "관리도 민民이고 귀족도 민이며 평민도 민이다"라고 비판했다.《메이로쿠잡지》는 1875년 11월 정부의 언론 탄압과 내부갈등으로 메이로쿠샤 해체와 함께 결국 폐간되었다. 이 같은 '학자재야론'에 대한 논란은 그 뒤에도 한동안 계속되었다. 그러면 그럴수록《학문의 권유》판매 부수는 늘어났고 후쿠자와는 더욱 유명해졌다.

고이즈미 신조는 "후쿠자와의 저서가 이처럼 호평을 받게된 데는 그의 기발한 사상이 크게 작용하고 있는 점도 사실이지만 빼어난 문장력도 빼놓을 수 없다"고 덧붙였다.

탈아론의 원전原典
- 《문명론의 개략》

후쿠자와가 1875년에 펴낸 《문명론의 개략》은 일본에서 으뜸가는 고전으로 꼽히고 있다. 이에 대한 일본학계의 연구는 실로 괄목할 만하다. 본문을 현대어로 알기 쉽게 풀이한 연구서도 많이 출간되고 있다. 우리나라에도 이미 1986년에 번역서(정명환 옮김, 홍성출판사)가 나와 있다.

그러나 결론부터 이야기하자면, 이 책은 일본이 서양의 충격을 이겨내고 서양문명을 받아들여 아시아를 지배하는 군국·제국주의 국가를 이룩하기까지 일본인의 사상무장과 행동요령을 안내하는 지침서가 되었다는 점에서 특히 주목할 필요가 있다. 이와 함께 《문명론의 개략》이 '탈아론'의 원전이자 조선과 중국 멸시의 근원임은 앞장에서 이미 설명했다.

후쿠자와는 《학문의 권유》가 크게 성공한 데 자신감을 얻어, 당시 한학으로 무장된 이른바 식자층을 일깨우고자 이 책을 썼다고 한다. 그는 세론世論과 시세時勢가 자기편으로 기울어지고 많은 지식인이 다른 세상에 대해 궁금해 하고 있는 상황에서, 이때를 활용하면 '양이'를 주장하는 고루한 한학자들을 설득할 수 있으리라 판단했다. 후쿠자와는 실제로 나중에《후쿠자와 유키치 전집福澤諭吉全集》머리글에서 "당시 세태는 점점 안정되고 사람들의 생각도 성숙하여, 서양문명을 알림으로써 유교류儒敎流의 노학자들을 적이 아니라 내편으로 끌어들일 수 있다고 판단되어 이 책을 쓰게 되었다"고 밝히고 있다. 따라서《학문의 권유》가 일반 대중을 위한 계몽서였다면《문명론의 개략》은 지식인을 겨냥한 교양서였다고 할 수 있다. 문장도《학문의 권유》는 보통 평이한 말인데 견주어《문명론의 개략》은 상당히 어려운 어휘를 섞어 그가 생각한 바를 정리하고 있다.

후쿠자와는 이 책을 쓰기 위해 많은 서적을 읽었던 것으로 보인다. 일본의 국내 고전은 말할 것 없고, 한서漢書·양서洋書 등을 두루 섭렵했다고 한다. 이는 그가 고향 선배에게 보낸 편지에도 잘 드러나 있다. 후쿠자와는 그 가운데서도 토마스 버클Thomas Buckle의

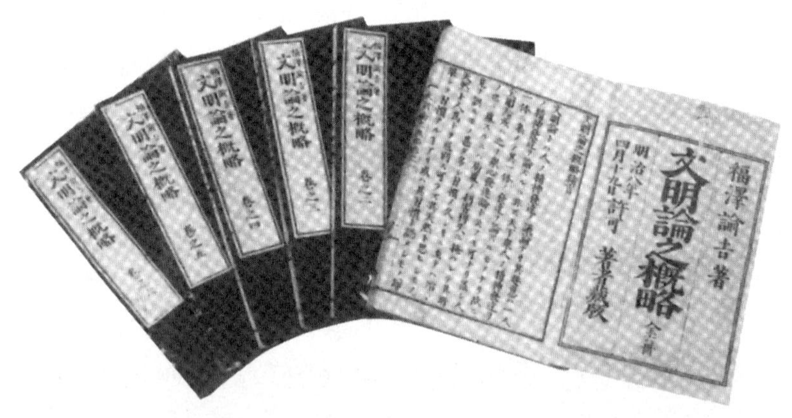

후쿠자와가 1875년 일본 식자층을 일깨우고자 펴낸《문명론의 개략》. 일본을 제국 침략주의 길로 내몰게 한 나침반이자 탈아론의 원전이다.

《영국문명사*Introduction to the History of Civilization in England*》(1857
~1861)와 헨리C. S Henry가 영어로 번역한 프랑소와 기조François
Guizot의 《유럽문명사*General History of Civilization in Europe*》(1842)에
감명을 받았다고 전해지고 있다. 이 두 책은 국가 발전사와 정치사
를 주로 서술하던 종래 역사서와 달리, 민중의 지적知的 발달이라는
진보사관進步史觀에서 기술하고 있는 점이 특징이다. 문명개화론자인
후쿠자와가 이를 참조하여 인용한 것은 당연한 일이었는지 모른다.
그는 당시 일본 사회의 특징이었던 권력 편중과 강제 억압의 환경
을 설명하면서, 사회관계를 아무리 잘게 부수어도 본색을 잃지 않는
삼각사면三角四面의 결정체에 비유하여 말하고 있다. 이는 바로 기조
와 버클의 문명사 개념을 받아들인 것이다.

이러한 여러 조건과 사상을 바탕으로 하고 있는 《문명론의 개략》
은 모두 10장으로 이루어져 있다. 이를 좀 더 구체적으로 살펴보면,
먼저 제1장 〈논의論議의 본위本位를 정립하는 일〉은 앞으로 그가 전
개할 논의의 기준을 설명한다. 다시 말하면 사물을 어떻게 인식하고
이를 어떻게 정리해 나갈 것인가 하는 방법론을 제시하고 있다. 후
쿠자와는 사물의 가치판단에 상대주의를 택했다. 따라서 "상대적인
입장에서 무겁고 선善으로 판정된 쪽을 논의의 본위로 삼는다"고 했
다. 예를 들면 사물 이해득실의 경중輕重을 가리는 데 있어 "일신의
이해에 사로잡혀 천하의 일을 시비해서는 안 되고, 일련의 편리와
불편을 논하여 백 년의 계획을 그르쳐서는 안 되며, 고금의 논설을
많이 읽고 세계의 사정을 널리 알아서 허심탄회한 태도로 지선至善
의 경지를 밝히고 안목을 넓혀 후세를 내다보아야 할 것"이라고 강
조했다.

제2장 〈서양의 문명을 목표로 삼는 일〉에서부터 제7장 〈지덕이

행해질 시대와 장소를 논함〉에 이르기까지는 서양문명을 어떻게 보고 일본이 이를 어떻게 받아들일 것인가에 대한 논구論究이다. 후쿠자와는 여기에서 대유럽문명을 설명하고, 유럽문명 도입에 지장을 주는 문제점을 해명하고 있다. 그는 상대주의자답게 유럽문명을 받아들여야 하지만 지선至善이라고 생각지는 않았다. 다만 인류문명은 '야만', '반개', '문명'의 단계를 거쳐 발전하고 있기 때문에, 문명에 이르지 못한 나라는 문명을 발전시키기 위해 당시 최고에 이른 유럽문명을 목표로 해야 한다고 주장했다. 따라서 후쿠자와는 서양에도 결함이 있고 외교外交가 교활한 속임수라는 이유로 서양문명을 경멸하고 배척하는·양이론자들과, 서양 여러 나라의 현상을 지선으로 보는 양학자들을 싸잡아 비판했다.

그러나 후쿠자와의 동양문명에 대한 비판은 너무도 가혹했다. 동양문명, 특히 중국에 대한 비뚤어진 시각이 메이지유신 이후 동양멸시관蔑視觀으로 발전한 사실은 이미 앞에서 설명한 바 있다. 후쿠자와는 다음과 같이 중국과 일본을 비교하며 일본의 우월성을 은근히 내세우고 있다.

중국인들이 순전한 독재정치를 하는 임금을 지존지강至尊至剛으로 생각하여 한결같이 그것을 믿는 무분별한 현상과 일본의 경우를 비교하면 결코 같은 일이 아니다. 이 점에서만은 중국인의 사상이 빈약하고 일본인의 사상이 풍부하다고 말할 수 있다. 중국인에게는 일이 없고 일본인에게는 일이 많다.

독재적인 신권정치神權政治 아래에서는 일식 때 임금이 자리를 옮기고 천체의 모습으로 길흉을 점치는 따위의 짓을 한다. 그렇기 때문에 그 국민도 자연히 그런 풍습에 젖어들어 더욱더 임금을 신성시神

聖視하고 더욱더 어리석어지는 일이 생긴다. 오늘날 중국과 같은 나라가 바로 그런 양상인데, 일본은 그렇지 않다.

이어 제8장 〈서양문명의 유래〉와 제9장 〈일본문명의 유래〉에서는 제목 그대로 두 문명을 비교 분석하고 있다. 이는 이 책의 중심을 이루는 핵심 내용이기도 하다. 후쿠자와는 일본문명이 서양문명과 다른 점은 '권력의 편중' 현상이라고 분석했다. 즉 서양문명은 인간 교제에서 모든 이야기를 허용하여 서로 문명의 자유가 있지만, 일본에서는 여러 가지 이야기가 병립할 수 없어 하나로 다른 쪽을 없애 다른 쪽이 본색을 드러낼 수 없게 된다는 점을 들었다. 그는 여기에서부터 권력의 편중이 심화된다고 설명한다. 당시 일본 사회의 권력 편중 현상은 형제 사이, 어른과 어린이 사이, 사제 사이, 빈부귀천, 신참과 고참, 본가와 분가, 심하게는 사찰의 본사와 말사 사이에 이르기까지 없는 곳이 없었다. 그러나 후쿠자와는 "국민들 사이에서 자신의 권리를 주장한 자가 없었다. 종교도 학문도 모두 통치자 마음대로 지배되어 자립할 수가 없었다"고 말하고, 그래서 "가장 큰 부분부터 작은 부분에 이르기까지 권력의 편중 현상이 도처에 만연했으며, 이 권력 편중에 의지하지 않고는 어떤 일도 이룰 수가 없었다"고 설명했다.

이에 견주어 서양 여러 나라의 문명은 이러한 권한의 뿌리가 한군데에만 있지 않다는 것이 후쿠자와의 분석이다. 그는 "설령 정령政令이 한 곳에서 나온다 해도 그 정령 자체는 국내 여론의 집약이거나, 그것이 어렵다면 어느 정도 조정 작업과 수렴 과정을 거쳐서 다만 그 출처를 한 곳으로 통합했을 뿐"이라고 지적했다. 따라서 그는 "밀물처럼 세찬 천하의 대세는 상고 시대부터 오늘날에 이르고, 수억의 인간을 쓰러뜨리면서 여러 방향으로 흘러간다. 그러니 오늘날 별안간에 저항할 수 없는 것 또한 당연한 일이 아닐 수 없다"며 서양문명의 수용을 역설했다.

하지만 이 모든 가설의 결론은 "서양문명을 받아들여 일본의 독립을 보호해야 한다"는 한가지로 귀결되고 있다. 제10장 〈일본의 독립을 논함〉이 그것이다. 후쿠자와는 "독립을 지키는 법은 문명을 추구하는 것밖에 없다"며, "오늘날 내가 일본인의 문명을 이끄는 까닭은 독립을 지키기 위한 것일 뿐"이라고 결론짓는다. 그래서 그는 '나라의 독립은 목적이며 국민의 문명은 이 목적에 도달하기 위한 수단'이라고 공언하며, '나라의 독립이 곧 문명'이라고 말하기를 서슴지 않는다. 후쿠자와는 이에 그치지 않고 "오늘날과 같은 문명의 상황에서 전쟁은 불가피한 대세이며, 독립국의 권익을 신장시키는 방법이자 나라를 빛내는 징후라고 말하지 않을 수 없다"고 주장했다. 그가 편 논리의 한 대목을 인용해 보기로 하자.

지금의 세계정세를 보면 어디든 나라를 세우지 않는 곳이 없고, 나라를 세운 이상 정부를 만들지 않는 곳이 없다. 정부는 국민을 보호하고 국민은 장사에 정성을 바친다. 정부는 전쟁을 잘 하고 국민은 이익을 많이 얻는다. 그러면 이를 부국강병이라 하여 그 국민의 자랑이 됨은 말할 것 없이 다른 나라 사람들도 부러워한다. 그렇다면 이를 본받아 배우려는 이유는 어디 있는 것인가!

종교의 가르침에 위배될망정 세계의 대세로 보아서 부득이한 일이다. 따라서 오늘날 문명의 상황에 비추어 세계 각국의 상호관계를 볼 때, 그 국민들의 사적私的인 교제에서는 이역만리의 사람을 벗으로 삼고 한 번 만나서도 오래된 친구와 같이 상대할 수 있을망정, 나라와 나라의 교제에서는 오직 다음의 두 가지 형태가 있을 따름이다. 즉 평상시에는 물건을 매매하여 서로 이익을 다투고 유사시에는 무기를 들어 서로 죽이게 된다. 말을 바꾸면 오늘날의 세계는 상업과 전쟁의 세계라고 불러도 지나치지 않다.

물론 전쟁에도 여러 종류가 있고 경우에 따라서는 전쟁을 종식시키기 위해서 감행하는 전쟁도 있으리라. 무역도 서로 필요한 물품을 교환하는 것이므로, 가장 공명하게 이루어지면 서로 이것을 나쁜 뜻에서 하는 짓이라고만 말할 수 없다. 그러나 현재 이루어지고 있는 각국의 전쟁과 무역의 실상을 보면 종교 차원에서 적을 사랑한다는 깊은 뜻에서 유래하였다고는 전혀 생각할 수 없는 것이다.

이상과 같이 종교 차원에서만 조명하고 판단하면 무역과 전쟁은 오직 상스럽고 천한 것이겠지만 오늘날 실제 상황에 비추어 보면 그렇지 않은 면이 많다. 왜냐하면 무역은 이익을 다투는 일이기는 하나 폭력으로만 성공할 수 없고, 필연적으로 지력의 작업이므로 오늘날 인민에게 그 활동을 허용해야 한다.

그뿐만 아니라 대외 무역을 하기 위해서는 국내의 노력이 필수적이다. 왕성한 무역이란 국민의 지혜와 식견을 개방하고 밖으로 발산시킨 결과이므로 그것은 나라 번영의 징후라고 해야 할 것이다.

《문명론의 개략》을 우리말로 옮긴 정명환(전 서울대 교수)은 이러한 문명론은 곧 국가주의·제국주의와 직결되어 있다고 주장한다. 그는 번역서 해설에서 "후쿠자와가 말한 독립이란 서양 열강의 강점強占에 따라 식민지로 전락한 아시아·아프리카 여러 나라의 운명에서 벗어나 스스로 열강의 대열에 끼어드는 것을 의미한다. 말을 바꾸면 약육강식의 제국주의가 지배하는 세계에서는 약자가 되느냐

강자가 되느냐 양자택일의 길밖에는 없는데 후쿠자와는 후자를 과감히 선택한 것"이라고 밝히고, "이 문명론이 결국 일본을 제국주의 길로 내몰게 한 근원"이라고 설명했다. 그는 더욱이 "후쿠자와의 야망은 단순히 독립 수호에만 한정되지 않고, 평상시에는 물건을 팔아 서로 이利를 다투고 유사시에는 무기를 들고 살상하는 열강의 대열에 일본이 끼어들어 당당히 승자가 되게 하는 데 있었다"며, "따라서 그가 뜻하는 문명이라는 말도 사람의 몸을 안락하게 하기 위한 지식의 활용이 아니라 대포를 만드는 기술을 의미하고 국민의 패기를 진작하는 말로 뒤틀렸다"고 지적했다. 이는 후쿠자와의 제국주의적 편향을 단적으로 드러낸 예이며, 일본이 청일전쟁에서 승리하자 "지금 죽어도 여한이 없다"고 기뻐한 데서도 이를 확인할 수 있다는 설명이다.

일본을 제국주의로 내몰아 결국 '패전'이란 쓰라린 고통을 맛보게 한 '군국軍國 침략'의 원전인 《문명론의 개략》은 《서양사정》이나 《학문의 권유》처럼 당시 일본인들에게 많은 사랑을 받았다. 특히 정한론征韓論자였던 사이고 다카모리는 "나라의 문명은 형태로 간단히 평할 수 없다. 학교·공업·육군·해군은 모두 문명의 형태일 뿐이다. 이런 것들은 돈만 있으면 쉽게 만들 수 있다. 그러나 볼 수도, 들을 수도, 살 수도, 빌릴 수도 없는 힘이 우리 국민들 사이에 크게 작용하고 있다. 그것은 문명정신이 지대하고 중요한 인민 독립의 기력이라는 것이다"라는 대목을 읽고 크게 감동해 가고시마 지역 학생들에게 《학문의 권유》와 함께 읽기를 적극 권했다고 한다.

후쿠자와는 이런 서적 출판의 공로를 인정받아 1900년 5월 다이쇼大正 왕자의 결혼식 때 메이지 왕으로부터 상금 5만 엔을 받기도 했다.

메이지 14년 정변과 후쿠자와

후쿠자와는 《문명론의 개략》을 출간한 뒤에도 독자들의 관심을 끄는 인기 서적을 잇달아 내놓았다. 《분권론分權論》(1877), 《통속국권론通俗國權論》(1878), 《민정일신民情一新》(1879), 《전국징병론全國徵兵論》(1884) 등을 그 대표로 꼽을 수 있다. 이 가운데 《통속국권론》은 한때 중등학교 교과서로 사용되기도 했다. 그가 죽을 때까지 펴낸 책은 각종 논문을 빼고도 30종을 웃돈다.

그러나 후쿠자와가 《통속국권론》과 《민정일신》등을 집필하던 1870년대 말은 말 그대로 그에게 고난의 시대였다. 그가 운영하던 게이오기주쿠가 자금 부족으로 경영난에 빠졌기 때문이다. 1877년에 입학생이 345명이었는데 다음 해는 230명, 그 다음 해는 220명으로 줄어 수업료에 의존하던 학교 재정이 파탄 직전에 이르렀다. 학생은 처음 무사武士들의 자녀가 압도적으로 많았으나, 차츰 평민 자녀가 늘어 1876년에는 전체의 31퍼센트에 이르렀으며, 1880년까지 30퍼센트 정도를 유지하게 되었다.

이처럼 게이오기주쿠의 신입생이 급격히 줄어든 이유는 무엇보다 세이난 전쟁西南戰爭의 영향으로 사족士族의 학구열이 식은 데다 농·공·상민들의 경제 사정이 여의치 않아 자녀들의 진학을 자제했기

때문이다. 후쿠자와는 하는 수 없이 문부성에 자금 지원을 요청하
고, 이를 받아내기 위해 백방으로 뛰었다. 그는 먼저 국가 재정을
쥐고 있던 오쿠마 시게노부大隈重信 대장경大藏卿을 만난 데 이어 이
노우에 가오루井上馨 공부경工部卿 등 정부 주요 인사들을 만나 지원
을 호소했다. 정부 보조금 지원 요청은 그의 소신에 어긋나는, 정말
고통스러운 일이었다. 그는 평소 관학官學을 배제하고 관의 지배에
서 독립된 사학 운영을 공공연히 주장해왔기 때문이다.

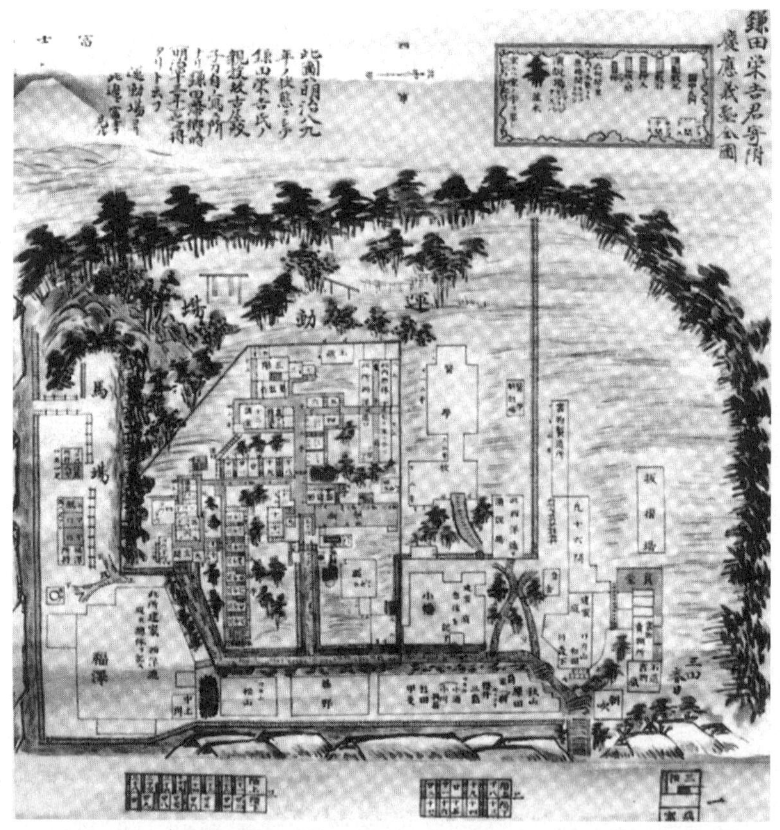

1877년 무렵 미타三田 게이오기주쿠대학 구내도. 1871년 말 미타로 옮긴
게이오기주쿠는 1880년대 들어 경영난으로 폐교 위기에 몰리기도 했다.

그러나 궁지에 몰린 후쿠자와에게는 학교 문을 닫느냐, 아니면 정부나 도쿠가와가德川家와 같은 화족華族들에게 손을 벌리느냐의 두 가지 길밖에 없었다. 후쿠자와는 아직 민간의 힘만으로 사학을 지탱할 수 없다고 판단했다. 그래서 그는 반년에 걸친 노력에도 정부의 지원을 받지 못하자 일단 폐교 방침을 굳혔다. 하지만 교직원들이 '이대로 문을 닫을 수 없다'며 모금운동에 나선 결과, 얼마 동안 학교를 운영할 수 있는 유지비를 마련하여 겨우 위기를 모면했다. 1880년 11월의 일이었다.

후쿠자와가 필생의 일로 전력을 쏟아 붓고 자랑으로 여겨왔던 게이오기주쿠가 이렇게 어려움을 겪게 되자 그의 사상에도 큰 영향을 끼쳤다. 그는 "정부는 미쓰비시상선三菱商船 학교에 매년 1만 5천 엔을 보조하고 이세 가쓰伊勢勝가 구두를 만드는 데도 5만 엔을 지원하고 있는데, 구두를 만드는 일과 마음을 만드는 일 가운데 어느 쪽이 더 가볍고 무거운가. 후쿠자와 혼자만 특별히 배척되는 일이 없도록 공평한 조치를 바란다"며 이노우에 가오루에게 서한을 보내고, 정부의 편파적인 조치에 분개했다고 한다. 메이지 초기 번벌藩閥 관료들은 이같이 자기 멋대로 개인감정을 개입시켜 개화정책과 식산殖産진흥정책을 추진하여 국민들의 분노를 샀다. 후쿠자와는 이런 사실을 이미 알아차리고, 그때까지 펴낸 저술에서 이를 지적하며 정부의 관학중심 교육정책을 혹독하게 비판했다. 그는 1877년 3월 관학官學의 핵심인 개성開城학교 강의실 준공식에 참석해 축사에서 "개성학교 학생 한 명의 1년 지원비용은 5백~6백 엔이나 된다. 이는 시골학교 학생 한 사람의 1엔 20전에 견주면 엄청난 '과보호'이다"라고 주장하고 시정을 촉구했다.

게이오기주쿠는 사학으로 정부의 보호를 받기는커녕 오히려 불이

익을 받았다. 1872년 학생들에 대한 번비藩費지원 제도를 부현府縣의
공비公費로 바꾸면서 사립 학생들에게는 혜택을 주지 않아 학생 수
가 크게 줄었다. 후쿠자와는 그때 "관립학교와 사립학교는 교사가
정부 임용이냐 사립학교 임용이냐만 다를 뿐, 그 임무와 사회공헌은
같은 것"이라며 이를 철회하라고 촉구했지만 후쿠자와의 주장은 통
하지 않았다. 그가 《학문의 권유》에서 권력 편중의 폐해를 비판한
이유도 바로 이런 데 있었다.

앞에서 설명한 것처럼 《학문의 권유》와 《문명론의 개략》은 베스
트셀러가 되었다. 정부도 당시는 국민들이 이를 읽어보도록 적극 장
려했다. 그러나 후쿠자와는 정부 지원 없이 지론의 핵심인 국민생활
과 산업, 그리고 교육의 자유가 성장할 수 없음을 깨달았다. 더욱이
교육문제는 그의 경험으로 보아 관官에 의지할 수밖에 없다는 사실
을 통감했다.

1883년에 개정된 징병령徵兵令은 그를 더욱 괴롭게 했다. 정부가
징병유예 특전을 관립과 공립 학생들에게만 주고 사립학교 학생들
은 제외해 게이오기주쿠는 또다시 경영 위기를 맞게 되었던 것이다.
후쿠자와는 이에 육군성에 모든 것을 양보한다는 조건으로 게이오
기주쿠 학생들에게도 특전을 달라고 호소했다. 그가 내놓은 조건은
"문부성이 게이오기주쿠 학칙에 관여해도 좋다. 기주쿠 입학시험에
문부성 직원이 입회해도 상관없다. 문부성 교원이 수업을 해도 무방
하다. 게이오기주쿠에만 징병유예 특전을 허용할 수 없다면 가쿠슈
인學習院이나 독일학교처럼 궁내성宮內省 보호 아래 관립에 준하는
혜택을 받을 수 있기를 바란다"는 내용이었다. 사학의 '독립자존'을
부르짖은 후쿠자와였지만 학교를 살리기 위해서는 어쩔 수 없었다.

후쿠자와는 이때부터 관과 싸우면서는 아무 일도 할 수 없다는

사실을 실감하고 관에 접근하기 시작했다고 한다. 정부를 지지하는 주장도 자연히 많아졌다.《후쿠자와 유키치福澤諭吉 — 사상과 정치와의 관련》을 쓴 도야마 시게키遠山茂樹는 "이는 후쿠자와의 비극이자 일본 점진주의의 비극이었다"고 지적하고, "후쿠자와가 '메이지 14년 정변'에 휘말리게 된 사연도 정부 비판과 무관하지 않다"고 설명했다.

후쿠자와는 이미 설명한 대로 1880년 12월 말 오쿠마 시게노부大隈重信, 이토 히로부미伊藤博文, 이노우에 가오루井上馨 등 3명의 참의參議와 만나 정부신문 발간 문제를 논의했다. 후쿠자와는 국회를 개설하겠다는 정부의 의지를 확인하고 신문 발행을 맡겠다고 약속했다. 그는 안으로 안정을 꾀하고 밖으로 경쟁하는 '내안외경內安外競'의 세론을 펴는 좋은 기회라고 생각했다. 그러나 그 뒤 이노우에 가오루와 이토 히로부미의 태도가 애매하게 되면서 일은 차일피일 미루어졌다. 그런 가운데 정부와 정치모사꾼이 결탁한 이른바 '홋카이도北海道 관유물官有物 부정불하' 사건이 터지고, 이를 공격하는 자유민권운동이 거세게 일어났다. 이에 메이지 정부는 1881년 10월 11일 민권운동을 잠재우기 위한 극약처방을 내놓았는데, '메이지 23년(1890)을 기해 국회를 열겠다'고 선언한 것이 그것이다.

메이지 정부는 이와 함께 국회 조기 개원과 영국형 정당 내각제를 주장한 오쿠마 시게노부를 파면했다. 음모는 오쿠마 시게노부가 메이지 왕을 수행하여 도호쿠東北, 홋카이도 지방을 순시하는 동안 이루어졌다. 이토 히로부미와 이노우에 가오루 등 독일형 헌법정치를 선호한 번벌 정치가들이 국회 개원을 조건으로 오쿠마 시게노부를 제거한다는 방침을 전격적으로 결정한 것이다. 그때만 해도 젊었던 메이지 왕은 번벌 정치가들의 추대로 왕위에 올라 권위를 높이고자 지방을 순회하며 얼굴을 알렸지만 실권이 거의 없는 로봇이나 다름없었다. 이토 히로부미와 이노우에 가오루는 10월 10일 밤 오쿠마 시게노부가 홋카이도에서 돌아오자 집으로 찾아가 번벌 정치가들의 결의사항을 알리고 사표를 받았다. 이것이 이른바 ‘메이지 14년 정변’이다.

사건은 여기에 그치지 않았다. 후쿠자와가 오쿠마 시게노부를 주모자로 하고 미쓰비시三菱를 돈줄로 하여 정부를 전복하려 했다는 유언비어가 정부 안에 퍼졌다. 오쿠마 시게노부가 후쿠자와의 사주를 받아 국회 조기 개원론을 주장하고 있다는 소문이 빌미였다. 사실 메이지 정부에게는 국회 개원론을 내세우는 후쿠자와가 눈엣가시였다. 메이지 정부는 오쿠마 시게노부를 제거함으로써 후쿠자와의 기를 꺾을 수 있다고 판단했다. 당시 정가에는 후쿠자와가 체포될 지도 모른다는 소문까지 나돌았다. 물론 사태가 거기까지 이르지는 않았으나, 이 여파로 게이오기주쿠 출신 관료들이 모두 정부에서 쫓겨났다. 당시 통계원 권소서기관權少書記官으로 근무하던 이누카이 쓰요시犬養毅와 오자키 유키오尾崎行雄 등이 그들이다. 결과적으로 후쿠자와가 일방적으로 당한 꼴이었다. 그가 메이지 정부의 개명開明 정책을 순진하게 믿은 것이 허점이었다.

그렇다면 후쿠자와는 과연 정부 전복을 음모했던 것일까. 고이즈미 신조는 “후쿠자와는 국회를 빨리 열어야 할 필요성을 인식하고 오쿠마와 교류하며 의견을 개진한 적은 있지만 결코 번벌 정부의 전복을 바라지 않았다”고 단언했다. 후쿠자와가 메이지 정부의 개신改新정책이 잘 추진되고 있는 점을 인정하고 “지금 정부는 인재의 집합소이자 인망을 얻는 곳”이라며, 정부 요원의 교체 없이 국회 개원이 바람직하다고 발언한 사실만 보아도 그의 결백을 입증할 수

있다는 설명이다. 후쿠자와는 정변 직후 〈메이지 신사辛巳 기사〉라
는 제목의 글로 사건을 당한 심정을 밝히고 있다.

세상의 무분별한 자를 설득하고 제압하여, 적어도 중인 이상 재산
이 있고 식견도 있는 자를 인도하여 세상 풍파를 조용하게 하고자,
때로는 관권당官權黨이라는 말을 들을 각오도 하고 내 생각대로 주장
을 폈다. 《시사소언時事小言》(1881)이 발매된 때는 반드시 다른 민권
가의 마음에 들지 않으리라는 평을 듣게 될 줄을 알면서도 추호도
주저함 없이 평소 소견을 말해 왔는데, 돌연 이번 사건에 휘말리다니
얼마나 불쾌한지 견딜 수 없다.

후쿠자와는 그동안 내정을 안정시키려고 관민조화론官民調和論을
내세워 국민을 설득하는 데 힘써 온 것이 사실이다. 그런 점에서 후
쿠자와는 이노우에 가오루와 이토 히로부미에게 배반당했다고 분개
했다. 따라서 정부와 후쿠자와, 게이오기주쿠와의 관계도 멀어지게
되었고, 게이오기주쿠 출신으로 관리를 지망하는 사람도 극소수에
지나지 않았다. 후쿠자와 자신도 그 사건 이후 또다시 정치 관여에
대한 혐의를 받을지 모른다며 대인관계에 더욱 신경을 곤두세웠다.
정부에 학교 운영자금을 지원해주도록 요청하는 일도 없어졌다.

후쿠자와는 1891년 오쓰키 후미히코大槻文彦가 국어사전을 완성했
을 때 축문祝文을 지어 축의를 표했으나, 그해 6월에 열린 출판기념
회에는 이토 히로부미가 초대된 사실을 알고 출석을 사양했다. 그것
도 단순히 그날 출석하지 않겠다고 하지 않고, 처음부터 프로그램에
서 자신의 이름을 빼달라고 발기인 측에 요청했다. 후쿠자와는 당시
"학문 교육의 사회와 정치사회와는 전혀 별개이다. 학문과 관련 없

는 정치가와 학사學事의 열에 같이 서다니 있을 수 없는 일이다. 더욱이 학자가 정치가보다 서열이 뒤지는 상황은 생각할 수 없다"고 말했다.

그럼 그는 이 사건에서 무엇을 배웠을까? 후쿠자와는 나중에《병론兵論》에서 "정부의 지원이 확실하지 않고 성격도 애매한 관권官權 신문의 펜은 세상 사람도 믿지 않는다. 나는 특히 관권론자의 찬성을 사절한다. 이 세상에서 자가自家 독립의 믿음을 잃기가 두렵기 때문이다"고 당시 권력에 접근하려던 자신을 반성했다. 그는 사건이 수습되자 자유민권운동에 더욱 힘을 기울였다.

한편 일본 사회는 '홋카이도 관유물 부정불하'를 규탄하는 항의로 더욱 시끄러워졌고, 곳곳에서 열린 강연회에서는 관리들을 꾸짖는 비판의 소리가 높았다. 심하게는 메이지 왕을 '텐노헤이카'라고 높이지 않고 '무쓰히토睦仁'라고 이름을 그대로 부르기도 했다. 게이오 기주쿠 학생들도 항의 대모에 나섰다. 이는 후쿠자와의 정치 인식에 큰 영향을 끼쳤다. "한 쪽이 급진화하면 다른 쪽은 보수화 한다. 나아가 그 보수화는 상대의 급진화를 부른다"는《시사소언》의 우려가 현실로 나타나고 있다고 인식한 후쿠자와는, 정부와의 불편한 관계를 뒤로하고 안으로 안정을 꾀하고 밖으로 경쟁하는 이른바 '내안외경內安外競'을 소리높이 외치게 되었다.

후쿠자와는 이어《지지신보》를 창간하고 국내 문제를 밖으로 돌려 조선 문제 등에 깊이 관여하기에 이르렀다. 이에 따라 그의 국권론國權論은 더욱 가속이 붙었고, 이를 축으로 내정론內定論·교육론·경제론으로 이어져 그 나름대로 사상 구조를 굳혀 갔다고 도야마 시게키는 그의 저서에서 설명하고 있다.

따라서 17년 동안 소원했던 이토 히로부미, 이노우에 가오루와의 관계도 눈 녹듯 사라졌다. 후쿠자와는 1898년 5월 그의 히로오廣尾 별장에 수백 명의 재조在朝, 재야 인사들을 초청하여 파티를 열었다. 이 자리에는 당시 내각총리였던 이토 히로부미도 각료들과 함께 참석하여 서로 이야기를 나누었다고 한다. 이노우에 가오루는 이보다 6년 앞선 1892년 어느 날 밤 후쿠자와를 찾아가 소회를 풀었다. 후쿠자와는 회담 다음 날 "이노우에는 원래 담백한 사나이로 무슨 일이든 탁 터놓고 이야기했다"고 《후쿠자와 유키치전福澤諭吉傳》을 쓴 이시카와 간메이石河幹明에게 털어놓았다고 한다. 물론 당시는 후쿠자와가 《지지신보》 경영자로 일본의 여론에 영향을 줄 수 있는 막중한 자리에 있을 때였다.

민권론자民權論者에서
국가주의자가 되기까지

　나이가 들어가면서 철저한 국가주의자로 변신한 후쿠자와는 원래 인간의 평등과 자유를 중시하는 민권론자였다. 그가 메이지유신 초기 민권운동에 앞장선 이유는 하급 무사 출신이라는 신분상의 불이익도 한 원인이었지만, 그보다는 양이론자들의 집권에 대한 일종의 반발이었다. 새로 집권한 양이론자들이 개혁은 단행했으나, 정치 행태는 전과 견주어 크게 달라진 게 없다고 생각했기 때문이다.

　그가 민권을 어떻게 인식하고 있었는가는 《학문의 권유》 첫머리에 인용한 "하늘은 사람 위에 사람을 만들지 않는다"는 말에서 충분히 읽을 수 있다. 후쿠자와는 기회가 있을 때마다 인간평등과 존중, 개인의 창조와 책임을 역설하고 관존민비官尊民卑의 폐풍弊風 타파를 역설했다. 그리고 민권의 신장을 위해서 무엇보다 국회 개원이 선결과제라고 생각했다. 그는 1879년에 출간한 《민정일신民情一新》에서 "국내 평화를 유지하는 길은 권력자가 오랫동안 권좌를 누리지 않고 적시에 교대하는 데 있다"고 지적하고, "국회의 투표에 따라 국정 최고 책임자를 바꾸는 영국의 정당정치를 크게 본받아야 할 것"

이라고 주장했다. 이 책의 결론 부분을 옮기면 아래와 같다.

조야朝野 인사들은 우리 일본도 국회를 바탕으로 한 입헌정체를 만드는 일이 긴요하다는 점을 모두 인정하고 있다. 하지만 국회 개원 시기에 대해서는 다소 의견 차이가 있는 것 같다. 아직 국회를 열 시기가 아니라는 시기상조론을 내세우는 사람이 있는가 하면, 점진적으로 준비해 나가야 한다는 주장과 지금 당장 추진해야 한다는 사람도 있다. 하지만 영국과 프랑스를 예로 들어 서서히 추진해야 한다고 내세우는 주장은 나방의 사정을 나비로 말하는 이치와 다르지 않다. 우리 일본은 2백 년 걸려 할 수 있는 일을 개국 20년 만에 해냈다. 옛날 사람의 70평생 일을 3년 만에 해치운 셈이다.

후쿠자와는 이와 함께 《유빈호치신문郵便報知新聞》에 근무하던 2명의 제자 기자에게 국회 개원에 관한 원고를 써 주고, 그들 이름으로 《유빈호치신문》에 실어 세간의 여론을 떠보도록 했다. 후쿠자와는 이 원고에서 "일반 서민의 지덕智德을 함양한 뒤에 국회를 열어야 한다는 주장은 일 년에 단 하루도 비가 없는 좋은 날씨에 여행을 계획하는 일과 다르지 않다. 이렇게 되면 도저히 출발 시점을 잡을 수 없다. 오로지 국회를 열 수밖에 없는 사정을 잘 알아야 한다. 지금 국회 개설이 빠르다고 한다면 메이지유신도 당시에는 빨랐다고 말할 수밖에 없다. 현 시점에서 12년 전의 왕정유신을 빨랐다고 말할 수 없는 해석은 지금 국회가 시기상조라고 말할 수 없는 논리와 같다"고 주장했다.

이 원고는 1879년 7월 29일부터 8월 14일까지 10회에 걸쳐 《유빈호치신문》에 연재되었다. 나중에 이 기사는 《국회론國會論》이라는 단행본으로 간행되었다. 저자는 말할 것 없이 제자인 후지타 모기치와 미노우라 가쓴도箕浦勝人(1854~1929)의 이름으로 되어 있다. 후쿠자와는 그의 자서전에서 《국회론》에 대한 전말을 밝히면서 "저자 자신도 예기치 못한 반응에 크게 놀랐다"고 쓰고 있다. 이 《국회론》은 그 뒤 거의 모든 일본 신문이 뒤따라 일시에 비슷한 논리를 전개하여 특종 아닌 특종이 되었다.

후쿠자와가 《국회론》을 내세우게 된 까닭은 국회가 개설되면 각종 민권운동을 국회로 수렴할 수 있다고 보았기 때문이다. 1879년 《민정일신》을 출판할 당시 일본 사회는 자유민권운동이 사족士族 중심에서 벗어나, 농·공·상민에 이르기까지 국민적 운동으로 번지고 있었다. 1878년 9월 제1회 대회를 개최한 '재흥애국사再興愛國社' 는 1879년 2월 제2회 대회를 열었고, 11월 제3회 대회에서는 국회 개원을 위한 청원운동을 벌이기로 결의하고 서명운동에 나섰다. 이

1887년 완성된 미타三田 본교의 신식 벽돌 강당. 후쿠자와는 왕성한 언론활동과 함께 학교 교육에 힘써 게이오기주쿠의 면모를 일신했다.

러한 정치정세의 배경에는 《유빈호치신문》 사설로 연재된 《국회론》이 크게 작용했음은 말할 나위도 없다. 이어 1880년 3월에 열린 제4회 애국사 대회에는 전국 2부府 22현縣에서 모두 9만 6천8백여 명이 서명하여 단체 이름을 '국회기성동맹國會期成同盟'이라고 바꿀 정도로 뜨거운 열기를 보여주었다. 그로부터 3개월 뒤 후쿠자와는 가나가와神奈川 현 9개 군민 2만 3,555명을 대표하여 정부에 국회 개설 건의서를 내기에 이르렀다.

지금 세계 여러 나라가 병력에 의존하여 교제를 추구하는 까닭은 자국의 이익 때문이다. 하지만 우리나라는 재정이 핍박하여 군비가 정비되지 못하고 있다. 이를 타개하기 위해서는 국채를 모집할 필요가 있다. 국채를 모집하기 위해서는 정부가 인심을 얻을 필요가 있고, 국민을 국난에 대처하도록 하는 '방편'으로 국회를 열어야 한다.

이는 그가 대필한 국회 개설 건의서 내용이다. 그러나 후쿠자와는 이와 같이 다른 지식인들보다 앞서 국회 개원의 필요성을 주장하면서도 당시 대단한 열기로 끓어오른 '과격 민권론'에 대해서는 동조하지 않고 냉담했다. 관과 민이 정면충돌하면 이를 쉽게 성취할 수 없다는 사실을 잘 알고 있었기 때문이다. 다시 말하면 당시 자유민권운동에 대한 메이지 정부의 강경 대응과 민주 세력의 불충분한 실력 등이 후쿠자와의 사고방식을 바꾼 것이다. 이에 따라 그는 국내 투쟁보다는 일본의 국권 확립에 눈을 돌리게 되었다.

후쿠자와는 이에 앞서 1878년에 서민이 지식과 견문을 넓히고 가정을 잘 꾸리며 품행을 수양하고 건강을 지키는 것 등을 주요 내용으로 하는 소책자 《통속민권론通俗民權論》을 썼으나 곧바로 출판하지 않고 《통속국권론通俗國權論》을 쓴 다음 두 책을 함께 출판했다. 그것은 민권 때문에 국권의 중요함을 잊을까 우려했기 때문이다. 후쿠자와는 "국내적으로 민권을 주장하는 까닭은 외국에 대한 국권을 펴기 위한 것"이라고 책머리에 밝히고 있다. 이 책은 국가의 중요성을 강조하고 있다. 후쿠자와는 이 책에서 "나라마다 그 나름대로의 국풍國風이 있다. 그 국풍을 지키는 일도, 바꾸는 일도 모두 그 국민의 자유로 다른 나라 사람이 개입할 사안이 아니다. 이를 범하는 자가 있다면 이는 국권을 어기는 무례이다. 이는 절대로 내버려 두어서는 안 된다. 무례자는 반드시 배격해야만 한다. '가에이嘉永 시절 미국 사자使者가 와서 개국을 요구하고 그 개국 결과는 시간이 흐르면서 일본의 이익이 되었지만, 맨 처음 미국이 여러 척의 군함을 이끌고 우리 해안에 허락 없이 들어온 것은 무례이다.…… 그래도 우리들은 힘이 없어 조금도 불평할 수 없었다"고 돌이켰다.

후쿠자와는 민권과 국권을 두 편으로 명확히 분리할 수는 없다고 파악했다. 하지만 외교가 우선이고 국권이 민권에 앞설 수밖에 없다고 생각했다. 후쿠자와는 그해 10월 6일 출간한 《통속국권론》 2편에서 국권과 민권의 관계를 더욱 구체적으로 밝혔다. 이에 따르면 "밖의 중대한 일을 수행함에 잘못이 없다면 안의 민권은 저절로 해결되는 일로 여겨야 한다"고 설명하고 있다. 다시 말하면 국권을 잘 수행하면 민권은 '저절로' 실현되는 종속관계로 파악했다. 후쿠자와는 '정부의 권한이 지나치게 강하면 국민을 괴롭히고, 반대로 민권이 지나치게 강하면 정부를 고통스럽게 한다'는 점을 늘 우려해 왔다고 한다. 그러나 《후쿠자와 유키치 － 사상과 정치와의 관련》을 펴낸 도야마 시게키는 이에 대해 "당시 민권은 국권을 위협할 만큼 강하지 않았다. 이는 국권 우위와 관민 조화를 내세우고자 민권 실태를 왜곡하여 과대평가한 결과이다. 그는 문명 발달의 필연적 결과로 민권도 신장해야 한다는 필연론과 이미 민권은 발달했다는 현상론을 슬쩍 바꾸어 국권을 위한 관민조화를 강조했다"고 지적했다. 도야마 시게키는 "후쿠자와가 관민 항쟁을 피하려고 관민조화론을 주창했다고 말하면 후쿠자와의 사상구조 특징을 무시한 평가라는 비판을 받을지 모르지만, 국제적 위기를 타개하려는 일종의 정치적 휴전으로 관민조화론을 제창한 것만은 분명하다"고 덧붙였다.

후쿠자와는 1881년 출간된 《시사소언》에서 민권보다 국권을 중시하는 주장을 더욱 명확히 펴고 있다. 그는 이 책에서 "정부 당국자는 일거에 국회를 열어 국내 안정을 꾀하고 국민들의 마음을 통합하여 외부로 향한 국권을 확대하는 일이 긴요하다"고 강조했다. 그는 "내가 내세우는 주의主義는 '내안외경內安外競'이라는 넉 자에 있을 뿐"이라 역설하고, 이에 따른 군비 확충의 필요성을 제창했다.

이처럼 정부와 대립 관계에 있던 후쿠자와는 평소에 내세운 주장을 한풀 접은 뒤 1882년 《지지신보》를 창간하면서부터 국권확립을 위해 온 힘을 쏟았다. 그는 《지지신보》 발간 즈음 창간사에서 "필생의 목적은 오로지 국권國權의 한 가지에 있다"고 말하고, 대외 강경론으로 재무장해 아시아 지배를 위한 제국주의 이론을 합리화하기 시작했다.

이를 정리해 보면 후쿠자와의 계몽·저술활동의 궁극적인 목표는 국민 일반을 어떻게 해서라도 문명개화의 문으로 밀어 넣어, 일본을 서구열강에 견줄 만한 병력이 막강하고 장사를 잘하는 제국주의 대국으로 만드는 것이었다고 말할 수 있다.

문명론자의 겉과 속

《서양사정》,《학문의 권유》,《문명론의 개략》이 후쿠자와의 전반기 노작勞作이었다면,《후쿠오자전福翁自傳》은 생애의 결산이었다. 일본 학자들은《후쿠오자전》을 흔히 일본 구어체口語體 전기傳記 문학의 효시로 일컫는다.《후쿠오자전》은 당시 누구나 쉽게 읽을 수 있도록 비교적 쉬운 문장으로 말하듯이 써내려간 점이 특징이다.

후쿠자와의 자서전 《후쿠오자전福翁自傳》. 단행본 출간에 앞서 《지지신보》에 연재되었다.

60세를 갓 넘긴 후쿠자와는 생이 얼마 남지 않았음을 직감한 것일까. 그는 죽음을 4년 앞둔 1897년 가을부터 일생을 정리하는 자서전을 쓰기 시작했다. 책에 담긴 내용은 후쿠자와 자신이 원고를 직접 쓰지 않고 글을 빨리 받아쓰는 야노 요시지로矢野由次郎라는 속기자速記者가 구술口述을 받아 정리했다. 후쿠자와가 기사를 부르면 야노 요시지로가 받아써서 원고지에 옮겨오고, 후쿠자와가 다시 고쳐 쓰는 식이었다. 그렇다고 후쿠자와가 요란하게 여러 가지

자료를 따로 준비하지는 않
았다. 야노 요시지로의 이
야기로는 내용을 부르기에
앞서 후쿠자와가 준비한 자
료는 흔한 연표와 간단한
메모가 고작이었고, 기억을
더듬어가며 기사를 불러주
었다고 한다.

후쿠자와는 거의 일주일
간격으로 한 번에 네 시간
정도 야노 요시지로와 함께
같은 일을 반복했다. 야노
요시지로가 보기에는 그가
별 준비 없이 기사를 불러
주는 것 같았지만, 기사화
할 내용을 미리 주도면밀하

말년에 나란히 찍은 후쿠자와 아내 긴錦.
금실이 좋아 슬하에 4남 5녀를 두었다.

게 준비한 뒤 야노 요시지로와 마주 앉은 사실이 나중에 밝혀졌다.
현재 게이오대학에 보관되어 있는 메모가 이를 잘 말해준다. 이 메
모에는 자서전에 담을 대강의 줄거리가 적혀있고, 여러 사건의 당
사자들을 직접 만나 들은 사항들이 깨알 같이 기록되어 있다.

후쿠자와와 야노 요시지로의 공동 작업은 반년 이상 계속되었다.
후쿠자와가 마지막 원고를 수정하고 안도의 한숨을 내쉰 때는 미타
三田에 있는 집 근처의 벚꽃이 지고 녹음이 짙게 물든 1898년 5월
11일이었다. 그는 이렇게 완성된 원고를 제자에게 다시 깨끗하게 쓰
도록 한 다음 《지지신보》에 보내 싣도록 했다. 《지지신보》는 이를

받아 1898년 7월 1일부터 1899년 2월 16일까지 67회에 걸쳐 연재했다. 기사는 예상대로 독자들의 관심을 모았고 덕택에 《지지신보》 독자도 늘어났다.

그러나 호사다마好事多魔라고 후쿠자와는 《후쿠오자전》이 《지지신보》에 연재되고 있던 1898년 9월 26일 뇌일혈로 쓰러졌다. 얼마 뒤 의식은 회복했지만 후유증으로 스스로 펜을 들 수 없는 부자유스런 몸이 되고 말았다. 그래서 처음 계획했던 수정 증보판은 끝내 빛을 보지 못했다. 《후쿠오자전》은 신문 연재가 끝나고 4개월 뒤인 1899년 6월 15일 《지지신보》가 단행본으로 출간했다. 이 책 역시 나오기가 바쁘게 많은 부수가 팔려 나갔다.

《후쿠오자전》을 읽어본 사람이라면 알겠지만, 이야기 3분의 2는 메이지유신 이전의 일로 메워지고 유신 이후의 일은 비교적 간략하

게이오 출신 귀·중 양 의원들과 한때를 같이한 후쿠자와(맨 앞줄 한가운데). 후쿠자와는 나이를 먹어가면서 게이오기주쿠 출신들과 교류를 증진하여 친목을 두텁게 했다.

게 소개되어 있다. 이는 후쿠자와가 자서전을 쓸 당시, 사건에 관계
된 사람들이 대부분 살아있고 사건 자체가 진행 중이어서 자칫 논
쟁의 소용돌이에 휩쓸릴 가능성이 있어 스스로 자제했기 때문으로
학자들은 분석하고 있다. 그만큼 그는 정치계와 담을 쌓았다고 말하
면서도 속마음을 모두 털어놓을 수 없을 정도로 정치적 문제에 민
감했다.

내용은 크게 〈유·소년 시대〉, 〈나가사키 유학〉, 〈오사카 수업〉,
〈오가타緖方의 숙풍塾風〉, 〈오사카를 떠나 에도로 가다〉, 〈처음으로
미국에 가다〉, 〈유럽 각국 여행〉, 〈양이론〉, 〈재 도미渡美〉, 〈왕정
유신〉, 〈암살 걱정〉, 〈잡기雜記〉, 〈일신일가一身一家의 경제 유래〉,
〈품행 가풍〉, 〈노후 반생〉 등으로 나누어 정리하고 있다. 그가 어떤
가정에서 어떻게 자라 공부를 하고 서양학에 관심을 두게 되었는가
에 대해서는 앞서 이미 설명했다. 다만 금전 거래에 관한 후쿠자와
의 사고 방식과 태도를 술회한 〈일신일가의 경제 유래〉에서 그는
조선인을 비하하고 있는데 그 부분을 옮겨보면 이렇다.

이렇게 말하면 정말이지 내가 고상하고 청렴한 군자처럼 보이겠지
만 그 군자 전후를 숨김없이 드러내면 실은 큰 웃음거리다. 이것은
나 한 사람만이 아니라 동료 번사藩士들도 모두 비슷한 일이다. 아니
번사만이 아니라 일본의 다이묘 집안도 대부분 같은 모양일 것이다.
번주藩主로부터 물건을 받으면 귀인으로부터 받은 하사품으로 여겨
이것에 답례할 마음이 없다. 음식을 대접받으면 '술까지 주셔서'라며
귀찮아도 생각 없이 그저 고맙다고 머리 숙여 인사할 뿐으로 그 실
은 인간 사이의 교제로 생각하지 않는다. 그러나 금전 문제만은 그렇
게 해서는 안 된다. 내가 나카쓰번中津藩에 대해 쓰고자 하는 것은 금

전 거래에 조심해야 할 일이다. 사람들은 돈을 빌리고 갚을 때, 갖는 것만 생각하고 아무 상관없이 많이 가지면 가질수록 좋다는 생각으로 한 냥이든 열 냥이든 잘 빼내기만 하면 뭐랄까 사냥하러 가서 포획물이 있는 것처럼 생각하기 십상이다. 빌릴 때 뿐, 돈을 빌린 이상 자기 것으로 생각하고 갚으려는 마음은 좀처럼 없다. 잠시라도 자신의 손에 넣으면 빌린 돈이든 받은 돈이든 같은 것으로 착각하고 나중 일은 조금도 생각지 않는다. 의리도 염치도 없는 모양은 지금의 조선인이 돈을 탐내는 것과 조금도 다른 것이 없다. 거짓말을 하는가 하면 아양을 떨고 나쁜 일을 하며 번藩의 물건을 오로지 가질 생각만 한다.

후쿠자와가 조선인과 어떤 불미스러운 거래를 하여 자서전에까지 조선인을 비하했는지는 잘 알려지지 않고 있다. 다만 조선 개화파와 교류할 때 금전 거래가 명쾌하지 않았거나, 조선인을 일부러 비하하여 독자들에게 나쁜 인상을 주기 위한 목적으로 추측되고 있을 뿐이다. 후쿠자와는 여기에서 가난한 가정에서 태어나 중류 이상으로 자수성가한 자기 나름대로의 가계家計 철학을 설명하고 있다. 그는 스스로 일생 동안 자기를 위해 돈을 빌린 적이 없다고 말하고 있으나, 다른 사람을 위해 자신의 돈을 쓰거나 금전 차용을 중개하다 곤란한 지경에 빠진 적이 많았다고 전해지고 있다. 하지만 이 점 역시 자서전에는 일절 다루지 않았다.

《후쿠오자전》에 대한 일본 학계의 평가는 찬사가 압도적으로 많다. 대부분의 사람들은 자서전에 자신의 약점을 숨기기 마련이지만 후쿠자와는 비교적 솔직하게 자신의 일을 고백하고 있다는 평이다. 예를 들면 돈이 모자라 하숙비를 제때에 줄 수 없게 되자 거짓 편지를 써서 이를 모면했다거나, 보기 드문 대주가로 술 때문에 부끄러운 짓을 저질렀다는 내용을 그대로 담고 있다. 또 번주를 교묘하게 속여 돈을 챙긴 일, 피 보기를 싫어하여 외과 수술 모습을 보고 졸도한 일 등을 눈에 선하게 그리고 있다.

그러나 과장된 부분도 적지 않다는 분석이다. 사학자 도야마 시게키는 "후쿠자와는 메이지 정부와 대립한 적이 한 번도 없으며 메이지 정부의 개화정책, 자본주의화정책, 군비확충정책, 조선·중국침략 정책 등에 대해서는 오히려 적극적으로 부추긴 이데올로그였다"고

말년의 후쿠자와가 산보하는 모습

밝히고, "암살 위협에 대한 그의 회고는 과장된 부분이 없지 않다"고 설명했다. 그는 "후쿠자와는 이미 여러 번 설명했듯이 메이지 정부의 개진정책과 대외정책에 대해 자주적으로 협력하도록 국민들을 설득하고, 그 바탕 위에 독립 기상을 불어넣은 국민 계몽사상가였는데 누가 그를 암살하려고 했겠는가"라고 되묻고 있다.

아무튼 내용의 사실 여부를 제쳐두더라도 《후쿠오자전》은 후쿠자와가 살아있는 동안 8판을 찍어냈다. 첫판은 앞서 설명한 대로 1899년 6월 15일에 발행하여 한 권에 40전을 받았다. 고급 종이를 사용한 1엔짜리 고급판도 있었다. 《후쿠오자전》은 그 뒤에도 문고본文庫本, 또는 《후쿠자와 선집》 등으로 선을 보여 일본 독자들의 호평을 받았다고 한다. 이와 함께 후쿠자와의 손자뻘인 기요오카 에이이치清岡暎一(게이오기주쿠대학 교수)가 《*The Autobiography of Fukuzawa Yukichi*》라

1901년 2월 8일 열린 후쿠자와의 장례식. 많은 인파가 운구를 뒤따르고 있다.

는 제목으로 영역, 미국과 유럽에 소개하기도 했다.

후쿠자와는 19세기 전반에 태어나 메이지유신이라는 혁명기를 중심으로 가장 변화가 심한 60여 년을 살다가 20세기가 시작되자마자 생을 마감했다. 후쿠자와가 사망하자 일본 중의원은 그가 국회의원이 아니었는데도 1901년 2월 7일 국회를 열고 "일찍이 개국의 필요성을 주장하며 국민의 힘을 교육에 이르게 한 후쿠자와의 부음에 접하여 여기에 애도의 뜻을 표한다"고 의결, 고인의 명복을 빌었다. 이어 다음 날 열린 장례식에는 많은 조문객이 몰려 자택에서 장지인 아자부麻布 젠부쿠지善福寺에 이르는 2킬로미터의 도로에 행렬이 이어졌다고 한다.

맺음말 – 후쿠자와와 일본 우익

후쿠자와 유키치는 일본에서 흔히 '세기의 논객'으로 통한다. 그럴 만큼 그는 일본 근대사에 지대한 영향을 끼친 엄청난 양의 글을 남겼다. 그의 글은 이와나미서점岩波書店이 펴낸 《후쿠자와 유키치 전집》에 고스란히 담겨 있다. 원고 분량만도 총 22권 1만 5,100여 쪽에 이른다. 이는 일본 근대사는 말할 것 없고 근대 한일관계사 연구에도 없어서는 안 될 귀중한 자료이다.

이 글들을 종합해 보면, 후쿠자와의 주의·주장은 시대의 흐름에 따라 논점論點이 극명하게 갈리고 있다. 《지지신보》 창간(1882) 이전의 주장이 자국민을 깨우치기 위한 '문명론'이었다면, 그 이후의 논설은 아시아를 지배하고자 하는 '제국주의 침략이론'이라 해도 지나친 말이 아니다. 더욱이 그 가운데서도 〈탈아론〉, 〈대 영단이 필요하다〉(1892년 7월 19~20일자), 〈청나라와 조선 양국을 상대로 즉각 전쟁을 시작해야 한다〉(1894년 7월 24일자), 〈문야文野전쟁론〉(1894년 7월 29일자), 〈대한對韓의 방침〉(1898년 4월 28일자), 〈대한對韓의 방략方略〉(1898년 4월 29일자) 등의 논설들은 제국주의 논리의 극치로 손꼽힌다.

이와 같은 후쿠자와의 제국주의 사상은 첫 장에서 설명했듯이 1951년 쇼와판 《속 후쿠자와 전집》에서 〈탈아론〉이 발견되면서 베일을 벗기 시작했다. 일본 근대사상사 연구가인 히라야마 요平山洋

(1961~)는 《후쿠자와 유키치의 진실福澤諭吉の眞實》이라는 책을 통해 〈탈아론〉의 발견에서부터 '악명'이 높아지기까지의 과정을 자세히 설명하고 있다.

이에 따르면 〈탈아론〉을 가장 먼저 문제 삼은 학자는 도야마 시게키遠山茂樹였다. 도야마 시게키는 1951년 11월 최초로 《후쿠자와 연구》 제6호에 〈일청전쟁과 후쿠자와 유키치〉라는 제목으로 〈탈아론〉을 비판하고 나섰다. 그는 이 글에서 "정부 당국자들에게 적극적이었다는 말을 들었던 후쿠자와의 대조선, 대중국 진출론은 그 나름대로의 개화주의였다. 조선이 강대 문명국의 식민지가 되는 편이 오히려 조선 인민에게 행복이 된다는 말도 수사修辭상의 과장이 아니라 일본의 조선 침략을 주장하는 논의의 전제가 되었다. 아시아 일원으로 아시아 흥륭興隆에 힘쓰지 않고, 아시아를 벗어나 이웃 나라를 희생물로 삼아 서양열강과 어깨를 나란히 하자는 주장은 일본 내셔널리즘의 나쁜 전통인데, 그와 같은 보기 드문 사상가도 '문명'이란 이름으로 이를 취하고 있다"(平山洋 《福澤諭吉の眞實》 209쪽)며 후쿠자와의 침략적 본심을 읽어냈다.

이러한 도야마 시게키의 충격적인 주장은 곧 일본 역사학자이자 주오고론샤中央公論社 초대 출판부장을 지낸 핫토리 시소服部之總(1901~1956)에게 영향을 끼쳤다. 핫토리 시소는 그 이듬해 5월 〈동양에 있어서 일본의 위치〉라는 논문에서 "후쿠자와는 일청전쟁의 선동자로 그에게도 주의를 기울여야 한다"고 지적했다. 이어 1953년 8월 소분샤創文社가 발행한 《현대역사강좌現代歷史講座》에서 〈문명개화〉라는 제목의 논문에서는 "후쿠자와는 '문명개화'의 이름 아래 아시아 이웃 사람들의 토벌을 정당화하고 있다"고 비판의 강도를 더 높였다. 또 그해 12월에 발행된 《가이조改造》에서는 "후쿠자와의 텐노天

皇 찬미야말로 침략론자의 본질이다. 그는 시민적 자유주의자가 아니라 침략 절대주의자라고 부르는 게 어울린다"고 단언했다.

이런 후쿠자와에 대한 비판적 시각은 마침내 1956년 6월, 25세였던 가노 마사나오鹿野政直에게 이어졌다. 가노 마사나오는 그때 쓴 《일본 근대사상의 형성》이라는 책에서 "후쿠자와의 반反유교주의는 곧 탈아론으로 둔갑했고, 이는 다시 아시아 침략론으로 발전하게 되었다"고 후쿠자와의 제국주의 논리를 낱낱이 들추어냈다.

이들의 비판은 마루야마 마사오丸山眞男의 연구 결과에 대한 반론이었다. 마루야마는 일본 패전 뒤 10년 남짓 동안 후쿠자와를 전문으로 연구하면서 온갖 미사여구를 동원하여 그를 '자유를 존중한 시민적 문명론자'로 추켜세웠다. 다시 말하면, 마루야마가 후쿠자와를 '일본 국민의 교사'로 우상화한 장본인이었다. 비판자들은 마루야마가 메이지판과 다이쇼판《후쿠자와 전집》을 중심으로 1882년 이전 후쿠자와의 저술에만 집착함으로써 후쿠자와 사상의 진실을 규명하는 데 한계를 드러냈다고 평가한다.

이렇게 1950년대부터 〈탈아론〉을 중심으로 불붙은 후쿠자와 사상에 대한 논쟁은, 기존 세 전집의 내용을 수정 증보한《후쿠자와 전집》이 완간(1964)된 데 이어(1970~1971년 재판 발행), 갖고 다니며 읽기 편한《후쿠자와 유키치 선집福澤諭吉選集》(전 14권)이 출간되면서(1981년) 열기가 더욱 달아올랐다. 지금 일본에서 후쿠자와를 연구하는 학자는 50명 이상으로 추산되고 있다. 이들이 이미 출간한 연구 결과 서적만도 40종을 웃돈다. 후쿠자와에 대한 평가도 분분하다. 후쿠자와가 일찍 서양문명을 소개하여, 약육강식의 금수禽獸논리가 판치던 20세기 제국주의 침략시대 일본을 구미 제국주의 열강과 어깨를 견줄만한 강국으로 만드는 데 크게 이바지한 사실에 대해서는 아무도 이의를 달지 않는다.

그러나 양식 있는 학자들은 후쿠자와의 국권 중시 사상에 대해 매우 비판적이다. 도야마 시게키는 그가 1998년에 펴낸 《후쿠자와 유키치 ― 사상과 정치와의 관련》에서 "후쿠자와가 평생 동안 쌓아올린 사상적 성과는 일청전쟁의 승리를 찬미함으로써 완전히 빛을 잃게 되었다"고 혹평하고 있다. 그러면서 후쿠자와가 조선·중국침략론의 선구자였던 이유를 다음과 같이 설명한다.

첫째, 후쿠자와는 국제정세를 매우 민감하게 인식한 양학자로 바쿠후幕府 말末 바쿠후 외교 관련 부서에서 일한 경험이 그를 조선·중국침략론의 선각자로 자임케 했다. 더욱이 1880년 후반부터 구미 열강의 아시아 침략이 급증한 데다 조선과 중국이 이들의 대결장이 되고 있다는 사실을 재빨리 알아차리고, 이에 대한 대비책을 강구해야 한다며 메이지 정부를 부추긴 것이다.

둘째, 구미 열강의 국제정치 방식을 일본 진로의 규범으로 제시한 점이다. 발달단계에 따라 문명이 발전한다고 인식한 그는 일본이 문명화를 위해서는 구미 열강이 걸어온 부강의 길, 약소국 침략의 길을 걸을 수밖에 없다고 판단했다.

셋째, 서양주의를 강조하고자 처음부터 유교를 비판하고 조선과 중국을 멸시한 점을 들 수 있다. 조선과 중국이 유교주의 아래 정체하고 있다고 이해하고 동정심을 가졌으나, 이 연민의 정이 결국 두 나라를 문명국으로 이끌어야겠다는 지도자 의식으로 바뀌었다.

넷째, 제국주의가 급속히 확산됨에 따라 원래 가지고 있던 외사外事 우선 인식이 무자비한 침략 의욕으로 돌변했다. 국제정치에서는 문명뿐만 아니라 힘과 이利가 지배한다는 인식이 결국 대아시아정책에 동정은 아무런 쓸모가 없다는 '탈아론'을 낳았다. 이처럼 그는 조선과 중국에 대한 연민의 정을 털고 지도자적 의식을 바꾸어 재빨리 침략론으로 전환했다. 이는 문명주의＝부강주의＝제국주의라는 도식으로, 제국주의를 인정하는 사상적 특질에서 유래하고 있다.

다섯째, 국내정치 안정을 위해 내세운 관민조화론이 국회 개설로 더 이상 설자리를 잃어 침략론을 내세운 것이다. '조선을 지배하고 중국을 침략하는 길'밖에는 애국심을 북돋우기 위한 국민통합 목표를 설정할 수 없었기 때문이다.

여섯째, '침략＝강병'과 문명주의, 자본주의 주장과는 서로 보완관계이므로 침략론은 필연적 산물이다.

끝으로 도야마 시게키는 "메이지 14년(1881) 이후 후쿠자와 사상은 이처럼 조선과 중국의 침략 실행에 모든 무게가 실려 있었다"고 지적하고, "일청전쟁의 찬미로 후쿠자와의 자유시민주의적 사상이 갖는 역사적 사명은 모두 끝났다"고 결론짓는다(遠山茂樹 《福澤諭吉 - 思想と政治との關連》 260~262쪽).

야스카와 쥬노스케安川壽之輔의 비판은 더욱 신랄하다. 야스카와 쥬노스케는 자신이 펴낸 《후쿠자와의 아시아 인식》에서 "후쿠자와라는 인물은 꽤 넉살 좋은 '거물'이고 나쁘게 말하면 철면피이다. 왜냐하면 자기의 주의·주장을 밥 먹듯이 식언하고 있기 때문이다. 예를 들면 그는 '태어나면서부터 빈부귀천은 없다. 오직 학문을 잘 하는 자가 귀인이 되고 부자가 되지만 배우지 못하면 가난뱅이가 되고 하인이 된다'며 교육에 의한 입신출세를 권했기 때문에 그가 쓴 《학문의 권유》가 베스트셀러가 되고 그도 유명하게 되었음에도, 노년의 그는 자신이 그렇게 주장한 장본인이라는 사실을 숨기고 '교육

을 장려하여 부원富源을 찾아야만 한다는 말은 사물의 인과因果를 뒤바꾸는 것'이라고 말하고 있다"고 혹평하고 있다. 야스카와 쥬노스케는 또 "후쿠자와는 1885년 1월 8일 〈친정親征의 준비 여하如何〉라는 논설에서 '전쟁이 일어나면 전쟁터의 최일선에 행궁行宮을 설치하여 텐노天皇가 직접 전쟁을 챙겨야 한다'며 바칸馬關(지금의 시모노세키)에 행궁 설치를 건의하여, 결국 일청전쟁 때 히로시마에 대본영大本營*이 설치됨으로써 그의 주장을 관철시켰다. 이런 인사가 어떻게 전쟁이 끝나고 거꾸로 텐노의 정치 관여를 반대한 전설적인 인물로 알려지게 되었는지 서글프기 그지없다"고 개탄했다(安川壽之輔 《福澤諭吉のアジア認識》 118쪽).

  이와 달리 보수 학자인 히라야마 요는 "탈아론은 후쿠자와의 친필이 아니라 다카하시 요시오高橋義雄 등 다른 사설담당 기자가 썼을 가능성이 있다"고 우긴다. 그는 자신이 쓴《후쿠자와 유키치의 진실》에서 "탈아론은 후쿠자와가 게재일로부터 죽을 때까지 16년 동안 그의 저작이나 서간에서 단 한 번도 언급한 적이 없고, 후쿠자와가 생전에 편찬한 메이지판 전집에도 싣지 않았으며, 쇼와판 전집에는 후쿠자와가 죽은 뒤에 쓴 논설이 6편이나 실려 있다"는 점 등을 들어 이같이 주장하고 있다. 그는 더욱이 "쇼와판 전집을 만든 1930년대는 대륙진출론이 한창 높아지고 있던 시기였다. 이시카와가 후쿠자와를 그 사상의 선구자로 만들려는 목적으로 전집을 다시 내면서 이시카와 자신의 호전적인 논설도 함께 넣지 않았나 싶다. 1천5백 편의 논설 가운데 7백여 편은 후쿠자와와 무관하다"며 전집을 즉각 수정해야 한다고 목소리를 높였다(平山洋《福澤諭吉の眞實》204, 238

---

* 전시 또는 사변 때 설치되는 군의 최고 통수부로 텐노가 직접 군을 통솔했다.

쪽,《朝日新聞》2004년 8월 24일자 31면).

그러나 일본 비교사상 연구가인 이다 신야井田進也의 감정 결과, 〈탈아론〉은 후쿠자와의 친필임이 확인되었다. 이다 신야는 "이와 같은 글은 논의 전개 솜씨와 문장에 쓰인 어휘 등으로 미루어 후쿠자와가 아니고는 도저히 쓸 수 없는 글"이라고 판정했다. 이와 함께 〈조선의 교제를 논함〉(1882년 3월 11일자), 〈조선 독립당의 처형〉(1885년 2월 26일자), 〈조선 인민을 위해 조선 멸망을 축하한다〉(1885년 8월 13일자) 등 침략 논리가 두드러진 논설도 모두 후쿠자와가 직접 쓴 글로 밝혀졌다. 게다가 당시《지지신보》사설은 후쿠자와가 직접 쓰거나 젊은 기자들(때에 따라 2~3명)이 후쿠자와의 구술이나 구상을 바탕으로 초안을 만든 다음 후쿠자와의 수정을 거쳐 신문에 보도되었으므로 사실 후쿠자와의 주장이나 다름없었다.

그럼에도 오늘날 일본 정치인을 비롯한 일본 지배층은 이러한 전전戰前 후쿠자와의 아시아 지배 논리를 되살려 국가 이데올로기를 다시 세우는데 혈안이 되고 있다. 일본 자민당 정권이 지난 1984년 11월 1일 후쿠자와 초상肖像을 일본 최고액最高額 지폐인 만 엔짜리 얼굴로 추대한 결정도 그 예로 꼽힌다. 그의 초상이 만 엔 권 지폐 도안으로 결정될 당시 일본 사회는 '탈아론' 논쟁이 뜨거웠다. 하지만 일본 정부는 이런 비판에도 아랑곳하지 않고 그를 일본의 '상징'이자 '자존심'으로 선택했다. 일본 금융당국은 지폐 도안 대상자를 발표하면서, 후쿠자와는 시대를 이끈 사상가이자 메이지 시대 6대 교육가의 한 사람으로 회계 부기簿記를 일본에 들여온 공로가 커 재무성과 국립인쇄국, 일본은행 등 세 기관이 협의하여 결정했다고 선정 이유를 밝혔다.

그러나 1984년 지폐 도안 교체는 이른바 '자학사관自虐史觀 극복운

동'의 하나라는 게 일반적인 인식이다. 자학사관이란 한마디로 일본 제국주의 시대 역사의 잘못된 부분을 일부러 강조하고, 좋은 부분을 과소평가하여 일본 역사를 깎아내리는 역사관을 의미한다. 이 용어는 '새 역사 교과서를 만드는 모임新しい歷史敎科書をつくる会' 회장인 후지오카 노부카쓰藤岡信勝가 처음 쓰기 시작했다. 후지오카 노부카쓰는 일본 패전 뒤 일본 역사학계가 과거 일제 식민주의 역사를 반성위주로 기술하고 교육함을 비꼬는 뜻으로 이 말을 만들어 냈다고 한다. 요즘도 '자유주의 사관운동'이라는 이름으로 자학사관 극복운동을 주도하고 있는 새 역사 교과서 출판모임 회원들은 "일본이 전전 조선을 식민지로 만들고 아시아를 침략한 행위는 당시 제국·식민주의가 성행한 국제적 조류였을 뿐 일본의 잘못이 아니며 특별히 사죄할 필요도 없다"고 주장한다.

특히 지폐 도안 교체 당시 나카소네 야스히로中曽根康弘가 일본 정부 최고 지도자였던 점도 도안 교체가 자학사관 극복운동의 하나였음을 뒷받침한다. 나카소네 야스히로는 1980년 총선에서 자민당의 압승으로 권좌에 올라 이 운동을 펴기 시작한 핵심 인물이다. 1982년 여름 '침략'을 '진출'로, '3·1운동'을 '3·1폭동'으로 바꿔 쓰도록 한, 이른바 '역사 교과서 왜곡파동'도 그의 작품이다. 나카소네는 일본수상으로는 최초로 1985년 8월 15일 야스쿠니신사靖國神社를 공식 참배한 극우 보수파이기도 하다. 그는 지금(2012년) 아흔네 살의 고령에도 일본의 비무장을 규정한 헌법 제9조를 철폐하기 위한 개헌운동에 앞장서고 있다.

한편 이렇게 결정된 후쿠자와의 초상은 2004년 지폐 도안을 모두 교체했을 때도 그대로 살아남았다. 그때 5천 엔 권 얼굴은 니토베 이나조新渡戶稻造에서 여성 소설가 히구치 이치요樋口一葉(1872~1896)

로, 천 엔짜리는 소설가 나쓰메 소세키夏目漱石에서 세균학자 노구치 히데오野口英世로 각각 바뀌었다. 당시 수상 고이즈미 준이치로小泉純一郎 등이 지폐 도안 실무기관에 압력을 넣어 후쿠자와 초상은 바꿀 수 없도록 했다고 한다. 고이즈미 준이치로 역시 극우 보수파인 데다 후쿠자와가 설립한 게이오기주쿠대학 출신이다.

이뿐만 아니라 보수우익들의 잇따른 조선·중국 멸시 망언도 대부분 후쿠자와의 침략주의 사상에 뿌리를 두고 있다는 지적이다. 구체적으로 일본 정계 보수지도층이 그동안 해온 발언을 예로 들어보기로 하자. 일본 패전 뒤 내각수상을 지낸 요시다 시게루吉田茂(1878~1967)는 퇴직하고 1957년에 낸 책《회상 10년》에서 다음과 같이 적고 있다.

메이지 이래 독립국인 일본과 신흥 독립국인 아시아 여러 나라는 구별되어야만 한다. 오늘의 일본은 정치·경제·사회적 사정으로 보아 아시아적이라기보다 서구적이다. 아시아, 아프리카는 민도가 낮고 미개지로 후진국 영역을 벗어날 수 없다. 그러나 지리적·인종적으로는 서구인보다 일본인이 아시아에 친근감이 있다. 미국 자본과 일본 기술을 결합시켜 동남아를 개발하는 것이 좋다.

마치 전전 후쿠자와의 〈탈아론〉을 읽는 느낌이 아닌가. 이른바 '친한파'라는 요시다 시게루는 1949년 당시 맥아더 연합군 사령관 앞으로 보낸 〈재일 한국인 모국 송환 요구서〉에서 "현재는 장래 일본의 식량 사정을 고려할 때 여분의 인구 유지는 불가능하다. 미국의 호의로 일본은 식량을 대량 수입 중이고, 그 일부를 재일 조선인을 부양하는 데 쓰고 있다. 이 같은 수입은 다음 세대에 부담을 주게 된다. 조선인 때문에 지고 있는 대미對美 부채를 다음 세대에 넘기는 일은 불공평하다고 생각한다. 대다수 조선인은 일본 경제부흥에 전혀 도움이 되지 않는다. 더욱 나쁜 점은 조선인 가운데 범죄자가 많다는 것이다. 그들은 일본 경제법령의 상습 위반자들이다. 그들 가운데 대다수는 공산주의자이거나 그 아류로, 더욱 악랄한 폐단은 정치 범죄를 범하는 경향이 높아 언제나 1천 명 이상이 감옥에 있는 상태다"라고 적고 있다.

식민지 지배에 대한 죄의식은커녕 도의적 책임감마저도 느낄 수 없는, 실로 한심한 편견과 차별관이라 아니할 수 없다. 징병과 강제 징용으로 말미암은 한국인의 쓰라린 고통은 그야말로 안중에도 없다. 전전 중국 톈진天津·펑톈奉天 영사 등으로 일제의 중국 침략에 가담한 그는 후쿠자와의 〈탈아론〉을 읽고 감명을 받았다고 한다. 그는 전전 인물이라 그렇다 치자.

지난 1988년 다케시타 노보루竹下登 내각의 국토청장관을 지낸 오쿠노 세이스케奧野誠亮 의원의 발언은 마치 전전의 아시아 지배 논리를 그대로 듣는 느낌이다. 그는 1995년《세카이世界》라는 잡지와의 인터뷰에서 "만주국이 생겼을 때 오족五族 공화共和의 기치를 내걸었다. 오족이란 일본·조선·만주·한족·몽고족을 말한다. 그로부터 미국과 전쟁에 들어가면서 대동아공영권을 만들게 되었다. 동아시아 안정이 목적이었다. 아시아 사람들은 백인 식민지 아래 놓이게 되었다. 이들의 생활 안정을 위해 해방시켜야 한다는 신념이 하나의 목표가 되었다. 결과적으로 패했지만 아시아는 모두 독립했다"고 주장했다. 그는 이에 앞서 국토청장관 임명 당시 어느 기자와의 인터뷰에서 "백색 인종이 아시아를 식민지로 하고 있었다.…… 누가 침략자인가. 백색 인종이다. 무엇을 근거로 일본이 침략 국가이고 군국주의란 말인가"라고 큰소리쳤다.

일본 보수지도층의 망언은 그 이후에도 끊임없이 계속되고 있다. 1994년 8월 무라야마 도미이치村山富市 내각의 환경청장관으로 임명된 사쿠라이 아라타櫻井新 의원은 "일본이 처음부터 침략 전쟁을 하려고 마음먹고 싸웠던 것은 아니라고 생각한다. 아시아는 일본 덕분에 유럽 식민지 지배로부터 거의 자유로울 수 있었다. 그리고 그 결과 교육도 꽤 보급되고, 아시아 전체가 대단한 경제부흥을 이룩하게 된 것이다"라고 발언했다. "일한병합 조약은 원만히 체결된 국제 조약이다. 식민지 전쟁이라고 하지만 병합이 곧 식민지는 아니다. 무력이 아니라 원만히 이루어졌기 때문이다"(1995년 6월 3일)라는 와타나베 미치오渡邊美知雄 의원의 발언과 "일한합병은 조선 측에도 책임이 있다. 일한합병이 없었더라면 청나라나 러시아가 조선반도에 손을 대지 않았다는 보장이 있었을까"(1986년 10월)라는 후지오 마사유키藤尾正行 전 문부상의 주장은 한일 사이 외교 문제로까지 번져 크게 말썽이 된 바 있다.

《전후보수의 아시아관戰後保守のアジア觀》을 출간한 와카미야 요시부미若宮啓文는 이러한 일본 지배층의 아시아 비하 발언 등의 망언이 〈탈아론〉에 뿌리를 두고 있다고 분석하고 있다. 그는 "일본은 민족적·지리적으로 아시아의 일원일 뿐만 아니라 한자漢字와 불교·유교 등 일본 문화의 커다란 요소가 인도·중국·조선반도의 아시아 여러 나라에서 도래渡來한 사실은 의심할 여지가 없다. 더욱이 중국에 대해서는 문화 발원지로 경외심敬畏心을 갖고 접해 왔으며, 조선에서 귀화한 사람들이 문화 유입에 커다란 구실을 했다는 사실도 더 말할 필요가 없다. 왜구와 도요토미 히데요시豊臣秀吉의 조선 침략을 제외한다면 근대 이전 일본은 아시아 여러 나라와 대부분 평화적인 교류를 계속해 왔다"고 말하고, "그런 일본의 아시아관이 크게 왜곡되어 아시아 멸시로 가치관이 뒤바뀐 것은 개국과 근대화를 시작한 메이지 시대부터였다"고 설명했다. 당시 후쿠자와가 서구 근대화를 본보기로 주창한 이른바 '탈아입구脫亞入歐'가 가장 큰 원인이라는 설명이다. 와카미야 요시부미는 "《문명론의 개략》, 《서양사정》 등의 후쿠자와 저서가 구미의 근대적 가치관을 일본에 보급시킨 공은 크지만, 그러한 사고방식을 일본인에 국한하지 않고 아시아 전체까지 확대 적용하려 했던 점은 문제가 있다"고 강조했다. 그는 "서구에 뒤떨어진 아시아의 자립을 바라지 않고, 일본이 구미 제국주의에 침략 당하지 않기 위해서는 필요에 따라 아시아를 칠 수밖에 없다는 논리가 문제"라고 지적했다(若宮啓文 《戰後保守のアジア觀》 50~67쪽).

지금까지 보듯이 일본 학계의 후쿠자와에 대한 평가는 '시민적 자유주의자'와 '침략적 절대주의자'로 양분되고 있다. 이는 21세기를 맞아 일본과 아시아, 특히 한국·중국과의 관계를 고려할 때 아직도 넘어야 할 산이라는 상징적인 의미를 갖고 있다. 때늦은 감이 없지 않지만 일본의 보수우익 논리를 이해하고 이를 극복하기 위해서는 후쿠자와에 대한 더 철저한 연구와 체계적인 정리가 선행되어야 할 것임을 지적해두고 싶다.

후쿠자와 유키치 연보

연 도	경 력	비 고
1835	오사카大阪에서 하급 무사의 막내로 태어남. (1월 10일)	
1836	아버지를 여의고 어머니와 고향 나카쓰로 이동.	
1849	한학漢學을 공부하기 시작.	
1854	나가사키長崎로 가서 네덜란드어와 네덜란드에 관한 학문을 배움.	미·일,미·영,미·러화친조약 체결
1855	오사카 오가타 고안緖方洪庵의 데키주쿠適塾에 입학.	나가사키에 해군 전습소 설치
1856	형의 죽음으로 고향 나가쓰로 돌아가 일단 가계를 잇고 오가타주쿠에서 재차 수업, 데키주쿠 숙장塾長이 됨.	
1857	생리학·의학·물리학·화학 등의 원서를 읽음.	
1858	번명藩命에 따라 에도江戸(지금의 도쿄)에 난학숙蘭學塾을 엶. 이것이 지금의 게이오慶應대학 기원이 됨.	
1859	난학에 실용성이 없음을 확인, 영어 배우기 시작.	
1860	간닌마루咸臨丸를 타고 미일수교 사절단과 함께 샌프란시스코를 방문, 웹스터 사전을 일본에 처음 가져옴. 최초의 저작 《增訂華英通語》 간행.	
1861	나카쓰 번사藩士 도키 다로하치土岐太郎八의 둘째 딸 긴錦과 결혼.	
1861 ~62	막부 유럽사절단 역관으로 유럽 여행, 프랑스·영국·네덜란드·독일·스페인·포르투갈·러시아 등의 선진 문명 견학.	요코하마 나마무기生麥에서 사쓰마薩摩 번주가 영국인을 살해한 나마무기 사건 발생

연도	내용	비고
1863	문하생에게 영어를 가르치기 시작.	외국을 배격하는 양이론이 성행. 야간 외출을 삼가.
1864	바쿠후 신하로 외국 사절 역관이 됨.	
1865	〈唐人往來〉 탈고.	
1866	《西洋事情》 초편 간행. 죠슈長州 정벌 건의서 제출.	
1867	군함 인수위원 일행과 함께 두 번째 미국 방문, 많은 원서를 구입해 돌아옴. 도서 구입이 문제가 되어 근신 처분을 받음.	大政奉還, 王政復古
1868	메이지 신정부에게 받은 관계官界 진출 권유를 거절. 학숙을 신센자新錢座로 옮기고 이름을 게이오기주쿠로 지음.	메이지유신 신정부 개국 선포
1869	출판업 자영. 《英國議事院談》, 《淸英交際始末》, 《世界國盡》 출간.	
1870	《西洋事情》 2편 출간.	
1871	게이오기주쿠 미타三田로 이전.	폐번치현, 파리 코민테른 혁명
1872	《학문의 권유學問のすすめ》, 《童蒙敎草》 출간.	일본학제 발표, 태양력 도입, 신바시新橋-요코하마橫濱 철도 개통
1873	《帳合之法》 초편, 《학문의 권유》 2·3편, 《文字之敎》 출간.	게이오기주쿠 의학소醫學所 개설, 오사카에 분교 설치, 징병령 포고, 정한론에 따라 정부 분열
1874	《民間雜誌》 창간. 《文明論之槪略》 집필 시작.	교토에 게이오기주쿠 분교 설치
1875	《文明論之槪略》 출간.	강화도사건
1876	《學者安心論》 출간, 《家庭叢談》 창간, 《分權論》 탈고.	
1877	《分權論》, 《民間經濟錄》 초판편 출간, 《舊藩情》 탈고	세이난 전쟁 西南戰爭

1878	《福澤文集》, 《通貨論》, 《通俗民權論》, 《通俗國權論》 출간, 東京府 의원에 선출.	《民間雜誌》 폐간, 오쿠보 도시미치大 久保利通 암살
1879	《民情一新》, 《通俗國權論》 2편 출간. 東京學士會院 초대 회장 피선.	
1880	국회개설 건의서 기초, 《民間經濟錄》 2편 출간. 게이오기주쿠 폐교 결심, 일본 최초 사교클럽 交 詢社 설립.	
1881	《時事小言》 출간, 정변에 휘말림, 학사회원 사퇴.	
1882	《時事新報》 창간, 김옥균과 회견. 〈時事大勢論〉, 〈帝室論〉, 〈兵論〉 발표.	임오군란
1883	《學問의 獨立》 출간, 〈外交論〉, 〈德敎之設〉 발표.	
1884	《全國徵兵論》 출간, 〈東洋의 파란〉, 〈貧富論〉 발표.	갑신정변, 청불전쟁
1885	〈脫亞論〉 발표. 《日本婦人論》, 《品行論》 출간.	
1886	《남녀교제론》 출간.	
1887	〈政略〉, 〈私權論〉 발표.	
1888	《日本男子論》, 《尊王論》 출간.	
1889	가족들과 교토京都·오사카大阪 지방 여행. 〈日本國會綠起〉 발표.	대일본제국헌법 공포
1890	게이오기주쿠 대학부 설치.	일본 제국의회 개원
1893	《實業論》 출간, 게이오 대학에 그의 동상 건립.	
1894	청일전쟁 로비 모금운동 추진하여 1만 엔 성금.	청일전쟁, 동학혁 명, 갑오개혁, 김 옥균 암살
1897	《福翁百話》 출간, 《福翁自傳》을 《時事新報》에 연재.	
1898	《福澤全集》 출간, 뇌일혈로 쓰러짐.	
1899	《福翁自傳》, 《女大學評論·新女大學》 출간.	
1900	저작 및 번역 공로로 메이지 왕으로부터 상금 5 만 엔을 받아 게이오대학에 기부.	
1901	《福翁百余話》 출간, 뇌일혈로 사망.	

인물소개

가노 마사나오鹿野政直(1931~) 일본 역사학자, 와세다무稻田대학·대학원 졸업, 일본근대사 및 사상사 전공. 와세다대학 명예교수. 《다이쇼데모크라시의 저류》 등 28권의 책을 출판함.

가마다 에이키치鎌田榮吉(1857~1934) 메이지 시대 일본 정치가. 추밀고문관·문부대신·게이오기주쿠 숙장 등을 역임.

가와카미 소로쿠川上操六(1848~1899) 메이지 시대 군인. 화족華族. 자작子爵. 병학兵學 연구 목적으로 독일 유학. 육군참모총장·육군대장, 청일전쟁 때 대본영 상석上席참모이자 병참총감. 가쓰라 다로桂太郎·고다마 겐타로兒玉源太郎 등과 함께 '일본 메이지 육군의 삼총사'로 불림.

가토 히로유키加藤弘之(1836~1916) 메이지 시대 정치학자, 교육자, 문학·법학박사. 메이로쿠샤明六社 회원·원로원 의관·귀족원 의원·도쿄학사회원 회장·도쿄제국대학 총장·초대 제국학사원 원장·추밀고문관 등을 역임.

간다 다카히라神田孝平(1830~1898) 메이지 시대 계몽사상가. 난학蘭學을 공부하여 바쿠후幕府 신하가 됨. 경제서적 번역에 공을 세움.

고무라 주타로小村壽太郎(1855~1911) 메이지 시대 외교관. 하버드대학 졸업 후 오사카 공소재판소 판사·대심원 판사 등을 지냄. 1884년 외무성으로 옮겨 정무국장·주조선 변리공사·외무차관, 주미·주러시아·주영 공사와 외무상 등을 역임. 포츠머스 강화회의 때 일본 전권대사로 러시아와 강화조약을 맺었으며, 한일강제합병 때까지 조선 침략에 주력.

고이즈미 노부키치小泉信吉(1853~1894) 다이쇼·쇼와 시기 은행가. 게이오기주쿠에서 양학을 공부, 대장성 주세관·게이오기주쿠 숙장 역임.

고이즈미 신조小泉信三(1888~1966) 일본 경제학자. 게이오기주쿠대학 정치과를 졸업, 1912년부터 4년 동안 영국·프랑스·독일에서 유학하고 게이오기주쿠 대학 교수가 됨. 아키히토明仁 현 일본 왕이 황태자였을 때 가르친 사부師父이기도 함. 게이오기주쿠 대학 숙장·일본 학사원 회원 역임.

고이즈미 준이치로小泉純一郎(1942~) 게이오기주쿠대학 졸업. 2001년부터 5년 5개월 동안 일본 수상 역임. 북한을 방문해 북한 납치 일본인을 데려오고 이라크에 자위대를 파병함.

고토 쇼지로後藤象二郎(1838~1897) 바쿠후 말, 메이지 시기 정치가. 유신에 참여하여 오사카 부지사·좌원의장·참의 등을 역임. 정한론에 밀려 한때 야인이 되었다가 복권 뒤 자유당을 결성. 체신상·농상무상 등을 거쳐 말년에 조선 비밀 고문을 맡음.

구로다 기요타카黑田淸隆(1840~1900) 메이지 시대 정치가. 바쿠후 토벌 운동에 참여하는 등 메이지유신 주도. 강화도사건 때 전권대사로 강화도조약 체결. 농상무상·체신상·수상·추밀원의장 등을 역임.

기네후치 노부오杵淵信雄(1934~) 도쿄대학 불문과 졸업. 저술가로 《해외신문으로 본 일한병합》, 《일한교섭사》 등을 펴냄.

기도 다카요시木戸孝允(1833~1877) 바쿠후 말 왕정복고를 주장하며 폐번치현廢藩置縣 등 유신운동에 적극 가담한 유신정권의 핵심

정치가. 오쿠보 도시미치大久保利通·사이고 다카모리 등과 '메이지유신 삼걸'로 불림. 사이고 다카모리가 반란을 일으켰을 때 정부군을 이끌고 이를 진압하려 했으나 뜻을 이루지 못하고 병으로 죽음.

기무라 가이슈木村芥舟(1830~1901) 바쿠후 말기 바쿠후의 군정가軍政家. 나가사키 해군전습소 중역. 간닌마루咸臨丸 사령관 겸 견미부사遣美副士로 미국에 가면서(1860년 1월~5월 5일) 후쿠자와를 비서로 데리고 감. 귀국한 뒤 바쿠후 해군 창설에 힘쓰며 한때 유신 정부에서 해군소 소장을 맡았으나 곧 퇴임하고 은둔 생활 함.

나쓰메 소세키夏目漱石(1867~1916) 에도江戸(지금의 도쿄) 출신으로 근대 일본의 최고 작가로 평가. 본명 나쓰메 긴노스케夏木金之助. 도쿄제국대학 영문과를 졸업하고 영국 유학. 일본고등사범학교 교사·에히메愛媛현 마쓰야마松山중학교 교사·《아사히신문》 기자 등을 역임. 대표작은 《풀베개草枕》,《나는 고양이다》,《마음》,《런던 탑》 등으로, 이와나미서점岩波書店이 1993년부터 6년에 걸쳐 《소세키 전집》 28권을 냄.

나카무라 마사나오中村正直(1832~1891) 메이지유신 전 일본 무사, 바쿠후 신하, 계몽사상가. 도쿄여자사범학교 교장·도쿄제국대학교 교수·도닌샤同人社 창립자·메이로쿠샤 회원. 바쿠후의 일본인 영국유학생 감독으로 영국을 다녀온 뒤 사뮤엘 스마일즈Samuel Smiles 의 《셀프 헬프*Self Help*》를 《자조론自助論》이란 이름으로 번역 출판해 1백만 부 이상 판매 부수를 기록.

나카소네 야스히로中曾根康弘(1918~) 자민당 극우 보수파 의원. 1982년부터 1987년까지 일본 총리를 지냈으며, 1983년 1월 11일 일본 수상으로는 최초로 한국을 방문함.

노구치 히데오野口英世(1876~1928) 미국 펜실바니아 의대 졸업. 록펠러 의학연구소 연구원. 황열병黃熱病을 연구하다 자신도 이 병에 감염되어 아프리카 가나에서 죽음.

니시 아마네西周(1829~1897) 메이지 초기 관료·계몽사상가·교육자·귀족원의원. 네덜란드에 유학하여 서양철학·법학·경제학·국제법 등을 배움. 영어 'philosophy'를 '철학'이라는 말로 옮기고 '예술', '과학', '기술' 이란 말을 창작하는 등 철학과 과학에 관한 어휘를 많이 만듦. 1874년 《메이로쿠잡지》 창간호에 〈서양문자를 국어로 삼자는 논論〉을 발표.

니시무라 시게키西村茂樹(1828~1902) 메이지 시대 관변 계몽학자. 문부성 교과용 참고도서 편집국장·여학교 교장·귀족원 의원 등 역임.

니토베 이나조新渡戸稻造(1862~1933) 농학자農學者이자 윤리철학자. 제일고등학교·도쿄식민植民무역학교 교장, 척식대학 학감, 도쿄제국대학·교토제국대학 교수, 도쿄여자대학교 학장, 타이완총독부 식산국장, 국제연맹 사무차장 등을 역임. 그의 얼굴 사진이 1984년 11월 1일부터 2004년까지 일본 지폐 5천 엔 초상으로 쓰임.

다나카 후지마로田中不二磨(1845~1909) 메이지 시기 정치가. 참사원부의장·사법상 등을 역임.

다카하시 요시오高橋義雄(1861~1937) 일본의 실업가이자 다인茶人. 게이오기주쿠 졸업, 《지지신보》 기자. 미국유학. 미쓰이三井광산 경영. 《일본인종 개량론》 등 40여 종의 책을 저술.

다케조에 신이치로竹添進一郎(1841~1917) 메이지 시대 외교관. 톈진 영사·베이징 공사 등을 거쳐 1882년 조선 공사로 부임. 조선 개화파와 갑신정변을 일으킴.

데라시마 무네노리寺島宗則(1834~1893) 메이지 전기의 외교관.

후쿠자와와 함께 유럽사절단을 수행하며 영국을 방문해 2년 동안 체류. 외무경·문부경·법제국장·원로원의장·주미 공사 등을 역임.

도야마 시게키遠山茂樹(1914~) 도쿄제국대학 국사학과 졸업. 요코하마시립대학 교수, 요코하마 개항자료관 초대관장 역임.《메이지유신》,《메이지유신과 현대》,《역사학에서 역사교육으로》 등을 출판함.

마루야마 마사오丸山眞男(1914~1997) 일본의 정치학자·사상사가·전 도쿄대 교수. 일본 학사원 회원으로 긍정적인 후쿠자와상像을 정립한 장본인.《일본정치사상사 연구》 등 많은 저서를 남김.

마쓰오카 요스케松岡洋右(1880~1946) 다이쇼·쇼와 시기 외교관·정치가. 대동아공영권 건설 및 일본·독일·이탈리아 삼국동맹 추진. 제2차 세계대전 당시 외무상으로, 패전 뒤 A급 전범으로 기소되어 재판 중 사망.

모리 아리노리森有禮(1849~1889) 메이지 전기 정치가. 미국·영국 등에서 유학한 뒤 영국 공사를 거쳐 1885년 제1차 이토 내각의 문부상으로 초창기 일본 근대 학교제도를 정비. 1889년 메이지 헌법공포일에 암살됨.

무쓰 무네미쓰陸奧宗光(1844~1897) 메이지 시대 외교관. 구미 각국 유학. 주미 공사·농상무상·외무상 등 역임.

미쓰이 하치로지로三井八郎次郎(1849~1919) 메이지·다이쇼 시기 실업가. 메이지유신 뒤 1879년 제일국립은행 창립 때 미쓰이三井물산 측의 대표로 이사 역임. 미쓰이광산 이사·미쓰이물산 사장 등을 역임.

미쓰쿠리 린쇼箕作麟祥(1846~1897) 메이지 시대 관료·남작男爵. 법학자·교육자·계몽사상가. 원로원 의관·사법차관·귀족원 의원·행정재판소 장관·화불和佛법률학교(현 법정대학) 초대 교장 등을 역임.

미쓰쿠리 슈헤이箕作秋坪(1826~1886) 바쿠후 말, 메이지 전기 난蘭학자. 오가타 고안緒方洪庵이 개설한 데키주쿠適塾에서 공부. 유신 뒤 산샤학사三叉學舍를 열어 게이오기주쿠와 양학숙洋學塾의 쌍벽을 이룸. 메이로쿠샤에 참가하여 계몽사상가로 활약.

미야케 세쓰레이三宅雪嶺(1860~1945) 도쿄대학 철학과 졸업. 메이지·다이쇼·쇼와 시기 평론가. 자유민권운동에 참여했다가 국수주의자로 돌아서 잡지 《니혼진日本人》을 창간함.

미우라 고로三浦梧樓(1846~1926) 메이지 시대 군인이자 정치가. 1895년 명성황후 살해사건을 일으켜 히로시마 감옥에 투옥되었으나 이듬해 면소되어 석방됨.

반노 쥰지坂野潤治(1937~) 일본의 역사학자, 도쿄대학 국사학과 졸업(근대 일본정치사 전공) 지바千葉대학·오차노미즈御茶の水대학 교수 역임, 도쿄대 명예교수.《근대 일본의 외교와 정치》등 20여 권의 책을 냄.

사메지마 히사노부鮫島尚信(1846~1880) 메이지 전기 외교관. 사쓰마번 명에 따라 영국 유학. 주 프랑스·독일·벨기에 공사 역임. 프랑스 파리에서 병으로 죽음.

사이고 다카모리西鄕隆盛(1827~1877) 일본 메이지유신 주역, 정한론자. 오쿠보 도시미치大久保利通·기도 다카요시木戶孝允와 함께 '유신삼걸'로 불림. 1873년 정한론征韓論을 주장하다 받아들여지지 않자 정계를 떠나 고향 가고시마鹿兒島에서 은둔 생활 함. 1877년 반란(세이난西南 전쟁)을 일으켜 패하자 스스로 목숨을 끊음.

스기 고지杉亨二(1828~1917) 메이지·다이쇼 시기 통계학자. 통계원 대서기관·계몽사상가·법학박사. '일본 근대 통계의 할아버지'

로 불리며 메이로쿠샤 회원으로 활약함.

시라이시 쇼잔白石照山(1815~1883) 에도 시대 후기 한학자이자 유학자. 나카쓰번中津藩에서 하급 무사의 맏아들로 태어나 번의 교육 기관인 노모토 하쿠간野本白巖 학숙에서 한학을 배움. 한시漢詩에 능했으며, 양명학陽明學의 영향을 받음. 1843년에 사숙 반코도晩香堂를 설립해 후학을 가르침.

시부사와 에이이치澁澤榮一(1840~1931) 메이지·다이쇼 시기 실업가. 제일국립은행 창립 참여. 왕자제지·오사카방적 등 설립. 제일국립은행 조선 부산지점을 설립하고 대륙 진출을 꾀함.

쓰다 마미치津田眞道(1829~1903) 메이지 시대 관료이자 계몽학자. 오카야마岡山 현 출신으로 니시 아마네와 함께 네덜란드로 유학가 라이덴대학에서 시몬 비세링Simon Vissering에게 4년 동안 배운 뒤 후쿠자와 유키치 등과 메이로쿠샤를 결성.

아리스가와노미야 다루히토有栖川宮熾仁(1835~1895) 바쿠후 말, 메이지유신 시기 황족. 유신 뒤 병부경兵部卿·후쿠오카번福岡藩 지사 등을 거쳐 1875년 겐로원元老院 의관이 됨. 사이고 다카모리가 반란을 일으킨 세이난西南 전쟁 때 토벌총독으로 출동했으며, 그 뒤 육군 참모본부장·육군 참모총장 등을 역임.

아베 다이조阿部泰藏(1849~1924) 메이지·다이쇼 시기 실업가. 게이오기주쿠 졸업. 게이오기주쿠 교수. 메이지 생명보험 설립 및 사장. 생명보험협회 이사장 등 역임.

야나가와 슌산柳川春三(1832~1870) 바쿠후 말, 유신 시기 양학자이자 의사. 1867년 일본 최초의 잡지 《서양잡지》를 간행.

야나부 아키라柳父章(1928~) 전 모모야마가쿠인桃山学院 대학 교수. 번역어와 비교문화론 연구자.

야스카와 주노스케安川壽之輔(1935~　) 나고야名古屋대학·대학원 졸업(근대 일본사회(교육)사상사 전공) 사이타마埼玉대학·미야기宮城교육대학·나고야대학 교수 역임. 현재 나고야대학 명예교수로 일본 전몰학생 기념회 사무국장, 이라크파병 위헌소송 원고, 한일평화 백년 시민네트 공동대표.

어네스트 사토 Ernest M. Satow(1843~1929) 독일계 아버지와 영국계 어머니 사이에서 태어난 영국 언어학자이자 외교관. 1862년부터 1883년까지 일본에서 근무. 여행 작가로도 활동.

오노 도모고로小野友五郎(1817~1898) 도쿠가와德川 말기, 메이지 시대 일본 수학자·해군군인·재무관료. 미일통상수호조약 비준서 교환 사절과 함께 간닌마루 항해장으로 도미. 유신 때 주전파로 몰려 금고형을 받았으나 1868년 6월 사면으로 풀려남.

오쓰키 후미히코大槻文彦(1849~1928) 메이지·다이쇼 시기 일본 어학자. 일본국어조사위원·제국학사원회원.

오야마 이와오大山巖(1842~1916) 메이지 시대 일본 육군창설에 공을 세운 군인이자 정치가. 1869년 유럽을 여행하며 보불전쟁을 목격하고, 그 이듬해부터 3년 동안 스위스 제네바에서 유학. 러일전쟁 때는 만주 파병 일본군을 직접 지휘해 승리함. 해전에서 이긴 도고 헤이하치로東鄕平八郎와 나란히 '전쟁은 역시 육지의 오야마, 바다의 도고'라는 칭송을 들음.

오이 겐타로大井憲太郎(1843~1922) 메이지 시대 정치가, 자유민권운동지도자. 조선 개화당을 도와 사대당 정부를 무너뜨리고 아시아에 자유민권운동을 일으키려 함.

오카모토 류노스케岡本柳之助(1852~1912) 메이지 시대 군인. 강화도사건 때 구로다 기요타카黑田淸隆 전권을 수행하여 김옥균과 친해짐. 1895년 명성황후 시해 사건에 연루되어 투옥.

오쿠마 시게노부大隈重信(1838~1922) 메이지·다이쇼 시기 정치가. 존왕양이파로 바쿠후 말末 동란기 때 크게 활약. 참의·대장성 사무총재·타이완 정벌 사무국장 등 역임. 국회 즉시개설론으로 메이지 14년 정변 때 이토 히로부미 등과 충돌해 파면. 1882년 와세다대학을 설립하고 입헌개진당을 창당했으며, 1908년 '대일본문명협회'를 조직.

오쿠보 도시미치大久保利通(1830~1878) 바쿠후 말, 메이지 전기 정치 지도자. 바쿠후幕府를 무너뜨리고 왕정복고 성공에 결정적 역할을 한 유신삼걸 가운데 하나. 정한론에 반대하여 정한파를 몰아내고 내무경이 되어 정부 안의 세력을 장악했으나 도쿄에서 암살됨.

와카미야 요시부미若宮啓文(1948~) 도쿄대학 법학부 졸업. 1970년 《아사히신문》에 들어가 정치부장·논설실장·주필 등 역임. 《잊을 수 없는 국회 논전》, 《현대의 피차별 부락》, 《신 자유클럽 보수야당의 과제와 전망》 등을 펴냄.

요코마쓰 다카시橫松宗(1913~) 히로시마廣島고등사범학교 졸업(교육사·중국사상사 전공). 런던대학 유학. 하치만대학 교수·학장 역임. 《전후 민주주의와 교육》, 《노싱魯迅의 사상》, 《다이쇼로부터 쇼와에》 등을 펴냄.

우시바 타쿠조牛場卓藏(1850~1922) 메이지·다이쇼 시기 실업가. 내무성·대장성관리 조선정부 고문. 《지지신보》와 일본토목회사 등을 거쳐 산요山陽철도 전무 및 회장 역임.

이노우에 가오루井上馨(1835~1915) 바쿠후 말, 메이지·다이쇼 시기 정치가. 영국 유학. 메이지유신을 주도하고 신정부에 참여하여 조선공사·외무상·내무상·수상 등을 거침. 강화도사건 때 전권으로 조약 체결.

이노우에 가쿠고로井上角五郎(1860~1938) 메이지·다이쇼 시기 정치실업가. 1882년 임오군란 이후 조선 정부 고문. 1883년《한성순보漢城旬報》창간 주도. 갑신정변 뒤 귀국해 미국으로 건너감. 1888년 일본으로 돌아가 고토 쇼지로後藤象二郎 등과 대동단결운동에 참여. 1890년 제1회 이후 중의원 당선 14회. 후쿠자와의 추천으로 홋카이도 탄광철도회사에 입사해 전무 역임.

이다 신야井田進也(1937~) 후쿠자와 연구센터 객원연구원. 무기명 논문에 대한 필자감정전문가로《후쿠자와 유키치 전집》에 수록된 무기명 논설에 대한 필자감정 작업 수행.

이마나가 세이지今永淸二(1931~) 히로시마廣島대학 졸업. 중국문제 전문가. 히로시마대학 교수, 벳부別府대학 강사 역임.《중국회교사 서설》,《중국의 농민사회》,《중국의 사회와 역사》등을 펴냄.

이시카와 간메이石河幹明(1859~1943) 메이지·다이쇼·쇼와 시대 신문기자이자 작가. 1885년 4월《지지신보》에 입사하여 1922년 5월까지 근무하며 논설위원·주필, 게이오기주쿠평의원 등을 역임.

이와쿠라 도모미岩倉具視(1825~1883) 유신 시기 정치가. 왕정복고를 획책하여 정권에 참여. 정한파를 내쫓고 부국강병책 주도. 일본 국립은행·철도회사 설립.

이이다 가나에飯田鼎(1924~) 지바千葉 현 출신. 게이오기주쿠대학 경제학부 졸업(사회정책·일본경제사 전공) 게이오기주쿠대학 경제학부 교수 역임.《영국 노동운동의 생성》,《마르크스주의 혁명과 개량》,《영국의 쇠퇴와 재생》등을 펴냄.

이타가키 다이스케板垣退助(1837~1919) 메이지 시기 정치가. 유신운동에 참여. 사이고 다카모리 추천으로 참의가 됨. 1881년 자유당 결성 총재. 1896년 이토 내각 때 내무상 역임.

이토 히로부미伊藤博文(1841~1909) 메이지 시대 정치가. 영국 유학. 존왕양이운동에 참여하여 텐노제天皇制 확립을 위해 힘씀. 1885년 내각제 창설과 함께 초대 총리·초대 한국통감. 1909년 만주 하얼빈 역에서 안중근 의사에 암살됨.

토마스 버클 Thomas Buckle(1821~1862) 영국 역사학자. 영국 켄트Kent의 리Lee에서 부유한 런던 상인이자 선주의 아들로 태어남. 어려서부터 건강이 좋지 않아 정식 교육을 받지 못하고 어머니와 함께 여행을 하거나 책읽기로 지식을 쌓음. 문명사를 연구한 지 6년 만인 1857년에 첫 책을 냈으나, 1862년 5월 27일 시리아의 수도 다마스쿠스Damascus를 여행하다 장티푸스에 걸려 사망. 역사를 정밀한 과학으로 다루었다는 긍정적인 평가와 지나치게 일방적이고 불충분한 자료를 근거로 서술을 일반화했다는 비판을 동시에 받음.

팍스Harry Smith Parkes(1828~1885) 영국 외교관. 1941년 중국으로 건너가 아편전쟁 참전. 상하이 영사·주일 공사·베이징 주재 공사 겸 조선 공사 등 역임. 베이징에서 객사.

프랑소와 기조 Francois Guizot(1787~1874) 프랑스 역사학자·정치가·웅변가. 루이 필립Louis Philippe 1세 정권에서 교육장관·주 런던 프랑스 대사·외교 장관·수상 등을 지냄.

프랜시스 웨이랜드 Francis Wayland(1796~1865) 미국 노예폐지론자. 신학자이자 교육자. 금주운동가.

하나부사 요시타다花房義質(1842~1917) 메이지 시대 외교관. 구미 유학에서 돌아와 외교관으로 임관. 1879년 조선 공사로 원산·인천항 개항에 노력. 1882년 임오군란 때 전권공사로 제물포조약을 체결. 러시아특명 전권공사·농상무차관·궁내청차관·추밀고문관 등을 역임.

하야시 다다스林董(1859~1913) 바쿠후 명령에 따라 영국 유학. 가가와香川 현·효고兵庫 현 지사, 주러·주영 공사 등을 거쳐 외무상 역임.

호리에 기이치堀江歸一(1876~1927) 메이지·다이쇼 시대 경제학자·재정학자. 미국 하버드대학·영국 런던대학·독일 베를린대학 등에서 유학. 게이오기주쿠대학 교수로 경제학부 기초를 다짐.

호소가와 쥰지로細川潤次郎(1834~1923) 메이지·다이쇼 시기 법률가이자 교육자. 공부성 관리로 미국 유학. 귀국 후 인쇄국장·원로원 의관議官·귀족원 의원·귀원 부의장·추밀고문관·제국학사원 회원 등 역임. 형법과 치죄법治罪法 초안 기초.

후지오카 노부카쓰藤岡信勝(1943~) 일본 교육학자. 사회교육학 전공. 새 역사 교과서를 만드는 모임 이사(전 회장), 척식拓殖대학 객원 교수. 전 도쿄대학 교수. 자유주의사관연구회 대표. 원래는 일본 공산당 당원이었음.

후지타 모키치藤田茂吉(1852~1892) 메이지 시대 신문기자·정치가. 《유빈호치신문》 주간·논설위원·중의원 역임.

참 고 문 헌

박용구, 《어깨동무라야 살아남는다》, 지식산업사, 1995.

신용하, 《初期開化思想과 甲申政變硏究》, 지식산업사, 2000.

역사문제연구소 편, 《인물로 보는 친일파역사》, 역사비평사, 1998.

유길준, 《유길준 전집》, 一潮閣, 1971.

유동준, 《兪吉濬傳》, 一潮閣, 1987.

이광린, 《開化黨 硏究》, 一潮閣, 1973.

이광수, 《이광수 전집》, 三中堂, 1962.

이용희, 《東仁僧의 行蹟(上)》, 서울대 국제문제연구소 창간호, 1973

이태진, 《고종시대의 재조명》, 태학사, 2000.

이현희, 《征韓論의 背景과 影響》, 대왕사, 1986.

임종국 편, 《親日論說選集》, 실천문학사, 1987.

정명환, 《韓國作家와 知性》, 문학과지성사, 1978.

정명환 역, 《文明論의 槪略》, 홍성사, 1986.

정일성, 《황국사관의 실체》, 지식산업사, 2000.

정진석, 《한국언론사연구》, 나남, 1992.

조재곤, 《그래서 나는 김옥균을 쏘았다》, 푸른역사, 2005.

최남선, 《육당전집》, 현암사, 1973.

한상일, 《일본지식인과 한국》, 도서출판 오름, 2000.

황문수, 《김옥균전기》, 도서출판 문원, 1994.

高橋弘通, 《福澤諭吉の思想と現代》, 海鳥社, 1997.

古筠紀念會 編, 《金玉均傳(上)》, 慶應出版社, 1944.

近藤吉雄 編, 《井上角五郎先生傳》, 井上角五郎先生傳編纂會, 1943.

今永清二, 《福澤諭吉の思想形成》, 勁草書房, 1979.

鹿野政直, 《日本近代思想の形成》, 新評論社, 1956.

《福澤諭吉と福翁自傳》, 朝日新聞社, 1998.

飯田鼎, 《福澤諭吉》, 中央公論社, 1984.

白井堯子, 《福澤諭吉と宣教師たち》, 未來社, 1999.

福澤諭吉, 《文明論之概略》, 岩波書店, 1986.

福澤諭吉, 《福澤諭吉全集》, 岩波書店, 1969～1971.

福澤諭吉, 《學問のすすめ》, 岩波書店, 1986.

富田正文, 《考証福澤諭吉》, 岩波書店, 1992.

富田正文 校注, 《福翁自傳》, 慶應義塾大學出版會, 1997.

富田正文 編, 《福澤諭吉選集》 第7卷, 岩波書店, 1989.

西部邁, 《福澤諭吉 その武士道と愛國心》, 文藝春秋, 1999.

西川俊作, 《福澤諭吉の横顔》, 慶應義塾大學出版會, 1998.

石河幹明, 《福澤諭吉傳》 全4卷, 岩波書店, 1932.

小泉信三, 《福澤諭吉》, 岩波書店, 1985.

安川壽之輔, 《福澤諭吉のアジア認識》, 高文研, 2001.

若宮啓文, 《戰後保守のアジア觀》, 朝日新聞社, 1995

遠山茂樹, 《福澤諭吉－思想と政治との關連》, 東京大學出版會, 1998.

柳父章, 《飜譯語成立事情》, 岩波新書, 1982

日本外務省, 《小村外交史》, 外務省藏版, 1953.

杵淵信雄, 《福澤諭吉と朝鮮》, 彩流社, 1997.

田保橋潔, 《近代日鮮關係の研究》, 宗高書房, 1972.

中塚明, 《日清戰爭の研究》, 靑木書店, 1968.

萩原延壽, 〈遠い崖 — サトウ日記抄〉, 《朝日新聞》 1990. 6. 7~8. 21 連載.

平山洋, 《福澤諭吉眞實》, 文藝春秋, 2004.

丸山眞男, 《文明論之槪略を讀む》, 岩波書店, 1986.

橫松宗, 《福澤諭吉 中津からの出發》, 朝日新聞社, 1991.